39845 bis

CRITIQUE
DE
LA RAISON PURE

TOME DEUXIÈME.

A la même librairie philosophique.

OUVRAGES D'EMM. KANT

TRADUITS EN FRANÇAIS

12 volumes in-8°.... 75 fr.

CRITIQUE DE LA RAISON PURE, 2 vol. in-8°.   15 fr.

CRITIQUE DU JUGEMENT, suivie d'observations sur le sentiment du Beau et du Sublime. 2 vol. in-8°.   12 fr.

CRITIQUE DE LA RAISON PRATIQUE, précédée des Fondements de la métaphysique des mœurs. 1 vol. in-8°.   6 fr.

LOGIQUE, 2ᵉ édit. 1 vol. in-8°.   4 fr.

MÉLANGES DE LOGIQUE, 1 vol. in-8°.   6 fr. 50 c.

ANTHROPOLOGIE, suivie de fragments divers sur le même sujet, par Kant. In-8°.   6 fr. 50 c.

RELIGION DANS LES LIMITES DE LA RAISON. In-8°.   6 fr. 50 c.

PRINCIPES MÉTAPHYSIQUES DU DROIT, suivis du Projet de paix perpétuelle, et de divers fragments du même auteur sur le Droit naturel. 1 vol. in-8°.   6 fr.

PRINCIPES MÉTAPHYSIQUES DE LA MORALE, 3ᵉ édit., augmentée 1° du Fondement de la métaphysique des mœurs; 2° de la Pédagogique; 3° de divers fragments de morale. 1 vol. in-8°.   6 fr.

LEÇONS DE MÉTAPHYSIQUE, publiées par Poelitz. In-8°.   6 fr. 50 c.

EXAMEN DE LA CRITIQUE DU JUGEMENT. 1 vol. in-8°.   4 fr. 50 c.

EXAMEN DES FONDEMENTS DE LA MÉTAPHYSIQUE DES MŒURS et de la raison pratique. 1 vol. in-8°.   6 fr.

SAINT-CLOUD. — IMPRIMERIE DE Mᵐᵉ Vᵉ BELIN.

CRITIQUE

DE LA

RAISON PURE

PAR

EMM. KANT

TROISIÈME ÉDITION EN FRANÇAIS

COMPRENANT

LES DIFFÉRENCES ENTRE LA PREMIÈRE ET LA SECONDE ÉDITION
L'Analyse de l'ouvrage par MELLIN, et des notes

PAR J. TISSOT

Doyen de la Faculté des lettres de Dijon, professeur de philosophie.

TOME DEUXIÈME

PARIS
LIBRAIRIE PHILOSOPHIQUE DE LADRANGE
RUE SAINT-ANDRÉ-DES-ARTS, 41

1864

CRITIQUE
DE
LA RAISON PURE

LOGIQUE TRANSCENDANTALE

SECONDE DIVISION.

DIALECTIQUE TRANSCENDANTALE

INTRODUCTION

I.

DE L'APPARENCE TRANSCENDANTALE.

392. Nous avons appelé plus haut la Dialectique en général une *Logique de l'apparence*. Ce qui ne veut pas dire qu'elle soit une théorie de la *vraisemblance*, car la vraisemblance est vérité, mais connue par des principes insuffisants. La vraisemblance est donc une connaissance défectueuse, mais non pas fausse pour autant, et qui, par conséquent, ne doit pas être séparée de la partie analytique de la Logique. Le *phénomène* et l'*apparence* doivent encore être moins pris pour identiques. Car ni la vérité ni l'apparence ne sont dans l'objet considéré comme perçu, mais dans le jugement qui a porté sur cet objet, en tant que cet objet est

conçu. On peut donc très bien dire que les sens ne se trompent point, non parce qu'ils jugent toujours juste, mais parce qu'ils ne jugent pas du tout. La vérité et l'erreur, par conséquent aussi l'apparence comme entraînement à l'erreur, ne se trouvent que dans le jugement, c'est-à-dire dans le seul rapport de la chose à notre entendement. Dans une connaissance universellement d'accord avec les lois de l'entendement, il n'y pas d'erreur. Il n'y en a pas davantage dans une représentation des sens (parce qu'elle ne contient aucun jugement). Mais, comme aucune force de la nature ne peut d'elle-même dévier de ses propres lois, ni l'entendement par lui seul (sans influence d'une autre cause), ni les sens considérés en eux-mêmes ne se trompent : le premier, par la raison que, s'il agit simplement suivant ses lois, l'effet (le jugement) doit nécessairement s'accorder avec elles. Mais l'accord avec les lois de l'entendement constitue le formel de toute vérité. Dans les sens il n'y a point de jugement, ni vrai ni faux. Or, comme nous n'avons d'autres sources de connaissances que ces deux-là, il s'en suit que l'erreur n'arrive que par l'influence non remarquée de la sensibilité sur l'entendement; ce qui a lieu lorsque les principes subjectifs du jugement se confondent avec les principes objectifs, et font dévier ceux-ci de leur destination (1). Il en est ici comme d'un corps qui suivrait toujours la ligne droite s'il était abandonné à une seule impulsion,

---

(1) La sensibilité soumise à l'entendement, comme l'objet auquel celui-ci applique sa fonction, est la source des connaissances réelles. Mais la même sensibilité, en tant qu'elle influe sur l'action même de l'entendement et le détermine à juger, est le principe de l'erreur.

mais qui décrit une ligne courbe si un autre corps lui imprime une direction différente. Pour distinguer l'action propre de l'entendement de la force qui se mêle avec elle, il faut donc considérer le jugement erroné comme la diagonale résultant de deux forces par lesquelles le jugement est déterminé suivant deux directions différentes, qui forment pour ainsi dire un angle, et résoudre cet effet composé en simple effet de l'entendement et en simple effet de la sensibilité; ce qui doit se faire par des jugements purs *a priori* au moyen de la réflexion transcendantale, par laquelle (ainsi qu'on l'a déjà vu) toute représentation a sa place désignée dans la faculté de connaître qui lui correspond, par laquelle, conséquemment, l'influence de la sensibilité sur l'entendement est aussi distinguée.

393. Notre objet n'est pas ici de traiter de l'apparence empirique (v. g., de l'optique) qui se rencontre dans l'usage empirique des lois, d'ailleurs justes, de l'entendement, et par laquelle la faculté de juger est entraînée au moyen de l'influence de l'imagination; nous n'avons affaire qu'à cette *apparence transcendantale*, qui influe sur des principes dont l'usage ne se rapporte pas même à l'expérience (auquel cas nous aurions au moins une pierre de touche pour éprouver leur valeur), mais qui nous emporte nous-mêmes, contre tous les avertissements de la critique, hors de l'usage empirique des catégories, et nous impose par l'illusion de l'extension de l'*entendement pur*. Nous appellerons *immanents* les principes dont l'application se tient dans les bornes de l'expérience possible; mais nous appellerons principes *transcendants* ceux qui dépassent ces bornes. Je ne comprends cependant pas

parmi ceux-ci l'usage ou plutôt l'abus transcendantal des catégories, qui n'est qu'une simple vue d'un jugement que ne contient pas assez la critique et qui ne fait pas attention aux limites du seul fond qui puisse servir de théâtre à l'entendement ; mais j'entends des principes réels, qui nous déterminent à renverser ces bornes, et à nous mettre en possession d'un terrain entièrement nouveau, sans limites. Le *transcendantal* et le *transcendant* ne sont pas identiques. Les principes de l'entendement pur, que nous avons exposés plus haut, ne doivent recevoir qu'un usage empirique, et non un usage transcendantal ou qui dépasse les bornes de l'expérience. Mais un principe qui arrache ces bornes, et qui ordonne même de les franchir, s'appelle *transcendant*. Si notre critique peut parvenir à mettre à découvert l'apparence de ces prétendus principes, alors ceux du simple usage empirique, par opposition à ces derniers, pourront s'appeler principes *immanents* de l'entendement pur.

394. L'apparence logique, qui consiste dans la simple imitation de la forme de la raison (l'apparence des faux raisonnements ou paralogismes), résulte du seul défaut d'attention à la règle logique. Aussitôt, par conséquent, que cette règle est appliquée à un pareil cas, disparaît l'apparence. L'apparence transcendantale, au contraire, ne discontinue pas, quoique mise à découvert, et quoique la vanité en ait été aperçue clairement par le secours de la critique transcendantale (v. g., l'apparence dans la proposition : Le monde doit avoir un commencement suivant le temps). La cause en est que, dans notre raison (subjectivement considérée comme faculté de la connaissance humaine), sont des

règles fondamentales et des maximes de son usage qui ont tout à fait l'apparence de principes objectifs, d'où il arrive que la nécessité subjective d'une certaine liaison de nos concepts en faveur de l'entendement est prise pour une nécessité objective des déterminations des choses en soi. *Illusion* qu'il n'est pas plus possible d'éviter, qu'il ne l'est que la mer ne paraisse pas plus haute loin des terres que près du rivage, parce que nous la voyons par des rayons plus élevés;—ou pas plus encore que l'astronome lui-même ne peut empêcher que la lune ne lui paraisse pas plus grande à son lever, bien qu'il ne soit pas trompé par cette apparence.

395. La dialectique transcendantale se contente donc de mettre à découvert l'apparence des jugements transcendantaux, et en même temps d'empêcher que cette apparence ne trompe; mais elle ne pourra jamais faire que cette apparence s'évanouisse et cesse d'être (comme il arrive à l'apparence logique) : nous avons affaire à une *illusion naturelle* et *inévitable,* qui repose même sur des principes subjectifs, et les prend pour des principes objectifs; au lieu que la dialectique logique, dans la solution des paralogismes, n'a affaire qu'à une application vicieuse des principes, ou à une apparence spécieuse dans leur imitation. Il y a donc une dialectique naturelle et inévitable de la raison pure, non celle, il est vrai, dans laquelle s'embarrasse l'homme, faute de connaissance, le gâte-métier, ou celle qu'inventa un sophiste ingénieux pour troubler des gens raisonnables, mais celle qui tient nécessairement à la raison humaine, et qui, même après que ses illusions sont signalées, ne cesse cependant de lui faire la guerre, de la précipiter constamment dans des erreurs qu'elle a toujours à dissiper de nouveau.

II.

DE LA RAISON PURE COMME SIÉGE DE L'APPARENCE TRANSCENDANTALE.

A.

De la raison en général.

396. Toute notre connaissance commence par les sens, d'où elle gagne l'entendement et s'achève dans la raison, au-delà de laquelle rien de plus élevé ne se trouve en nous pour travailler la matière de l'intuition et la réduire à l'unité la plus haute de la pensée. Or, je trouve un certain embarras à donner ici une définition de cette faculté suprême de connaître. Elle a, comme l'entendement, un usage purement formel, c'est-à-dire un usage logique, la raison faisant abstraction de tout contenu de la connaissance; mais elle a aussi un usage réel, puisqu'elle renferme elle-même l'origine de certains concepts et de certains principes, qu'elle n'emprunte ni des sens, ni de l'entendement. Depuis longtemps sans doute, les logiciens ont défini cette première faculté, la faculté de conclure médiatement (à la différence des conclusions immédiates, *consequentiis immediatis*). Mais la seconde, qui engendre des concepts par elle-même, n'a pas encore été prise en considération sous ce rapport. Puis donc qu'il se présente ici une division de la raison en faculté logique et en faculté transcendantale, il faut chercher un concept plus élevé de cette source de connaissance, et qui renferme ces deux idées. Cependant nous pouvons nous attendre, d'après l'analogie avec les concepts de l'entendement, que le concept lo-

gique donnera en même temps la clef du concept transcendantal, et que la table des fonctions des concepts intellectuels donnera la branche des concepts rationnels.

397. Nous avons défini l'entendement, dans la première partie de notre logique transcendantale : la faculté des règles. Nous en distinguons ici la raison, en ce que nous l'appelons la *faculté des principes*.

398. L'expression de *principe* est ambiguë, et ne signifie communément qu'une connaissance dont nous pouvons faire usage comme principe, quoique, en elle-même et quant à sa propre origine, elle ne soit pas un principe. Toute proposition générale, fût-elle dérivée de l'expérience (par induction), peut servir de majeure dans un raisonnement, mais elle n'est pas pour cela un principe. Les axiomes mathématiques (v. g., entre deux points il ne peut y avoir qu'une ligne droite), sont des connaissances générales *a priori*, et sont appelés, avec raison, des principes relativement aux cas qui leur sont soumis. Mais je ne puis pas dire pour cela que je connais cette propriété de la ligne droite en général et en soi, par principes; je ne la connais que dans l'intuition pure.

399. J'appellerai donc connaissance par principes celle qui a lieu quand je connais le particulier dans le général au moyen de concepts. Tout raisonnement est ainsi une manière de dériver une connaissance de quelque principe. Car la majeure donne toujours un concept qui fait que tout ce qui est subsumé à sa condition est connu par elle d'après un principe. Or, comme toute connaissance générale peut servir de majeure dans un raisonnement, et que l'entendement fournit de ces pro-

positions générales *a priori*, elles pourront donc être appelées principes par rapport à leur usage possible.

400. Mais si nous considérons ces principes de l'entendement pur en soi, quant à leur origine, ils ne sont rien moins que des connaissances résultant de concepts; car ces connaissances ne seraient pas même possibles *a priori*, si nous n'y faisions entrer l'intuition pure (dans les mathématiques), ou des conditions d'une expérience possible en général. Le principe : tout ce qui arrive à une cause, ne peut absolument pas être conclu du concept de ce qui arrive en général. Ce principe fait plutôt voir comment il est possible d'acquérir primitivement un concept empirique déterminé de quelque chose qui arrive.

L'entendement ne peut donc tirer de concepts des connaissances synthétiques, et ces connaissances sont ce que j'appelle proprement principes [principes absolus]; tandis que toutes les propositions universelles, en général peuvent s'appeler principes comparatifs [ou relatifs].

401. C'est un vœu bien ancien, et qui s'accomplira peut-être je ne sais dans combien de temps, que celui de pouvoir découvrir enfin, au lieu de l'infinie variété des lois civiles, leurs principes; car en cela est tout le secret de simplifier, comme on dit, la législation. Mais les lois ne sont ici que des restrictions de notre liberté à des conditions sous lesquelles elle est universellement d'accord avec elle-même; elles ont donc pour objet quelque chose qui est tout à fait notre propre ouvrage et dont nous pouvons nous-mêmes être cause par ces concepts. Mais s'il n'est pas impossible, il est du moins très étrange de demander comment des objets en soi, et par conséquent la nature des choses, sont soumis à des

principes et doivent en être déterminés suivant de simples concepts. Quoi qu'il en soit cependant (car c'est une recherche encore à faire), il est clair au moins que la connaissance par principes (en soi) est tout à fait différente de la simple connaissance intellectuelle, qui peut, à la vérité, précéder les autres connaissances sous la forme d'un principe, mais qui, par elle-même (en tant qu'elle est synthétique), ne repose pas sur la simple pensée et ne contient point en soi quelque chose de général suivant des concepts.

402. Si l'entendement peut être une faculté de l'unité des phénomènes par le moyen de règles, la raison est alors la faculté de l'unité des lois de l'entendement sous des principes. Elle ne concerne donc jamais immédiatement l'expérience ou un objet quelconque, mais l'entendement, pour donner de l'unité *a priori* par des concepts aux connaissances diverses de l'entendement, unité qu'on peut appeler rationnelle, et qui est d'une tout autre espèce que celle qui peut dériver de l'entendement.

403. Tel est le concept général de la faculté-raison, autant qu'il peut s'expliquer sans des exemples (qui ne seront donnés que plus tard.)

B.

De l'usage logique de la raison.

404. On fait une distinction entre ce qui est connu immédiatement et ce qui n'est connu que par voie de conséquence. Que dans une figure renfermée par trois lignes droites, soient trois angles, c'est immédiatement connu; mais que ces angles pris ensemble soient égaux à deux angles droits, c'est ce qui n'est connu que par

voie de conséquence. Comme nous avons constamment besoin d'un raisonnement, et que nous nous y accoutumons enfin, il arrive que nous ne remarquons plus cette différence, et que nous pensons souvent, comme par exemple dans l'illusion dite des sens, que nous apercevons immédiatement ce qui n'est cependant que conclu. Dans tout raisonnement est une proposition fondamentale, et une autre qui s'en forme, savoir, la conclusion, et enfin la conséquence, suivant laquelle la vérité de la seconde proposition est nécessairement liée à la vérité de la première. Si dans celle-ci se trouve déjà le jugement conclu, de manière qu'il puisse être tiré sans l'intervention d'une troisième représentation, la conclusion s'appelle immédiate (*consequentia immediata*), que j'aimerais mieux appeler conclusion intellectuelle. Mais si, outre la connaissance posée en principe, il faut un autre jugement pour arriver à la conclusion, cette conclusion s'appelle alors raisonnement rationnel. Dans cette proposition : *tous les hommes sont mortels*, sont déjà les propositions : quelques hommes sont mortels, — quelques mortels sont hommes, — rien d'immortel n'est homme ; et ces propositions sont par conséquent des conclusions immédiates de la première. Au contraire, la proposition : tous les savants sont mortels, n'est pas dans le jugement susdit (car le concept de savant n'y est pas compris), et il n'en pourra résulter, à moins d'un jugement intermédiaire.

405. Dans tout raisonnement rationnel ou médiat, je pense d'abord une règle (*major*) par *l'entendement*. En second lieu, je subsume une connaissance à la condition de la règle (*minor*) par le moyen du *jugement pur*. Enfin, je *détermine* ma connaissance par le prédicat de la règle

(*conclusio*), par conséquent *a priori*, par la *raison*. Le rapport que représente la majeure, comme la règle entre une connaissance et sa condition, constitue donc différentes espèces de raisonnements. Il sont de trois sortes; ni plus ni moins, de même que tous les jugements en général, suivant la manière dont ils expriment le rapport de la connaissance dans l'entendement, savoir : les raisonnements médiats *catégoriques*, ou *hypothétiques*, ou *disjonctifs*.

406. Si, comme il arrive le plus souvent, la conclusion est donnée comme un jugement, alors, pour voir si ce jugement ne découle pas de jugements déjà donnés, par lesquels un tout autre objet est encore pensé, je cherche dans l'entendement l'assertion de cette conclusion pour savoir si elle ne s'y trouve pas sous certaines conditions conformément à une règle générale. Or, si je trouve une telle condition, et que l'objet de la conclusion se subsume à la condition donnée, alors cette conclusion résulte de la règle qui vaut *aussi* pour *les autres objets de la connaissance*. D'où l'on voit que la raison cherche, dans les raisonnements, à ramener la grande variété de la connaissance de l'entendement à un très petit nombre de principes (conditions générales), et s'efforce par là d'obtenir leur unité la plus élevée.

C.

De l'usage pur de la raison.

407. Peut-on isoler la raison, et, si on le peut, est-elle encore alors la source particulière d'idées et de jugements qui ne dérivent que d'elle, et par lesquels elle se rapporte aux objets ; ou bien est-elle seulement une

faculté subalterne dont la destination soit de donner une certaine forme aux connaissances données, forme qu'on appelle logique, et par laquelle les connaissances de l'entendement sont soumises respectivement les unes aux autres, et les règles secondaires à d'autres règles supérieures (dont la condition renferme dans sa sphère la condition des précédentes), autant que faire se peut par leur comparaison? Telle est la question dont nous nous occuperons préalablement. Dans le fait, la variété des règles, l'unité des principes, sont deux choses exigées par la raison pour maintenir l'entendement dans un accord universel avec lui-même, de la même manière que l'entendement soumet la variété de l'intuition aux concepts, et par ce moyen lui donne de la liaison. Mais un tel principe ne prescrit aucune loi aux objets, et ne renferme pas la raison de la possibilité de les connaître et de les déterminer comme tels en général; il est simplement une loi subjective pour l'usage économique de l'acquis de notre entendement par la comparaison de ses concepts, une loi tendant à soumettre l'usage général de ces concepts au plus petit nombre de concepts possible, sans que l'on puisse pour cela demander avec raison, touchant les objets mêmes, un accord qui serve à la commodité et à l'extension de notre entendement, et donner à cette maxime une valeur en même temps objective. En un mot, la question est de savoir : Si la raison en soi, c'est-à-dire la raison pure *a priori*, contient des principes et des règles synthétiques, et en quoi ces principes peuvent consister?

408. Le procédé formel et logique de la raison dans le raisonnement médiat nous montre suffisamment sur quel fondement son principe transcendantal doit re-

poser dans la connaissance synthétique par raison pure.

409. 1° Le raisonnement rationnel [ou médiat, que nous n'appellerons plus désormais que raisonnement] ne considère pas des intuitions pour les soumettre à des règles (comme le fait l'entendement pratique avec ses catégories), mais des concepts et des jugements. Quoique, par conséquent, la raison pure concerne des objets, elle ne s'y rapporte point immédiatement ni à leur intuition, mais seulement à l'entendement et à ses jugements, qui s'appliquent immédiatement aux sens et à leur intuition, pour en déterminer l'objet. L'unité rationnelle n'est donc pas l'unité d'une expérience possible; elle en diffère essentiellement comme elle diffère de l'unité de l'entendement. Que tout ce qui arrive ait une cause, ce n'est pas là un principe reconnu et prescrit par la raison. Ce principe rend possible l'unité de l'expérience, et n'emprunte rien de la raison, qui, sans ce rapport à l'expérience possible, n'aurait pu, par des concepts seuls, prescrire cette unité synthétique.

410. 2° La raison cherche dans son usage logique la condition générale de son jugement (de la conclusion), et le raisonnement n'est même autre chose qu'un jugement par le moyen de la subsomption de sa condition à une règle générale (la majeure). Or, comme cette règle est exposée à son tour à cette même recherche de la raison, et qu'ainsi la condition de la condition doit (par le moyen d'un prosyllogisme) être cherchée aussi loin que possible, on voit bien alors que le principe propre de la raison en général (dans l'usage logique) est de trouver à la connaissance conditionnée de l'en-

tendement l'absolu, au moyen duquel son unité est accomplie.

411. Mais cette maxime logique ne peut être un principe de la *raison pure* qu'autant que l'on admet que si le conditionné est donné, toute la série des conditions subordonnées entre elles, série qui, par conséquent, est elle-même inconditionnée, est aussi donnée (c'est-à-dire comprise dans l'objet et sa liaison).

412. Mais ce principe de la raison pure est visiblement *synthétique*; car le conditionné se rapporte analytiquement, il est vrai, à une condition, mais pas à l'absolu. De ce même principe doivent résulter différentes propositions synthétiques à l'égard desquelles l'entendement pur ne sait rien, puisqu'il n'a affaire qu'aux objets de l'expérience possible, dont la connaissance et la synthèse sont toujours conditionnées. Mais l'absolu, quand il a effectivement lieu, est considéré en particulier d'après toutes les déterminations qui le distinguent du conditionné, et doit par là donner matière à plusieurs propositions synthétiques *a priori*.

413. Mais les propositions fondamentales résultant de ce principe suprême de la raison pure seront *transcendantes* par rapport à tous les phénomènes, c'est-à-dire qu'aucun usage empirique de ces propositions-principes ne pourra jamais lui être adéquat. Il se distingue donc de tous les principes de l'entendement (dont l'usage est absolument *immanent*, puisqu'ils n'ont pour objet que la possibilité de l'expérience). Or, la dialectique transcendantale a pour objet d'examiner si ce principe: la série des conditions (dans la synthèse des phénomènes, ou même de la pensée des choses en général) s'étend jusqu'à l'absolu, possède ou non une

valeur objective, et de faire connaître les conséquences qui en découlent pour l'usage empirique de l'entendement ; ou plutôt d'examiner s'il n'y a aucune proposition rationnelle d'une valeur objective, s'il n'y a, au contraire, qu'un précepte purement logique de s'élever toujours à des conditions de plus en plus hautes pour approcher de plus près de l'intégralité, et par là soumettre notre connaissance à la plus haute unité rationnelle à nous possible ; si ce besoin de la raison est pris par erreur pour un principe transcendantal de la raison pure, qui exigerait témérairement une telle plénitude absolue touchant la série des conditions dans les objets mêmes ; enfin de voir quels sont, dans ce cas, les malentendus et les illusions qui peuvent se glisser dans les raisonnements après que la majeure en a été prise de la raison pure (ce qui est peut-être plus une pétition qu'un postulat), et qui s'élèvent de l'expérience à sa condition. Telle sera donc notre tâche dans la dialectique transcendantale. Nous développerons cette dialectique dans ses sources profondément cachées au fond de la raison humaine. Nous la partagerons en deux parties principales : dans la *première*, nous traiterons des *concepts transcendantaux* de la raison pure ; dans la *seconde*, de ses *raisonnements transcendants* et *dialectiques*.

DIALECTIQUE TRANSCENDANTALE.

LIVRE PREMIER.
Des concepts de la raison pure.

414. Quoi qu'il en soit de la possibilité des concepts de la raison pure, ils ne sont pas simplement réfléchis, mais

encore conclus. Il y a aussi des concepts de l'entendement qui sont conçus *a priori*, c'est-à-dire avant l'expérience et pour la rendre possible; mais ils ne contiennent que l'unité de la réflexion sur les phénomènes en tant que ces phénomènes doivent nécessairement appartenir à une conscience empirique possible. La connaissance et la détermination d'un objet ne sont possibles que par le moyen de ses concepts. Ils sont donc les premiers à donner matière à conclusion, et ne sont précédés d'aucun concept *a priori* d'objets dont ils puissent se conclure. Leur réalité objective repose au contraire simplement sur ce que, constituant la forme intellectuelle de toute expérience, leur application doit toujours pouvoir être montrée dans l'expérience.

415. Mais la dénomination d'un concept rationnel indique déjà par anticipation qu'il ne veut point être circonscrit dans l'expérience, parce qu'il se rapporte à une connaissance dont toute connaissance empirique n'est qu'une partie (peut-être le tout de l'expérience possible, ou de sa synthèse empirique), et à laquelle une expérience réelle ne suffit jamais parfaitement, quoiqu'elle en fasse cependant toujours partie. Les concepts rationnels servent à *comprendre* (*zum Begreifen*), comme les concepts de l'entendement à *entendre* (*zum Verstehen*) (les perceptions). Lorsqu'ils renferment l'absolu, ils se rapportent à quelque chose qui contient toute expérience, mais qui n'est jamais lui-même un objet de l'expérience; à quelque chose à quoi la raison conduit dans ses conclusions en partant de l'expérience, et d'où elle apprécie et mesure le degré de l'usage empirique de ces concepts, mais qui ne forme jamais un membre de la synthèse empirique. Si néanmoins ces concepts ont une valeur

objective, on peut les appeler *conceptus ratiocinati* (concepts légitimement déduits); dans le cas contraire, ils sont au moins délusoires par une apparence de conclusion, et peuvent s'appeler *conceptus ratiocinantes* (concepts dialectiques [sophistiques]). Mais comme ceci ne peut être décidé qu'au chapitre des raisonnements dialectiques de la raison pure, nous ne pouvons pas encore en parler. De la même manière cependant que nous avons appelé catégoriques les concepts purs de l'entendement, nous appellerons provisoirement les concepts de la raison pure du nom nouveau d'Idées transcendantales. Il s'agit maintenant d'expliquer et de justifier cette dénomination.

SECTION I.

Des idées en général.

416. Malgré la grande richesse de nos langues, un penseur se trouve souvent embarrassé dans le choix d'une expression qui cadre parfaitement avec son concept, et à défaut de laquelle cependant il n'est intelligible ni pour les autres ni pour lui-même. L'invention de mots nouveaux est une prétention de donner des lois aux langues, qui réussit rarement. Avant donc de recourir à ce moyen désespéré, il convient de chercher dans une langue morte et savante si l'on ne trouvera pas cette idée avec son expression correspondante; et si l'ancienne acception est devenue vague et ambiguë par la faute de leur auteur, mieux vaut néanmoins en affirmer la signification propre et primitive (dût-on même laisser douteux si les anciens l'employaient dans le même sens), que de gâter son ouvrage en se rendant inintelligible.

417. C'est pourquoi, si l'on ne trouve par hasard qu'un seul mot qui convienne parfaitement, d'après sa signification déjà reçue, à un concept qu'il est très important de distinguer d'autres concepts analogues, il est à propos d'en user sobrement, ne l'employant à la place d'un autre terme que pour en désigner synonymiquement la variété et en lui conservant avec soin sa signification propre; autrement il arrive trop facilement, si l'on ne donne pas une attention particulière à l'expression, et si on la confond avec une foule d'autres de significations très différentes, que la pensée, qui n'aurait pu être conservée que par l'expression, se trouve elle-même perdue.

418. Platon, comme on sait, se sert du mot *Idée* pour signifier quelque chose qui non seulement n'est jamais pris du domaine des sens, mais qui s'élève bien au-dessus des concepts de l'entendement, dont Aristote s'est occupé, puisque rien ne se trouve jamais dans l'expérience qui y corresponde. Les Idées sont, pour Platon, des archétypes ou originaux des choses en soi, et non simplement des clefs de l'expérience possible, comme les catégories. Dans son opinion, elles découlent de la suprême raison, d'où elles sont devenues le partage de la raison humaine; mais plus tard la raison ne les trouve plus dans leur état originel, puisque ce n'est qu'avec peine qu'elle parvient à se rappeler par la mémoire (c'est-à-dire par la philosophie), ces idées anciennes, maintenant très obscurcies. Je m'abstiendrai ici de toute recherche littéraire pour découvrir le sens précis que ce grand philosophe attachait à ce mot. Je remarque seulement qu'il n'y a rien d'extraordinaire, soit dans le langage, soit dans les livres, de mieux entendre un auteur, qu'il ne s'est entendu lui-même, par la comparaison de ses pensées sur un objet, parce qu'il n'avait pas assez déterminé son concept et ainsi parlait, et même pensait quelquefois contrairement à son dessein.

419. Platon remarqua très bien que notre faculté de connaître éprouve un besoin plus élevé que celui d'épeler les simples phénomènes suivant l'unité synthétique pour pouvoir les lire comme expérience, et que notre raison s'élève naturellement à des connaissances qui sont trop hautes pour qu'un objet donné par l'expérience puisse jamais leur convenir, mais qui, néanmoins, ont leur réalité et ne sont jamais que de pures fictions.

420. Platon trouve surtout ses idées dans tout ce qui est pratique (1), c'est-à-dire dans ce qui repose sur la liberté, laquelle, de son côté, est soumise à des connaissances qui sont proprement un produit de la raison. Celui qui voudrait tirer de l'expérience les concepts de vertu, qui voudrait (comme l'ont fait un grand nombre) convertir en modèle de la source des connaissances [morales] ce qui ne peut servir que d'exemple dans une explication imparfaite, ferait de la vertu un non-être ambigu, changeant suivant le temps et les circonstances, et ne pouvant servir à établir aucune règle. Chacun sait, au contraire, que si on lui présente quelqu'un comme modèle

(1) Il étendit sûrement aussi son concept aux connaissances spéculatives, pourvu seulement qu'elles fussent pures et absolument *a priori*, même aux mathématiques, quoiqu'elles n'aient leur objet que dans l'expérience *possible*. En quoi je ne puis imiter ce philosophe, non plus que dans la déduction mystique de ces idées, ni dans les exagérations par lesquelles il en faisait en quelque sorte des hypostases, quoique le langage sublime dont il se servait dans ce champ soit susceptible d'une interprétation plus mitigée et tout à fait appropriée à la nature des choses.

de vertu, il en a cependant toujours le véritable original dans sa propre raison; qu'il y compare ce modèle proposé, et qu'il ne l'estime qu'en conséquence. Eh bien, c'est là l'idée de la vertu par rapport à laquelle tous les objets possibles de l'expérience servent, à la vérité, comme d'exemples (preuve de la possibilité pratique d'un certain dégré de ce que demande l'idée de raison), mais non comme archétypes. De ce qu'un homme n'agit jamais d'une manière adéquate à ce qui est compris dans l'idée pure de vertu, ce n'est point une preuve qu'il y ait quelque chose de chimérique dans cette conception, car tout jugement sur le prix moral de la vertu n'est possible, après tout, que par cette idée; elle sert donc de fondement nécessaire à tout progrès dans le perfectionnement moral, suivant le degré permis par les obstacles plus ou moins puissants que nous rencontrons dans notre nature.

421. La *République de Platon,* comme exemple prétendu frappant d'une perfection imaginaire qui ne peut avoir lieu que dans le cerveau d'un penseur désœuvré, est devenue proverbiale, et *Brucker* trouve ridicule que le philosophe ait dit que jamais un prince n'administrera bien s'il ne participe pas aux idées. Mais il vaudrait mieux continuer cette pensée, la prendre au point où l'homme supérieur nous a laissés sans secours, et la mettre en lumière par de nouveaux efforts, que de la rejeter comme inutile, sous le très misérable et très honteux prétexte de l'impossibilité de la réaliser. Une constitution qui a pour but *la plus grande liberté humaine,* suivant des lois qui font que *la liberté de chacun peut subsister avec la liberté de tous* (car il ne s'agit pas du plus grand bonheur possible, puisqu'alors il viendra de lui-

même), est au moins une idée nécessaire, qui doit servir de fondement, non seulement à une première ébauche d'une constitution civile, mais même à toutes les lois; et il y faut faire dès le principe abstraction des obstacles présents, qui peut-être résultent bien moins inévitablement de la nature humaine, que du mépris des vraies idées de la législation. Car on ne peut rien trouver de plus honteux et de plus indigne d'un philosophe que l'appel vulgaire et grossier à une expérience soi-disant contraire, expérience qui n'aurait pas existé si ces institutions avaient été faites en temps opportun suivant les idées dont nous parlons, et si à leur place des idées grossières, précisément parce qu'elles étaient tirées de l'expérience, n'avaient pas rendu tout bon dessein inutile. Plus la législation et le gouvernement seraient d'accord avec ces idées, plus les peines seraient rares; et alors il est tout à fait raisonnable de dire avec Platon, que, dans une constitution parfaite, les peines ne seraient plus nécessaires. Et, quoique le fait ne doive jamais arriver, l'idée n'en est pas moins juste; elle pose pour type ce *maximum*, pour que la constitution légale des hommes approche de plus en plus de l'entière perfection. Personne ne peut assigner le degré auquel doit s'arrêter l'humanité, ni dire, par conséquent, quelle est la distance qui reste nécessairement entre l'idée et sa réalisation, car la liberté peut dépasser toute borne assignée.

422. Mais ce n'est pas seulement dans les choses où la raison humaine montre une vraie causalité, et où les idées deviennent causes efficientes (des actions et de leurs objets), c'est-à-dire en morale, c'est encore par rapport à la nature même que Platon voit avec raison

des preuves évidentes de l'origine des choses par des idées. Une plante, un animal, l'ordre du monde (apparemment aussi l'ordre entier de la nature), montrent clairement que tout cela n'est possible que suivant des idées ; qu'à la vérité, aucune créature particulière, sous les conditions déterminées de son existence, n'est en en harmonie avec l'idée de la plus grande perfection de son espèce (aussi peu que l'homme avec l'idée de l'humanité, idée qu'il porte cependant toujours dans son âme comme archétype de ses actions), mais que, dans l'entendement suprême, ces idées sont néanmoins déterminées individuellement, immuablement et universellement ; qu'elles sont les causes primitives des choses, et qu'il n'y a que l'ensemble de leur union dans l'univers qui soit adéquat à cette idée. Abstraction faite de ce qu'il y a d'exagéré dans l'expression, l'élévation d'esprit du philosophe, depuis la contemplation ectype du physique de l'ordre du monde jusqu'à son enchaînement architectonique suivant des fins, c'est-à-dire d'après des idées, est un effort digne d'estime et d'imitation. Mais, pour ce qui est des principes de la morale, de la législation et de la religion, où les idées rendent enfin possible l'expérience même (du bien), — quoiqu'elles ne puissent jamais y être parfaitement exprimées, — c'est un mérite tout à fait particulier qui n'est méconnu que parce qu'on ne l'apprécie que suivant les règles empiriques dont la valeur, comme principes, a dû céder en face de ces idées mêmes. A l'égard de la nature, l'expérience nous donne les règles et devient la source de la vérité. Mais, par rapport aux lois morales, l'expérience, hélas ! est la mère de l'apparence, et il est très répréhensible de prendre les lois de ce qui *doit se faire*, de ce qui *se fait*, ou de vouloir les y restreindre.

423. Au lieu de toutes ces considérations, dont une convenable exécution fait le mérite propre de la philosophie, nous nous occuperons maintenant d'un travail moins brillant, mais cependant pas sans mérite, savoir : de déblayer et d'affermir le sol où doit être élevé le majestueux édifice de la morale, dans lequel la raison, tout en cherchant des trésors avec une confiance aussi ferme qu'inutile, n'a su faire jusqu'ici qu'une infinité de taupinières qui minent les fondements de cet édifice. Il s'agit donc de connaître avec précision l'usage transcendantal de la raison pure, ses principes et ses idées, afin de pouvoir apprécier et déterminer l'influence et la valeur de cette raison. Mais, avant de finir cette introduction, je supplie ceux qui ont à cœur la philosophie (ce qui dit plus qu'on ne rencontre communément), s'ils se trouvent persuadés par ce qui vient d'être dit et par ce qui doit suivre, de prendre sous leur protection le mot *idée* dans son acception primitive, afin qu'à l'avenir il ne se dénature plus par suite de la confusion qui pourrait en être faite encore avec les autres expressions servant à désigner d'une manière peu précise les différentes espèces de représentations, et pour que la science n'en fasse pas la perte. Nous ne manquons cependant pas de mots appropriés aux différentes espèces de représentations, sans que nous soyons obligés d'empiéter sur la propriété d'autrui ; en voici l'échelle : Le mot générique est *représentation* (*repræsentatio*) ; il comprend la représentation avec conscience (*perceptio*). Mais une *perception* qui se rapporte simplement au sujet comme modification de son état est *sensation* (*sensatio*) ;

une perception objective est *connaissance* (*cognitio*). Celle-ci est à son tour *intuition* ou *concept* (*intuitio vel conceptus*). L'intuition se rapporte immédiatement à l'objet, en sorte qu'elle est nécessairement singulière; le concept s'y rapporte médiatement, par le moyen d'un signe, d'un caractère ou attribut qui peut être commun à plusieurs choses. Le concept est ou *empirique* ou *pur*; et le concept pur, s'il a son origine dans l'entendement seul (et non dans une image pure de la sensibilité), s'appelle *notion* (*notio*). Le concept suscité par des notions, et qui dépasse la possibilité de l'expérience, est l'*idée* ou concept de raison, ou bien encore concept rationnel. Une fois habitué à ces distinctions, on ne pourra plus entendre appeler idée la représentation de la couleur rouge, par exemple; elle ne doit pas même être appelée notion (concept intellectuel).

SECTION II.

Des idées transcendantales.

424. L'analyse transcendantale nous a fourni un exemple de la manière dont la simple forme logique de notre connaissance peut contenir l'origine de concepts purs *a priori*, qui représentent les objets avant toute expérience, ou plutôt qui indiquent l'unité synthétique qui seule rend possible la connaissance empirique des objets. La forme des jugements (convertie en un concept relatif à la synthèse des intuitions), a produit des catégories, qui dirigent tout usage de l'entendement dans l'expérience. Nous pouvons de même nous attendre à ce que la forme des raisonnements, si on l'applique à

l'unité synthétique des intuitions suivant la règle des catégories, comprenne l'origine des concepts particuliers *a priori*, que nous pouvons appeler concepts rationnels purs ou *idées transcendantales*, et qui détermineront, suivant des principes, l'usage de l'entendement dans toute expérience.

425. La fonction de la raison, lorsqu'elle raisonne, consiste dans la généralité de la connaissance suivant des concepts ; et le raisonnement lui-même est un jugement qui est déterminé *a priori* dans la circonscription totale de sa condition. Je pourrais aussi tirer de l'expérience par l'entendement la proposition : Caïus est mortel. Mais je cherche un concept qui contienne la condition sous laquelle le prédicat (assertion en général) de ce jugement est donné (c'est-à-dire, ici, le concept d'homme), et, après avoir subsumé à cette condition, prise dans toute son étendue (tous les hommes sont mortels), je détermine ensuite la connaissance de mon objet (Caïus est mortel).

426. Dans la conclusion d'un raisonnement, nous restreignons donc le prédicat à un certain objet, après l'avoir auparavant conçu dans la majeure suivant toute son extension, sous une certaine condition. Cette quantité absolue de l'extension par rapport à une telle condition s'appelle universalité (*universalitas*). A cette universalité correspond, dans la synthèse des intuitions, la *totalité* (*universitas*) des conditions. Le concept rationnel transcendantal n'est que le concept de la *totalité des conditions* d'un conditionné déterminé. Or, comme l'*absolu* seul rend possible la totalité des conditions, et que, réciproquement, la totalité des conditions est toujours elle-même inconditionnée, un concept rationnel pur en

général peut être défini par le concept de l'absolu, en tant qu'il contient le principe de la synthèse du conditionné.

427. Autant il y a d'espèces de rapports que l'entendement se représente par le moyen des catégories, autant il y aura de concepts rationnels purs; en sorte qu'il faut chercher : 1° un *absolu* de la synthèse *catégorique* dans un *sujet* ; 2° un *absolu* de la *synthèse hypothétique* des membres d'une série; 3° un *absolu* de la synthèse *disjonctive* des parties formant un *système*.

428. De là autant d'espèces de raisonnements, dont chacune tend à l'absolu par des prosyllogismes : l'une conduit à un sujet qui n'est plus lui-même attribut; la seconde, à une supposition qui ne suppose rien de plus ; la troisième, à un agrégat des membres de la division tels qu'ils n'exigent plus rien pour la parfaite division d'un concept.

429. Les concepts rationnels purs de la totalité dans la synthèse des conditions sont donc nécessaires, du moins comme problèmes, pour poursuivre l'unité de l'entendement jusqu'à l'absolu : ils sont par conséquent aussi fondés sur la nature de la raison humaine, quoique d'ailleurs ces concepts transcendantaux manquent d'un usage *in concreto* conforme à la nature de chacun d'eux, et n'aient par conséquent d'autre utilité que de diriger l'entendement de manière à ce que son usage, dans son application la plus étendue possible, soit toujours en parfait accord avec lui-même.

Quand nous parlons ici de la totalité des conditions et de l'absolu comme d'un titre commun à tous les concepts rationnels, nous rencontrons encore une expression indispensable, mais dont nous ne pouvons cependant faire usage avec confiance, à cause de l'ambiguïté de sens née du long *abus* de ce mot. Le mot ABSOLU est du petit nombre de ceux qui étaient appropriés, dans leur signification primitive, à un concept que nul autre mot de la même langue ne pouvait rendre, et dont la perte, ou, ce qui est la même chose, l'usage vague et ambigu, entraîne nécessairement la perte du concept lui-même ; concept qui est cependant d'un fréquent usage pour la raison, et qui ne peut dès lors disparaître sans un grand préjudice pour tout jugement transcendantal. Le mot *absolu* est le plus souvent employé maintenant pour indiquer simplement que quelque chose est considéré *en soi*, et vaut par conséquent intrinsèquement. Dans ce sens, *absolument possible* signifierait ce qui est possible en soi (*interne*), ce qui est en effet *le moins* qu'on puisse dire d'une chose. Il est aussi employé quelquefois pour signifier que quelque chose est valable sous tous les rapports (d'une manière illimitée), par exemple, le pouvoir absolu ; et alors *absolument possible* signifie ce qui est *possible* à tous égards et *sous tous les rapports ;* ce qui est *le plus* que l'on puisse dire sur la possibilité d'une chose. Nous trouvons même ces significations diverses. Ainsi, par exemple, ce qui est impossible intrinsèquement est impossible aussi sous tous les rapports, et par suite absolument. Mais dans la plupart des cas, elles se repoussent diamétralement : c'est ainsi que je ne puis point conclure de ce que quelque chose est possible en soi, qu'il soit aussi possible pour cela sous tous les rapports, par conséquent d'une manière absolue. Je ferai même voir par la suite, en parlant de la nécessité absolue, qu'en aucun cas elle ne dépend de la nécessité interne, et qu'elle ne doit par conséquent pas être considérée comme son équivalent. Ce dont l'opposé est extrinsèquement possible est sans doute aussi ce dont l'opposé est impossible sous tous les rapports, et par conséquent ce qui est soi-même absolument nécessaire. Mais je ne puis pas conclure réciproquement la nécessité absolue de ce dont l'opposé est *intrinsèquement impossible,* ou que la nécessité *absolue* des choses soit une nécessité *interne;* car cette néccessité interne est, dans certains cas, une expression tout à fait vaine, à laquelle nous ne pouvons attacher le moindre concept. Au contraire, le concept de la nécessité d'une chose sous tous les rapports (relativement à tout le possible), emporte avec lui des déterminations toutes particulières. Et comme la perte d'un concept d'une grande application dans la philosophie spéculative ne peut jamais être indifférente à un philosophe, j'espère que la détermination et la conservation soigneuse de l'expression à laquelle s'attache le concept, ne lui sera pas non plus indifférente.

430. J'emploierai donc le mot *absolu* dans cette signification plus étendue, en l'opposant à ce qui ne vaut que d'une manière simplement comparative, ou sous un rapport particulier; car ce qui ne vaut que de cette dernière manière est restreint à des conditions, tandis que ce qui vaut absolument vaut sans restriction.

431. Or, le concept rationnel transcendantal ne concerne que la totalité absolue dans la synthèse des conditions, et n'aboutit jamais qu'à l'absolu, c'est-à-dire à un rapport indéterminé. Car la raison pure abandonne tout à l'entendement, dont les fonctions se rapportent immédiatement aux objets de l'intuition, ou plutôt à leur synthèse dans l'imagination. La raison pure garde

pour elle seule la totalité absolue dans l'usage des concepts de l'entendement, et cherche à élever l'unité synthétique, qui est conçue dans la catégorie, jusqu'à l'absolument inconditionné. On peut donc appeler cette totalité l'*unité rationnelle* des phénomènes, et celle qui est exprimée par la catégorie *unité intellectuelle*. La raison ne se rapporte donc qu'à l'usage de l'entendement; non pas, à la vérité, en tant qu'il contient la raison de l'expérience possible (car la totalité absolue des conditions n'est point un concept dont on puisse se servir dans une expérience, parce qu'aucune expérience n'est inconditionnée), mais bien pour lui prescrire une certaine unité dont il n'a aucun concept, et qui tend à embrasser toutes les opérations de l'entendement en un seul *tout absolu,* par rapport à un objet quelconque. L'usage objectif des concepts purs de la raison est donc toujours *transcendant;* tandis qu'au contraire, celui des concepts purs de l'entendement, quant à leur nature, doit toujours être *immanent*, puisqu'il se borne simplement à l'expérience possible.

432. J'entends par Idée un concept nécessaire de la raison, auquel ne peut correspondre aucun objet donné par les sens. Les concepts purs de la raison, dont nous nous occupons maintenant, sont des *idées transcendantales*. Ce sont des concepts de la raison pure, car ils supposent toute connaissance expérimentale comme déterminée par une totalité absolue des conditions. Ils ne sont point une fiction arbitraire; ils sont, au contraire, donnés par la nature même de la raison, et se rapportent nécessairement à l'usage de l'entendement. Ils sont enfin transcendants, et dépassent les bornes de l'expérience, dans laquelle on ne peut jamais rencontrer un objet qui

soit adéquat à l'idée transcendantale. Quand on nomme une idée, on dit *beaucoup* quant à l'objet (comme objet de l'entendement pur), mais quant au sujet (c'est-à-dire par rapport à sa réalité sous une condition empirique), on dit *fort peu*, précisément parce qu'elle ne peut jamais, comme concept d'un *maximum*, devenir adéquate *in concreto*. Or, comme ce maximum est proprement le but unique de l'usage purement spéculatif de la raison, et que l'approximation d'un concept qui ne peut jamais être atteint dans la pratique est la même chose que si ce concept était manqué absolument, on peut dire d'un concept de cette nature que ce n'est qu'une *simple* idée. On pourrait donc dire que le tout absolu de l'ensemble du phénomène n'est *qu'une idée*. Par la raison en effet que nous ne pouvons jamais rien figurer de semblable, il reste un *problème* sans solution. Comme il ne s'agit, au contraire, dans l'usage pratique de l'entendement, que de l'exécution suivant une règle, l'idée de la raison pratique peut toujours être donnée réellement *in concreto*, quoique partiellement; elle est même la condition nécessaire de tout usage pratique de la raison. Son exercice toujours imparfait et borné, mais non pas par des bornes assignables, est par conséquent toujours sous l'influence du concept d'une intégralité ou perfection absolue. C'est pourquoi l'idée pratique est toujours très féconde, et tout à fait indispensable par rapport aux actions réelles. La raison pure possède donc dans cette idée une causalité pour produire ce qui est contenu dans son concept; en sorte qu'on ne peut pas dire de la sagesse, en termes de mépris, qu'*elle n'est qu'une idée*; mais, au contraire, précisément parce qu'elle est l'idée de l'unité nécessaire de toutes les fins possibles, elle doit, comme condition originelle et pour le moins restrictive, servir de règle à toute pratique.

433. Quoiqu'on puisse dire des concepts rationnels transcendantaux qu'ils ne sont que des *idées*, nous ne les considérerons cependant pas comme superflus et vains; car, bien qu'aucun objet ne puisse être déterminé par eux, ils peuvent cependant en principe, et d'une manière insensible, servir à l'entendement de règles pour son usage étendu et uniforme. A la vérité, il ne connaît pas de cette manière d'autres objets que ceux qui lui sont connus d'après ses concepts propres ; mais il est cependant mieux dirigé et va plus loin dans cette connaissance. Nous ne dirons pas que ces concepts permettent peut-être de passer des concepts physiques aux concepts pratiques, et qu'ils peuvent ainsi procurer aux idées morales elles-mêmes de la force et un rapport avec les connaissances spéculatives de la raison. L'explication de tout ceci viendra plus tard.

434. Mais, mettant de côté, pour le moment, les idées pratiques, en conséquence de l'objet que nous nous sommes proposé, nous ne considérerons la raison que dans son usage spéculatif, et plus particulièrement encore dans son usage spéculatif transcendantal. Nous devons donc suivre ici la même marche que nous avons suivie précédemment dans la déduction des catégories, à savoir : étudier la forme logique de la connaissance de la raison, et voir si par hasard la raison ne serait pas aussi de cette manière une source de concepts par lesquels des objets en soi seraient regardés comme déterminés synthétiquement *a priori*, par rapport à l'une ou à l'autre des fonctions de la raison.

435. La raison, considérée comme faculté d'une cer-

taine forme logique de la connaissance, est la faculté de conclure, c'est-à-dire de juger médiatement (par la subsumption de la condition d'un jugement possible à la condition d'un jugement donné). Le jugement donné est la règle générale (*Major*). La subsumption de la condition de l'autre jugement possible sous la condition de la règle est la mineure (*Minor*). Le jugement véritable qui énonce l'assertion de la règle dans le cas subsumé est la conclusion (*Conclusio*). La règle exprime quelque chose d'universel sous une certaine condition. Or, la condition de la règle a eu lieu dans un cas qui se présente. Par conséquent, ce qui vaut sous cette condition générale est aussi regardé comme valable dans le cas présent (qui emporte avec lui cette condition). On voit facilement que la raison parvient à la connaissance par les opérations de l'entendement, qui forment une série de conditions. Si je n'arrive à cette proposition : tous les corps sont muables, que par cela seul que je pars d'une connaissance plus éloignée (dans laquelle le concept de corps ne se trouve pas encore, mais qui cependant en contient la condition), et que je commence par dire : tout composé est *muable* ; — que j'avance ensuite de celle-ci à une plus proche qui est soumise à la condition de la première : les corps sont composés ; — et enfin de celle-ci à une troisième qui lie maintenant la connaissance éloignée (muable) à la connaissance actuelle, et que j'aie ainsi : donc les corps sont muables, — je suis alors conduit par une série de conditions (prémisses) à une connaissance (conclusion). Or, toute série dont l'exposant (du jugement catégorique ou hypothétique) est donné, pouvant être poursuivie, nous sommes conduits par ce même procédé de la raison à un raisonnement polysyllogistique (*ratiocinatio polysyllogistica*), qui est une série de conclusions, série qui peut être continuée indéfiniment, soit du côté des conditions (*per prosyllogismos*), soit du côté des conditionnés (*per episyllogismos*).

436. Mais on remarque bien vite que la chaîne ou série de ces prosyllogismes, c'est-à-dire des connaissances poursuivies en s'élevant aux principes ou conditions d'une connaissance donnée ; en d'autres termes, que la *série ascendante* des raisonnements doit cependant se comporter, relativement à la raison, autrement que la *série descendante* ou progression de la raison vers le conditionné, par épisyllogismes. Dans le premier cas, en effet, la connaissance (*conclusio*) ne nous étant donnée que comme conditionnée, on n'y peut parvenir au moyen de la raison qu'en supposant au moins que tous les membres de la série sont donnés du côté des conditions (totalité dans la série des prémisses), parce que le présent jugement *a priori* n'est possible que sous leur supposition. Au contraire, en allant des conditions au conditionné ou conséquences, on conçoit seulement une série qui n'est qu'*à venir*, et qui n'est pas *totalement* parcourue ou donnée, par conséquent une série qui n'est qu'une progression facultative ou virtuelle. Si donc une connaissance est considérée comme conditionnée, alors la raison est forcée d'envisager la série des conditions en ligne ascendante comme consommée et donnée dans sa totalité. Mais si cette même connaissance est en même temps considérée comme condition d'autres connaissances qui composent entre elles une série de successions en ligne descendante, la raison n'a pas à rechercher jusqu'où cette progression s'étend *a parte*

posteriori, ni surtout si la totalité de cette série est possible, parce qu'elle n'a pas besoin d'une pareille série pour la conclusion dont il s'agit, celle-ci étant suffisamment déterminée par ses principes *a parte priori*. Or, que la série des prémisses ait du côté des conditions un point de départ comme condition suprême, ou qu'elle n'en ait pas, et qu'elle soit par conséquent sans fin *a parte priori*, elle doit cependant contenir la totalité de la condition, posé même que nous ne puissions jamais parvenir à l'embrasser ; et il faut que la série totale soit absolument vraie, si le conditionné, qui est conçu comme une conséquence, doit valoir comme vrai. C'est là une exigence de la raison, qui présente sa connaissance sous un double aspect : ou comme déterminée *a priori* et nécessaire, c'est-à-dire en soi, et alors il n'est besoin d'aucun principe ; — ou comme dérivée, et dans ce cas, elle la présente comme un membre d'une série de principes absolument vraie.

SECTION III.

Système des Idées transcendantales.

437. Il ne s'agit pas ici d'une dialectique logique, qui fait abstraction de tout contenu de la connaissance, et révèle seulement les fausses apparences dans la forme des raisonnements ; mais bien d'une dialectique transcendantale, qui doit contenir absolument *a priori* l'origine de certaine connaissance tirée de la raison pure, et celle de concepts conclus, dont l'objet ne peut absolument pas être donné empiriquement, et qui, par conséquent, sont absolument en dehors de l'entendement pur. Nous avons déjà reconnu, par le rapport naturel

de l'usage transcendantal que notre connaissance doit avoir dans les raisonnements et les jugements avec l'usage logique, qu'il n'y a que trois sortes de raisonnements dialectiques, lesquels se rapportent aux trois manières dont la raison peut aller de prémisses à conséquences, et qu'en tout son objet consiste à s'élever de la synthèse conditionnée, à laquelle l'entendement reste toujours attaché, à la synthèse absolue qu'il ne peut jamais atteindre.

438. Or, l'universel de tous les rapports dont nos représentations sont susceptibles est : 1° le rapport au sujet ; 2° le rapport aux objets, soit comme phénomènes, soit comme objets de la pensée en général. Si l'on rapproche cette subdivision de la précédente, tout rapport des représentations dont nous pouvons nous faire ou un concept, ou une idée, devient alors triple : 1° le rapport au sujet ; 2° le rapport à la diversité de l'objet dans le phénomène, 3° le rapport à toutes les choses en général.

439. Or, tous les concepts purs en général s'occupent de l'unité synthétique des représentations ; mais les concepts de la raison pure (idées transcendantales) ont pour but l'unité synthétique de toutes les conditions en général. Toutes les idées transcendantales se réduisent à *trois classes*, dont la *première* contient l'*unité* absolue (inconditionnée) du *sujet pensant* ; la *seconde*, l'*unité* absolue *de la série des conditions du phénomène* ; la *troisième*, l'*unité* absolue des *conditions de tous les objets de la pensée* en général.

440. Le sujet pensant est l'objet de la *Psychologie* ; l'ensemble de tous les phénomènes (le monde), l'objet de la *Cosmologie* ; et ce qui contient la première condi-

tion de la possibilité de tout ce qui peut être pensé (l'être de tous les êtres), est l'objet de la *Théologie*. Par conséquent la raison pure donne l'idée d'une science transcendantale de l'âme (*Psychologia rationalis*), d'une science transcendantale du monde (*Cosmologia rationalis*), enfin aussi d'une connaissance transcendantale de Dieu (*Theologia transcendentalis*). La simple esquisse de l'une ou de l'autre de ces sciences ne provient point de l'entendement, quand même il serait joint à l'usage logique suprême de la raison, c'est-à-dire à tous les raisonnements imaginables, de manière à pouvoir s'avancer de l'un de ses objets (phénomènes) à tous les autres, jusqu'aux membres les plus reculés de la synthèse empirique; mais elle est simplement un produit pur et authentique, ou un problème de la raison pure.

441. On fera pleinement connaître dans le chapitre qui suit quels sont, sous ces trois titres de toutes les idées transcendantales, les modes des concepts rationnels purs. Ils suivent le fil des catégories; car la raison pure ne concerne jamais directement les objets, mais seulement les concepts de l'entendement relatifs aux objets. Ce n'est même que dans la complète exécution de notre travail que l'on verra clairement la manière dont la raison, par l'usage synthétique de la même fonction précisément qu'elle remplit dans les raisonnements catégoriques, doit nécessairement s'élever aux concepts de l'unité absolue du *sujet pensant*; — comment le procédé logique, dans les idées hypothétiques, doit nécessairement arriver à l'unité de l'absolument inconditionné *dans une série de conditions données*; — comment, enfin, la simple forme du raisonnement disjonctif conduit au concept rationnel suprême d'un *être de tous*

les êtres en soi. Cette pensée, au premier coup d'œil, paraît cependant très paradoxale.

442. Aucune *déduction objective* proprement dite, semblable à celle que nous avons établie pour les catégories, n'est possible pour ces idées transcendantales ; car, dans le fait, elles n'ont aucun rapport à un objet qui puisse leur être adéquatement donné, par la raison précisément qu'elles ne sont que des idées. Nous pouvons en tenter une dérivation subjective de la nature de notre raison ; aussi l'avons-nous fait dans le présent chapitre.

443. On voit facilement que la raison pure n'a d'autre but que la totalité absolue de la synthèse *du côté des conditions* (soit d'inhérence, ou de dépendance, ou de concurrence), et qu'elle n'a pas à s'occuper de l'intégralité absolue *par rapport au conditionné ;* car elle n'a besoin de la première que pour supposer la série totale des conditions, et pour la donner ainsi a priori, à l'entendement. Mais une condition intégrale (et absolue) une fois donnée, il n'est plus besoin d'un concept rationnel par rapport à la progession de la série, puisque l'entendement fait de lui-même chaque pas en avant de la condition au *conditionné.* De cette manière, les idées transcendantales ne servent qu'à s'*élever* dans la série des conditions jusqu'à l'absolu, c'est-à-dire jusqu'aux principes. Mais, s'il s'agit de *descendre* au conditionné, la raison fait bien, des lois de l'entendement, un usage logique qui s'étend fort loin, mais elle n'en fait pas un usage transcendantal. Quand nous nous faisons une idée de la totalité absolue d'une telle synthèse (du *progressus*), par exemple, de la série entière de tous les changements futurs, nous n'avons là qu'une fiction

(*ens rationis*), qui n'est pensée qu'arbitrairement, mais qui n'est point posée nécessairement par la raison. Pour que le conditionné soit possible, la totalité de toutes ses conditions est sans doute nécessaire, mais non celle de ses conséquences. Un tel concept n'est donc point une idée transcendantale dont nous ayons à nous occuper ici.

444. Enfin, l'on aperçoit aussi qu'entre les idées transcendantales mêmes il se manifeste un certain enchaînement, une certaine unité, et que la raison pure réduit par ce moyen toutes ses connaissances en un système. Passer de la connaissance de soi-même, de l'âme, à la connaissance du monde, et par le moyen de celle-ci à celle de l'Être premier, est une marche si naturelle, qu'elle semble pareille à celle de la raison lorsqu'elle va des prémisses à la conclusion (1). Or, la question de savoir s'il y a réellement ici une analogie de la nature de celle qui existe entre le procédé logique et le procédé transcendantal, ne doit non plus recevoir sa solu-

---

(1) La métaphysique a pour objet propre de ses investigations, *Dieu*, la *liberté* et l'*immortalité*; de telle manière que le deuxième concept, joint au premier, doit conduire au troisième comme à une conséquence nécessaire. Tout ce dont cette science s'occupe d'ailleurs lui sert simplement de moyen pour parvenir à ces idées et à leur réalité. Elle n'a pas besoin de la physique; elle doit s'élever au-dessus de la nature. La parfaite connaissance de ces trois objets rendrait la *théologie*, la *morale*, et par l'union de l'une et de l'autre, la *religion*, par conséquent la fin la plus élevée de notre existence, exclusivement dépendante de la faculté rationnelle de spéculer. Dans une représentation systématique de ces idées, l'ordre exposé, comme ordre *synthétique*, serait le plus convenable; mais dans le traité qui doit nécessairement la précéder, l'ordre *analytique*, l'inverse du précédent, sera plus approprié à notre dessein de nous élever de ce que l'expérience nous donne immédiatement, c'est-à-dire de la *psychologie*, à la *cosmologie*, et de là jusqu'à la connaissance de *Dieu*.
Cette note n'était pas dans la première édition. — T.

tion que dans la suite de ces recherches. Déjà nous avons atteint provisoirement notre but, puisque nous avons pu faire sortir de l'état d'ambiguïté les concepts trancendantaux de la raison, si souvent confondus d'ailleurs dans la théorie des philosophes, qui ne la distinguent même pas nettement des concepts de l'entendement. Nous avons pu, en effet, en donner l'origine en même temps que le nombre déterminé, et les présenter en un ensemble systématique, si bien que le champ particulier de la raison pure a été jalonné et circonscrit.

LIVRE DEUXIÈME.

Des raisonnements dialectiques de la raison pure.

445. On peut dire que l'objet d'une idée purement transcendantale est quelque chose dont on n'a aucun concept, quoique cette idée ait été produite nécessairement dans la raison d'après ses lois originelles. Car, en effet, il n'y a pas de concept intellectuel possible d'un objet qui doit être adéquat à l'exigence de la raison, c'est-à-dire un concept tel qu'il puisse être montré et rendu perceptible dans une expérience possible. On s'exprimerait cependant mieux, et avec moins de danger de se tromper, si l'on disait que nous ne pouvons avoir aucune connaissance d'un objet correspondant à une idée, quoique nous puissions en avoir un concept problématique.

446. Or, la réalité transcendantale (subjective) des concepts rationnels purs tient du moins à ce que nous sommes conduits à ces idées par un raisonnement nécessaire. Il y a donc des raisonnements qui n'ont pas de

prémisses empiriques, et par le moyen desquels nous concluons de quelque chose que nous connaissons à quelque chose dont nous n'avons aucun concept, et à quoi nous accordons néanmoins une réalité objective par l'effet d'une apparence inévitable. Ces sortes de raisonnements doivent donc plutôt s'appeler, par rapport à leur résultat, paralogismes que raisonnements. Ils peuvent cependant prendre ce dernier nom, si on les envisage par rapport à leur occasion, car ils ne sont pas fictifs ou fortuits, mais ils résultent de la nature de la raison. Ce sont des sophistications [*Sophisticationen*], non des hommes, mais de la raison pure, dont les plus sages ne peuvent s'affranchir : peut-être qu'à la vérité ils éviteront l'erreur après bien des peines, mais ils ne pourront jamais se délivrer de l'apparence qui les joue sans cesse.

447. Il n'y a donc que trois sortes de ces raisonnements dialectiques, autant qu'il y a d'idées auxquelles les conséquences de ces raisonnements aboutissent. Dans le raisonnement de la *première classe*, je conclus du concept transcendantal du sujet, concept qui ne renferme point de diversité, à l'unité absolue de ce sujet même, dont je n'ai de cette manière aucun concept. J'appellerai ce raisonnement dialectique le *Paralogisme* transcendantal. La *seconde* classe de ces raisonnements sophistiques a pour base le concept transcendantal de la totalité absolue de la série des conditions d'un phénomène donné en général. De ce que j'ai toujours un concept contradictoire de l'unité synthétique inconditionnée de la série, d'un côté, je conclus de l'autre la légitimité de l'unité contraire, dont je n'ai cependant aucun concept. J'appellerai *antinomie* de la raison pure l'état

de la raison dans ses raisonnements dialectiques. Enfin, d'après la troisième espèce de ces raisonnements sophistiques, je conclus de la totalité des conditions pour la pensée des objets en général, en tant qu'ils peuvent m'être donnés, l'unité synthétique absolue de toutes les conditions de la possibilité des choses en général. C'est-à-dire que je conclus de choses que je ne connais pas, quant à leur simple concept transcendantal, à un être de tous les êtres que je connais encore bien moins, d'après son concept transcendantal, et de la nécessité absolue duquel je ne puis former aucun concept. J'appellerai ce raisonnement dialectique l'*Idéal* de la raison pure.

CHAPITRE PREMIER.

Des paralogismes de la raison pure.

448. Le paralogisme logique consiste dans la fausseté d'un raisonnement quant à la forme, quel qu'en soit du reste le contenu ou l'objet. Mais un paralogisme transcendantal a une raison transcendantale de conclure faussement quant à la forme. Un tel paralogisme a donc son principe dans la nature de la raison humaine, et emporte avec lui une illusion inévitable, quoiqu'elle puisse être reconnue.

449. Nous voici arrivé à un concept qui n'a pas été signalé précédemment dans la liste générale des concepts transcendantaux, et qui néanmoins doit en faire partie, sans cependant que cette table soit imparfaite et doive être modifiée. C'est le concept, ou, si l'on aime mieux, le jugement : *je pense*. Mais on voit facilement que ce concept est le véhicule de tous les concepts en général, et par conséquent aussi des concepts transcendantaux,

dans lesquels il est toujours compris, et qu'il est ainsi lui-même transcendantal, mais sans qu'il puisse avoir un titre spécial, parce qu'il ne sert qu'à présenter toute pensée comme appartenant à la conscience. Cependant, si pure qu'il soit de tout empirisme (impression des sens), il sert néanmoins à distinguer, par la nature de notre faculté représentative, deux sortes d'objets. *Moi*, comme pensant, je suis un objet du sens intime et m'appelle âme. Ce qui est un objet des sens extérieurs s'appelle corps. Le mot moi, signifiant l'être pensant, désigne donc l'objet de la psychologie, qu'on peut appeler science rationnelle de l'âme, lorsqu'on ne veut rien savoir de plus sur l'âme que ce qui peut être conclu, indépendamment de toute expérience (par laquelle je suis déterminé immédiatement *in concreto*), de ce concept *moi*, en tant qu'il est contenu dans toute pensée.

450. La science *rationnelle* de l'âme est donc réellement une entreprise de cette espèce; car, si le moindre élément empirique de ma pensée, une perception particulière quelconque de mon état interne se mêlait à la connaissance fondamentale de cette science, la psychologie ne serait plus une science rationnelle, mais une science empirique de l'âme. Il s'agit donc ici d'une science qui soit édifiée sur cette seule proposition : *je pense*, et dont nous pouvons très bien rechercher ici, suivant la philosophie transcendantale, le fondement ou la vanité. On ne doit pas craindre que, dans cette proposition qui exprime la perception de soi-même, j'aie cependant une expérience interne, et par conséquent que la psychologie rationnelle, qui s'élève sur cette proposition, ne soit jamais absolument pure, mais au contraire qu'elle soit en partie fondée sur un principe empi-

rique; car cette perception interne n'est que la simple apperception : *je pense*, qui rend ainsi possibles tous les concepts transcendantaux, dans lesquels on dit : *je pense* la substance, la cause, etc. Car l'expérience interne en général, sa possibilité ou la perception en général, et son rapport à une autre perception, sans qu'il y ait entre elles ni distinction ni détermination empirique, ne peuvent être considérées comme une connaissance empirique, et appartiennent à la recherche de la possibilité d'une expérience, recherche qui est absolument transcendantale. Le moindre objet de la perception (ne serait-ce que le plaisir et la peine) qui s'ajouterait à la représentation générale de la conscience, changerait aussitôt la psychologie rationnelle en une psychologie empirique.

451. Le *je pense* est donc le texte unique de la psychologie rationnelle, d'où elle doit dériver toute sa doctrine. On voit facilement que cette pensée, devant être rapportée à un objet (moi-même), n'en peut contenir autre chose que des attributs transcendantaux; le moindre attribut empirique altérerait la pureté rationnelle de cette science, et l'indépendance où elle est de toute expérience.

452. Mais nous suivrons simplement ici le fil conducteur des catégories : seulement, comme une seule chose nous est ici donnée, le moi, en tant qu'être pensant, nous ne changerons pas, à la vérité, l'ordre précédent des catégories entre elles tel qu'il est représenté dans leur table; mais nous commencerons cependant par la catégorie de la substance, au moyen de laquelle est représentée une chose en soi, et nous en suivrons ainsi la série à rebours. La topique de la psychologie ration-

nelle, d'où doit dériver tout ce qu'elle peut contenir, est donc celle qui suit :

1°

L'âme est
substance.

2°

Quant à sa qualité,
l'âme est
simple.

3°

Quant aux différents temps dans lesquels elle existe, elle est numériquement *identique*, c'est-à-dire *unité* (non multiplicité).

4°

Elle est en rapport
avec les objets *possibles* dans l'espace (1).

453. De ces éléments résultent tous les concepts de la psychologie pure, par la seule composition, sans reconnaître jamais aucun autre principe. Cette substance, simplement comme objet du sens intime, donne le concept de l'*immatérialité* ; — comme substance simple, le concept d'*incorruptibilité*; — son identité, comme substance intellectuelle, donne la *personnalité*. Ces trois choses ensemble donnent la *spiritualité*. Le rapport aux objets dans l'espace donne le commerce avec les corps. Elle

---

(1) Le lecteur qui ne découvrirait pas facilement par ces expressions prises dans leur acception transcendantale le sens psychologique et la raison par laquelle le dernier attribut de l'âme appartient à la catégorie de l'*existence*, trouvera cela suffisamment et convenablement expliqué dans la suite. Du reste, ce qui me rend excusable d'avoir fait usage d'expressions latines, qui se sont présentées d'elles-mêmes, tant dans ce chapitre que dans tout le reste de l'ouvrage, au lieu de me servir des mots allemands correspondants, et cela contrairement au goût du bon style, c'est que je préfère la lucidité scolastique à l'élégance du langage.

représente donc la substance pensante comme le principe de la vie de la matière, c'est-à-dire comme âme (*anima*), et comme principe de l'*animalité;* celle-ci, circonscrite par la spiritualité, représente l'*immortalité*.

454. De là donc quatre paralogismes de la psychologie transcendantale, qui est prise faussement pour une science de la raison pure touchant la nature de notre être pensant. Nous ne pouvons lui donner d'autre fondement que la représentation simple et absolument vide en soi de tout contenu, *moi*, et dont on ne peut pas même dire qu'elle soit un *concept*, mais qui est une simple conscience accompagnant tous les concepts. Par ce *moi*, c'est-à-dire par la chose qui pense, rien n'est donc représenté, si ce n'est un sujet transcendantal de la pensée $= x$, lequel n'est connu que par les pensées qui en sont les attributs, dont nous ne pouvons avoir le moindre concept isolément, et à l'égard duquel encore nous tournons toujours dans un cercle perpétuel, puisque déjà nous sommes constamment obligés de nous servir de sa représentation pour en juger quelque chose : inconvénient inévitable, puisque la conscience en soi est moins une représentation discernant un objet particulier qu'une forme de la représentation en général, en tant qu'elle doit être appelée connaissance; car avant cette représentation particulière, je puis dire seulement que je pense quelque chose en général.

455. Mais, d'abord, il doit sembler étrange que la condition sous laquelle je pense en général, et qui est par conséquent une simple qualité de mon sujet, doive être valable en même temps pour tout ce qui pense, et que nous puissions entreprendre de fonder sur une proposition d'apparence empirique un jugement apodicti-

que et général, savoir, que tout ce qui pense est fait de la manière dont se proclame en moi la voix de ma conscience. Mais la raison est que nous devons nécessairement attribuer *a priori* aux choses toutes les propriétés qui constituent les conditions sous lesquelles seulement nous les pensons. Or, je ne puis avoir la moindre représentation d'un être pensant par *aucune* expérience extérieure, mais seulement par la conscience. Ces objets ne sont donc que le transport de ma conscience à d'autres choses qui ne nous sont représentées comme des êtres pensants que par ce moyen. Mais cette proposition : *je pense*, n'est prise ici que problématiquement ; non en ce sens qu'elle puisse renfermer une perception d'une existence (le *cogito, ergo sum,* de Descartes), mais quant à sa simple possibilité, pour voir quelles propriétés doivent découler d'une proposition si simple sur son sujet (qu'il puisse en exister un tel ou non).

456. Notre connaissance rationnelle pure des êtres pensants en général aurait pour fondement autre chose encore que le *cogito,* si nous recourions aux observations sur le jeu de nos pensées pour en tirer les lois naturelles du principe pensant lui-même ; il en résulterait une psychologie empirique qui serait une espèce de *physiologie* du sens intime, et qui pourrait peut-être servir à en expliquer les phénomènes, mais jamais à découvrir des propriétés qui ne peuvent être du domaine de l'expérience, telle que celle de la simplicité, ni à faire connaître *apodictiquement* ce qui concerne la nature de l'être pensant en général : ce ne serait donc pas une psychologie rationnelle.

457. Or, comme la proposition : *je pense* (prise problématiquement) contient la forme de tout jugement

rationnel en général, et accompagne toutes les catégories comme leur véhicule, il est clair que les raisonnements qui en émanent ne peuvent contenir qu'un usage purement *transcendantal* de l'entendement, usage qui rejette tout mélange de l'expérience, et du résultat duquel nous ne pouvons d'avance nous faire aucun concept favorable, suivant ce qui a été démontré précédemment. Nous suivrons donc cette proposition d'un œil critique au moyen des attributs de la psychologie pure, sans toutefois interrompre la suite de cet examen, pour plus de brièveté (1).

458. Et d'abord, la remarque générale suivante peut fortifier notre attention sur cette manière de raisonner. Je connais un objet, non par cela seul que je pense, mais seulement parce que je détermine une intuition donnée relativement à l'unité de la conscience dans laquelle consiste toute pensée. Je ne me connais donc pas moi-même parce que je suis conscient de moi-même comme être pensant, mais parce que j'ai la conscience de l'intuition de moi-même comme déterminée par rapport à la fonction de la pensée. Tous les modes de la conscience de soi dans la pensée, considérés en eux-mêmes, ne sont donc pas encore des concepts intellectuels d'objets (des catégories) ; ce sont de simples fonctions logiques qui ne donnent à connaître aucun objet à celui qui pense, et par conséquent pas non plus moi-même comme objet. L'objet n'est pas ici la conscience du déterminant, c'est uniquement celle de l'intuition du Même *déterminable*, c'est-à-dire de mon intuition in-

---

(1) Sans toutefois, etc., est une addition de la première édition. Cette édition contenait ensuite un développement supprimé depuis, mais qu'on peut voir en appendice à la fin du volume. — T.

terne (en tant que sa variété peut être liée conformément à la condition générale de l'unité de l'apperception dont la pensée).

459. Dans tous les jugements, je suis donc toujours *le sujet déterminant* du rapport qui compose le jugement. Mais c'est une proposition apodictique, et même *identique* que celle-ci : Le moi, qui pense, doit toujours valoir dans la pensée comme *sujet* et peut être considéré comme quelque chose qui n'est point inhérent à la pensée, qui n'en est pas le prédicat. Cette proposition ne signifie pas que je sois, comme objet, un être *subsistant* par moi-même ou une *substance*. Ce dernier caractère s'étend très loin ; il exige par conséquent aussi des données qui ne peuvent absolument pas être trouvées dans la pensée, et peut-être (en tant que je considère simplement l'être pensant comme tel) ne les trouverai-je jamais davantage ailleurs (en lui).

460. 2° Le concept de la pensée implique déjà que le moi de l'apperception, par conséquent le moi dans toute pensée, est quelque chose de *singulier* qui ne peut se résoudre en une multiplicité ; il désigne par conséquent un sujet logiquement simple : la proposition Je pense, est donc une proposition analytique. Mais cela ne signifie pas que le moi *pensant* soit une *substance* simple ; ce qui serait une proposition synthétique. Le concept de substance se rapporte toujours à des intuitions qui ne peuvent être que sensibles en moi, et qui par conséquent sont tout à fait hors du champ de l'entendement et de sa pensée ; deux choses dont cependant il est exclusivement question quand on dit que le moi dans la pensée est simple. Il serait étonnant d'ailleurs que j'eusse ici comme par révélation, et justement dans la plus pauvre

de toutes les représentations, ce qui d'ailleurs exige tant de précautions s'il s'agit de distinguer le substantiel et ce qui ne l'est pas dans ce qui se présente en intuition, et qui en demande bien plus encore lorsqu'on veut savoir si cette substance peut être simple (comme pour les parties de la matière).

461. 3° La proposition de mon identité dans toute diversité dont j'ai conscience est justement aussi une proposition renfermée dans le concept même, par conséquent une proposition analytique ; mais cette identité du sujet, identité dont je puis avoir conscience dans toutes les représentations, ne concerne pas l'intuition du sujet, celle par laquelle il est donné comme objet, et ne peut par conséquent pas non plus signifier l'identité de la personne, au moyen de laquelle la conscience de l'identité de sa propre substance, comme être pensant, est entendue dans tout changement d'état. On ne pourrait démontrer cette identité par la simple analyse de la proposition Je pense; il faudrait au contraire à cet effet différents jugements synthétiques fondés sur l'intuition donnée.

462. 4° Quand je distingue ma propre existence, comme existence d'un être pensant, des autres choses, extérieures à moi (et dont mon corps fait partie), je fais aussi une proposition analytique; car les autres choses sont celles que je conçois comme différentes de moi. Mais je ne sais point du tout par là si cette conscience de moi-même sans choses hors de moi, par lesquelles des représentations me sont offertes, est possible, et si par conséquent je puis exister simplement comme être pensant (sans être homme).

463. On ne gagne donc rien par l'analyse de la cons-

cience de moi-même dans la pensée en général, par rapport à la connaissance du moi lui-même comme objet. L'exposition logique de la pensée en général est prise mal à propos pour une détermination physique de l'objet.

464. Ce serait une grande, et même la seule pierre d'achoppement contre toute notre critique, s'il était possible de démontrer *a priori* que tous les êtres pensants sont en soi des substances simples, qui, comme telles par conséquent (ce qui est une suite du même argument), emportent nécessairement la personnalité, et qui ont conscience de leur existence séparée de toute matière; car, de cette manière, nous aurions fait un pas en dehors du monde sensible, nous serions entrés dans le champ des *noumènes*, et personne ne nous contesterait plus le droit de défricher ce fond, d'y bâtir, et d'en prendre possession, suivant que le permettrait la bonne fortune de chacun. Car la proposition : tout être pensant, comme tel, est une substance simple, — est une proposition synthétique *a priori*, d'abord parce qu'elle dépasse le concept qui lui sert de fondement et ajoute le *mode d'existence* à la pensée en général; secondement, parce qu'elle ajoute à ce concept un prédicat (celui de la simplicité), qui ne peut être donné dans aucune expérience. Les propositions synthétiques *a priori* ne seraient donc pas simplement possibles et licites par rapport aux objets de l'expérience possible, et, même comme principes de la possibilité de cette expérience, ainsi que nous l'avons enseigné; mais elles pourraient aussi se rapporter aux choses en général et en soi, conséquence qui porterait un coup mortel à toute cette critique, et qui donnerait raison à l'ancienne méthode. Mais, en regardant la chose de plus près on aperçoit que le péril n'est pas si grand.

DIALECTIQUE TRANSCENDANTALE.

465. Dans le procédé de la psychologie rationnelle règne un paralogisme exposé dans le raisonnement qui suit :

Ce qui ne peut être conçu que comme sujet n'existe non plus que comme sujet, et par conséquent est substance.

Or, un être pensant, considéré simplement comme tel, ne peut être pensé que comme sujet.

Il n'existe donc aussi que comme tel, c'est-à-dire comme substance.

Il est question, dans la majeure, d'un être qui en général peut être conçu sous tous les rapports, par conséquent aussi tel qu'il peut être donné en intuition. Dans la mineure, il ne s'agit de cet être qu'autant qu'il se considère lui-même comme sujet, et uniquement par rapport à la pensée et à l'unité de la conscience, mais pas en même temps par rapport à l'intuition par laquelle l'unité serait donnée comme objet à la pensée. Par conséquent, la conclusion est déduite *per sophisma figuræ dictionis* ou par un faux raisonnement (1).

466. Cet argument si vanté se résout donc en un

---

(1) La pensée présente dans les deux prémisses un sens totalement différent. Dans la majeure elle est considérée comme se rapportant à un objet en général (par conséquent tel qu'il peut être donné en intuition) ; mais dans la mineure, elle ne consiste plus que dans le rapport à la conscience de soi, où par conséquent on ne pense aucun objet, mais où se retrouve seulement représenté le rapport à soi comme sujet (comme la forme de la pensée). Dans le premier cas, il est question de choses qui ne peuvent être pensées que comme sujet ; dans le second, au contraire, il n'est plus question de *choses*, mais de l'acte de *la pensée* (puisque l'on fait abstraction de tout objet) dans laquelle le moi sert toujours de sujet pour la conscience. On ne peut donc avoir dans la conclusion : Je ne puis exister que comme sujet ; — on n'a au contraire que ceci : Je ne puis, dans la pensée de mon existence, me servir de moi que pour sujet du jugement ; — proposition identique qui ne dit absolument rien sur le mode de mon existence.

paralogisme. C'est ce qui devient évident quand on fait attention à l'observation générale sur l'exposition systématique des principes, et à la section des noumènes, où nous avons démontré que le concept d'une chose qui peut exister en soi comme sujet, mais non comme simple attribut, n'emporte avec lui aucune réalité objective. Ce qui veut dire qu'on ne peut savoir si quelque objet peut lui correspondre quelque part, puisqu'on n'aperçoit pas la possibilité d'une telle manière d'exister ; c'est-à-dire par conséquent qu'il n'en résulte aucune connaissance. Donc, pour que ce concept puisse désigner, sous la dénomination de substance, un objet susceptible d'être donné, de devenir une connaissance, il faut qu'une intuition constante, comme condition indispensable de la réalité objective d'un concept, à savoir, ce par quoi seul l'objet est donné, soit posé comme fondement. Or, nous n'avons absolument rien de permanent dans une intuition interne, car le moi n'est que la conscience de ma pensée. Si donc nous nous arrêtons à la pensée seule, il nous manque ainsi la condition nécessaire pour appliquer le concept de substance, c'est-à-dire d'un sujet existant en soi, pour lui-même comme être pensant. Et, dès lors c'en est fait aussi de la simplicité de la substance rattachée à ce sujet ; elle s'évanouit complétement avec la réalité objective du concept, et se résout en une unité qualitative purement logique de la conscience dans la pensée en général, que le sujet soit ou non composé.

Réfutation de l'argument de Mendelssohn en faveur de la permanence de l'âme.

467. Ce philosophe subtil aperçut facilement qu'il y a un vice dans l'argument par lequel on démontre ordi-

nairement que l'âme (si l'on accorde qu'elle est un être simple) ne peut périr par la *décomposition*, et qu'il n'en démontre point nécessairement la permanence, puisque l'on pourrait encore trouver la fin de son existence dans l'*extinction*. Il cherche donc, dans son *Phédon*, à prouver que l'âme est à l'abri de cette extinction, qui serait un véritable anéantissement, en essayant de démontrer qu'un être simple ne peut absolument pas périr, par la raison que, comme il ne peut pas être diminué, ni rien perdre insensiblement de son existence de manière à être enfin réduit à rien (puisqu'il ne renferme aucune partie, et par conséquent aussi aucune multiplicité), il faudrait trouver un instant entre le moment où il est et celui où il ne serait plus, ce qui est impossible. Mais il ne faisait pas attention que, quand même nous accorderions à l'âme cette nature simple, comme ne contenant aucune diversité respectivement extérieure à elle-même, par conséquent aucune quantité extérieure, on ne peut cependant pas plus lui refuser qu'à tout autre être existant une quantité intensive, c'est-à-dire un degré de réalité par rappport à toutes ses facultés, et même en général à tout ce qui compose l'existence, degré qui peut décroître insensiblement jusqu'à l'infini, de telle sorte que la prétendue substance (la chose dont la permanence n'est pas assurée d'ailleurs) peut se réduire à rien, quoiqu'il n'y ait pas en elle décomposition, mais bien par une perte insensible (*remissio*) de ses facultés (par conséquent par suite d'un dépérissement, s'il est permis d'employer cette expression); car la conscience elle-même a toujours un degré qui peut être indéfiniment diminué (1); par con-

---

(1) La clarté n'est pas, comme disent les logiciens, la conscience

séquent aussi la faculté d'être conscient de soi, et ainsi des autres facultés. La permanence de l'âme, comme objet du sens intime, reste donc à démontrer, et même est indémontrable, quoique cette permanence dans la vie soit claire en elle-même, puisque l'être pensant (tel que l'homme) est en même temps un objet des sens extérieurs. Mais cela ne suffit point au psychologue rationnel, qui entreprend de prouver par de purs concepts la permanence absolue au-delà de la vie actuelle (1).

d'une représentation; car un certain degré de conscience, mais qui ne suffit pas au souvenir, doit se trouver jusque dans les représentations obscures, puisque sans conscience nous ne ferions aucune différence dans la liaison de représentations obscures, ce que nous pouvons cependant faire dans les éléments de plusieurs concepts (comme ceux du juste et de l'injuste, et même dans ceux du musicien qui touche plusieurs notes en même temps dans un morceau d'improvisation). Mais une représentation claire est celle dans laquelle la conscience suffit pour donner CONSCIENCE *de la différence* de cette représentation avec d'autres. Mais si cette conscience suffit pour la différence, sans suffire pour le sentiment de la différence, alors la représentation doit encore être dite obscure. Il y a donc une infinité de degrés de conscience, depuis la conscience la plus claire jusqu'à son entière disparition.

(1) Ceux qui, pour établir une nouvelle possibilité, croient avoir assez fait en défiant de montrer aucune contradiction dans leurs suppositions (comme font tous ceux qui croient pouvoir apercevoir la possibilité de la pensée, même après la fin de cette vie, possibilité dont ils n'ont cependant d'exemples que dans les intuitions empiriques de la vie actuelle) peuvent être mis dans un très grand embarras par d'autres possibilités qui ne sont pas moins hardies. Telle est celle de la division d'une *substance simple* en plusieurs substances, et réciproquement de l'agrégation [*coalition*] de plusieurs substances en une seule. Car, quoique la divisibilité suppose un composé, elle n'exige cependant pas un composé de substances, mais seulement un composé de degrés (des diverses facultés) d'une seule et même substance. Or, de même que l'on peut concevoir toutes les facultés de l'âme, celle même de la conscience, affaiblies de moitié, de telle sorte néanmoins qu'il reste toujours quelque substance; de même aussi l'on peut concevoir sans contradiction cette moitié éteinte, non dans la substance, mais hors d'elle, tout aussi bien qu'on l'y conçoit conservée. Seulement, comme tout ce qui est en elle n'est jamais que réel, et par conséquent possède

468. Si donc nous prenons nos propositions précédentes, comme elles doivent être valablement prises par tout être pensant, dans la psychologie rationnelle comme système, c'est-à-dire comme un enchaînement *synthétique*, et si, partant de la catégorie de la relation par la proposition : tous les êtres pensants sont comme tels des substances, nous parcourons à rebours la série des catégories, jusqu'à ce que le cercle en soit révolu, nous rencontrons enfin l'existence de ces substances. Dans ce système, elles sont non seulement conscientes de leur

uu degré, et que son existence entière a été diminuée de moitié sans cependant que rien ne manque, il en résulterait alors une substance particulière hors d'elle, car la multiplicité qui a été divisée était déjà auparavant, non à titre de multiplicité de substances, mais bien de chaque réalité, comme quantum de l'existence en elle. L'unité de la substance n'était donc qu'une manière d'exister qui ne pouvait être changée en une pluralité de la subsistance que par cette division. Par la même raison aussi, plusieurs substances simples peuvent confluer en une seule, dans laquelle rien ne périrait si ce n'est la pluralité de la subsistance, puisqu'une seule renfermerait en elle le degré de réalité de toutes les substances précédentes ensemble. Peut-être même que les substances simples qui nous donnent le phénomène de la matière (non sans doute par une influence mécanique ou chimique réciproque, mais cependant par une influence à nous inconnue et dont le degré seul formerait le phénomène de la matière) produisent les âmes des enfants par une semblable division *dynamique* des âmes de leurs parents comme de *quantités intensives*, de façon que celles-ci réparent leur perte par leur union avec une nouvelle matière de la même espèce. Je suis très éloigné d'accorder à ces fictions la moindre valeur; les principes précédents de l'Analytique ont suffisamment convaincu de la nécessité de ne faire des catégories (v. g. de la substance) qu'un usage empirique. Mais si le rationaliste, par la simple faculté de penser, sans une intuition constante par laquelle un objet serait donné, est assez hardi pour en faire un être subsistant par lui-même, uniquement par la raison que l'unité de l'apperception ne lui permet dans la pensée aucune explication par le composé, tandis qu'il ferait mieux d'avouer ingénuement son impuissance à expliquer la possibilité de la nature pensante, pourquoi le *matérialiste*, quoiqu'il ne puisse pas plus se fonder sur l'expérience pour établir ses possibilités hypothétiques, ne serait-il pas autorisé à se servir de ce même principe pour un usage opposé, en conservant l'unité formelle de son adversaire ?

existence, indépendamment des choses extérieures, mais elles peuvent même la déterminer en vertu de leur propre nature (par rapport à la permanence qui appartient nécessairement au caractère de la substance). Mais il suit de là que l'*idéalisme* (du moins le problématique) est inévitable dans ce système rationnel, et que si l'existence des choses extérieures n'est pas requise pour la détermination de la sienne propre dans le temps, elle ne sera admise que gratuitement, sans être jamais susceptible de preuve.

469. Si au contraire nous suivons la méthode *analytique*, puisque le *cogito*, à titre de proposition qui comprend déjà une existence en soi comme donnée, et par conséquent la modalité, est mis en principe, et que nous le décomposions pour en connaître le contenu, pour savoir si et comment ce moi détermine par là son existence dans l'espace ou le temps, alors les propositions de la psychologie rationnelle ne commenceraient pas par le concept d'un être pensant en général, mais par une réalité; ce qui convient à un être pensant en général se conclurait, comme on le voit dans la table suivante, de la manière dont cette réalité est pensée après que tout ce qu'il y a d'empirique en aurait été séparé.

1°
Je pense;

2°
Comme sujet;

3°
Comme sujet simple;

4°
Comme sujet identique,
dans tout état de ma pensée.

470. Or, comme on ne décide pas ici, dans la seconde proposition, si je ne puis exister et être pensé que

comme sujet, et non aussi comme prédicat d'un autre sujet, le concept d'un sujet n'y est donc pris que logiquement, et il reste à savoir si par là on doit ou l'on ne doit pas entendre une substance. Mais, dans la troisième proposition, l'unité absolue de l'apperception, le moi simple, dans la représentation à laquelle se rapporte toute liaison ou séparation qui constitue la pensée, devient importante en soi, quoique je n'aie encore rien déterminé sur la qualité ou la subsistance du sujet. L'apperception est quelque chose de réel, et sa simplicité est déjà dans sa possibilité. Or, il n'est rien de réel dans l'espace qui soit simple, car des points (qui sont la seule chose qu'il y ait de simple dans l'espace) ne sont que des limites; ce n'est pas même quelque chose qui serve, comme parties, à constituer l'espace. De là, par conséquent, l'impossibilité de me définir comme sujet simplement pensant, en partant des principes du *matérialisme*. Mais, mon existence considérée dans la première proposition comme donnée, signifiant non pas : tout être pensant existe (ce qui indiquerait en même temps une nécessité absolue de ces êtres, en quoi par conséquent l'on dirait beaucoup trop), mais seulement *j'existe* pensant, cette proposition est donc empirique et ne renferme que la déterminabilité de mon existence par rapport à mes représentations dans le temps. De plus, comme j'ai besoin à cet effet de quelque chose de permanent, et que rien de semblable ne m'est donné dans l'intuition interne en tant que je me pense, il est impossible alors de déterminer par cette simple conscience de moi-même mon mode d'existence, c'est-à-dire si j'existe comme substance ou comme accident. Si donc le *matérialisme* est inutile pour expliquer mon mode d'existence, le *spiritualisme* n'est pas moins insuffisant. D'où la conséquence que nous ne pouvons connaître d'aucune manière que ce soit la qualité de notre âme touchant la possibilité de son existence prise isolément.

471. Et comment serait-il possible, en vertu de l'unité de la conscience, que nous ne connaissons d'ailleurs que par le besoin que nous en avons pour la possibilité de l'expérience, de sortir de l'expérience (de notre existence dans la vie), et d'étendre ainsi notre connaissance à la nature de tous les êtres pensants en général par la proposition empirique, mais indéterminée par rapport à toute espèce d'intuition : je pense?

472. La psychologie rationnelle n'existe donc pas comme *doctrine*, en ce sens qu'elle ajoute quelque chose à la connaissance de nous-mêmes. Mais, comme *discipline*, elle met dans le champ de la connaissance des bornes infranchissables à la raison spéculative, pour l'empêcher, d'une part, de se livrer au matérialisme pur, d'autre part, de se laisser entraîner à un spiritualisme sans fondement pour nous dans la vie. Cette discipline nous avertit donc de donner cette incompétence de notre raison pour réponse satisfaisante à ces questions curieuses qui portent sur une sphère étrangère à celle de la vie actuelle. C'est un signe en effet par lequel elle nous engage à fuir, dans la connaissance de nous-mêmes, toute spéculation inutile, et à nous appliquer à l'usage pratique toujours utile. Cette méthode, quoique exclusivement dirigée vers des objets d'expérience, prend cependant ses principes de plus haut et règle la conduite comme si notre destinée s'étendait infiniment au-delà de l'expérience, et par conséquent au-delà de cette vie.

473. On voit par tout cela que la psychologie ration-

nelle tire son origine d'une simple confusion. L'unité de la conscience, qui sert de fondement aux catégories, est prise ici pour l'intuition du sujet comme objet, et la catégorie de la substance y est appliquée. Mais cette unité n'est que celle *de la pensée*, par laquelle seule aucun objet n'est donné, à laquelle par conséquent la catégorie de la substance, toujours supposée donnée par l'intuition, ne peut s'appliquer; par conséquent ce sujet ne peut être connu. Le sujet des catégories, par le fait qu'il les pense, ne peut donc pas acquérir un concept de lui-même comme d'un objet des catégories; car, pour les penser, il doit mettre en principe la conscience pure de lui-même; ce qui cependant devait être expliqué. De même, le sujet, dans lequel la représentation du temps a son principe originel, ne peut déterminer par là sa propre existence dans le temps; et si ce dernier fait n'est pas possible par les catégories, il en est de même du premier, comme détermination de soi-même (en tant qu'être pensant en général) (1).

(1) Le *cogito* est, comme on l'a déjà dit, une proposition empirique, et contient la proposition *j'existe*. Mais je ne puis pas dire : tout ce ce qui pense existe; car alors la propriété de penser ferait de tous les êtres qui la possèdent des êtres nécessaires. Par conséquent mon existence ne peut non plus être conclue de la proposition : je pense, comme Descartes l'a cru (parce qu'autrement la majeure, tout ce qui pense existe, devrait précéder), mais mon existence est identique au *cogito*. Cette proposition exprime une intuition empirique indéterminée, c'est-à-dire une perception (et par conséquent démontre que déjà la sensation, qui appartient à la sensibilité, sert de fondement à cette proposition énonciative de l'existence); mais elle précède l'expérience, qui doit terminer l'objet de la perception, par rapport au temps, au moyen des catégories. L'existence n'est donc plus ici une catégorie qui se rapporte, non à un objet indéterminément donné, mais à un objet dont on a un concept, et dont on veut savoir s'il existe ou n'existe pas aussi en dehors de ce concept. Une perception indéterminée ne signifie ici que quelque chose de réel qui est donné, quoique

※ ※ ※

474. Voilà donc une connaissance des plus intéressantes pour le genre humain qui se résout en une vaine espérance lorsqu'elle est cherchée au-delà des bornes de l'expérience possible, lorsqu'elle est le fruit de la philosophie spéculative. La critique, quoique sévère en ce qu'elle montre l'impossibilité de décider dogmatiquement quelque chose sur un objet de l'expérience au-delà des bornes de l'expérience, rend néanmoins par là même un grand service à la raison, en la prémunissant contre toutes les assertions possibles du contraire ; service qui ne peut avoir lieu que de l'une de ces deux manières : soit en démontrant sa proposition apodictiquement, ou, si cela ne réussit pas, en cherchant les raisons de cette impuissance ; raisons qui, si elles tiennent aux bornes nécessaires de notre intelligence, doivent alors soumettre tout adversaire à la loi même de renoncer à toute prétention d'affirmer dogmatiquement.

475. Cependant le droit, et même la nécessité d'admettre une vie à venir, n'est pas le moins du monde perdu, suivant les principes de l'usage pratique de la raison, uni à l'usage spéculatif ; car la preuve purement spéculative n'a jamais pu exercer aucune influence sur

à la vérité pour la pensée en général, par conséquent pas comme phénomène ni comme chose en soi (noumène), mais comme quelque chose d'existant réellement, et qui dans la proposition *je pense*, est désigné comme tel ; car il est à remarquer que, si j'ai appelé la proposition *je pense* une proposition empirique, je n'ai pas voulu dire par là que le *je*, dans cette proposition, soit une représentation empirique : c'est bien plutôt une représentation intellectuelle, parce qu'elle appartient à la pensée en général. Mais, sans une représentation empirique, qui donne matière à la pensée, l'acte *je pense* n'aurait cependant pas lieu, et l'empirique n'est que la condition de l'application ou de l'usage de la faculté intellectuelle pure.

la raison humaine. Elle est si bien fondée sur la pointe d'un cheveu, que l'école n'a pu l'y maintenir si longtemps qu'en la tournant sans cesse sur elle-même comme une toupie, et qu'elle n'y a jamais rien aperçu qui puisse servir de base à quoi que ce soit. Toutes les preuves qui sont à l'usage du monde restent au contraire à cet égard dans leur force entière, et gagnent plutôt en clarté et en persuasion naturelles, à proportion qu'elles rejettent davantage toute prétention dogmatique, en plaçant la raison dans sa propre sphère, savoir, dans l'ordre des fins, qui est en même temps l'ordre de la nature. Mais alors aussi la raison, comme faculté pratique en soi, sans être bornée aux conditions de la nature, est fondée à étendre l'ordre des fins, et avec lui notre propre existence, au-delà des bornes de l'expérience et de la vie. Suivant l'*analogie avec la nature* des êtres vivants dans ce monde, au sujet desquels la raison doit nécessairement supposer qu'aucun organe, aucune faculté, aucun appétit n'est inutile, indispensable ou disproportionné avec son usage, que rien par conséquent n'y est sans but, mais que tout au contraire est parfaitement conforme à leur destinée dans la vie; suivant cette analogie, l'homme, qui peut cependant renfermer à lui seul le but final de toutes ces choses, devrait être la seule créature qui fît exception; car les dons de sa nature, non pas seulement ceux qui tiennent aux talents pratiques et aux inclinations, mais ceux surtout qui regardent la loi morale en lui, sont tellement au-dessus des avantages qu'il en pourrait tirer dans cette vie, — que cette loi enseigne à estimer avant tout la simple conscience de l'honnêteté des sentiments au préjudice de tous les biens, même de cette ombre de vaine gloire qui doit passer à la postérité, — et que l'homme se sent intérieurement appelé à devenir citoyen d'un meilleur monde dont il a l'idée, en agissant conformément à la raison dans cette vie, sans égard aux intérêts sensibles. Cet argument puissant, irrésistible, accompagné de la connaissance de la finalité, connaissance qui s'étend toujours davantage à mesure que nous comprenons mieux tout ce qui frappe nos sens, et que nous pénétrons plus avant dans l'immensité de la création ; cet argument, accompagné par conséquent de la conscience d'une certaine illimitation dans l'extension possible de nos connaissances, jointe au penchant qui y correspond, resterait toujours, quand même nous devrions désespérer d'apercevoir, par la connaissance simplement théorique, la durée nécessaire de notre existence.

Conclusion de la solution du paralogisme psychologique.

476. L'apparence dialectique dans la psychologie rationnelle est fondée sur la confusion d'une idée de la raison (celle d'une pure intelligence) avec le concept parfaitement indéterminé d'un être pensant en général. Je me pense moi-même au moyen d'une expérience possible, tout en faisant encore abstraction de toute expérience réelle ; d'où je conclus que je puis avoir conscience de mon existence, même en dehors de l'expérience et de ses conditons empiriques. Je prends par conséquent l'*abstraction* possible de mon existence empiriquement déterminée avec la prétendue conscience d'une existence possible de moi-même pensant *considérée* abstractivement, et je crois connaître en moi le substantiel comme sujet transcendantal, lorsque j'ai simplement en pensée

l'unité de conscience, qui sert de fondement à tout acte de détermination comme simple forme de la connaissance.

477. La question du commerce de l'âme avec le corps n'appartient pas proprement à la psychologie dont il est ici question, psychologie qui a pour objet de démontrer la personnalité de l'âme, même hors de ce commerce (après la mort), et qui est par conséquent *transcendante* dans le sens propre du mot, quoiqu'elle s'occupe d'un objet de l'expérience, mais seulement en tant que cet objet cesse d'être soumis à l'expérience. Cependant on peut donner à cette question une réponse satisfaisante d'après notre doctrine. La difficulté que cette question a présentée consiste, comme on sait, dans la dissimilitude supposée entre un objet du sens interne (de l'âme) et les objets des sens externes, puisque la première de ces choses n'a que le temps pour condition formelle de son intuition, et que les seconds ont de plus l'espace. Si cependant l'on fait attention que ces deux espèces d'objets ne diffèrent pas l'un de l'autre intrinsèquement, mais en tant seulement que l'un *semble* extérieur à l'autre, et que par conséquent ce qui sert de fondement au phénomène de la matière comme chose en soi pourrait bien n'être pas si différent, alors la difficulté disparaît, il n'en reste pas d'autre que celle-ci : comment en général un commerce entre substances est-il possible? question dont la solution est tout à fait hors du champ de la psychologie, et qui, comme le lecteur en jugera facilement par ce qui a été dit dans l'Analytique des capacités et des facultés, est sans aucun doute hors du champ de toute connaissance humaine.

OBSERVATION GÉNÉRALE

concernant la transition de la Psychologie rationnelle à la Cosmologie.

478. La proposition : je pense, ou j'existe pensant, est une proposition empirique. Or une proposition de cette espèce a pour fondement une intuition empirique, par conséquent aussi un objet pensé comme phénomène. D'où il semble que, d'après notre théorie, que l'âme, même dans l'acte de la pensée, serait entièrement convertie en un phénomène, et que, de cette manière, notre conscience, même comme pure apparence, ne devrait en réalité aboutir à rien.

479. La pensée, prise en soi, n'est que la fonction logique, par conséquent une simple spontanéité de la liaison de la diversité d'une intuition purement possible, et ne présente d'aucune manière, comme phénomène, le sujet de la conscience, par la seule raison qu'elle n'a aucun égard à l'espèce de l'intuition, que cette intuition soit sensible ou intellectuelle. Je ne me représente de cette manière à moi-même ni comme je suis, ni comme je m'apparais ; je ne me pense au contraire que comme tout objet en général, abstraction faite de l'espèce d'intuition de cet objet. Si je me représente ici comme *sujet* des pensées, ou même comme *principe* de la pensée, ces espèces de représentations ne désignent pas les catégories de la substance ou de la cause, car ces catégories sont des fonctions de la pensée (du jugement) déjà appliquées à notre intuition sensible, fonctions dont j'aurais assurément besoin si je voulais me connaître. Mais si je ne veux avoir conscience de moi que comme

être pensant, et si je ne m'occupe point de savoir comment mon propre [moi] Même est donné en intuition, alors il pourait bien n'être qu'un simple phénomène pour moi qui pense, mais non en tant qu'il pense. Dans la conscience de moi-même, en tant que je pense purement et simplement, je suis l'*être même*, mais assurément rien par-là de cet être ne m'est encore donné que je puisse penser.

480. Mais la proposition : je pense, en tant qu'elle signifie *j'existe* pensant, n'est pas simplement une fonction logique : elle détermine encore le sujet (qui est en même temps objet) par rapport à l'existence, et ne peut avoir lieu sans le sens intime, dont l'intuition donne toujours l'objet, non comme chose en soi, mais simplement comme phénomène. Dans le sens intime n'est donc déjà plus la simple spontanéité de la pensée ; il y a de plus la réceptivité de l'intuition, c'est-à-dire ma pensée, la pensée de moi-même, appliquée à l'intuition empirique du même sujet. Le Même pensant devait donc chercher dans cette intuition les conditions de l'usage de ses propres fonctions logiques dans les catégories de la substance, de la cause, etc. Et cela, non pas simplement pour se désigner par le moi, comme objet en soi, mais aussi pour déterminer le mode de son existence, c'est-à-dire pour se connaître comme noumène. Mais la chose est impossible, puisque l'intuition empirique interne est sensible ; elle ne fournit que des données du phénomène, qui n'apportent rien à l'objet de la *conscience* pure pour la connaissance de son existence propre ; elle ne peut donc servir qu'à l'expérience.

481. A supposer cependant que nous trouvions par la suite, non pas dans l'expérience, mais dans certaines lois

établies *a priori* (et non des règles purement logiques) de l'usage de la raison pure concernant notre existence, l'occasion de nous supposer absolument *a priori* par rapport à notre propre *existence,* comme réglant et déterminant cette existence même par le fait, on découvrirait alors une spontanéité qui servirait à déterminer notre réalité, sans qu'on fût pour cela obligé de passer par les conditions de l'intuition empirique ; et l'on verrait qu'il y a dans la conscience de notre existence *a priori* quelque chose qui peut servir à déterminer cette existence (laquelle n'est absolument déterminable que d'une manière sensible), mais toutefois par rapport à une certaine faculté interne à l'égard d'un monde intelligible (qui serait simplement conçu).

482. Malgré cela les tentatives de psychologie rationnelle ne seraient pas plus avancées. En effet, j'aurais à la vérité, par cette faculté merveilleuse que la conscience de la loi morale seule me révèle, un principe purement intellectuel de la détermination de mon existence ; mais par quels attributs ? Uniquement par ceux qui doivent m'être donnés dans l'intuition sensible ; en sorte que j'en serais toujours au même point dans la psychologie rationnelle, c'est-à-dire que j'aurais toujours besoin d'intuitions sensibles pour donner une valeur à des concepts intellectuels de substance, de cause, etc., par lesquels seuls je puis avoir connaissance de moi-même. Mais ces intuitions ne pourront jamais me faire sortir du champ de l'expérience. Cependant, pour ce qui est de l'usage pratique de ces concepts, usage qui n'a jamais d'autre but que des objets de l'expérience, j'aurais le droit, en suivant l'analogie de l'usage théorique, d'appliquer ces concepts à la liberté et à son sujet. Je n'en-

tends en effet par là que la fonction logique du sujet et du prédicat, du principe et de la conséquence, fonctions d'après lesquelles les actes, les faits sont déterminés suivant ces lois, de façon à pouvoir toujours être expliqués, ainsi que les lois de la nature, d'après les catégories de substance et de cause, quoiqu'ils résultent d'un principe tout différent. Cette observation n'a d'autre but que de prémunir contre l'erreur à laquelle la doctrine de l'intuition de nous-mêmes, comme phénomènes, est si facilement sujette. On aura par la suite occasion d'en faire usage.

CHAPITRE II.

Antinomies de la raison pure.

483. Nous avons fait voir dans l'introduction de cette partie de notre ouvrage, que toute apparence transcendantale de la raison pure repose sur des raisonnements dialectiques dont la logique donne le schème dans les trois espèces formelles des raisonnements en général, de la même manière à peu près que les catégories trouvent leur schème logique dans les quatre fonctions de tout jugement. La *première espèce* de ces raisonnements dialectiques tendait à conclure l'unité absolue des conditions *subjectives* de toutes les représentations en général (du sujet ou de l'âme), en rapport avec les raisonnements *catégoriques*, dont la majeure, comme principe, énonce le rapport de l'attribut au sujet. La *seconde espèce* d'arguments dialectiques, par analogie avec les raisonnements *hypothétiques*, aura pour objet l'unité absolue des conditions objectives dans le phénomène; de la mê-

me manière que la *troisième espèce*, dont il sera question dans le chapitre suivant, aura pour thème l'unité absolue de la condition objective de la possibilité des choses en général.

484. Mais il faut remarquer que le paralogisme transcendantal n'a produit une apparence que dans un seul sens, c'est-à-dire par rapport à l'idée du sujet de notre pensée, et que les concepts rationnels ne fournissent pas la moindre apparence en faveur de l'assertion contraire. L'avantage est tout entier du côté du pneumatisme, quoiqu'il ne puisse désavouer le vice originel, malgré toute apparence à lui favorable, de se résoudre au creuset de la critique en une pure fumée.

485. Il en est tout autrement quand nous appliquons la raison à la *synthèse objective* des phénomènes, où elle pense faire valoir, avec beaucoup d'apparence il est vrai, son *principium* de l'unité inconditionnée [ou absolue], mais où bientôt elle se jette dans des contradictions telles qu'elle est forcée, sous le rapport cosmologique, de renoncer à ses prétentions.

486. Ici se présente un nouveau phénomène de la raison humaine, savoir, une antithétique tout à fait naturelle, que chacun peut rencontrer sans subtilité, sans raisonnements alambiqués, dans laquelle au contraire la raison tombe d'elle-même et inévitablement. Sans doute elle se préserve par là de l'assoupissement d'une persuasion imaginaire produite par une apparence unique, mais aussi elle court en même temps le danger ou de s'abandonner à un désespoir sceptique, ou de prendre une suffisance dogmatique, de s'entêter de certaines assertions de manière à ne point écouter les raisons contraires, et à repousser la justice. L'un et l'autre excès

est mortel à une philosophie saine et sage, quoique le premier puisse plus particulièrement s'appeler l'EUTHANASIE de la raison pure.

487. Avant d'exposer la scène de discorde qu'engendre ce conflit des lois (antinomie) de la raison pure, nous donnerons quelques éclaircissements qui pourront expliquer et justifier la méthode que nous aurons à suivre. J'appelle toutes les idées transcendantales concernant la totalité absolue dans la synthèse des phénomènes, *concepts cosmiques*, tant à cause de cette totalité absolue sur laquelle même le concept du tout universel repose, concept qui lui-même n'est qu'une idée, que par la raison que ces concepts ne concernent que la synthèse des phénomènes, par conséquent la synthèse empirique, quand au contraire la totalité absolue dans la synthèse des conditions de toutes les choses possibles en général, donne un idéal de la raison pure, idéal qui diffère totalement du concept cosmique, quoiqu'il soit en rapport avec lui. C'est pourquoi, de même que les paralogismes de la raison pure servent de fondement à une psychologie dialectique, de même l'antinomie de la raison pure fera connaître les principes transcendantaux d'une prétendue cosmologie pure (rationelle), non pour que nous en soyons satisfaits et que nous les adoptions, mais bien, comme le fait déjà voir le mot d'antinomie de la raison, afin d'exposer la cosmologie pure dans son apparence éblouissante, mais fausse, comme une idée qui ne peut se concilier avec les phénomènes.

SECTION I.

Système des Idées cosmologiques.

488. Afin de pouvoir énumérer ces idées, suivant un principe, avec une précision systématique, nous devons remarquer : *Premièrement*, que l'entendement seul est ce d'où peuvent procéder des concepts purs et transcendantaux ; que la raison n'engendre proprement aucun concept, qu'elle ne fait qu'*affranchir* le *concept intellectuel* des circonscriptions inévitables d'une expérience possible, et par conséquent cherche à l'étendre au-delà des bornes de l'empirique, mais sans l'en séparer. Ce qui a lieu en ce qu'elle exige, du côté des conditions (auxquelles l'entendement soumet tous les phénomènes de l'unité synthétique), une totalité absolue pour un conditionné déterminé, et, par là, fait de la catégorie une idée transcendantale pour donner à la synthèse empirique une intégralité absolue, en la poursuivant jusqu'à l'inconditionné (qui ne se trouve jamais dans l'expérience, mais seulement dans l'idée). La raison le requiert en vertu du principe : *si le conditionné est donné, la somme tout entière des conditions est aussi donnée, par conséquent aussi l'absolument inconditionné*, par lequel seul le conditionné était possible. Les idées transcendantales ne sont pas autre chose dans leur origine que des catégories élevées jusqu'à l'absolu, et peuvent se disposer en une table ordonnée suivant le titre des catégories. Il faut cependant remarquer, *secondement*, que toutes les catégories n'en sont pas susceptibles, mais celles-là seulement dans lesquelles la synthèse forme une série, et même une série de conditions subordonnées (et non

coordonnées) les unes aux autres pour un conditionné. La totalité absolue n'est exigée de la raison qu'autant que celle-ci considère la série ascendante des conditions d'un conditionné déterminé, et non par conséquent lorsqu'il s'agit de la ligne descendante des conséquences, ou de la réunion des conditions coordonnées pour cette conséquence. Car des conditions sont déjà supposées par rapport au conditionné donné, et doivent aussi être considérées comme données avec lui, au lieu que les conséquences ne rendant pas leurs conditions possibles, mais au contraire les supposant, on peut ne pas s'inquiéter, dans la progression de conséquences en conséquences (ou en descendant d'une condition donnée au conditionné), si la série cesse ou non, et la question en général, quant à leur totalité, n'est en aucune façon une supposition de la raison.

489. C'est ainsi que l'on conçoit nécessairement un temps comme donné (quoique pas déterminable par nous) entièrement écoulé jusqu'au moment présent. Pour ce qui est du futur, comme il n'est pas la condition du présent, il est tout à fait indifférent, pour comprendre ce présent, de s'arrêter dans le futur, ou d'y plonger à l'infini. Soit la série m, n, o dans laquelle n est donné comme conditionné par rapport à m, mais en même temps comme condition de o; la série est ascendante du conditionné n à m (l, k, i, etc.), en même temps qu'elle est descendante de la condition n au conditionné o (p, q, r, etc.); la première série doit donc être supposée pour considérer n comme donné, et n n'est possible, suivant la raison (la totalité des conditions), que par le moyen de cette série; mais sa possibilité ne repose pas sur la série suivante o, p, q, r, qui peut, par cette raison,

être considérée seulement comme susceptible d'être donnée (*dabilis*), et non comme donnée actuellement.

490. J'appellerai *régressive* ou rétrograde la synthèse d'une série de condition en condition, par conséquent celle qui part de la condition la plus proche d'un phénomène donné, et qui s'élève ainsi à des conditions de plus en plus éloignées; et *progressive* celle qui se dirige vers le conditionné en s'avançant de la conséquence immédiate vers des conséquences éloignées. La première va d'antécédents à antécédents, la deuxième de conséquents à conséquents. Les idées cosmologiques s'occupent donc de la totalité de la synthèse régressive, et vont d'antécédents à antécédents, non de conséquents à conséquents. Lorsque ce dernier cas a lieu, c'est un problème arbitraire et non nécessaire de la raison pure, parce que nous avons besoin, pour la parfaite compréhensibilité de ce qui est donné dans le phénomène, non de conséquences, mais de principes.

491. 1° Or, pour pouvoir dresser la table des idées d'après celle des catégories, nous prendrons d'abord les deux grandeurs (*quanta*) originelles de toutes nos intuitions, le temps et l'espace. Le temps est en soi une série (et la condition formelle de toute série). Il faut par conséquent y distinguer *a priori*, par rapport à un présent donné, les *antécédents* (le passé) comme conditions des *conséquents* (le futur). L'idée transcendantale de la totalité absolue de la série des conditions pour un conditionné quelconque ne concerne donc que tout le temps passé; ce temps, suivant l'idée de la raison, est nécessairement donné comme condition de l'instant donné. Quant à l'espace, il n'y a en lui aucune distinction de progression et de régression, parce qu'il forme un *agré-*

gat, et *pas de série*, puisque toutes ses parties sont ensemble en même temps. Je ne puis considérer l'instant présent, par rapport au temps passé, que comme son conditionné, mais jamais comme sa condition, parce que cet instant n'existe enfin que par le temps passé (ou plutôt par son écoulement). Les parties de l'espace, au contraire, n'étant pas subordonnées entre elles, mais coordonnées, une de ces parties n'est pas la condition de la possibilité de l'autre, en sorte que l'espace ne constitue pas en soi une succession comme le temps. Mais la synthèse des différentes parties de l'espace, synthèse par laquelle nous le saisissons, est cependant successive; elle n'a donc lieu que dans le temps et contient une série. Et comme dans cette série d'espaces agrégés (tels que des pieds dans la perche), en parlant d'un espace donné, les espaces conçus plus loin [immédiatement à la suite d'autres espaces précédemment conçus], sont toujours la *condition des limites des précédents*. La *mesure* d'un espace doit donc aussi être regardée comme une synthèse d'une série de conditions pour un conditionné déterminé; mais de telle manière seulement que la partie des conditions n'est pas essentiellement différente de la partie conditionnée, et qu'ainsi la *régression* et la *progression* dans l'espace semblent identiques. Cependant, comme une partie de l'espace n'est point donnée par une autre partie, mais en est bornée seulement, nous devons considérer tout espace limité comme étant aussi conditionné, en tant qu'il suppose un autre espace comme la condition de ses bornes, et ainsi de suite. Par rapport à la limitation, la progression dans l'espace est donc aussi une régression; en sorte que l'idée transcendantale de la réalité absolue de la synthèse, dans la série des conditions, concerne aussi l'espace, et que l'on peut par conséquent tout aussi bien demander la totalité absolue des phénomènes dans l'espace que dans le temps écoulé. On verra plus tard s'il y a une réponse possible à cette double question.

492. 2° Ainsi la réalité dans l'espace, c'est-à-dire la *matière*, est un conditionné dont les conditions internes sont ses parties, et les parties des parties les conditions éloignées; tellement qu'il y a lieu ici à une synthèse régressive dont la raison exige la totalité absolue, totalité qui ne peut avoir lieu que par une division complète, au moyen de laquelle la réalité de la matière revient ou à rien ou à quelque chose qui n'est plus matière, savoir, le simple. Ici donc il y a également une série de conditions et une progression vers l'inconditionné.

493. 3° Quant à ce qui concerne les catégories du rapport réel entre les phénomènes, la catégorie de substance avec ses accidents ne se prête point à une idée transcendantale; c'est-à-dire que la raison n'est pas fondée à remonter à des conditions par rapport à cette catégorie. Car des accidents sont (en tant qu'ils adhèrent à une substance propre) coordonnés les uns aux autres, et ne forment aucune série. Mais, par rapport à la substance, ils ne lui sont point proprement subordonnés, ils sont seulement la manière d'exister de la substance elle-même. Ce qui pourrait néanmoins sembler être ici une idée de la raison transcendantale, ce serait le concept de *substantiel*. Mais comme substantiel ne signifie rien de plus que le concept d'un objet en général qui subsiste, en tant qu'on ne pense en lui que le simple sujet transcendantal sans aucun attribut, et comme il n'est ici question que de l'absolu dans la série des phé-

nomènes, il est clair que ce substantiel ne peut faire partie de ces phénomènes. Il en est de même des substances en commerce d'action et de réaction, qui sont de simples agrégats et n'ont pas d'exposants d'une série, puisqu'elles ne sont pas subordonnées entre elles comme conditions réciproques de leur possibilité; ce que l'on pouvait bien dire des espaces dont la limite n'est jamais déterminée en soi, mais toujours par un autre espace. Reste donc la seule catégorie de la *causalité,* qui présente une série de causes pour un effet donné, dans laquelle on puisse s'élever de cet effet comme d'un conditionné à ses causes comme conditions, et répondre à la question proposée par la raison.

494. 4° Enfin les concepts du possible, de l'existence et du nécessaire ne conduisent à aucune série; excepté seulement en ce sens, que le *fortuit* dans l'existence doit toujours être conditionné, et que, suivant la règle de l'entendement, il indique une condition sous laquelle il est nécessaire de faire rentrer celle-ci sous une condition plus élevée, jusqu'à ce que la raison trouve dans la totalité absolue de cette série la *nécessité* inconditionnée.

495. Il n'y a donc que quatre idées cosmologiques, suivant les titres des catégories, si l'on écarte celles qui entraînent nécessairement avec elles une série dans la synthèse de la diversité.

1.

L'intégralité absolue de la
composition
de la totalité donnée de tous les phénomènes.

2.
L'intégralité absolue
de la *division*
d'un tout donné
dans le phénomène.

3.
L'intégralité absolue
de l'*origine*
d'un phénomène
en général.

4.
L'intégralité absolue de la
dépendance de l'*existence*
du variable dans le phénomène.

496. 1° Sur quoi il faut remarquer d'abord que l'idée de la totalité absolue ne concerne que l'exposition des *phénomènes*, par conséquent pas le concept intellectuel pur d'un tout des choses en général. Des phénomènes sont donc ici considérés comme donnés, et la raison demande l'universalité, l'intégralité absolue des conditions de leur possibilité, en tant qu'elles composent une série, et par conséquent une synthèse absolument (c'est-à-dire sous tous les rapports) complète, qui permette d'exposer les phénomènes suivant des lois intellectuelles.

497. 2° C'est proprement l'inconditionné seul que la raison cherche dans cette synthèse des conditionnés en série régressive, à peu près comme l'intégralité dans la série des prémisses, qui, prises ensemble, n'en supposent plus aucune autre. Cet *inconditionné* est donc toujours contenu dans la *totalité absolue de la série,* quand on se la représente en imagination. Mais cette synthèse, absolument complète, n'est jamais qu'une idée; car on ne peut savoir, au moins *a priori,* si une telle synthèse est aussi possible en fait de phénomènes. Si l'on se représente un tout par de simples concepts intellectuels

purs, sans conditions de l'intuition sensible, on peut dire avec raison qu'à l'égard d'un conditionné déterminé, toute la série des conditions subordonnées entre elles est aussi donnée; car le conditionné n'est donné que par les conditions. Mais on trouve dans les phénomènes une circonscription particulière de la manière dont sont données des conditions; savoir, par la synthèse successive de la diversité de l'intuition, synthèse qui doit être régressivement parfaite [ou complète]. C'est donc encore un problème que de savoir si cette intégralité est possible en fait, mais l'idée de cette intégralité est néanmoins dans la raison, sans avoir égard à la possibilité ou à l'impossibilité d'unir avec elle, d'une manière adéquate, des concepts empiriques. Par conséquent, l'inconditionné se trouvant nécessairement contenu dans la totalité absolue de la synthèse de la diversité phénoménale (suivant la direction des catégories qui la représentent comme une série de conditions pour un conditionné déterminé), on peut aussi laisser indécise la question de savoir *si* et *comment* cette totalité existe ; alors la raison se décide ici à partir de l'idée de la totalité, quoiqu'elle ait proprement pour but dernier l'*inconditionné*, soit de la série totale, soit d'une partie de cette série.

498. Or, cet inconditionné peut être conçu, ou comme consistant simplement dans la série totale, dans laquelle par conséquent tous les membres sans exception sont conditionnés, et leur tout seul absolument inconditionné, et alors la régression est dite infinie ; — ou bien l'absolument inconditionné n'est qu'une partie de la série, à laquelle partie les autres membres sont tenus subordonnés, quand elle-même n'est soumise à nulle

autre condition (1). Dans le premier cas, la série est, *a parte priori*, sans limites (sans commencement), c'est-à-dire infinie, et néanmoins toute donnée; mais la régression n'y est jamais complète et peut seulement être appelée virtuellement infinie, c'est-à-dire possible à l'infini. Dans le second cas, il y a quelque chose de premier dans la série, qui, par rapport au temps passé, s'appelle *commencement du monde*; par rapport à l'espace, *limite du monde*; par rapport aux parties d'un tout donné dans ses limites, le *simple*; par rapport aux causes, la *spontanéité* absolue (liberté); par rapport à l'existence des choses muables, la *nécessité physique* absolue.

499. Nous avons deux expressions, *monde* et *nature*, qui sont quelquefois prises indistinctement l'une pour l'autre. La première signifie l'ensemble mathématique de tous les phénomènes, et la totalité de leur synthèse, tant en grand qu'en petit, c'est-à-dire tant par composition progressive dans leur développement que par division; mais ce même monde est appelé nature (2), en tant qu'il est considéré comme un tout dynamique, sans

---

(1) L'ensemble absolu de la série des conditions d'un conditionné est toujours inconditionné, parce que, hors de cette série, il n'y a plus de condition dont il puisse dépendre. Mais le tout absolu de la série n'est qu'une idée, ou plutôt un concept problématique dont la possibilité doit être recherchée, et même par rapport à la manière dont l'inconditionné, comme l'idée transcendantale propre à laquelle il aboutit, peut y être compris.

(2) Le mot nature, pris *adjectivement* (*formaliter*), désigne l'enchaînement des déterminations d'une chose, suivant un principe interne de la causalité. Au contraire, on entend par nature, prise *substantivement* (*materialiter*), l'ensemble des phénomènes, en tant qu'ils se lient universellement en vertu d'un principe interne de la causalité. Dans le premier sens on parle de la nature des fluides, du feu, etc., et ce mot ne s'emploie qu'adjectivement; au contraire, quand on parle des choses de la nature, on pense à un tout subsistant.

égard à l'agrégation dans l'espace ou le temps pour le constituer comme quantité, mais en l'envisageant par rapport à l'unité dans l'*existence* des phénomènes. Alors la condition de ce qui arrive est appelée cause, et la causalité inconditionnée de la cause dans le phénomène, liberté ; mais comme conditionnée, elle s'appelle au contraire, dans un sens plus strict, cause naturelle [ou physique]. Le conditionné dans l'existence en général s'appelle contingent, et l'inconditionné, nécessaire. La nécessité inconditionnée des *phénomènes* peut s'appeler nécessité naturelle [ou physique].

500. Les idées dont nous nous occupons maintenant ont été appelées précédemment idées cosmologiques, en partie parce que nous comprenons par le mot monde l'ensemble de tous les phénomènes, et que nos idées ne concernent que l'absolu parmi les phénomènes ; en partie aussi parce que le mot monde, dans le sens transcendantal, signifie la totalité absolue de l'ensemble des choses existantes, et que nous ne dirigeons notre vue que sur l'intégralité de la synthèse (quoique seulement dans la régression des conditions). En considérant que, de plus, toutes ces idées sont transcendantes, et que, bien qu'elles ne dépassent pas, à la vérité, l'objet *quant à l'espèce*, savoir les phénomènes, qu'elles ne portent au contraire que sur le monde sensible (non sur les *noumènes*), elles poussent cependant la synthèse jusqu'à un degré qui va au-delà de toute expérience possible ; on peut très bien les appeler toutes ensemble, suivant mon opinion, CONCEPTS COSMIQUES. Par rapport à la distinction de l'inconditionné mathématiquement et de l'inconditionné dynamiquement, distinction à laquelle tend la régression, j'appellerais cependant volontiers cosmo-

logiques, dans un sens strict, les deux premiers concepts cosmiques (concepts du monde en grand et en petit) et les deux autres, CONCEPTS PHYSIQUES *transcendants*. Cette distinction ne semble pas à présent d'une grande utilité, mais on en verra l'importance par la suite.

SECTION II.

Antithétique de la raison pure.

501. Si une thétique est tout ensemble d'assertions dogmatiques, j'entends par antithétique, non des assertions dogmatiques du contraire, mais plutôt le conflit de connaissances en apparence dogmatiques (*thesis cum antithesi*), sans que l'on se rende à l'une plutôt qu'à l'autre. L'antithétique ne s'occupe donc pas d'affirmations unilatérales, mais elle considère certaines connaissances générales de la raison seulement quant à leur conflit entre elles et quant aux causes de ce conflit. L'antithétique transcendantale est une recherche sur l'antinomie de la raison pure, sur ses causes et ses résultats. Lorsque nous appliquons notre raison, non simplement pour l'usage des principes de l'entendement à des objets de l'expérience, mais que de plus nous essayons de l'étendre au-delà des bornes de cette dernière, alors naissent des théorèmes dialectiques qu'on ne peut espérer ni craindre de voir confirmés ou contredits par l'expérience, et dont chacun d'eux est non seulement sans contradiction en lui-même, mais trouve encore dans la nature de la raison les conditions de sa nécessité. Malheureusement, le contraire a aussi, de son côté, des raisons d'affirmation ni moins bonnes ni moins nécessaires.

502. Les questions qui se présentent naturellement dans cette dialectique de la raison pure sont donc : 1° dans quelles propositions la raison pure est-elle inévitablement soumise à une antinomie ; 2° quelles sont les causes de cette antinomie ; 3° si, et de quelle manière la raison peut néanmoins, dans ce conflit, avoir un moyen d'arriver à la certitude.

503. Un théorème dialectique de la raison pure doit donc se distinguer de toutes les propositions sophistiques, en ce qu'il concerne non pas une question arbitraire que l'on propose seulement dans un certain but pris à plaisir, mais une question que toute raison humaine doit nécessairement rencontrer dans sa marche. Il en diffère secondement, en ce qu'il renferme en soi, avec son opposé, non une apparence simplement artificielle qui disparaisse aussitôt qu'on la regarde, mais une apparence naturelle et inévitable, qui, même quand on n'est plus trompé par elle, fait toujours illusion, et peut par conséquent être rendue innocente sans jamais pouvoir être détruite.

504. Cette théorie dialectique aura pour objet, non l'unité de l'entendement dans les concepts empiriques, mais l'unité de la raison dans les idées seules ; unité dont les conditions sont (puisqu'elle doit s'accorder avec l'entendement, en tant que synthèse conforme aux règles, et en même temps aussi avec la raison, en tant qu'une unité absolue de cette synthèse), si elle est adéquate à l'unité rationnelle, d'être trop grande pour l'entendement, et, si elle est d'accord avec l'entendement, d'être trop petite pour la raison. De là précisément un inévitable conflit, de quelque manière qu'on s'y prenne.

Ces affirmations sophistiques (*argutantes*) ouvrent

donc une arène dialectique, où chaque partie qui peut prendre l'offensive conserve l'avantage, et où celle qui est forcée de se défendre doit certainement succomber. D'où il arrive que de vigoureux champions, qu'ils défendent la bonne ou la mauvaise cause, sont sûrs de recevoir la couronne triomphale, pourvu qu'ils aient soin de se ménager l'avantage de la dernière attaque, et de n'être pas obligés de soutenir un nouvel assaut. On pense bien que cette arène a été souvent foulée jusqu'ici, qu'un grand nombre de victoires ont été remportées de part et d'autre, mais qu'à la fin on a toujours réservé la dernière, celle qui décidait l'affaire, pour le champion de la bonne cause, en décidant qu'il resterait maître du champ de bataille, parce que défense serait faite à son adversaire de reprendre désormais les armes. Comme juges impartiaux, nous ne devons faire aucune attention à la qualité bonne ou mauvaise de la cause que les combattants soutiennent, et nous la laisserons décider entre eux seuls. Peut-être que tour à tour, plutôt lassés que vaincus, après avoir aperçu d'eux-mêmes la vanité de leur querelle, il se sépareront bons amis.

505. Cette manière d'assister à un combat d'assertions, ou plutôt de l'engager, non à la vérité pour le décider enfin à l'avantage de l'une ou de l'autre des parties, mais pour chercher si son objet n'est peut-être pas une pure illusion que chacun soutient, et dans laquelle il n'y a rien à gagner, lors même qu'on ne rencontrerait aucune résistance; cette manière, dis-je, peut s'appeler MÉTHODE SCEPTIQUE. Elle est tout à fait différente du *scepticisme*, principe d'une ignorance artificielle et scientifique, qui mine les fondements de toute connais-

sance, pour ne laisser nulle part aucune croyance, aucune certitude, s'il est possible. Car la méthode sceptique a pour but la certitude, parce qu'elle s'efforce de découvrir, dans un combat loyalement engagé des deux côtés et conduit avec intelligence et bonne foi, le point du dissentiment, afin de s'instruire comme un sage législateur par l'embarras des juges dans le procès, de ce qu'il y a de défectueux dans ses lois. L'antinomie révélée par l'application des lois est, pour notre sagesse bornée, la meilleure pierre de touche de la nomothétique, pour rendre la raison, qui ne s'aperçoit pas facilement de ses faux pas dans la spéculation abstraite, plus attentive aux moments de la détermination de ses principes.

506. Mais cette méthode sceptique n'est essentielle qu'à la philosophie transcendantale, et peut en tout cas être omise dans toute autre espèce d'investigations. En mathématiques, il serait absurde de s'en servir, puisqu'il n'y a pas dans cette science d'assertions fausses qui puissent être cachées et incertaines, les preuves devant toujours y suivre le fil de l'intuition pure, et même par le moyen d'une synthèse toujours évidente. Dans la philosophie expérimentale, un doute de suspension peut bien être utile, mais il n'y a du moins aucun malentendu qui ne puisse être facilement levé, et l'expérience doit enfin contenir les moyens définitifs de décider le procès, que ces moyens se trouvent tôt ou tard. La morale peut aussi donner, dans des expériences possibles, toutes ses propositions *in concreto* avec les conséquences pratiques, et par là éviter le malentendu de l'abstraction. Au contraire, les assertions transcendantales qui prétendent à des connaissances en dehors du champ de l'expérience, ne sont pas telles que leur synthèse abstraite puisse être

donnée en intuition *a priori*, ni que le malentendu en puisse être découvert au moyen d'une expérience. La raison transcendantale ne permet donc aucune autre pierre de touche que la tentative de concilier ses assertions entre elles. Mettons-les donc franchement aux prises et contentons-nous de voir ce qui va se passer (1).

PREMIÈRE OPPOSITION DES IDÉES TRANSCENDANTALES.

THÈSE.

507. Le monde a un commencement dans le temps, il est limité dans l'espace.

PREUVE.

508. Car si l'on suppose, quant au temps, que le monde n'a pas de commencement, une éternité est donc écoulée à tout moment donné; et par conséquent une série infinie d'états successifs des choses dans le monde est aussi écoulée. Or, l'infinité d'une série consiste précisément en ce qu'elle ne peut jamais être achevée par une synthèse successive. Par conséquent une série cosmique passée ne peut être infinie. Donc un commencement du monde est une condition nécessaire de son existence. Ce qu'il fallait d'abord démontrer.

509. Si maintenant nous supposons que le monde n'a pas de limite, alors le monde sera un tout infini donné de choses simultanément existantes. Or nous ne pouvons concevoir la grandeur d'une quantité qui n'est donnée en intuition dans de certaines limites (2) d'aucune autre manière que par la synthèse des parties, ni la totalité d'un tel *quantum*, que par la synthèse complète

---

(1) Les antinomies se succéderont suivant l'ordre des idées transcendantales rapportées plus haut.

(2) Nous pouvons percevoir un *quantum* indéterminé comme un tout, s'il est renfermé dans des bornes, sans qu'il soit nécessaire d'en construire la totalité en la mesurant, c'est-à-dire en construisant la synthèse successive de ses parties : car les bornes déterminent déjà la totalité, puisqu'elles font disparaître toute quantité ultérieure.

ou par l'addition répétée de l'unité à elle-même (1). Pour concevoir le monde comme un tout qui remplisse l'espace entier, la synthèse successive des parties d'un monde infini devrait donc être considérée comme complète; c'est-à-dire qu'un temps infini devrait être conçu dans l'énumération de toutes les choses coexistantes, comme écoulé; ce qui est impossible. Un agrégat infini de choses réelles ne peut donc être considéré comme un tout donné, par conséquent pas non plus comme donné *en même temps*. Donc un monde, quant à son étendue dans l'espace, n'est *pas infini*, mais au contraire renfermé dans ses bornes. Ce qui était la seconde chose à démontrer.

ANTITHÈSE.

510. Le monde n'a ni commencement ni limite; il est au contraire infini quant au temps et à l'espace.

PREUVE.

511. Car, supposez que le monde ait un commencement : puisque le commencement est une existence précédée d'un temps dans lequel la chose n'est pas, un temps doit donc avoir précédé, dans lequel le monde n'était pas, c'est-à-dire un temps vide. Or rien ne peut commencer d'être dans un temps vide, parce qu'aucune partie d'un pareil temps ne renferme en soi, plutôt qu'un autre quelconque, une condition distinctive de l'existence, de préférence à la condition de la non-existence (tout en supposant du reste que cette condition existe par elle-même ou par une autre cause). Plusieurs séries de choses peuvent donc bien commencer dans le monde, mais le monde lui-même ne peut avoir aucun commencement. Il est donc infini par rapport au temps passé.

512. Quant au deuxième cas, celui de l'illimitation dans l'espace, supposons d'abord le contraire, à savoir que le monde est limité : il se trouve alors dans un espace vide qui n'a point de

---

(1) Le concept de la totalité n'est donc, en ce cas, que la représentation de la synthèse complète de ses parties, parce que ne pouvant tirer le concept de l'intuition du tout (laquelle intuition est impossible ici), nous ne pouvons saisir ce concept que par la synthèse des parties jusqu'à l'accomplissement de l'infini, au moins en idée.

bornes. Il n'y aurait par conséquent pas seulement un rapport des choses *dans l'espace*, mais aussi un rapport des choses *à l'espace*. Et comme le monde est un tout absolu hors duquel il n'y a pas d'objet d'intuition, et par conséquent pas de corrélatif du monde, avec lequel le monde soit en rapport, alors le rapport du monde à l'espace vide serait un rapport du monde *à aucun objet*. Mais un tel rapport, par conséquent la limitation du monde par l'espace vide, n'est rien. Le monde n'est donc point limité quant à l'espace ; c'est-à-dire qu'il est infini en étendue.(1).

REMARQUES SUR LA PREMIÈRE ANTINOMIE.

1º Sur la thèse.

513. Dans cette argumentation contradictoire, je n'ai pas cherché d'illusions, pour faire, comme on dit, une preuve d'avocat, par laquelle on tourne à son profit l'imprudence de son adversaire en faisant volontiers valoir son appel à une loi mal interprétée, afin de pouvoir édifier ensuite des prétentions injustes par la réfutation qu'on se propose de faire de cette interprétation ; ces deux preuves sont tirées de la nature des choses, sans songer à l'avantage que nous pouvions tirer des paralogismes opposés des dogmatiques.

(1) L'espace est la simple forme de l'intuition extérieure (intuition formelle) ; ce n'est pas un objet réel qui puisse être extérieurement perçu. L'espace, avant toutes les choses qui le déterminent (le remplissent ou le circonscrivent), ou plutôt qui donnent une *intuition empirique* d'accord avec sa forme, et qu'on appelle espace absolu, n'est que la simple possibilité des phénomènes extérieurs en tant qu'ils peuvent exister en soi, ou s'ajouter encore à des phénomènes donnés. L'intuition empirique n'est donc pas composée de phénomènes et de l'espace (de la perception et de l'intuition vide). L'un n'est pas le corrélatif synthétique de l'autre, mais l'un est seulement uni à l'autre dans une seule et même intuition empirique, comme matière et forme de cette intuition. Veut-on placer un de ces éléments de la connaissance externe hors de l'autre (l'espace en dehors de tous les phénomènes), il en résultera toutes sortes de déterminations vaines de l'intuition externe, qui ne sont pas cependant des perceptions possibles ; par exemple un mouvement ou un repos du monde dans un espace vide infini, détermination du rapport de deux choses entre elles qui ne peut jamais être perçue, et qui est par conséquent le prédicat d'un pur être de raison.

514. J'aurais également pu prouver en apparence la thèse en avançant à la manière des dogmatiques un concept vicieux sur l'infinité d'une quantité donnée. Une quantité *infinie* est celle au-dessus de laquelle il n'en peut exister de plus grande (c'est-à-dire qui dépasse d'une unité la multiplicité contenue dans la première). Or, aucune multiplicité n'est la plus grande possible, parce qu'on peut toujours y ajouter une ou plusieurs unités. Une quantité infinie donnée, par conséquent encore un monde infini, tant par rapport à la série passée qu'à l'étendue, est donc impossible. Il est donc borné dans les deux sens. J'aurais pu, je le répète, argumenter de la sorte ; mais le concept d'une quantité donnée ne convient point à ce que l'on entend par un tout infini ; on ne dit pas par là quelle est la grandeur du tout. Par conséquent son concept n'est pas le concept d'un *maximum* ; tout ce que l'on conçoit par là, c'est le rapport de ce nombre à une certaine unité (nombre déterminé), qu'on peut prendre arbitrairement, et à l'égard de laquelle ce même tout est plus grand, et d'une quantité inassignable en nombres. Suivant donc que l'unité ou le nombre comparatif serait pris ou plus grand ou plus petit, l'infini réel serait lui-même plus grand ou plus petit ; mais l'infinité, ne consistant que dans le rapport à cette unité donnée, resterait toujours la même, quoique assurément la quantité absolue du tout ne fût point connue par là ; ce dont il n'est effectivement pas ici question.

515. Le concept véritable (transcendantal) de l'infinité est que : la synthèse successive de l'unité dans l'énumération d'un *quantum* ne peut jamais être complète (1). D'où il suit très certainement qu'une éternité réelle d'états qui se succèdent jusqu'à un moment donné (le moment présent), ne peut pas s'être écoulée, et que le monde doit avoir eu un commencement.

516. Quant à la deuxième partie de la thèse, la difficulté d'une série infinie, et cependant écoulée, n'existe plus, il est vrai ; car la diversité d'un monde infini en étendue est donnée *simultanément*. Mais pour concevoir la totalité de cette multitude, comme

---

(1) Ce *quantum* renferme donc une multitude (relativement à l'unité donnée) qui est plus grande que tout nombre, lequel *quantum* est le concept mathématique de l'infini.

nous ne pouvons pas nous porter aux bornes qui rendent d'elles-mêmes cette totalité percevable, nous devons rendre compte de notre concept, lequel, dans ce cas, ne peut point aller du tout à la multitude déterminée des parties, mais doit exposer la possibilité d'un tout par la synthèse successive des parties. Or, comme cette synthèse devrait former une série toujours incomplète, on ne peut concevoir une totalité avant cette synthèse ni par elle; car le concept de la totalité est même dans ce cas la représentation d'une synthèse achevée des parties, et cet achèvement, ainsi que son concept par conséquent, est impossible.

2° Sur l'antithèse.

517. La preuve de l'infinité de la série cosmique donnée et de l'idée du monde, repose sur ce que, dans le cas opposé, un temps vide et un espace vide devraient former les bornes du monde. Je sais parfaitement que l'on cherche à se soustraire à cette conséquence, en prétendant qu'il est possible que le monde ait une fin quant au temps et à l'espace, sans qu'on ait précisément besoin d'admettre un temps absolu avant le commencement du monde, ou un espace absolu, étendu, hors du monde réel; ce qui est impossible. Je suis très satisfait de la dernière partie de cette opinion des philosophes de l'école de Leibniz. L'espace est simplement la forme de l'intuition extérieure; ce n'est pas un objet réel qui puisse être perçu extérieurement, ni rien de corrélatif aux phénomènes, mais la forme même des phénomènes. L'espace ne peut donc absolument (par lui seul) précéder comme quelque chose de déterminant dans l'existence des choses, parce qu'il n'est pas un objet, mais seulement la forme des objets possibles. Par conséquent les choses, comme phénomènes, déterminent bien l'espace ; c'est-à-dire que de tous ses prédicats possibles (grandeur et rapports), elles font que ceux-ci ou ceux-là appartiennent à la réalité ; mais l'espace ne peut pas réciproquement, comme quelque chose qui existe par soi, déterminer la réalité des objets par rapport à la grandeur ou à la figure, puisqu'en soi il n'est rien de réel. C'est pourquoi un espace, qu'il soit plein ou vide (1),

---

(1) On remarque facilement que nous voulons dire par là que *l'espace vide, en tant qu'il est limité par des phénomènes,* par conséquen

peut bien être borné par des phénomènes, mais des phénomènes ne peuvent pas être *bornés par un espace vide* en dehors d'eux. Il en est de même du temps. Il est néanmoins incontestable, malgré tout cela, que l'on doit nécessairement admettre ces deux non-êtres, à savoir, un espace hors du monde, et un temps vide avant le monde, si l'on suppose un terme au monde quant à l'espace et quant au temps.

518. Car, pour ce qui est du subterfuge par lequel on veut éviter la conséquence qui conduit à dire que si le monde a des bornes (quant au temps et à l'espace), le vide infini doit déterminer l'existence des choses réelles par rapport à leur quantité, ce subterfuge, dis-je, consiste, au fond, sans que l'on s'en doute, à concevoir, au lieu d'un *monde sensible,* je ne sais quel monde intelligible; au lieu d'un premier commencement (une existence que précède un temps de non-être), une existence en général qui ne suppose *aucune autre condition dans le monde*; au lieu des bornes de l'étendue, des *limites* de l'univers, — et à sortir ainsi du temps et de l'espace. Mais il n'est ici question que du *mundus phœnomenon* et de sa grandeur, dans lequel on ne peut absolument pas faire abstraction de ces conditions de la sensibilité, sans faire disparaître l'essence de ce monde. Le monde sensible, s'il est borné, est nécessairement dans le vide infini; néglige-t-on cette circonstance, et par conséquent fait-on abstraction de l'espace en général comme condition *a priori* de la possibilité des phénomènes, alors tout le monde sensible disparaît. Dans notre question, ce monde est cependant seul donné. Le *mundus intelligibilis* n'est que le concept général d'un monde en général, concept dans lequel on fait abstraction de toute condition de l'intuition de ce monde, et par rapport auquel concept encore aucune proposition synthétique affirmative ou négative n'est par conséquent possible.

l'espace qui *est en dedans du monde*, ne contredit pas du moins les principes transcendants, et qu'il peut par conséquent être accordé par rapport à ces principes, quoique sa possibilité ne soit pas affirmée pour cela par le fait.

DEUXIÈME OPPOSITION DES IDÉES TRANSCENDANTALES.

THÈSE.

519. Toute substance composée dans le monde l'est aussi de parties simples, et partout il n'existe rien que de simple ou qui ne soit composé du simple.

PREUVE.

520. En effet, si l'on suppose que les substances composées ne le sont pas de parties simples, alors toute composition disparaissant dans l'esprit, aucune partie composée, et même (puisqu'il n'y a pas de parties simples) aucune partie simple, absolument rien par conséquent, ne resterait. Aucune substance, par conséquent encore, ne serait donnée. Ou bien donc il est impossible que tout composé disparaisse par la pensée; ou bien cette composition une fois anéantie par la pensée, quelque chose subsiste encore sans composition, c'est-à-dire quelque chose de simple. Mais, dans le premier cas, le composé ne se formerait pas de substances (parce que la composition n'est, dans ces substances, qu'une relation accidentelle des substances, relation sans laquelle elles devraient exister, comme des êtres subsistant par eux-mêmes). Or, comme ce cas contredit la supposition, reste donc le dernier, à savoir, que le composé substantiel dans le monde se forme de parties simples.

521. D'où il suit immédiatement que toutes les choses du monde sont des êtres simples; que la composition n'est que leur état extérieur, et que, bien que nous puissions isoler ces substances élémentaires et les soustraire à cet état d'union, cependant la raison doit les concevoir comme les premiers sujets de toute composition, et, par conséquent, comme des êtres simples avant la composition.

ANTITHÈSE.

522. Aucune chose composée dans le monde ne l'est de parties simples, et nulle part il n'existe rien de simple.

DIALECTIQUE TRANSCENDANTALE.

PREUVE.

523. Supposons d'abord qu'une chose composée (comme substance) le soit de parties simples. Comme tout rapport extérieur, par conséquent aussi toute composition de substances n'est possible que dans l'espace, il s'ensuit que le nombre des parties du composé est égal au nombre des parties de l'espace qu'il occupe. Or, l'espace ne se compose pas de parties simples, mais d'espaces ; par conséquent chaque partie d'un composé doit occuper un espace. Mais les parties absolument premières d'un composé sont simples, par conséquent le simple occupe un espace. Or, puisque tout réel qui occupe un espace comprend en lui une diversité dont les éléments sont en dehors les uns des autres, il est par le fait composé; et même en tant que composé réel, il ne se compose pas d'accidents (car les accidents ne peuvent être extérieurs entre eux sans substances), mais bien de substances. Le simple serait donc alors un composé substantiel ; ce qui est contradictoire.

524. La seconde proposition de l'antithèse : dans le monde il n'existe rien de simple, doit s'entendre ici en ce sens seulement, que l'existence de l'absolument simple ne peut être prouvée par aucune expérience ou perception ni externe ni interne, mais que ce n'est qu'une pure idée, dont la réalité objective ne peut jamais être présentée dans une expérience possible, par conséquent dans l'exposition des phénomènes, sans application et sans objet. Car, si nous voulons supposer qu'il puisse y avoir pour cette idée transcendantale un objet de l'expérience, l'intuition empirique d'un objet devrait donc alors être comme une intuition qui ne renfermerait absolument aucune diversité, et dont les parties extérieures les unes aux autres seraient réduites à l'unité. Or, comme on ne peut pas conclure de la non-conscience d'une telle diversité à son impossibilité absolue dans l'intuition d'un objet, et comme cette conclusion est cependant nécessaire pour pouvoir affirmer la simplicité absolue, il suit que cette simplicité ne peut être conclue d'aucune observation, quelle qu'elle soit. Et puisque alors quelque chose ne peut jamais être donné comme un objet absolument simple dans une expérience possible, mais que le monde sensible doit être considéré comme l'ensemble de toutes

les expériences possibles, rien de simple n'est donc donné en lui.

525. Cette seconde proposition de l'antithèse va beaucoup plus loin que la première; celle-ci ne bannit le simple que de l'intuition du composé, celle-là l'exclut de toute la nature. C'est pourquoi elle n'a pu être démontrée par l'idée d'un objet donné de l'intuition extérieure (du composé), mais par son rapport à une expérience possible en général.

REMARQUES SUR LA DEUXIÈME ANTINOMIE.

1° Sur la thèse.

526. Quand je parle d'un tout qui se compose nécessairement de parties simples, j'entends seulement un tout substantiel, comme le composé propre, c'est-à-dire l'unité accidentelle de la diversité, laquelle diversité donnée *isolément* (au moins en pensée), est constituée en liaison mutuelle, et forme ainsi une chose unique. A proprement parler, on ne doit donc pas dire que l'espace est un composé, c'est un tout; ses parties ne sont possibles que dans le tout, et non le tout par les parties. En tout cas, il ne pourrait être qu'un *composé idéal*, mais non un *composé réel*. Cependant ce n'est là qu'une subtilité. Puisque l'espace n'est point un composé de substances (ni même d'accidents réels), si l'on supprime en lui toute composition, il ne doit rien rester, pas même le point; car le point n'est possible que comme limite d'un espace (par conséquent d'un composé). L'espace et le temps ne se composent donc pas de parties simples. Ce qui n'appartient qu'à l'état d'une substance, quoiqu'il ait grandeur ou quantité (par exemple, le changement), ne se compose pas du simple; c'est-à-dire qu'un certain degré de changement n'a pas lieu par une addition de beaucoup de changements simples. Notre conclusion du composé simple n'est valable que pour des choses subsistant par elles-mêmes. Or, des accidents de l'état n'existent pas par eux-mêmes. On peut donc facilement compromettre l'argument en faveur de la nécessité du simple, comme de parties constitutives de tout composé substantiel, et par là aussi l'objet de cet argument en général, si on lui donne trop de portée, et si l'on veut le faire valoir, sans distinction pour tout composé, comme on l'a déjà tenté plusieurs fois.

527. Du reste je ne parle ici du simple qu'en tant qu'il est nécessairement donné dans le composé, puisque celui-ci peut être résolu en celui-là, comme en ses parties constituantes. La signification propre du mot *monade* (suivant l'usage de Leibniz), devrait n'appartenir qu'au simple qui est *immédiatement* donné comme substance simple (par exemple, dans la conscience de soi-même), et non comme élément du composé, élément qu'il vaudrait mieux appeler atome (1). Et comme je ne veux prouver les substances simples que par rapport au composé dont elles sont des éléments, je pourrais appeler l'antithèse de la deuxième antinomie, l'*atomistique* transcendantale. Mais ce mot étant déjà employé depuis longtemps pour désigner un mode particulier d'explication des phénomènes corporels (*molecularum*), et supposant par conséquent des concepts empiriques, il vaut mieux l'appeler principe dialectique de la *monadologie*.

2° Sur l'antithèse.

528. Cette proposition de la division de la matière à l'infini, dont la démonstration est purement mathématique, est attaquée par les *monadistes*. Mais leurs objections sont déjà suspectes, en ce qu'ils ne veulent point des preuves mathématiques les plus claires, dans l'appréciation de la propriété de l'espace, en tant qu'il est, en fait, la condition formelle de la possibilité de toute matière. Il ne les considèrent que comme des raisonnements formés d'idées abstraites, mais arbitraires, et qui ne peuvent être appliquées aux choses réelles; comme s'il était seulement possible d'imaginer une autre espèce d'intuition que celle qui est donnée dans l'intuition originelle de l'espace, et comme si ses déterminations *a priori* n'atteignaient pas en même temps tout ce qui n'est possible que parce qu'il remplit cet espace! Si l'on était de leur avis, il faudrait concevoir, outre le point mathématique, qui est simple et n'est pas une partie, mais simplement la limite d'un

---

(1) *Atomus*, masculin imaginé par Kant, au lieu du neutre ordinaire, *atomon*, traduit dans la philosophie scolastique par *inseparabile*, *indiscernibile*, *simplex*, etc. Kant a voulu manifestement faire une opposition à Monas, qui lui a fait rencontrer cet ἅπαξ λεγόμενον. Dans Démocrite ἄτομος, et *atomus* dans Cicéron, sont du genre féminin. — R.

espace, il faudrait concevoir, dis-je, des points physiques qui à la vérité seraient simples aussi, mais qui auraient le privilége, comme parties de l'espace, de remplir l'espace par leur seule agrégation. Sans répéter ici les réfutations ordinaires et claires de cette absurdité, réfutations que l'on trouve en foule, comme il est tout à fait inutile d'ailleurs de vouloir offusquer subtilement par des concepts purement discursifs l'évidence mathématique; j'observe seulement que si la philosophie chicane ici avec les mathématiques, c'est uniquement parce qu'elle oublie qu'il ne s'agit dans cette question que des *phénomènes* et de leurs conditions. Mais il ne suffit pas ici de trouver pour un *concept intellectuel* pur du composé, le concept du simple; il s'agit de trouver, pour l'*intuition* du composé (de la matière), l'intuition du simple; ce qui est tout à fait impossible d'après les lois de la sensibilité, par conséquent aussi dans les objets des sens. On peut donc toujours accorder que, relativement à un tout composé de substances, qui est simplement conçu par l'entendement pur, il est nécessaire d'avoir le simple avant toute composition de ce tout. Cependant ceci n'a pas lieu dans le *totum substantiale phænomenon*, qui, comme intuition empirique dans l'espace, emporte la propriété nécessaire de n'avoir aucune partie simple, parce qu'aucune partie de l'espace n'est simple. Cependant les monadistes ont été assez subtils pour vouloir éluder cette difficulté, ne supposant pas l'espace comme une condition de la possibilité des objets de l'intuition extérieure (des corps); ils supposent, au contraire, cette intuition, et le rapport dynamique des substances en général, comme la condition de la possibilité de l'espace. Or, nous n'avons un concept des corps qu'autant que |nous les considérons comme phénomènes; mais, à ce titre, ils supposent nécessairement l'espace comme condition de la possibilité de tout phénomène extérieur. Le subterfuge est donc vain, et il a déjà été suffisamment prévenu antérieurement dans l'esthéthique transcendantale. Si les phénomènes étaient des choses en soi, alors la preuve des monadistes serait absolument valable.

529. La deuxième affirmation dialectique présente cela de particulier, qu'elle a contre elle une assertion dogmatique, de toutes les subtilités la seule qui tente de démontrer péremptoire-

ment, dans un objet de l'expérience, la réalité de ce que nous avons compté précédemment parmi les idées transcendantales pures, à savoir, la simplicité absolue de la substance, — ou que l'objet du sens intime, le moi qui pense, est une substance absolument simple. Sans m'engager maintenant dans cette question (puisqu'il en a été suffisamment parlé plus haut), j'observe seulement que, si quelque chose est simplement conçu comme objet, sans qu'on ajoute une détermination synthétique à son intuition (précisément comme il arrive dans la pure idée : moi), rien de divers, aucune composition ne peut assurément être perçue dans une telle représentation. De plus, comme les prédicats par lesquels je pense cet objet sont simplement des intuitions du sens intime, ils ne peuvent rien offrir qui prouve une diversité dont les éléments soient en dehors les uns des autres, par conséquent une composition réelle. C'est pourquoi la conscience de soi-même exige, par le fait que le sujet qui pense est en même temps son objet propre, qu'il ne puisse se diviser lui-même, quoiqu'il divise les déterminations qui lui sont inhérentes ; car, par rapport à lui-même ou en soi, tout objet est absolument un. Néanmoins, si ce sujet est considéré *extérieurement* comme un objet de l'intuition, il laisse cependant voir en lui composition dans le phénomène. Et il doit toujours être considéré ainsi, quand on veut savoir s'il y a ou non en lui une diversité dont les éléments soient *extérieurs* les uns aux autres.

TROISIÈME OPPOSITION DES IDÉES TRANSCENDANTALES.

THÈSE.

530. La causalité d'après les lois de la nature n'est pas la seule dont nous puissions dériver tous les phénomènes du monde ; il est nécessaire d'admettre encore une causalité par liberté pour l'explication de ces phénomènes.

PREUVE.

531. Si l'on suppose qu'il n'y a de causalité que suivant des lois physiques, alors tout ce qui *arrive* suppose un état antérieur

auquel il succède inévitablement suivant une règle. Mais cet état antérieur doit lui-même être quelque chose qui soit arrivé (devenu dans le temps, puisqu'il n'était pas auparavant), parce que s'il avait toujours été, sa conséquence aussi n'aurait pas un jour commencé d'être, mais aurait toujours été. Par conséquent la causalité de la cause par laquelle quelque chose arrive, suppose elle-même quelque chose d'*arrivé*, qui suppose à son tour, suivant la loi de la nature, un état précédent et sa causalité; mais cet état en suppose de même un autre antérieur, et ainsi de suite. Si donc tout arrive suivant les seules lois de la nature, il n'y a jamais qu'un commencement subalterne [relatif], mais jamais un premier commencement, et par conséquent en général aucune intégralité de la série du côté des causes provenant les unes des autres. Or cependant, c'est une loi de la nature, que, sans une cause suffisamment déterminée *a priori*, rien n'arrive. Par conséquent, la proposition qui énonce que toute causalité n'est possible que d'après des lois physiques se contredit d'elle-même dans sa généralité sans limite. Cette causalité ne peut donc être admise comme unique.

532. Il faut donc admettre une causalité par laquelle quelque chose arrive sans une autre cause précédente qui la détermine suivant des lois nécessaires, c'est-à-dire une *spontanéité absolue* des causes, capable de commencer d'elle-même une série de phénomènes qui se déroule suivant des lois physiques; par conséquent une liberté transcendantale, sans laquelle, dans le cours même de la nature, la série successive des phénomènes n'est jamais complète du côté des causes.

ANTITHÈSE.

533. Il n'y a pas de liberté, mais tout dans le monde arrive suivant des lois naturelles.

PREUVE.

534. Supposez qu'il y ait une *liberté*, dans le sens transcendantal, comme espèce particulière de causalité suivant laquelle les événements du monde pourraient avoir lieu; c'est-à-dire une faculté de commencer absolument un état, par conséquent une

série commencera absolument en vertu de cette spontanéité, mais encore la détermination de cette spontanéité même à produire la série, c'est-à-dire la causalité; tellement que rien ne précède en vertu de quoi cette action qui arrive soit déterminée suivant des lois constantes. Mais tout commencement d'action suppose un état de la cause encore non agissante; et un commencement dynamiquement premier de l'action suppose un état qui n'a aucun rapport de causalité avec le passé de la même cause, c'est-à-dire qui n'en résulte d'aucune manière. La liberté transcendantale est donc opposée à la loi de causalité, et une liaison des états successifs produits par des causes efficientes, suivant laquelle aucune unité expérimentale n'est possible, et qui par conséquent ne se trouve dans aucune expérience, n'est donc qu'un vain être de raison.

535. C'est donc uniquement dans la *nature* que nous devons chercher l'enchaînement et l'ordre des événements du monde. La liberté (l'indépendance) à l'égard des lois de la nature, est à la vérité un *affranchissement* de la la contrainte; mais c'est aussi un affranchissement *du fil conducteur* de toutes les règles. Car on ne peut pas dire qu'au lieu des lois de la nature, des lois de la liberté pénètrent dans la causalité du cours du monde, parce que si cette causalité était déterminée suivant des lois, elle ne serait pas liberté; au contraire, elle ne serait autre chose que la nature. Par conséquent la nature et la liberté transcendantale se distinguent comme la légalité et la licence. La première, à la vérité, fatigue l'entendement par la difficulté de rechercher de plus en plus haut l'origine des événements dans la série des causes, parce que la causalité est toujours conditionnée en eux; mais elle promet en retour une unité d'expérience universelle et légale. Au contraire, l'illusion de la liberté promet, il est vrai, du repos à l'entendement qui scrute dans la chaîne des causes, puisqu'elle le conduit à une causalité inconditionnée ou absolue, qui commence à agir d'elle-même; mais comme cette causalité est aveugle, elle rompt le fil conducteur des règles, suivant lequel seulement une expérience universellement liée dans toutes ses parties est possible.

REMARQUES SUR LA TROISIÈME ANTINOMIE.

1° Sur la thèse.

536. L'idée transcendantale de la liberté ne forme pas à beaucoup près, il est vrai, le contenu total du concept psychologique de ce nom, concept qui est en grande partie empirique ; elle ne forme que celui de la spontanéité absolue de l'action, comme raison propre de l'imputabilité de cette action. Néanmoins ce concept est la pierre d'achoppement de la philosophie, qui trouve des difficultés insurmontables à reconnaître cette espèce de causalité absolue. Ce qui, par conséquent, dans la question sur la liberté de la volonté, a mis jusqu'ici la raison spéculative dans un si grand embarras, n'est que *transcendantal*, et a seulement pour objet de savoir si une faculté de commencer *spontanément* une série de choses ou d'états successifs doit être admise. Il n'est pas nécessaire de dire comment une faculté de cette nature est possible, puisque nous sommes également obligés de nous borner, en fait de causalité suivant des lois naturelles, à reconnaître *a priori* qu'une telle causalité doit être supposée, quoique nous ne comprenions pas du tout comment il est possible qu'en vertu d'une certaine existence, l'existence d'une autre chose soit posée, et que nous soyons ainsi forcés de nous en tenir simplement à l'expérience. Nous n'avons donc proprement prouvé cette nécessité d'un premier commencement d'une série de phénomènes par la liberté, il est vrai, qu'autant qu'il est indispensable pour concevoir une origine au monde, tandis que l'on peut prendre tous les états successifs pour une dérivation d'après des lois purement physiques. Mais parce que la faculté de commencer tout à fait spontanément une série dans le temps vient cependant d'être enfin démontrée par là (quoique non aperçue), il nous est aussi permis maintenant de faire commencer spontanément différentes séries au milieu du cours du monde, et d'attribuer à leurs substances une faculté d'agir librement. Il ne faut pas toutefois se laisser embarrasser ici par un malentendu, à savoir que, puisqu'une série successive ne peut avoir dans le monde un premier commencement que comparativement, un état de choses dans le monde

en précédant toujours un autre, aucun premier commencement absolu des séries n'est sans doute absolument possible pendant le cours du monde. Car nous ne parlons pas ici d'un commencement absolument premier quant au temps, mais quant à la causalité. Si présentement, par exemple, je suis parfaitement libre de me lever de mon siége, et que, sans l'influence de causes physiques nécessairement déterminantes, je me lève en effet, dans cet événement commence alors une série absolument nouvelle avec toutes ses conséquences naturelles à l'infini, quoique, à l'égard du temps, cet événement ne soit que la continuation d'une série précédente; car cette résolution et ce fait ne sont pas une simple dérivation de l'action de la nature; ils n'en sont pas une simple continuation, mais leurs causes naturelles déterminantes remontent indéfiniment haut; en sorte que ce double événement, qui, à la vérité, les suit, mais sans en dériver, ne doit par conséquent pas être appelé un commencement absolument premier d'une série de phénomènes quant au temps, il est vrai, mais bien par rapport à la causalité.

537. La confirmation de la nécessité où se trouve la raison de s'en rapporter, dans la série des causes naturelles, à un premier commencement par liberté, se fait remarquer d'une manière très frappante dans ce fait, que tous les philosophes anciens, excepté ceux de l'école empirique, se sont vus forcés d'admettre, pour expliquer les mouvements du monde, un *premier moteur*, c'est-à-dire une cause librement agissante qui ait commencé d'abord et d'elle-même cette série d'états; car ils n'ont pas tenté l'explication d'un premier commencement par simple nature.

2° Sur l'antithèse.

538. Les défenseurs de la toute-puissance de la nature (*physiocratie* transcendantale), en opposition à la doctrine de la liberté, pourraient argumenter de la manière suivante contre les paralogismes en faveur de cette dernière : *Si vous ne supposez rien dans le monde de mathématiquement premier par rapport au temps, vous n'avez pas besoin non plus de chercher quelque chose de dynamiquement premier quant à la causalité.* Qui vous a chargés d'imaginer un état absolument premier du monde, et par consé-

quent un commencement absolu de la série des phénomènes successifs? Et pouvez-vous par là donner un point d'appui à votre imagination pour mettre des bornes à la nature illimitée? Puisque les substances ont toujours été dans le monde, l'unité de l'expérience rend au moins cette supposition nécessaire, il n'y a aucune difficulté à supposer aussi que le changement de leurs états, c'est-à-dire une série de leurs changements, a toujours été, et, par conséquent, qu'aucun commencement premier, soit mathématique, soit dynamique, ne doit être cherché. La possibilité d'une telle dérivation infinie, sans un premier membre par rapport auquel tout le reste soit seulement successif, est incompréhensible, il est vrai ; mais si vous voulez pour cela rejeter ces énigmes physiques, vous vous verrez forcés de rejeter plusieurs propriétés fondamentales synthétiques (forces primitives) que vous comprenez aussi peu : et même la possibilité d'un changement en général doit vous paraître choquante; car si vous ne trouviez pas par l'expérience qu'il est réel, jamais vous ne pourriez imaginer *a priori* comment une telle succession perpétuelle d'existence et de non-existence est possible.

539. Quand même, en tous cas, on reconnaîtrait une faculté transcendantale de liberté pour commencer les évolutions du monde, au moins cette faculté ne devrait être qu'en dehors du monde (quoiqu'il y ait toujours une prétention bien téméraire à admettre un objet hors de l'ensemble de toutes les intuitions possibles, objet qui ne peut être donné dans aucune perception possible). Mais dans le monde même, il n'est absolument permis à personne d'attribuer une telle faculté aux substances, parce que c'en serait fait alors de l'enchaînement des phénomènes qui se déterminent les uns les autres nécessairement suivant des lois universelles, enchaînement que nous appelons nature; et avec lui disparaîtrait en très grande partie la marque de la vérité empirique, qui distingue la veille du sommeil. Car avec cette faculté de liberté qui n'est soumise à aucune loi, la nature est à peine concevable; ses lois, en effet, éprouveraient sans cesse des changements par l'influence du libre arbitre, et le jeu des phénomènes, qui serait uniforme et régulier d'après la nature seule, se trouverait par là troublé et sans enchaînement.

QUATRIÈME OPPOSITION DES IDÉES TRANSCENDANTALES.

THÈSE.

540. Au monde sensible se rapporte quelque chose qui, soit qu'il en fasse partie, ou qu'il en soit cause, est un être absolument nécessaire.

PREUVE.

541. Le monde sensible, comme ensemble de tous les phénomènes, contient en même temps une série de changements ; car, sans cette série, la représentation même de la succession du temps, comme condition de la possibilité du monde sensible, ne nous serait pas donnée (1). Mais tout changement est soumis à sa condition qui le précède, et sous laquelle il est nécessaire. Or, tout conditionné actuel présuppose, par rapport à son existence, une série complète de conditions jusqu'à l'inconditionné absolu, qui seul est absolument nécessaire. Par conséquent, quelque chose d'absolument nécessaire doit exister, si un changement comme sa conséquence existe. Mais ce nécessaire appartient lui-même au monde sensible ; car, supposé qu'il soit en dehors, alors la série des changements dans le monde en tirerait son origine, sans cependant que cette cause nécessaire appartînt elle-même au monde sensible. Or, cela est impossible. En effet, le commencement d'une succession ne pouvant être terminé par ce qui précède, la suprême condition du commencement d'une série de changements devait donc être dans le monde lorsque cette série n'était pas encore ; car le commencement est une existence que précède un temps dans lequel la chose qui commence n'était pas encore. La causalité de la cause nécessaire des changements, et par conséquent aussi la cause elle-même, appartient donc à un temps (par conséquent au phénomène, dans lequel seulement le

---

(1) Le *temps*, comme condition formelle de la possibilité des changements, les précède objectivement, il est vrai ; mais subjectivement et dans la vérité de la conscience, cette représentation n'est cependant pas donnée, comme toute autre, qu'à l'occasion des perceptions.

temps est possible, comme en étant la forme); elle ne peut donc être conçue isolée du monde sensible comme ensemble de tous les phénomènes. Il y a donc dans le monde même quelque chose d'absolument nécessaire, que ce soit la série cosmique tout entière, ou une partie de cette série seulement.

ANTITHÈSE.

542. Il n'existe nulle part aucun être absolument nécessaire, soit dans le monde, soit hors du monde comme en étant la cause.

PREUVE.

543. Supposé que le monde soit lui-même, ou qu'il y ait en lui un être nécessaire: alors il y aurait dans la série de ses changements un commencement qui serait absolument nécessaire, par conséquent qui serait sans cause; ce qui répugne à la loi dynamique de la détermination de tous les phénomènes dans le temps. Ou bien la série même serait sans aucun commencement, et, quoique contingente et conditionnée dans toutes ses parties, elle serait cependant, dans le tout, nécessaire et inconditionnée; ce qui est contradictoire, puisque l'existence d'une multitude ne peut être nécessaire si aucune de ses parties n'a en soi une existence nécessaire.

544. Supposé qu'il y ait, au contraire, une cause absolument nécessaire du monde hors du monde: alors cette cause, comme premier membre dans la *série des causes de changements* du monde, commencerait d'abord l'existence de ces causes et leur série (1). Mais alors il serait nécessaire aussi qu'elle commençât à agir, et sa causalité aurait lieu dans le temps, et par cette raison ferait justement partie de l'ensemble des phénomènes, c'est-à-dire du monde. Par conséquent la cause elle-même ne serait pas hors du monde; ce qui contredit la supposition. Il n'y a donc ni

---

(1) Le mot *commencer* est pris dans une double acception : la première *active*, lorsque la cause commence (*infit*) une série d'états comme son effet; la deuxième *passive*, lorsque la causalité commence (*fit*) dans la cause même. Je conclus ici de la première à la dernière.

dans le monde ni hors du monde (mais avec lui en union causale) un être absolument nécessaire.

REMARQUES SUR LA QUATRIÈME ANTINOMIE.

1° Sur la thèse.

545. Pour prouver l'existence d'un être nécessaire, je ne dois faire usage ici que de l'argument *cosmologique*, c'est-à-dire de celui qui consiste à s'élever du conditionné dans le phénomène à l'inconditionné dans le concept, en considérant l'inconditionné comme la condition nécessaire de la totalité de la série. Il appartient à un autre principe de la raison de tenter l'argument par la seule idée d'un être suprême de tous les êtres en général, argument qui, par conséquent, devra être présenté en particulier.

546. La preuve cosmologique pure ne peut donc établir l'existence d'un être nécessaire qu'en laissant en même temps indécise la question de savoir si cet être est lui-même le monde ou s'il en diffère; car, pour résoudre cette dernière question, il faut des principes qui ne sont plus cosmologiques, et qui ne se rencontrent pas dans la série des phénomènes; il faut des concepts d'êtres contingents en général (en tant qu'ils sont simplement considérés comme objets de l'entendement), et un principe pour les rattacher par le raisonnement à un être nécessaire; ce qui est entièrement du ressort d'une philosophie *transcendante*, dont il n'est pas encore ici question.

547. Mais si l'on commence une fois la preuve cosmologiquement, en mettant en principe la série des phénomènes et leur régression suivant les lois empiriques de la causalité, on ne peut plus ensuite la quitter et passer à quelqu'autre chose qui n'appartiendrait pas à la série comme un de ses membres; car quelque chose doit être considéré comme condition dans le même sens précisément que la relation du conditionné à sa condition dans la série, laquelle série a dû conduire à cette suprême condition par une progression continue. Or, si ce rapport est sensible, et s'il appartient à l'usage empirique possible de l'entendement, la condition ou cause suprême ne peut terminer la régression que suivant les lois de la sensibilité, et par conséquent comme apparte-

nant exclusivement à la succession, et l'être nécessaire doit être considéré comme l'anneau le plus élevé de la chaîne cosmique.

548. On s'est néanmoins permis de faire un tel saut (μετάβασις ἄλλο γένος), puisqu'on a conclu des changements dans le monde à leur contingence empirique, c'est-à-dire à leur dépendance de causes empiriquement déterminantes; et l'on a obtenu, comme de juste, une série ascendante de conditions. Mais comme on ne pouvait trouver dans cette série aucun commencement absolu et aucun membre suprême, on a subitement abandonné le concept empirique de la contingence, et l'on a pris la catégorie pure, qui n'a donné qu'une série purement intelligible dont la plénitude ou intégralité reposait sur l'existence d'une cause absolument nécessaire, qui, n'étant plus soumise à aucune condition sensible, a été affranchie aussi de la condition de commencer dans le temps sa causalité même. Mais ce procédé est tout à fait illégitime, ainsi qu'on peut le conclure de ce qui suit.

549. Le contingent, dans le sens pur de la catégorie, est ce dont l'opposé contradictoire est possible. Or, on ne peut absolument pas conclure de la contingence empirique à cette contingence intelligible. Ce qui est changé est ce dont l'opposé (de son état) est réel dans un autre temps, par conséquent aussi possible : il n'est donc pas l'opposé contradictoire de l'état passé; il faudrait, pour qu'il en fût ainsi, que, dans le même temps où était l'état passé, l'opposé de cet état eût pu être à sa place; or, c'est ce qu'on ne peut pas du tout conclure du changement. Un corps qui était en mouvement $= a$, devient en repos $=$ *non a*. Or, de ce qu'un état opposé à l'état *a* le suit, il n'en peut être conclu que l'état contradictoire de *a* soit possible, par conséquent que *a* soit contingent; car il faudrait pour cela que, dans le même temps où le mouvement existait, au lieu de ce mouvement il eût pu y avoir repos. Or, nous ne connaissons autre chose si ce n'est que le repos a été réel dans le temps suivant, et par conséquent aussi possible dans ce même temps. Mais le mouvement dans un temps et le repos dans un autre temps ne sont pas contradictoirement opposés entre eux. Par conséquent la succession de déterminations contraires, c'est-à-dire le changement, ne prouve en aucune manière la contingence suivant des concepts de l'entendement

pur; il ne peut donc pas conduire par les concepts intellectuels purs à l'existence d'un être nécessaire. Le changement prouve seulement la contingence empirique, c'est-à-dire que le nouvel état par lui-même, sans une cause qui appartînt à un temps passé, n'aurait pu avoir lieu suivant la loi de causalité. Mais cette cause, quoique prise comme absolument nécessaire, doit néanmoins se trouver de cette manière dans le temps et faire partie de la série des phénomènes.

2° Sur l'antithèse.

550. Si, en remontant la série des phénomènes, on pense rencontrer des difficultés contre l'existence d'une cause première absolument nécessaire, elles ne doivent pas non plus se fonder sur le simple concept de l'existence nécessaire d'une chose en général, et ne doivent par conséquent pas être ontologiques, mais résulter de la liaison causale avec une série de phénomènes, pour en admettre une condition qui soit elle-même inconditionnée; elles doivent donc être déduites cosmologiquement et suivant des lois empiriques. Il s'agit en effet de faire voir que la progression dans la série des causes (dans le monde sensible) ne peut jamais finir par une condition empiriquement absolue, et que l'argument cosmologique tiré de la contingence des états cosmiques, en conséquence des changements du monde, est contraire à la supposition d'une cause première, et qui commence absolument une série.

551. Mais cette antinomie révèle un contraste étonnant : le même argument qui servait à conclure, dans la thèse, l'existence d'un être primitif, sert à conclure sa non-existence dans l'antithèse, et même avec une égale subtilité. On disait en premier lieu : *il y a un être nécessaire*, parce que tout le temps passé renferme la série de toutes les conditions, et par conséquent aussi l'absolu (le nécessaire). On dit maintenant : *il n'y a pas d'être nécessaire*, par la raison même que le temps écoulé contient en lui la série de toutes conditions (qui sont par conséquent toutes à leur tour conditionnées). La raison de ce fait est que le premier argument ne se rapporte qu'à la *totalité absolue* de la série des conditions, dont l'une détermine l'autre dans le temps, et acquiert

par là je ne sais quoi d'absolu et de nécessaire. Le second, au contraire, considère la *contingence* de tout ce qui est déterminé *dans la succession* (parce qu'avant chaque chose est un temps dans lequel la condition même doit à son tour être déterminée comme conditionnée). De cette manière, par conséquent, tout absolu et toute nécessité absolue disparaissent entièrement. Cependant le mode de conclusion dans les deux est parfaitement conforme à la commune raison humaine, à laquelle il arrive souvent de se contredire elle-même, suivant qu'elle considère son objet sous deux points de vue différents. M. *de Mairan* a jugé la dispute de deux célèbres astronomes, dispute qui était résultée d'une semblable difficulté sur le choix d'un point de vue, comme un phénomène assez digne de remarque pour faire à ce sujet une dissertation particulière. L'un raisonnait ainsi : *la lune tourne autour de son axe*, parce qu'elle montre constamment le même côté à la terre ; l'autre ainsi : *la lune ne tourne pas autour de son axe*, précisément parce qu'elle montre toujours le même côté à la terre. Les deux raisonnements étaient vrais, suivant le point de vue d'où l'on voulait observer le mouvement de la lune.

SECTION III.

De l'intérêt de la raison dans ce conflit avec elle-même.

552. Nous avons maintenant tout le jeu dialectique des idées cosmologiques, qui ne permettent pas qu'un objet à elles correspondant soit donné dans une expérience possible quelconque, qui ne permettent pas même que la raison les conçoive d'accord avec les lois générales de l'expérience ; et ces idées ne sont cependant pas imaginées arbitrairement, mais la raison y est nécessairement conduite par une progression continue de la synthèse empirique, quand elle veut affranchir de toute condition et embrasser dans sa totalité absolue ce qui ne peut jamais être déterminé que conditionnellement suivant les règles de l'expérience. Ces affirmations dia-

lectiques sont donc autant de tentatives pour résoudre quatre problèmes naturels et inévitables de la raison : quatre, dis-je, ni plus ni moins, parce qu'il n'y a pas un plus grand nombre de séries de suppositions synthétiques qui limitent *a priori* la synthèse empirique.

553. Nous n'avons exposé les prétentions fastueuses de la raison étendant son empire au-delà des bornes de l'expérience, que dans des formules arides qui contiennent simplement le principe de ces légitimes exigences; et, comme il convient à une philosophie transcendantale, nous les avons dépouillées de tout élément empirique, bien que l'éclat des affirmations de la raison ne puisse briller qu'en rapport avec l'empirisme. Mais, dans cette application et dans l'extension progressive de l'usage de la raison, la philosophie, partant du champ de l'expérience et s'élevant insensiblement jusqu'à ces idées sublimes, montre une dignité qui, si elle pouvait seulement soutenir ses prétentions, surpasserait de beaucoup le prix de toutes les autres sciences humaines, puisqu'elle promet le fondement de nos plus grandes espérances, et des vues sur le but final vers lequel tous les efforts de la raison doivent converger en définitive. Le monde a-t-il un commencement dans le temps et une limite dans l'espace ? — N'y aurait-il pas dans le moi pensant une unité indivisible et indissoluble, ou n'y a-t-il rien que de divisible et de passager ? — Suis-je libre dans mes actes, ou, comme les autres êtres, suis-je conduit par le fil de la nature et du destin ? — Enfin, y a-t-il une cause suprême du monde, ou les choses de la nature et leur ordre forment-ils le dernier objet auquel nous devons nous arrêter dans nos considérations ? Voilà des questions pour la solution desquelles les mathéma-

ticiens donneraient volontiers leur science ; car les mathématiques ne peuvent nous procurer aucune satisfaction à l'égard de la fin suprême et très importante de l'humanité. Il y a plus, c'est que la dignité propre des mathématiques (cet orgueil de la raison humaine) consiste en ce que, donnant un guide à la raison pour faire voir, contre l'attente de la philosophie qui n'édifie que sur l'expérience commune, l'ordre et la régularité de la nature, en grand comme en petit, l'unité admirable de ses forces motrices; les mathématiques sont ainsi un motif et un encouragement à faire servir la raison au-delà de toute expérience, et fournissent même à la philosophie, occupée de cette affaire, des matériaux excellents pour l'aider dans ses recherches, autant que sa nature le permet, par des intuitions convenables.

554. Malheureusement pour la spéculation (mais heureusement peut-être pour la destination pratique de l'homme), la raison, au milieu de ses plus grandes espérances, se trouve si embarrassée de raisonnements pour et contre, que, ne pouvant, tant par honneur que par prudence, ni reculer ni regarder ce procès d'un œil indifférent comme un simple jeu, et moins encore offrir simplement la paix, parce que l'objet de la dispute est du plus haut intérêt; il ne lui reste qu'à réfléchir sur l'origine de son désaccord avec elle-même, et à voir si peut-être un simple malentendu n'en serait pas la cause, et si, une fois ce malentendu dissipé, les prétentions orgueilleuses de part et d'autre ne feraient pas place au règne tranquille et durable de la raison sur l'entendement et les sens.

555. Nous n'entrerons pas dans cette explication radicale sans voir auparavant de quel côté nous devrons

nous rejeter, si nous sommes forcé de prendre un parti entre ces deux positions. Puisque, dans ce cas, nous ne consultons pas la pierre de touche logique de la vérité, mais simplement notre intérêt, cette recherche, quoiqu'elle ne décide rien par rapport au droit litigieux des deux parties, aura cependant l'avantage de faire comprendre pourquoi ceux qui s'intéressent à ce combat se tournent plus volontiers d'un côté que de l'autre, sans qu'une connaissance approfondie de la question soit précisément cause de cette détermination, et d'expliquer en même temps encore d'autres choses : par exemple, le zèle plein d'ardeur de l'une des parties, et la froide et tranquille affirmation de l'autre; la raison pour laquelle on applaudit avec joie à l'une, celle pour laquelle, au contraire, on se fait ennemi irréconciliable de l'autre.

556. Mais il est quelque chose qui, dans ce jugement provisoire, détermine le point de vue duquel seul le jugement peut être porté avec la fondamentalité convenable ; c'est la comparaison des principes d'où partent les deux adversaires. On remarque sous les affirmations de l'antithèse une parfaite uniformité dans la manière de penser, et une unité complète de maximes, savoir : un principe de l'*empirisme pur*, non seulement dans l'explication des phénomènes du monde, mais aussi dans la solution des idées transcendantales touchant l'univers même. Au contraire, les affirmations de la thèse mettent en principe, outre le mode d'explication empirique dans le cours de la série des phénomènes, des points de départ intellectuels, ce qui fait que la maxime n'est plus simple. J'appellerai cette maxime, d'après son caractère distinctif essentiel, le *dogmatisme* de la raison pure.

557. Du côté donc du *dogmatisme*, dans la détermi-

nation des idées rationnelles cosmologiques, ou du côté de la *thèse*, se remarque :

558. 1° Un certain *intérêt pratique* dans lequel tout homme sensé, s'il comprend son véritable avantage, prend parti de bon cœur. Que le monde ait un commencement, que le *moi* pensant soit de nature simple, et par conséquent incorruptible, qu'il soit en même temps libre dans ses actions arbitraires et à l'abri de la contrainte de la nature, et qu'enfin l'ordre total des choses qui composent le monde dépende d'un être premier de qui tout emprunte son unité et sa liaison conforme à son but; ce sont là autant de pierres angulaires fondamentales de la morale et de la religion. L'antithèse nous dépouille de tous ces appuis, ou semble du moins nous en dépouiller.

559. 2° Un *intérêt spéculatif* de la raison se montre aussi de ce côté : car si l'on adopte et que l'on emploie de cette manière les idées transcendantales, on peut aussi embrasser parfaitement *a priori* la chaîne entière des conditions, et comprendre la dérivation du conditionné, puisque l'on commence par l'absolu, que ne donne point l'antithèse, laquelle se recommande bien mal, par cela même qu'elle ne peut donner, sur les conditions de sa synthèse, une réponse qui ne laisse pas toujours à questionner sans fin. Suivant elle, on doit s'avancer d'un commencement donné à un autre de plus en plus élevé; chaque partie conduit encore à une partie moindre, chaque événement a toujours un autre événement au-dessus de lui comme cause, et les conditions de l'existence en général portent toujours de nouveau sur d'autres, sans jamais pouvoir rencontrer une base absolue dans une chose subsistant par elle-même comme être primitif.

560. 3° Ce côté a aussi l'avantage de la *popularité*, qui n'est certainement pas le moindre titre à sa recommandation. Le sens commun ne trouve pas, dans les idées d'un commencement absolu de toute synthèse, la moindre difficulté, parce qu'il est plus accoutumé, en semblables cas, de marcher en descendant par les conséquences qu'en remontant par les principes, et qu'il a, dans les concepts de l'absolument Premier (de la possibilité duquel il ne s'inquiète guère), une commodité et en même temps un point ferme auquel il peut attacher le fil de ses pas ; tandis qu'au contraire, dans l'ascension perpétuelle du conditionné à la condition, étant toujours avec un pied en l'air, il ne peut trouver aucune jouissance.

561. 1° Du côté de l'*empirisme*, dans la détermination des idées cosmologiques, ou du côté de l'*antithèse*, on observe *d'abord* qu'il ne se trouve aucun intérêt pratique résultant des principes de la raison pure, tels que la morale et la religion en renferment. Bien plus, le pur empirisme semble priver ces deux choses de toute force et influence. S'il n'y a aucun être premier distinct du monde, si le monde est sans commencement, et par conséquent aussi sans créateur, si notre volonté n'est pas libre, si l'âme est divisible et sujette à corruption comme la matière ; toute la valeur des idées et des principes moraux, et avec elle, toutes les idées *transcendantales*, qui constituent leur appui théorique, s'évanouissent.

562. 2° Mais, *en compensation*, l'empirisme offre des avantages à l'intérêt spéculatif de la raison, avantages qui sont très attrayants, et qui surpassent de beaucoup ceux que peut promettre le docteur dogmatique des idées rationnelles. Suivant l'empirisme, l'entendement est

toujours sur son propre terrain, savoir sur le champ de la pure expérience possible dont il peut rechercher les lois, et, par leur moyen, étendre sans fin ses sûres et faciles connaissances. Ici, il peut et doit exposer en intuition l'objet, tant en lui-même que dans ses rapports; il peut le représenter, tout au moins dans des concepts dont l'image est susceptible d'être montrée clairement et distinctement dans des intuitions analogues données. Non seulement l'entendement n'a pas besoin de quitter cette chaîne de l'ordre de la nature, pour s'attacher à des idées auxquelles il ne connaît pas d'objets correspondants, parce que de semblables objets ne peuvent jamais être donnés comme matière de la pensée; mais il ne lui est pas même permis de quitter son œuvre, et, sous prétexte qu'elle est achevée, de passer dans le domiane de la *raison idéalisante,* aux concepts transcendantaux, où il ne serait plus obligé d'observer et de rechercher conformément aux lois de la nature, mais où il pourrait *penser* et *inventer,* sûr qu'il serait de ne pouvoir être réfuté par les faits de la nature, parce qu'il ne dépendrait point de leur témoignage, pouvant au contraire le méconnaître, ou même le soumettre à une autorité supérieure, celle de la raison pure.

563. L'empiriste ne permettra donc jamais de prendre une époque quelconque de la nature pour absolument première, ou de considérer une limite de son point de vue dans la circonscription de la nature comme la plus excentrique, ou de passer, — des objets de la nature, qu'il peut déchiffrer par l'observation et les mathématiques, et déterminer synthétiquement dans l'intuition (dans l'étendue), — à des choses qui ne peuvent jamais être exposées *in concreto,* ni par les sens, ni par l'imagina-

tion (au simple). Il ne permettra pas même que l'on pose en principe, dans la *nature*, une faculté indépendante des lois physiques (une liberté), et qu'on diminue par là l'objet de l'entendement, qui est de rechercher, suivant le fil de lois nécessaires, l'origine des phénomènes. Il ne permettra pas, enfin, que l'on cherche hors de la nature la cause de quoi que ce soit (un être premier), puisque, excepté cette nature, nous ne connaissons rien, attendu qu'elle seule nous fournit des objets, et peut nous instruire de ses lois.

564. A la vérité, si le philosophe empiriste, avec son antithèse, n'a d'autre but que de rabattre la témérité et la présomption de la raison, qui méconnaît sa vraie destination, s'enorgueillissant de sa *pénétration* et de son *savoir*, là même où il n'y a plus ni pénétration ni science possible ; de la raison qui veut faire passer pour un avantage de l'intérêt spéculatif ce qui ne peut valoir que par rapport à l'intérêt pratique, pour, dès qu'il lui convient, rompre le fil des recherches physiques, et, sous le prétexte d'étendre la connaissance, rattacher ce fil aux idées transcendantales, dont on ne connaît proprement qu'une chose, *que l'on n'en sait rien* : si, dis-je, l'empiriste s'en tenait là, son principe serait une maxime de modération dans les prétentions, de modestie dans les assertions, et en même temps de l'extension la plus grande possible de notre entendement sous la direction de notre unique maître, l'expérience. Car, dans ce cas, les *suppositions intellectuelles* et la *croyance* en faveur de l'intérêt pratique ne nous seraient pas ravies ; seulement, on ne pourrait pas les présenter sous le titre pompeux de science et de vue rationnelle, parce que le *savoir* spéculatif proprement dit ne peut avoir d'autre objet que

l'expérience, et que si l'on en dépasse les bornes, la synthèse, lorsqu'elle cherche des connaissances nouvelles qui en soient indépendantes, n'a aucun *substratum* de l'intuition auquel elle puisse être appliquée.

565. Mais si l'empirisme devient dogmatique par rapport aux idées (comme il arrive le plus souvent), et s'il nie avec assurance ce qui est au-dessus de ses connaissances intuitives, il tombe alors lui-même dans une intempérance d'esprit qui est d'autant plus blâmable que l'intérêt pratique de la raison en souffre un préjudice irréparable.

566. Telle est l'opposition entre l'*épicurisme* (1) et le *platonisme*.

567. L'un et l'autre disent plus qu'ils ne savent ; de telle sorte cependant que le premier encourage et aide le savoir, quoiqu'au préjudice de la pratique, et que le second, tout en donnant à la pratique des principes excellents, permet par cela même à la raison, en matière de savoir spéculatif pur, de s'attacher à des explications

---

(1) Toutefois c'est encore une question de savoir si Epicure a jamais exposé ses principes comme affirmations objectives. Si par hasard ces principes n'étaient autre chose que des maximes de l'usage spéculatif de la raison, il fit en cela preuve d'un esprit plus éminemment philosophique qu'aucun des sages de l'antiquité. Il est très vrai maintenant encore, quoique l'on se conforme peu à ces principes, que, pour étendre la philosophie spéculative et pour découvrir les principes de la morale sans recourir à rien d'étranger, bien que celui qui, en matière spéculative, veut *ignorer* ces principes dogmatiques, ne puisse pas pour cela être accusé de les *nier*; il est très vrai, dis-je, que pour arriver à ce but scientifique on doit procéder, dans l'explication de ces phénomènes, comme si le champ de la recherche n'avait ni bornes ni commencement dans le monde ; que l'on doit prendre l'étoffe du monde comme il est nécessaire qu'elle le soit, si nous voulons la connaître par l'expérience ; qu'il n'y a d'autres causes des événements que les lois invariables de la nature ; et, enfin, qu'il ne faut recourir à aucune cause différente du monde.

idéales des phénomènes de la nature, et de négliger à ce sujet l'investigation physique.

568. 3° Enfin pour ce qui est du choix provisoire entre ces deux partis opposés, il est surtout remarquable que l'empirisme est contraire à toute popularité, quoique l'on pût croire que le sens commun devrait saisir avidement un dessein qui promet de le satisfaire par des connaissances purement expérimentales, et dont la composition est conforme à la raison ; au lieu que le dogmatisme transcendant le force à s'élever à des concepts qui surpassent la pénétration et la faculté rationnelle des esprits les plus exercés dans la pensée. Mais c'est cela même qui le détermine à penser autrement ; car il se trouve alors dans un état où le plus savant lui-même ne peut rien prétendre à rien de plus que lui. S'il comprend peu ou rien à cela, personne cependant ne pourra se flatter d'y comprendre beaucoup plus ; et quoiqu'il n'en puisse parler aussi savamment que d'autres, il peut néanmoins en raisonner infiniment plus, puisqu'il erre dans la région des idées pures, au sujet desquelles il n'est si disert que par cela même qu'*on n'en sait rien ;* au lieu qu'il serait obligé de se taire net, et d'avouer son ignorance en fait de recherches physiques. Déjà la commodité et la variété de ces principes les recommanderaient donc beaucoup. De plus, quoiqu'il soit très pénible pour un philosophe d'admettre quelque chose comme principe, sans pouvoir s'en rendre raison, et d'établir ainsi des concepts dont il ne puisse apercevoir la réalité objective, rien cependant n'est plus habituel au sens commun. Il cherche quelque chose d'où il puisse partir avec sécurité ; il ne s'inquiète point de la difficulté de comprendre la possibilité d'une telle supposi-

tion, parce que cette difficulté ne lui vient jamais en pensée (à lui qui ignore ce que c'est que comprendre) et qu'il croit connaître ce qui est pour lui d'un usage habituel. Mais enfin tout intérêt spéculatif s'évanouit pour lui en présence de l'intérêt pratique, et il se persuade apercevoir et connaître ce que la crainte ou l'espérance le pousse à admettre ou à croire. De là vient que l'empirisme de la raison transcendantale n'a aucune popularité, et que, si défavorable qu'il puisse être au premier principe pratique, il n'y a pas à craindre cependant qu'il sorte jamais de l'enceinte des écoles, qu'il obtienne dans le monde quelque autorité, et se concilie la faveur de la multitude.

569. La raison humaine est architectonique de sa nature, c'est-à-dire qu'elle considère toutes les connaissances comme appartenant à quelque système possible, et ne permet, par conséquent, que des principes qui du moins ne mettent pas une connaissance actuelle dans l'impossibilité de former un système avec d'autres. Mais les propositions de l'antithèse sont d'espèce telle, qu'elles rendent absolument impossible un système de connaissances; car, suivant elles, au-delà d'un état quelconque du monde, il y en a toujours un plus éloigné; dans chaque partie sont toujours d'autres parties divisibles de nouveau; avant un événement quelconque en est un autre qui, à son tour, a été engendré de même d'ailleurs, et, dans l'existence, toutes les choses sont partout conditionnées sans qu'on reconnaisse un inconditionné quelconque et une première existence. Puis donc que l'antithèse n'accorde ni quelque chose de premier ni un commencement qui puisse absolument servir de fondement à l'édifice, un édifice complet de sa connaissance

est donc absolument impossible dans une telle supposition. Par conséquent l'intérêt architectonique de la raison (qui exige, non l'unité empirique mais l'unité rationnelle pure *a priori*) renferme une recommandation naturelle en faveur des affirmations de la thèse.

570. Mais si un homme pouvait s'affranchir de tout intérêt, et prendre indifféremment en considération les affirmations de la raison, d'après la seule valeur de leurs principes, quelles qu'en pussent être les conséquences, celui-là serait dans un état de doute perpétuel, supposé qu'il n'y eût pas d'autre moyen de sortir d'embarras que d'avouer l'une ou l'autre des doctrines opposées. Aujourd'hui il paraîtrait persuadé de la libre volonté de l'homme; demain, s'il considérait l'enchaînement indissoluble de la nature, il prendrait la liberté pour une de ses illusions, et penserait que tout est purement *naturel*. Mais s'il venait à agir, le jeu de la raison spéculative pure disparaîtrait comme un songe, et il choisirait ses principes d'après l'intérêt pratique. Et, comme il convient qu'un être pensant et investigateur donne quelques moments à l'examen de sa propre raison, mais en déposant alors toute partialité, et qu'il communique ses observations aux autres pour obtenir un jugement public, personne donc ne pourrait être blâmé, et moins encore empêché par aucune menace, de produire les thèses et les antithèses opposées, puisqu'elles peuvent se soutenir en présence de jurés de son état propre, savoir, l'état de faiblesse de l'homme.

SECTION IV.

Des questions transcendantales de la raison pure, en tant qu'elles doivent absolument pouvoir être résolues.

571. Vouloir résoudre tous les problèmes et répondre à toutes les questions, serait d'une suffisance sans pudeur et d'une présomption si extravagante qu'elle ferait sur-le-champ perdre toute confiance. Il y a néanmoins des sciences dont la nature emporte avec elle que toute question qui s'y rencontre doive être répondue absolument en vertu de cela même que l'on sait, parce que la réponse doit être tirée des mêmes sources que la question. Dans ces sciences, il n'est nullement permis de prétexter une ignorance invincible ; au contraire, la solution peut être exigée. Qu'est-ce qui est *juste* ou *injuste* dans les différents cas possibles : c'est ce qu'on doit pouvoir déterminer, suivant la règle, parce qu'il s'agit ici de notre obligation, et que nous n'avons aucune obligation concernant *ce que nous ne pouvons savoir*. Dans l'explication des phénomènes de la nature, il faut cependant que plusieurs questions restent sans solution, ce que nous savons de la nature étant loin de suffire dans tous les cas pour tout ce que nous devons expliquer. On demande donc si, dans la philosophie transcendantale, une question qui concerne un objet proposé à la raison ne peut pas être répondue par cette même raison pure, et si l'on pourrait légitimement se refuser à une réponse décisive, par la raison que l'on compterait cette question, comme absolument incertaine (d'après tout ce que nous pouvons en connaître), parmi les choses dont nous avons, à la vérité, assez de concepts pour proposer une ques-

tion, mais à l'égard desquelles nous manquons tout à fait de moyens et de facultés pour y répondre jamais.

572. Or, je dis que la philosophie transcendantale a cela de propre, entre toutes les connaissances spéculatives, qu'aucune question qui concerne un objet donné de la raison pure n'est insoluble pour cette même raison humaine, et qu'aucun prétexte d'une ignorance invincible et d'une profondeur impénétrable du problème ne peut affranchir de l'obligation d'y répondre fondamentalement et pleinement, parce que le même concept qui nous met en état de questionner doit aussi, par cela même, nous rendre tout à fait capables de répondre à cette question, puisque l'objet n'est nullement trouvé en dehors du concept (comme dans le juste et l'injuste).

573. Il n'y a, dans la philosophie transcendantale, que les questions cosmologiques par rapport auxquelles on puisse justement exiger une réponse suffisante concernant la nature de l'objet, sans qu'il soit permis au philosophe de s'y refuser en prétextant une obscurité impénétrable, et ces questions ne peuvent se rapporter qu'à des idées cosmologiques; car l'objet doit être donné empiriquement, et la question porte seulement sur sa conformité avec une idée. Si l'objet est transcendantal, et par conséquent inconnu par le fait, par exemple, si ce dont le phénomène (en nous) est la pensée (âme) est en soi un être simple, s'il y a une cause absolument nécessaire de toutes les choses...., alors nous devons chercher à notre idée un objet tel que nous puissions avouer qu'il nous est inconnu, sans pour cela qu'il soit impossible (1).

---

(1) On peut, à la vérité, ne faire aucune réponse à la question : quelle est la nature d'un objet transcendantal, c'est-à-dire *quelle chose*

Les idées cosmologiques seules ont la propriété de pouvoir supposer leur objet comme donné, ainsi que la synthèse empirique nécessaire pour le concept de cet objet; et alors la question qui résulte de ces idées ne concerne que le *progressus* de cette synthèse, en tant qu'il doit contenir une totalité absolue qui n'est plus rien d'empirique, puisqu'elle ne peut être donnée dans aucune expérience. Or, puisqu'il ne s'agit ici que d'une chose comme objet d'une expérience possible, et non comme chose en soi, la réponse à la question cosmologique transcendante ne peut être nulle part ailleurs en dehors de l'idée, car elle ne concerne aucun objet en lui-même; et, par rapport à l'expérience possible, il n'est pas question de ce qui peut être donné *in concreto*, dans une expérience quelconque, mais de ce qui est dans l'idée, dont la synthèse empirique doit simplement approcher. Elle doit donc pouvoir être résolue d'après l'idée seulement, car cette idée est une pure création de la raison, laquelle ne peut par conséquent pas se justifier en rejetant la faute sur un objet inconnu.

574. Il n'est donc pas si extraordinaire qu'il le semble au premier abord, qu'une science, par rapport à toutes

---

est cet objet. Mais l'on peut bien dire que la *question* elle-même *n'est rien*, parce qu'elle n'a pas d'objet donné. C'est pourquoi toutes les questions de psychologie transcendantale sont aussi susceptibles de réponse, et sont effectivement répondues; car elles ont pour objet le sujet transcendantal de tous les phénomènes existants, lequel sujet n'est pas lui-même phénomène, et par conséquent pas un objet donné auquel puisse être appliquée aucune des catégories (sur lesquelles cependant porte proprement la question). C'est par conséquent ici le cas, comme on dit généralement, qu'aucune réponse soit aussi une réponse; c'est dire en effet qu'une question sur la nature de quelque chose qui ne peut être pensé par aucun attribut déterminé, puisqu'il est entièrement placé hors de la sphère des objets qui peuvent nous être donnés, est entièrement nulle et vaine.

les questions qui constituent son ensemble (*quæstiones domesticæ*), puisse demander et attendre des solutions parfaitement certaines, quoique peut-être il n'en existe pas encore. Outre la philosophie transcendantale, il y a encore deux sciences rationnelles pures, l'une dont l'objet est simplement spéculatif, et l'autre dont l'objet est pratique ; les *mathématiques pures* et la *morale pure*. A-t-on jamais entendu dire que, comme par une ignorance nécessaire des conditions, on ait donné pour incertain le rapport parfaitement exact du diamètre à la circonférence, en nombres soit rationnels soit irrationnels ? Ce rapport ne pouvant être convenablement donné par la première espèce de nombres, et n'étant pas encore trouvé par la seconde, on juge donc au moins que l'impossibilité d'une telle solution peut être connue avec certitude, et *Lambert* en donne la preuve. Dans les principes généraux de la morale, rien ne peut être incertain, puisque les propositions sont ou vaines, ou vides de sens, ou doivent simplement découler de nos concepts rationnels. Au contraire, il y a en physique une infinité de conjectures par rapport auxquelles on ne peut jamais attendre de certitude, parce que les phénomènes de la nature sont des objets qui nous sont donnés indépendamment de nos concepts, dont la clé, par conséquent, n'est pas en nous ni dans notre pensée pure, mais en dehors de nous, et ne peut, précisément par cette raison, être trouvée dans un grand nombre de cas : aucune explication certaine n'en peut donc être attendue. Je ne parle pas ici des questions de l'analytique transcendantale, qui concernent la déduction de notre connaissance pure, parce que nous ne traitons, pour le moment, que de la certitude des jugements par rapport aux objets, et non par rapport à l'origine de nos concepts mêmes.

575. Nous ne pourrons donc pas décliner l'obligation d'une solution, au moins critique, des questions rationnelles proposées, sous l'affligeant prétexte qu'elles dépassent les bornes étroites de notre raison, et en confessant, avec l'apparence d'une humble connaissance de nous-mêmes, qu'il est au-dessus de cette raison de décider si le monde est éternel ou s'il a un commencement; si l'univers remplit l'infini d'êtres, ou s'il est enfermé dans de certaines limites; s'il y a dans le monde quelque chose de simple, ou si tout peut être divisé à l'infini; s'il y a une création ou production par liberté, ou si tout tient à la chaîne de l'ordre de la nature; enfin s'il y a un être entièrement inconditionné et nécessaire en lui-même, ou si tout est conditionné quant à son existence, et par conséquent extérieurement dépendant et contingent en soi. Toutes ces questions concernent en effet un objet qui ne peut être donné autrement que dans notre pensée, savoir, la totalité absolument inconditionnée de la synthèse des phénomènes. Si nous ne pouvons rien dire ni décider de certain à ce sujet par nos propres concepts, nous ne devons pas en rejeter la faute sur la chose qui se cache à nous; car une chose de cette nature (puisqu'elle ne se trouve nulle part hors de notre idée) ne nous est pas donnée du tout; nous devons donc en rechercher la cause dans notre idée même, laquelle est un problème qui ne suppose aucune solution, et auquel nous avons néanmoins entrepris opiniâtrément de répondre, comme si un objet réel lui correspondait. Une claire explication de la dialectique renfermée dans notre concept même nous conduirait bientôt à une parfaite certitude sur ce que nous devons penser d'une telle question.

576. On peut opposer à votre prétexte d'ignorance, par rapport à ce problème, d'abord cette question à laquelle vous devez au moins répondre clairement : d'où vous viennent les idées dont la solution vous embarrasse tant ici? seraient-ce des phénomènes dont l'explication vous manque, et dont vous n'ayez à chercher, en conséquence de ces idées, que les principes, ou la règle de leur exposition? Supposez que la nature vous soit tout à fait connue, que rien ne soit caché à vos sens, et rien à la conscience de tout ce qui est soumis à votre intuition : cependant vous ne pourrez connaître *in concreto* par aucune expérience l'objet de vos idées (car il faudrait, indépendamment de cette parfaite intuition, une parfaite synthèse, et la conscience de sa totalité absolue ; ce qui n'est possible par aucune connaissance empirique). Ce que vous demandez ne peut donc en aucune manière être nécessaire à l'explication d'un phénomène qui se présenterait nécessairement, et en quelque sorte par conséquent comme au moyen de l'objet même. L'objet ne peut jamais se présenter à vous, parce qu'il ne peut être donné par aucune expérience possible. Vous resterez toujours, avec toutes les perceptions possibles, soumis aux *conditions* soit de l'espace, soit du temps ; et vous n'atteindrez jamais rien d'absolu avec quoi vous puissiez décider si cet absolu doit être placé au commencement absolu de la synthèse, ou dans une totalité absolue de la série sans aucun commencement. Le tout dans le sens empirique n'est jamais que comparatif. Le tout absolu de la quantité (l'univers), de la division, de la dérivation, de la condition de l'existence en général, avec toutes les questions de savoir s'il peut être réalisé par une synthèse finie ou par une synthèse qui le conti-

nuerait à l'infini, ne concerne aucune expérience possible. Vous ne pourriez expliquer, par exemple, les phénomènes d'un corps, ni mieux ni même seulement d'une autre manière, si vous supposiez qu'il se compose de parties simples, ou de parties toujours composées; car vous ne rencontrerez jamais de phénomène simple, non plus qu'une composition infinie. Les phénomènes ne veulent être expliqués qu'autant que leurs conditions d'explication sont données dans la perception, et tout ce qui peut jamais être donné en eux, compris dans un *tout absolu*, est même une perception. Mais l'explication de ce tout est proprement l'objet des problèmes rationnels transcendantaux.

577. Donc puisque la solution de ces questions ne peut jamais se présenter dans l'expérience, vous ne pouvez pas dire qu'on ne sait pas ce qui doit être attribué à l'objet; car votre objet est simplement dans votre cerveau et ne peut être donné hors de lui. Vous n'avez donc qu'à faire attention d'être d'accord avec vous-mêmes, et d'éviter l'amphibolie qui convertit votre idée en une prétendue représentation d'une chose empiriquement donnée, et par conséquent aussi en la représentation d'un objet à connaître suivant les lois de l'expérience. La solution dogmatique n'est donc pas incertaine assurément, elle est impossible. Mais la solution critique, qui peut être parfaitement certaine, ne considère pas du tout la question objectivement, elle ne l'envisage que par rapport au fondement de la connaissance sur lequel elle repose.

SECTION V.

Représentation sceptique des questions cosmologiques par les quatre idées transcendantales.

578. Nous nous désisterions volontiers de la demande que nos questions soient répondues dogmatiquement, si nous pouvions comprendre à l'avance que, quelle que dût être la réponse, elle ne ferait qu'augmenter encore notre ignorance et nous précipiter d'une incompréhensibilité dans une autre, d'une obscurité dans une plus grande, et peut-être même dans des contradictions. Si donc notre question tend à demander une affirmation ou une négation pure et simple, c'est agir prudemment que d'abandonner, pour le moment, les raisons apparentes qu'on pourrait alléguer, et de considérer d'abord ce que l'on gagnerait, si la réponse était dans tel ou tel sens opposé. Or, s'il arrive que, dans les deux cas, il se présente un pur non-sens, nous aurons alors une raison fondée d'examiner critiquement notre question même, de voir si elle ne repose pas sur une supposition sans fondement, et si elle ne joue pas avec une idée qui trahit mieux sa fausseté dans l'application et dans ses conséquences, que lorsqu'on la contemple abstraitement. Telle est la grande utilité qui résulte de la manière de traiter sceptiquement les questions que la raison pure s'adresse à elle-même, qu'elle peut dispenser, à peu de frais, de s'enfoncer dans le dédale des raisonnements dogmatiques, et permet d'y substituer une critique modeste qui, comme un vrai cathartique de la raison, fera disparaître facilement la présomption en même temps que sa compagne, la polymathie.

579. Si donc je pouvais apercevoir à l'avance, au

sujet d'une idée cosmologique, quel que soit le côté de l'absolu dans la synthèse régressive des phénomènes vers lequel elle penche, qu'elle serait pour chaque *concept intellectuel* ou *trop grande* ou *trop petite*, je pourrais alors comprendre que, ne concernant toutefois qu'un objet de l'expérience, expérience qui doit être conforme à un concept intellectuel possible, elle doit être tout à fait vaine et dépourvue de sens, parce que l'objet ne cadre point avec elle, de quelque manière que j'essaie de l'y approprier. Il arrive effectivement que la raison, en s'attachant aux concepts cosmiques, s'y trouve engagée par le fait même dans une antinomie inévitable; car supposez :

580. 1° Que le *monde n'ait aucun commencement*, il est alors *trop grand* pour votre concept; car ce concept, consistant dans une régression successive, ne peut jamais atteindre toute une éternité écoulée. Supposez au contraire que le *monde ait un commencement* dans la région empirique nécessaire, il est alors *trop petit* pour votre concept intellectuel; car le commencement supposant toujours un temps qui précède, il n'est pas encore inconditionné, et la loi de l'usage empirique de l'entendement vous ordonne de chercher une condition de temps plus élevée, et le monde est par conséquent visiblement trop petit pour cette loi.

581. Il en est de même de la double réponse à la question de la grandeur du monde par rapport à l'espace : car s'il est infini et non borné, alors il est *trop grand* pour tout concept empirique possible. Est-il au contraire *fini* et borné : alors on demande encore avec raison qu'est-ce qui détermine ces bornes. L'espace vide n'est pas par lui-même un corrélatif des choses

existantes, et ne peut être une condition à laquelle vous puissiez vous attacher, bien moins encore une condition empirique qui constitue une partie d'une expérience possible (car qui peut avoir l'expérience du vide absolu?). Mais, pour la totalité absolue de la synthèse empirique, il faut toujours que l'inconditionné soit un concept expérimental. Un *monde borné* est donc *trop petit* pour votre concept.

582. 2° Si tout phénomène dans l'espace (la matière) se compose d'une *infinités de parties,* alors la régression de la division sera toujours *trop grande* pour votre concept; et si la *division* de l'espace doit *cesser* dans un membre quelconque de la division (le simple), alors il est *trop petit* pour l'idée de l'absolu; car ce membre permet toujours une nouvelle régression dans les parties qu'elle renferme.

583. 3° Si vous supposez que, dans tout ce qui arrive au monde, il n'y ait rien qui ne soit une conséquence des lois de la *nature,* alors la causalité de la cause est toujours à son tour quelque chose qui arrive, et qui rend sans cesse nécessaire votre régression à une cause supérieure, et, par conséquent, le prolongement de la série des conditions *a parte priori*. La simple *nature* efficiente est donc *trop grande* pour tout votre concept dans la synthèse des événements cosmiques.

584. Supposez-vous maintenant que tous les événemens se soient réalisés *d'eux-mêmes,* par conséquent qu'ils aient été produits *librement*: poursuivez alors le pourquoi des choses suivant une loi inévitable de la nature; essayez, sur ce point, de sortir de la loi de causalité de l'expérience, et vous trouverez que cette totalité de l'union est *trop petite* pour votre concept empirique nécessaire.

585. 4° Enfin, si vous supposez un *être absolument nécessaire* (que ce soit le monde lui-même, ou quelque chose dans le monde, ou la cause du monde), vous le placez dans un temps infiniment éloigné de tout autre temps donné, puisqu'autrement il serait dépendant d'une autre existence plus ancienne. Mais alors cette existence est inaccessible à votre concept empirique, et par conséquent *trop grande* pour que vous puissiez jamais l'atteindre par une régression continuée.

586. Mais si votre opinion est au contraire que tout ce qui appartient au monde, soit comme conditionné, soit comme condition, est *fortuit* (contingent), alors toute existence à vous donnée est trop petite pour votre concept; car elle vous force à chercher toujours une autre existence dont elle dépende.

587. Nous avons dit que, dans tous ces cas, l'*idée cosmique* de la régression empirique, par conséquent de tout concept intellectuel possible, est ou trop grande ou trop petite pour cette régression, et pour ce concept même. Pourquoi ne nous sommes-nous pas exprimé à l'inverse, et n'avons-nous pas dit, au lieu d'accuser l'idée cosmologique de s'écarter trop ou trop peu de son but, à savoir, de l'expérience possible, que, dans le premier cas, le concept empirique est toujours trop petit pour l'idée, et, dans le second cas, trop grand; et que, par conséquent, c'est pour ainsi dire la faute de la régression empirique? La raison en est que l'expérience possible est la seule chose qui puisse donner de la réalité à nos concepts; sans elle tout concept est seulement idée, sans vérité et sans rapport à un objet. Le concept empirique possible était donc la règle suivant laquelle l'idée devait être jugée pour savoir si elle était une pure

Idée, un être de raison, ou si elle trouvait son objet dans le monde. Car ce n'est que relativement à ce qui sert de terme de comparaison que l'on dit d'une chose, qu'elle est trop grande ou trop petite. La question suivante faisait aussi partie des tournois des anciennes écoles dialectiques : si un globe ne peut passer par un trou donné, dira-t-on que le globe est trop gros ou le trou trop petit? Dans ce cas, il est indifférent de répondre d'une manière ou d'une autre; car vous ne savez pas lequel des deux est là pour l'autre. Au contraire, vous ne direz pas qu'un homme est trop grand pour son habit, mais bien que l'habit est trop court pour cet homme.

588. Nous sommes donc au moins amenés à soupçonner avec fondement que les idées cosmologiques, et avec elles, par conséquent, toutes leurs affirmations dialectiques contradictoires entre elles, ont peut-être pour raison un concept vain et purement imaginaire sur la manière dont l'objet de ces idées nous est donné ; et ce soupçon peut déjà nous mettre sur la droite voie pour découvrir l'illusion qui nous a induits en erreur si longtemps.

SECTION VI.

De l'idéalisme transcendantal comme clef de la solution de la dialectique cosmologique.

589. Nous avons suffisamment démontré dans l'esthétique transcendantale que tout ce qui est perçu dans l'espace ou le temps, par conséquent tous les objets d'une expérience à nous possible, ne sont que des phénomènes, c'est-à-dire de simples représentations, qui, en tant qu'elles s'offrent à l'esprit comme substances étendues ou comme séries de changements, n'ont aucune

existence fondée en soi hors de notre pensée. J'appelle ce concept théorique *idéalisme* transcendantal (1). Le réaliste, dans le sens transcendantal, fait de ces modifications de notre sensibilité des choses existantes par elles-mêmes, et convertit par conséquent de *simples représentations* en choses en soi.

590. On nous ferait tort si l'on nous attribuait l'idéalisme empirique, décrié depuis si longtemps, et qui, tout en admettant la réalité propre de l'espace, y nie l'existence des êtres étendus, au moins la trouve douteuse, et n'admet aucune différence suffisamment probable ici entre le rêve et la vérité. Quant à ce qui concerne les phénomènes du sens intime dans le temps, phénomènes qu'il considère comme des choses réelles, il n'y trouve aucune difficulté : il affirme même que cette expérience interne démontre à elle seule, et de l'unique manière satisfaisante, l'existence réelle de son objet (en lui-même) avec toute cette détermination de temps.

591. Notre idéalisme transcendantal accorde, au contraire, que les objets de l'intuition extérieure existent réellement comme ils sont perçus dans l'espace, et tous les changements dans le temps comme le représente le sens intime. Car l'espace étant une forme de cette intuition que nous nommons intuition extérieure, et puisque, sans objets dans l'espace, il n'y aurait aucune représentation empirique ; nous pouvons et nous de-

---

(1) Je l'ai quelquefois appelé idéalisme *formel*, pour le distinguer de l'idéalisme *matériel*, c'est-à-dire de l'idéalisme ordinaire, qui doute de l'existence des choses extérieures mêmes ou la nie. Dans plusieurs cas, il paraît convenable de se servir plutôt de ces dernières expressions que des premières, pour éviter toute équivoque.

Cette note n'était pas dans la première édition. — T.

vons y admettre des êtres étendus comme réels. Il en est de même du temps. Mais cet espace même, ainsi que le temps, et tous les phénomènes avec eux, ne sont pas cependant des *choses* en soi; ce sont au contraire de pures représentations qui ne peuvent absolument pas exister hors de notre esprit. L'intuition interne et sensible de notre esprit (comme objet de la conscience), dont la détermination est représentée par la succession de différents états dans le temps, n'est pas non plus le *même* propre, tel qu'il existe en soi, ou le sujet transcendantal, mais seulement un phénomène donné à la sensibilité de cet être inconnu de nous. L'existence de ce phénomène interne, comme d'une chose existante en soi, ne peut être accordée, parce que sa condition est le temps, qui ne peut être la détermination d'aucune chose en soi. Mais dans l'espace et le temps, la vérité empirique des phénomènes est pleinement garantie, et se distingue suffisamment de l'affinité avec le songe, si ces deux choses s'enchaînent convenablement et universellement dans une expérience, suivant des lois empirique.

592. Les objets de l'expérience ne sont donc jamais donnés en eux-mêmes, mais seulement dans l'expérience, et n'existent pas hors d'elle. Qu'il puisse y avoir des habitants dans la lune, quoique aucun homme ne les ait jamais perçus, c'est ce qui doit certainement être accordé; mais cela signifie seulement que nous pourrons peut-être, dans le progrès possible de l'expérience, les reconnaître un jour. Car est réel tout ce qui est lié à une perception, suivant les lois du progrès empirique. Les phénomènes sont donc réels, lorsqu'ils sont liés empiriquement à ma conscience réelle, quoiqu'ils ne

soient pas pour cela réels en eux-mêmes, c'est-à-dire en dehors de cette progression de l'expérience.

593. Rien de réel ne nous est donné que la perception, et la progression empirique de cette perception à d'autres perceptions possibles. Car, en eux-mêmes, les phénomènes, comme simples représentations, ne sont réels que dans la perception, qui n'est, en fait, que la réalité d'une représentation empirique, c'est-à-dire un phénomène. Avant la perception, appeler un phénomène une chose réelle, c'est dire simplement que nous pouvons rencontrer une telle perception dans le cours de l'expérience, ou cela ne signifie rien. Qu'il existe en lui-même, sans rapport à nos sens et à l'expérience possible, c'est ce qu'on pourrait dire sans doute s'il était question d'une chose en soi. Mais il s'agit simplement ici d'un phénomène dans l'espace et le temps, qui sont non pas des déterminations des choses en elles-mêmes, mais seulement de notre sensibilité. Donc ce qui est en eux (les phénomènes) n'est pas quelque chose en soi ; ce sont de simples représentations qui, lorsqu'elles ne sont pas données en nous (dans la perception), n'existent nulle part.

594. La faculté intuitive sensible n'est proprement qu'une capacité (réceptivité) d'être affecté d'une certaine manière par des représentations dont le rapport entre elles est une pure intuition de l'espace et du temps (pures formes de notre sensibilité), et qui, en tant qu'elles sont unies et déterminables dans ce rapport (l'espace et le temps) suivant des lois de l'unité mentale, s'appellent *objets*. La cause insensible de ces représentations nous est totalement inconnue, et nous ne pouvons, par conséquent, la percevoir comme objet ; car un objet de

cette nature ne pourrait être représenté ni dans l'espace ni dans le temps (comme simples conditions de la représentation sensible), conditions sans lesquelles nous ne pourrions concevoir aucune intuition. Nous pouvons cependant appeler la cause purement intelligible des phénomènes en général, objet transcendantal ; mais uniquement pour avoir quelque chose qui corresponde à la sensibilité comme à une réceptivité. Nous pouvons rapporter à cet objet transcendantal toute circonscription et tout enchaînement de nos perceptions possibles, et dire qu'il est donné en soi avant toute expérience. Mais les phénomènes sont donnés conformément à cet objet, non en eux-mêmes, mais seulement dans cette expérience, parce qu'ils sont de simples représentations qui ne signifient un objet réel que comme perception, à savoir, lorsque cette perception se compose avec toutes les autres, suivant les règles de l'unité expérimentale. On peut donc dire que les choses réelles du temps passé sont données dans l'objet transcendantal de l'expérience ; mais elles ne sont pour moi des objets et des réalités dans le temps passé qu'autant que je me représente une série régressive de perceptions possibles (que ce soit suivant le fil de l'histoire ou suivant la liaison des causes et des effets) selon des lois empiriques. En un mot, le cours du monde conduit à une série de temps écoulée comme à une condition du temps présent, lequel n'est cependant représenté alors comme réel que dans l'ensemble d'une expérience possible, et non en lui-même. De telle sorte que tous les événements passés depuis le temps infini qui a précédé mon existence, ne signifient cependant autre chose que la possibilité de prolonger la chaîne de l'expérience, depuis la perception actuelle jusque, en remontant, aux conditions qui la déterminent quant au temps.

595. Quand donc je me représente tous les objets existants des sens, dans tous les temps et tous les espaces pris ensemble, je ne les place pas avant l'expérience dans l'un et dans l'autre ; mais cette représentation n'est autre chose, au contraire, que la pensée d'une expérience possible dans sa totalité absolue. En elle seule sont donnés ces objets (qui ne sont que de simples représentations). Mais quand on dit qu'ils existent avant toute mon expérience, cela signifie seulement qu'ils doivent se rencontrer dans la partie de l'expérience vers laquelle il faut m'avancer, en partant d'abord de la perception du moment. La cause des conditions empiriques de cette progression, par conséquent la question de savoir à quels membres ou jusqu'où je puis aller dans la régression, est transcendantale, et par conséquent à moi nécessairement inconnue. Aussi, ne s'agit-il pas ici de cette cause, mais seulement de la règle de la progression de l'expérience dans laquelle les objets, comme phénomènes, me sont donnés. C'est absolument la même chose quant au résultat, si je dis que, par une progression empirique dans l'espace, je puis atteindre les étoiles qui sont mille fois plus éloignées de moi que les plus distantes que je vois ; ou si je dis qu'il peut y en avoir à trouver dans l'espace universel, quoique homme du monde ne les ait jamais perçues ou ne les percevra jamais : car, quand même elles seraient données comme choses en soi, sans rapport à l'expérience possible, cependant elles ne sont encore rien pour moi, par conséquent pas des objets, tant qu'elles ne sont pas contenues dans la série de la régression empirique. Si, considérés

à un autre point de vue, ces mêmes phénomènes doivent servir à former l'idée cosmologique d'un tout absolu, et s'il s'agit par conséquent d'une question qui dépasse les bornes de l'expérience possible, alors seulement la distinction de la manière dont on admet la réalité de ces objets des sens est importante pour prévenir l'opinion trompeuse qui doit inévitablement résulter de la fausse interprétation de nos propres concepts empiriques.

SECTION VII.

Décision critique du conflit cosmologique de la raison avec elle-même.

596. Toute l'antinomie de la raison pure porte sur cet argument dialectique : si le conditionné est donné, la série entière de toutes ses conditions est aussi donnée. Or, des objets des sens nous sont donnés comme conditionnés. Donc.... Par ce raisonnement, dont la *majeure* semble si naturelle et si claire, sont introduites, suivant la diversité des conditions (dans la synthèse des phénomènes), en tant qu'elles constituent une série, autant d'idées cosmologiques qui requièrent la totalité absolue de cette série, et par là même mettent la raison dans une contradiction inévitable avec elle-même. Mais avant de chercher à découvrir la fausseté de cet argument dialectique, nous devons nous y préparer par la rectification et la détermination de certains concepts qui s'y rencontrent.

597. 1° La proposition suivante est claire et sans aucun doute : si le conditionné est donné, par là même une régression dans la série de toutes les conditions du conditionné est aussi DONNÉE ; car le concept de condi-

tionné emporte déjà celui de quelque chose qui est rapporté à une condition. Si cette condition est à son tour conditionnée, elle se rapporte à une condition plus éloignée, et ainsi pour tous les degrés de la série. Cette proposition est donc analytique, et n'a rien à redouter d'une critique transcendantale; elle est un postulat logique de la raison, qui a pour objet de suivre par l'entendement aussi loin que possible, l'union d'un concept avec ses conditions, union qui tient déjà au concept même.

598. 2° Si le conditionné et sa condition sont des choses en soi, alors quand le premier est donné, non seulement il n'y a plus de régression à la condition, mais celle-ci est déjà réellement DONNÉE par là. Et comme on peut en dire autant de tous les membres de la série, la série parfaite des conditions, et avec elle aussi l'inconditionné, sont donc donnés ou plutôt supposés par le fait même que le conditionné, qui n'était possible que par cette série, est lui-même donné. Ici la synthèse du conditionné avec sa condition est une synthèse du seul entendement, qui représente les choses comme elles sont, sans faire attention si et comment nous pouvons arriver à leur connaissance. S'agit-il au contraire de phénomènes qui ne sont pas donnés comme simples représentations : si je ne parviens pas à leur connaissance (c'est-à-dire à eux-mêmes, car ils ne sont autre chose que des connaissances empiriques), alors je ne puis pas dire dans le même sens que, si le conditionné est donné, toutes ses conditions (comme phénomènes) sont également données, et je ne puis conséquemment conclure, en aucune façon, la totalité de leur série; car les *phénomènes*, dans l'appréhension, ne sont

autre chose qu'une synthèse empirique (dans l'espace et le temps), et ne sont par conséquent pas donnés. Or, il ne suit pas du tout que si le conditionné est donné (dans le phénomène), la synthèse qui forme sa condition empirique soit en même temps donnée et supposée ; cette synthèse n'a lieu que dans la régression et jamais sans elle. Mais on peut bien dire en ce cas qu'un *retour* aux conditions, c'est-à-dire une synthèse empirique est ordonnée ou *réalisée* de ce côté, et qu'il est nécessaire qu'il y ait des conditions données par cette régression.

599. D'où il est clair que la majeure du raisonnement cosmologique prend le conditionné dans le sens transcendantal d'une catégorie pure, mais que la mineure prend ce conditionné dans le sens empirique d'un concept intellectuel appliqué à de simples phénomènes. Il y a donc là une de ces illusions dialectiques appelées *sophisma figuræ dictionis*. Mais cette méprise n'a rien de volontaire ; c'est une illusion tout à fait naturelle de la raison commune, en vertu de laquelle nous supposons (dans la majeure) des conditions et leur série comme *inaperçues*, quand quelque chose est donné comme conditionné ; ce qui n'est que la nécessité logique de prendre des prémisses parfaites pour une conclusion donnée. Et, comme on ne peut trouver aucun ordre de temps dans l'union du conditionné avec sa condition, l'un et l'autre sont supposés en soi comme donnés en *même temps*. De plus, il n'est pas moins naturel (dans la mineure) de considérer des phénomènes comme des choses en soi, et par conséquent comme des objets donnés à l'entendement pur, ainsi qu'on l'a pratiqué dans la majeure, faisant abstraction de toutes les conditions de l'intuition sous lesquelles seules des objets peuvent être donnés. Mais

nous avons oublié en cela une distinction importante entre les concepts. La synthèse du conditionné avec sa condition et la série totale des conditions (dans la majeure) n'entraînait avec elle aucune circonscription par le temps, et aucun concept de succession. Au contraire, la synthèse empirique est nécessairement successive, et la série des conditions dans le phénomène (qui est subsumé dans la mineure) n'est donnée dans le temps que consécutivement. Je ne pouvais donc pas supposer ici, comme j'avais pu le faire dans la majeure, la *totalité* absolue de la synthèse et celle de la série qu'elle représente, parce que là [dans la majeure] tous les membres de la série sont donnés en eux-mêmes (sans condition de temps), et qu'ils ne sont possibles ici [dans la mineure] que par la régression successive, laquelle n'est donnée qu'autant qu'on l'exécute réellement.

600. Une fois convaincues que l'argument donné en faveur des assertions cosmologiques est vicieux, les deux parties contendantes peuvent être avec droit renvoyées comme ne fondant leurs prétentions sur aucun titre valable. Mais leur procès n'est pas encore terminé par le seul fait qu'elles se seraient persuadées toutes les deux, ou l'une d'elles, qu'elles ont tort dans la chose même qu'elles affirment (dans la conclusion), à savoir qu'elles ne peuvent se fonder sur aucune preuve solide. Rien cependant ne semble plus clair que, si de deux propositions, l'une affirme que le monde a un commencement, l'autre que le monde n'a pas de commencement, mais qu'il existe de toute éternité, l'une ou l'autre devrait être vraie. Mais s'il en est ainsi, parce que la clarté est égale des deux côtés, il est cependant impossible de jamais trouver nulle part de quel côté est la

raison, et le combat durera après comme avant, quoique les parties aient été renvoyées pour leur repos devant le tribunal de la raison. Il ne reste donc aucun autre moyen de juger le procès définitivement et à la satisfaction des deux parties, puisqu'elles peuvent si bien se réfuter mutuellement, que de se persuader enfin qu'elles se disputent pour rien, et qu'une certaine apparence transcendentale leur a figuré une réalité où il n'y en a aucune. Tel est le moyen d'accommodement que nous allons essayer dans un différend qui ne peut pas être jugé.

***

601. ZÉNON d'Élée, subtil dialecticien, est déjà repris vivement par Platon comme un méchant sophiste, de ce que, pour faire preuve d'habileté, il cherchait à démontrer une même proposition par des arguments spécieux, et aussitôt après à la ruiner par d'autres arguments d'égale force. Il affirmait que Dieu (qui n'était probablement pour lui que le monde) n'est ni fini ni infini, qu'il n'est ni en mouvement ni en repos, ni semblable ni dissemblable à aucune autre chose. Ceux qui le jugeaient en conséquence pouvaient croire qu'il voulût nier deux propositions contradictoires entre elles; ce qui est absurde. Mais je ne trouve pas qu'on puisse raisonnablement l'en accuser; j'envisagerai bientôt de plus près la première de ces propositions. Pour ce qui regarde les autres, si par le mot *Dieu* il *entendait* l'univers, il devait sans doute dire que cet univers n'est ni toujours présent en son lieu (en repos), et qu'il n'en change pas (qu'il ne se meut pas), puisque tout lieu n'est que dans l'univers; que, par conséquent, l'*univers* lui-même n'est *dans aucun lieu*. Si l'univers comprend

tout ce qui existe, il n'est non plus, à ce titre, ni semblable ni dissemblable à rien autre, parce qu'il n'y a *aucune autre chose* hors de lui à laquelle il puisse être comparé. Si deux jugements opposés entre eux supposent une condition impossible, ils tombent alors tous deux malgré leur opposition (qui n'est cependant pas, à proprement parler, une contradiction), parce que la condition sous laquelle seule chacune de ces propositions devait valoir tombe elle-même.

602. Si quelqu'un disait que tout corps sent ou bon ou mauvais, il y aurait lieu à un troisième terme, à savoir, qu'il ne sent rien (qu'il s'est éventé); et ainsi deux propositions contraires peuvent être fausses. Mais quand je dis que tout corps sent bon ou qu'il ne sent pas bon (*vel suaveolens vel non suaveolens*), ce sont là deux jugements opposés contradictoirement, et le premier seulement est faux; son opposé contradictoire, à savoir : quelques corps ne sentent pas bon, comprend aussi les corps qui ne sentent rien. Dans la précédente opposition (*per disparata*), la condition accidentelle du concept de corps (l'odeur) restait encore malgré le jugement opposé, et par conséquent ce dernier jugement n'était pas l'opposé contradictoire du premier.

603. Quand donc je dis : le monde est, quant à l'espace, ou infini ou pas infini (*non est infinitus*), alors si la première proposition est fausse, son opposée contradictoire, le monde n'est pas infini, est vraie. Par là je supprimerais seulement un monde infini, sans en poser un autre, un monde fini. Mais si je disais : le monde est ou infini ou fini (non infini); les deux propositions pourraient être fausses. Car je considère alors le monde en lui-même, comme déterminé quant à sa grandeur,

puisque j'enlève dans l'opposition, non seulement l'infinité et avec elle peut-être son existence particulière, mais que de plus j'ajoute une détermination au monde comme à une chose existante par elle-même ; ce qui qui peut être également faux si le monde ne devait point être donné comme une *chose en soi*, par conséquent pas non plus suivant sa grandeur, ni comme infini, ni comme fini. Qu'il me soit permis d'appeler cette opposition une *opposition dialectique*, et celle de contradiction une *opposition analytique*. Par conséquent, deux jugements dialectiquement contraires peuvent être faux, par la raison que l'un ne contredit pas l'autre, mais qu'il dit quelque chose de plus que ce qui est nécessaire pour établir la contradiction.

604. Si l'on considère les deux propositions : le monde est infini en grandeur, le monde est fini en grandeur, comme opposées contradictoirement, on suppose que le monde (la série entière des phénomènes) est une chose en soi. Car il demeure, quoique je supprime la régression infinie ou finie dans la série de ses phénomènes. Mais si je fais disparaître cette supposition ou cette apparence transcendantale, et que je nie que le monde soit une chose en soi, alors l'opposition contradictoire de deux affirmations se change en une opposition purement dialectique. Et comme le monde n'existe point du tout en soi (indépendamment de la série régressive de mes représentations), alors il n'existe ni *comme un tout infini en soi*, ni *comme un tout fini en soi;* il ne se trouve que dans la régression empirique de la série des phénomènes et n'est point donné en soi. C'est pourquoi, si cette série est toujours conditionnée, elle n'est jamais entièrement donnée, et le monde n'est par conséquent pas un

tout inconditionné ; il n'existe donc pas non plus comme tel avec grandeur soit infinie, soit finie.

605. Ce qui a été dit ici de la première idée cosmologique, ou de la totalité absolue de la quantité dans le phénomène, s'applique aussi à toutes les autres. La série des conditions ne se rencontre que dans la synthèse régressive même, mais pas en soi dans le phénomène, comme dans une chose propre donnée avant toute régression. Je devrais donc dire aussi que la multitude des parties dans un phénomène donné n'est en soi ni finie ni infinie, parce que ce phénomène n'est rien d'existant par lui-même, et que les parties ne sont données que par la régression de la synthèse décomposante, et dans cette même régression, laquelle n'est jamais absolument donnée entièrement ni comme finie ni comme infinie. Il en est de même de la série des causes subordonnées entre elles, ou de l'existence conditionnée jusqu'à l'existence absolument nécessaire. Cette série ne peut jamais être considérée en elle-même, quant à sa totalité, ni comme finie, ni comme infinie, parce qu'elle ne consiste, comme série de représentations subordonnées, que dans la régression dynamique, et qu'avant cette régression, et comme série des choses subsistantes par soi, elle ne peut point exister en elle-même.

606. L'antinomie de la raison pure, dans les idées cosmologiques, est donc levée par le fait qu'il est démontré qu'elle est simplement dialectique, et qu'elle est un combat d'une apparence qui résulte de ce que l'idée de la totalité absolue, qui ne vaut que comme une condition des choses en elles-mêmes, a été appliquée à des phénomènes qui n'existent absolument que dans la représentation, et lorsqu'ils constituent une série dans

la régression successive, mais pas du tout autrement. On peut aussi réciproquement tirer de cette antinomie un véritable profit, pas dogmatique à la vérité, mais cependant critique et doctrinal, celui de démontrer indirectement l'idée transcendantale des phénomènes, si par hasard on n'avait pas été content de la preuve directe dans l'esthétique transcendantale. La nouvelle preuve consisterait dans ce dilemme : si le monde est un tout existant en soi, il est ou fini ou infini. Or, le premier cas comme le second est faux (d'après les preuves précédentes de l'antithèse d'un côté, et de la thèse de l'autre). Par conséquent il est faux aussi que le monde (l'ensemble de tous les phénomènes) soit un tout existant en soi. Car il suit de là que des phénomènes en général ne sont rien en dehors de nos représentations ; ce que nous voulions dire par leur idéalité transcendantale.

607. Cette remarque est importante. On voit par là que les preuves précédentes de ces antinomies ne sont pas des subtilités, mais qu'elles étaient fondamentales dans la supposition que les phénomènes, ou un monde sensible qui les comprendrait tous, seraient des choses en soi. Mais le conflit des propositions qui en résultent fait voir qu'il y a une fausseté dans la supposition, et nous conduit ainsi à une découverte de la véritable propriété des choses, comme objets des sens. La dialectique transcendantale ne favorise donc pas du tout le scepticisme, mais bien la méthode sceptique, qui peut montrer dans cette dialectique un exemple de sa grande utilité, lorsqu'on rapproche les uns des autres, d'une manière impartiale, les arguments de la raison, arguments qui, tout en ne nous donnant pas ce que

nous cherchions, nous donnent cependant toujours quelque chose d'utile et de propre à corriger nos jugements.

SECTION VIII.

Principe régulateur de la raison pure par rapport aux idées cosmologiques.

608. Puisque le principe de la totalité cosmologique ne donne aucun maximun de la série des conditions dans un monde sensible comme chose en soi, et que ce maximum ne peut être donné que dans la régression de cette série, ce principe de la raison pure conserve donc, dans sa signification ainsi rectifiée, sa valeur propre, non à titre d'*axiome* pour concevoir la totalité dans l'objet comme réelle, mais à titre de *problème* pour l'entendement, par conséquent pour le sujet ; problème qui sert à établir et à continuer, suivant l'intégralité idéale, la régression dans la série d'un conditionné donné. Car, dans la sensibilité, c'est-à-dire dans l'espace et le temps, toute condition à laquelle nous pouvons arriver dans l'exposition des phénomènes donnés est à son tour conditionnée, parce que ces phénomènes ne sont pas des objets en soi où puisse en tous cas se trouver absolument l'inconditionné, mais des représentations purement empiriques, qui doivent toujours trouver dans l'intuition la condition qui les détermine quant à l'espace et au temps. Le principe de la raison n'est donc proprement qu'une *règle* qui, dans la série des conditions des phénomènes donnés, présente une régression à laquelle il n'est jamais permis de s'arrêter dans un inconditionné absolu. Il n'est donc pas un principe de la possibilité de l'expérience et de la connaissance

empirique des objets des sens, par conséquent pas un principe de l'entendement ; car toute expérience est renfermée dans ses limites (en conséquence de l'intuition donnée), non plus qu'un *principe constitutif* de la raison pour étendre le concept du monde sensible au-delà de toute expérience possible, mais un principe de la progression et de l'extension la plus grande possible de l'expérience, suivant lequel aucune borne empirique ne peut valoir comme borne absolue ; par conséquent un principe de la raison, lequel, *comme règle,* postule ce qui doit arriver dans la régression, et *n'anticipe pas* ce qui est donné en soi *dans l'objet* avant toute régression. Je l'appelle donc un principe *régulateur* de la raison, quand au contraire le principe de la totalité absolue de la série des conditions, comme donnée en soi dans un objet (les phénomènes), serait un principe cosmologique constitutif, dont j'ai montré la vanité par cette distinction, en même temps que j'ai voulu empêcher par là qu'on n'attribue, comme il arrive toujours (par subreption transcendantale) si l'on fait différemment, une réalité objective à une idée qui sert simplement de règle.

609. Maintenant, pour déterminer pertinemment le sens de cette règle de la raison pure, il faut remarquer d'abord qu'elle ne peut pas dire *ce qu'est l'objet,* mais *comment il faut établir la régression empirique* pour arriver au concept complet de l'objet. Car, si le premier cas avait lieu, elle serait un principe constitutif tel qu'il n'est jamais possible par la raison pure. On ne peut donc pas du tout vouloir dire par là que la série des conditions, pour un conditionné donné, est en soi finie ou infinie. Autrement, une simple idée de la totalité absolue, qui n'a de fondement qu'en elle-même, penserait un

objet qui ne peut être donné dans aucune expérience, puisque une réalité objective indépendante de la synthèse empirique serait accordée à une série de phénomènes. L'idée rationnelle prescrira donc seulement à la synthèse qui rétrograde dans la série des conditions, une règle suivant laquelle elle s'avance du conditionné, par le moyen de toutes les conditions subordonnées entre elles, à l'inconditionné, quoique celui-ci ne doive jamais être atteint. L'absolument inconditionné ne se trouve point dans l'expérience.

610. Il faut donc, à cette fin, commencer par déterminer avec précision la synthèse d'une série, en tant qu'elle n'est jamais complète. On se sert ordinairement, à cet effet, de deux locutions qui doivent distinguer au fond quelque chose, sans qu'on sache cependant bien faire voir la raison de cette distinction. Les mathématiciens parlent seulement d'un *progressus in infinitum*. Les scrutateurs des concepts (les philosophes) n'emploient, au lieu de cette expression, que celle d'un *progressus in indefinitum*. Sans m'arrêter à l'examen du scrupule qui a porté ceux-ci à faire cette distinction, ni à l'usage utile ou inutile qui en est fait, je chercherai seulement à déterminer clairement ces concepts par rapport à mon objet.

611. On peut dire avec raison d'une ligne droite qu'il est possible de la prolonger à l'infini ; et ici la distinction de l'infini et d'un prolongement à l'indéfini (*progressus in indefinitum*) serait une vaine subtilité. Car, lorsqu'on prolonge une ligne, bien qu'il soit sans doute plus convenable d'ajouter *indéfiniment* (*in indefinitum*) que *infiniment* (*in infinitum*), parce que la première locution signifie seulement que la ligne est continuée aussi loin qu'on veut, tandis que la seconde signifie qu'on ne doit

jamais discontinuer de la tirer (ce dont il ne s'agit point ici); cependant, s'il n'est question que du *pouvoir*, la première expression est tout à fait juste; car vous pouvez toujours à l'infini la rendre plus grande. Il en est de même dans tous les cas où l'on ne parle que du *progressus*, c'est-à-dire du passage de la condition au conditionné; cette continuation possible s'étend, dans la série des phénomènes, à l'infini. Vous pouvez, en ligne descendante d'une génération, avancer sans fin d'un couple d'aïeux donné, et former ainsi par la pensée une chaîne généalogique qui s'étende dans le monde; car ici la raison n'a jamais besoin de la totalité absolue de la série, parce qu'elle la suppose, non comme condition ni comme donnée (*datum*), mais seulement comme quelque chose d'inconditionné qui n'est que possible (*dabile*), et s'accroît sans fin.

612. Il en est tout autrement avec la question : jusqu'où va la régression qui, dans une série, s'élève du conditionné donné vers la condition, et si l'on peut dire qu'elle est une RÉGRESSION A L'INFINI, ou seulement une rétrogradation qui s'étend *indéterminément loin* (*in indefinitum*); si, par conséquent en partant des hommes actuellement vivants, je puis, dans la série de leurs ancêtres, remonter infiniment, ou si l'on peut dire seulement que, si loin que je remonte, je n'aurai jamais de raison empirique pour regarder en quelque point la série comme finie, tellement que je sois autorisé et en même temps obligé de chercher à chaque ancêtre un ancêtre antérieur, quoique je ne le sois pas précisément de le supposer.

613. Je dis donc que, si le tout est donné dans l'intuition empirique, la régression, dans la série de ses

conditions internes, s'étend alors à l'infini ; mais que, si une partie seulement de la série est donnée comme point de départ de la régression vers la totalité absolue, alors il n'y a lieu qu'à une régression indéfinie (*in indefinitum*). Il en faut dire autant de la division d'une matière donnée dans ses bornes (d'un corps) : elle s'étend à l'infini. Car cette matière est donnée dans la perception empirique tout entière par conséquent avec toutes ses parties possibles. Puis donc que la condition de ce tout est sa partie, que la condition de cette partie est la partie de la partie, et ainsi de suite, et qu'on ne trouve jamais, dans cette régression de la décomposition, un membre inconditionné (indivisible) de cette série de conditions, non seulement la raison empirique de s'arrêter dans la division ne se trouve nulle part, mais encore les membres ultérieurs de la division à continuer sont eux-mêmes donnés empiriquement avant cette division progressive ; c'est-à-dire que la division s'étend à l'infini. Au contraire, la série des ancêtres d'un homme déterminé n'est donnée dans aucune expérience possible avec sa totalité absolue ; mais la régression va cependant de chaque individu de cette génération à un individu plus élevé, tellement qu'on ne peut trouver aucune borne empirique qui présente un individu comme absolument inconditionné. Néanmoins, comme les individus qui pourraient servir ici de condition ne sont pas déjà dans l'intuition empirique du tout avant la régression, alors cette régression ne va pas à l'infini comme dans la division de la chose donnée, mais à l'indéfini dans la recherche de plusieurs individus comme condition des individus donnés ; et ceux-là ne sont toujours donnés, à leur tour, que comme conditionnés.

614. Dans aucun des deux cas, tant dans celui du *regressus in infinitum*, que dans celui du *regressus in indefinitum*, la série des conditions n'est considérée comme infinie dans l'objet donné. Ce ne sont pas des choses qui subsistent par elles-mêmes, mais seulement des phénomènes qui, comme condition les uns des autres, ne sont donnés que dans la régression même. Il ne s'agit donc plus de savoir quelle est en soi la grandeur de la série des conditions, c'est-à-dire si elle est finie ou infinie, car elle n'est rien en elle-même, mais comment nous devons établir la régression empirique, et jusqu'où nous devons la prolonger. Et alors, il faut faire une distinction importante par rapport à la règle de ce prolongement : Si le tout est donné empiriquement, il est *possible* alors de remonter *à l'infini* dans la série de ses conditions internes ; mais si ce tout n'est pas donné, et qu'il ne doive l'être que par une régression empirique, on peut seulement dire qu'il *est possible à l'infini* d'avancer vers les conditions encore plus élevées de la série. Je pouvais dire dans le premier cas : il y toujours là plus de membres donnés empiriquement que je n'en atteins par la régression (de la décomposition) ; dans le deuxième cas : je puis toujours aller plus avant dans la régression, parce qu'aucun anneau n'est donné *empiriquement* comme absolument inconditionné ; et, par le fait, chacun d'eux en admet toujours un autre plus élevé comme possible, et par conséquent la recherche de cet anneau est comme nécessaire. Dans le premier cas, il était nécessaire de *trouver* toujours un plus grand nombre d'anneaux de la série, mais, dans le second, il est toujours nécessaire que la *question* s'élève de plus en plus, parce qu'aucune expérience ne la limite absolu-

ment. Car, ou vous n'avez aucune perception qui borne absolument votre régression empirique, et alors vous ne devez pas tenir votre régression pour complète; ou bien vous avez une perception qui limite votre série, et alors cette perception ne peut pas être une partie de votre série achevée (parce que *ce qui borne* doit être différent de ce *qui en est borné*), et vous devez, par conséquent, pousser aussi plus loin votre régression vers cette condition, et ainsi de suite.

615. La section suivante mettra ces observations sous leur véritable jour en les appliquant.

SECTION IX.

De l'usage empirique du principe régulateur de la raison par rapport à toutes les Idées cosmologiques.

616. Puisque, comme nous l'avons montré plusieurs fois, il n'y a aucun usage transcendantal, soit des concepts intellectuels, soit des concepts rationnels, — la totalité absolue de la série des conditions dans le monde sensible s'appuyant facilement sur un usage transcendantal de la raison, qui exige cette totalité absolue dans ce qu'elle suppose comme chose en soi ; — puisque d'un autre côté le monde sensible ne contient rien de tel : il ne peut plus être question désormais de la quantité absolue des séries en lui, ni par conséquent de savoir si elles peuvent être en elles-mêmes bornées ou illimitées, mais seulement de savoir jusqu'où nous pouvons remonter dans la régression empirique, dans la régression de l'expérience à ses conditions, pour ne s'en tenir, suivant la règle de la raison, à aucune autre ré-

ponse faite aux questions posées par la raison elle-même, qu'à celle qui est conforme à l'objet.

617. Il ne nous reste donc que la *validité du principe rationnel* comme règle de la *progression* [continuation] et de la quantité d'une expérience possible, puisque nous en avons suffisamment prouvé la non-validité comme principe constitutif des phénomènes en eux-mêmes. Aussi, si nous pouvons établir clairement cette validité certaine, le conflit de la raison avec elle-même est complètement terminé, puisque, grâce à la solution critique, non seulement l'illusion qui avait engendré la discorde s'évanouit, mais, au lieu de cette discorde, le sens dans lequel la raison s'accorde avec elle-même et dont l'équivoque seule occasionait la dispute, est éclairci, et un principe, qui autrement était *dialectique,* se trouve converti en un principe *doctrinal*. En effet, si ce principe peut être confirmé, quant à son sens subjectif d'approprier aux objets sensibles l'usage intellectuel le plus grand possible dans l'expérience, c'est précisément comme si ce principe déterminait axiomatiquement (ce qui est impossible par la raison pure) *a priori* les objets en eux-mêmes ; car sa plus grande influence, par rapport aux objets de l'expérience, sur l'extension et la rectification de notre connaissance, serait de se montrer actif dans l'usage empirique le plus étendu de notre entendement.

I.

Solution de l'Idée cosmologique de la totalité de la composition des phénomènes d'un univers.

618. Ici, et dans les autres questions cosmologiques, le fondement du principe régulateur de la raison est cette proposition : il ne peut y avoir, dans une régression

empirique, *aucune expérience d'une limite absolue*, par conséquent d'aucune condition qui, comme telle, soit *absolument inconditionnée empiriquement*. La raison en est qu'une semblable expérience devrait contenir en elle une limitation des phénomènes par rien, ou par le vide, auquel pourrait aboutir la régression continuée au moyen d'une perception ; ce qui est impossible.

619. Or, cette proposition qui signifie que, dans la régression empirique, je n'arrive jamais qu'à une condition qui doit elle-même être considérée à son tour comme empiriquement conditionnée, contient cette règle *in terminis* : quelque loin que je puisse être parvenu de cette manière dans la série ascendante, je dois toujours chercher à connaître un anneau plus élevé de la série, que cet anneau puisse ou ne puisse pas m'être connu maintenant par l'expérience.

620. Or, pour la solution du premier problème cosmologique, il suffit de décider si, dans la régression à la grandeur inconditionnée de l'univers (suivant le temps et l'espace), cette ascension toujours sans limite peut s'appeler une *régression à l'infini* ou seulement une *régression continuée à l'infini* (*in indefinitum*).

621. La simple représentation générale de la série de tous les états cosmiques passés, de même que celle des choses qui sont en même temps dans l'espace cosmique, n'est qu'une simple régression empirique possible que je conçois, quoique encore indéterminément, et qui peut seule faire naître le concept d'une telle série de conditions de la perception donnée (1). Or, je n'ai

---

(1) Cette série cosmique ne peut donc être ni plus grande ni plus petite que la régression empirique possible sur laquelle seule repose

jamais l'univers qu'en concept, et nullement (comme tout) en intuition. Je ne puis donc pas conclure de sa grandeur à la grandeur de la régression, ni déterminer celle-ci d'après celle-là. Je ne puis au contraire me former un concept de la grandeur du monde que par la grandeur de la régression empirique. Mais je ne sais jamais rien de cette régression, si ce n'est que je dois toujours avancer empiriquement de chaque membre donné de la série des conditions à un membre supérieur (plus éloigné). En sorte que la grandeur du tout des phénomènes n'est absolument pas déterminée par là. On ne peut donc pas dire non plus que cette régression aille à l'infini, parce qu'on anticiperait ainsi sur les membres de la série auxquels la régression n'est pas encore parvenue, et qu'on les concevrait en si grand nombre qu'aucune synthèse empirique ne pourrait les comprendre, et qu'ainsi l'on *déterminerait* la grandeur du monde avant la régression (quoique seulement d'une manière négative) ; ce qui est impossible. Car le monde ne m'est donné par aucune intuition (quant à sa totalité) ; la quantité ne m'en est donc point donnée non plus avant la régression. C'est pourquoi nous ne pouvons absolument rien dire de la grandeur du monde en elle-même, pas même qu'il y a lieu en elle à une régression à l'infini ; nous devons rechercher seulement, suivant la règle qui détermine en lui la régression cosmique, le concept de sa grandeur. Mais cette règle dit

le concept de cette série. Et puisque cette régression ne peut donner aucun infini déterminé, et tout aussi peu un fini déterminé (absolument borné), il est clair alors que nous ne pouvons supposer la grandeur cosmique ni finie ni infinie, parce que la régression (par laquelle elle est représentée) ne permet ni l'un ni l'autre.

uniquement que, si loin que nous puissions avancer dans la série des conditions empiriques, nous ne devons nulle part admettre des limites absolues ; que nous devons subordonner tout phénomène, comme conditionné, à un autre. comme à sa condition, et par conséquent arriver encore à celui-ci : ce qui est la régression à l'indéfini, régression qui, ne déterminant dans l'objet aucune grandeur, est évidemment différente de la régression à l'infini.

622. Je ne puis donc pas dire : le monde est *infini* quant au temps passé ou à l'espace. Car un tel concept de grandeur, comme d'une infinité donnée, est empirique, par conséquent absolument impossible aussi par rapport au monde comme objet des sens. Je ne dirai pas non plus : la régression, en partant d'une perception donnée, pour aller à tout ce qui la limite dans une série, soit dans l'espace, soit dans le temps passé, s'étend à l'*infini;* car ceci suppose la grandeur du monde infinie. Je ne dirai pas d'avantage qu'elle est *finie,* car la limite absolue est également impossible empiriquement. Je ne pourrai donc rien dire de tout l'objet de l'expérience (du monde sensible), mais je pourrai seulement parler de la règle suivant laquelle l'expérience doit être établie et continuée conformément à son objet.

623. Par conséquent, sur la question cosmologique concernant la grandeur du monde, la réponse première et négative est celle-ci : le monde n'a pas de premier commencement dans le temps, ni aucune borne la plus extérieure possible dans l'espace.

624. Autrement, le monde serait borné par le temps vide d'une part, et d'une autre par un espace vide. Or, puisque, comme phénomène, il ne peut pas être ainsi

en soi, ni d'une manière ni d'une autre, le phénomène n'étant rien en soi, il devrait y avoir une perception possible de la circonscription par un temps absolument vide ou par l'espace vide; perception par laquelle les limites du monde seraient données dans une expérience possible. Mais une semblable expérience, comme matière absolument vide, est impossible. Une limite absolue du monde est donc empiriquement, et, par conséquent aussi, absolument impossible (1).

625. De là suit précisément aussi la réponse *affirmative* : la régression dans la série des phénomènes du monde, comme une détermination de la grandeur du monde, est indéfinie. Ce qui veut dire que le monde sensible n'a aucune grandeur absolue, mais que la régression empirique (par laquelle seule il peut être donné du côté de ses conditions) a sa règle à elle propre pour avancer toujours d'un membre de la série, comme de quelque chose de conditionné, à un membre plus éloigné (soit par une expérience personnelle, ou par le fil conducteur de l'histoire, ou par la chaîne des effets et de leurs causes), et pour ne jamais se dispenser d'étendre l'usage empirique possible de son entendement. Ce qui est précisément aussi la propre et unique affaire de la raison avec ses principes.

626. Une régression empirique déterminée qui s'é-

(1) On remarquera que la preuve est ici administrée tout autrement que la preuve dogmatique précédente dans l'antithèse de la première antinomie. Là, nous avons soutenu que le monde sensible, suivant la commune et dogmatique façon de penser, était une chose donnée en elle-même quant à sa totalité, avant toute régression, et nous lui avons refusé, en général, une place déterminée dans le temps et l'espace, s'il n'occupait pas tous les temps et tous les espaces; c'est pourquoi la conclusion a été différente de ce qu'elle est ici, car elle conduisait à l'infinité réelle du monde.

tende sans cesse dans une espèce de phénomènes n'est pas ici prescrite : par exemple, il n'est pas nécessaire d'avancer toujours d'un homme donné dans la série ascendante de ses ancêtres sans attendre un premier couple, ou dans la série des corps du monde sans admettre un soleil le plus excentrique : seulement il est nécessaire de passer de phénomènes en phénomènes, quoique ces phénomènes ne soient donnés par aucune perception réelle (si l'intensité en est trop faible pour qu'il y ait conscience, et par conséquent pour devenir une expérience), parce qu'ils appartiennent cependant à l'expérience possible.

627. Tout commencement est dans le temps, et toute borne de ce qui est étendu dans l'espace. Mais l'espace et le temps ne sont que dans le monde sensible. Ce n'est donc que d'une manière conditionnée que les phénomènes sont *dans le monde,* mais *le monde* lui-même n'est ni conditionné, ni borné d'une manière conditionnée.

628. Par cette raison, et parce que le monde *ne peut jamais être entièrement donné*, non plus que la série des conditions d'un conditionné quelconque, comme série cosmique, le concept de la grandeur du monde n'est donné que par la régression, et non dans une intuition collective qui la précède. Mais cette régression n'est toujours que la *détermination* de la grandeur, et ne donne ainsi aucun concept *déterminé*, ni par conséquent aucun concept d'une grandeur qui serait infinie par rapport à une certaine mesure; elle ne va donc pas à l'infini (comme donnée), mais à l'indéfini, pour donner à l'expérience une grandeur qui n'est réelle que par cette régression.

II.

Solution de l'Idée cosmologique de la totalité de la division d'un tout donné en intuition.

629. Si je divise un tout donné en intuition, je vais par là de quelque chose de conditionné aux conditions de sa possibilité. La division des parties (*subdivisio* ou *decompositio*) est une régression dans la série de ces conditions. La totalité absolue de cette *série* ne serait donnée qu'autant que la régression pourrait atteindre jusqu'aux parties *simples*. Mais si toutes les parties sont toujours divisibles de nouveau, alors la division, c'est-à-dire la régression du conditionné à ses conditions, s'étend à l'infini, parce que les conditions (les parties) sont contenues dans le conditionné même; et, celui-ci étant donné entièrement par une intuition renfermée dans des limites, toutes aussi sont données en même temps. La régression ne doit donc pas être appelée simplement une régression *à l'indéfini,* comme il était permis de le faire dans l'idée cosmologique précédente, puisque je devais alors m'avancer du conditionné à ses conditions qui étaient en dehors de lui, et par conséquent pas données en même temps que lui, mais qui ne se présentaient que dans la régression empirique. Néanmoins on ne peut pas dire d'un tel tout, qui est divisible à l'infini, qu'*il se compose de parties en nombre infini*. Car, quoique toutes les parties soient comprises dans l'intuition du tout, *la division totale* n'y est cependant *pas* contenue; cette division ne consiste que dans la décomposition progressive ou dans la régression même, qui seule compose réellement la série. Or, comme cette régression est infinie, tous les membres (parties) auxquels elle parvient sont

contenus dans le tout donné comme *agrégat*, mais la *série* totale *de la division*, qui est successivement infinie et jamais parfaite, n'y est point contenue, et ne peut par conséquent faire voir dans un tout ni une multitude infinie, ni une synthèse de cette multitude en un tout.

630. Cette observation générale peut très bien s'appliquer à l'espace. Tout espace, considéré dans ses bornes, est un tout dont les parties sont toujours des espaces dans toute décomposition ; cet espace est par conséquent divisible à l'infini.

631. De là suit aussi très naturellement la seconde application à un phénomène extérieur (corps) renfermé dans ses bornes. La divisibilité d'un corps se fonde sur celle de l'espace qui constitue la possibilité du corps, comme d'un tout étendu. Ce corps est donc divisible à l'infini, sans pour cela se composer de parties infiniment nombreuses.

632. Il semble, à la vérité, qu'un corps devant être conçu comme substance dans l'espace, il doit en différer quant à la loi de la divisibilité de l'espace ; car on peut très bien accorder que la décomposition ne puisse jamais épuiser la composition dans l'espace, puisque alors tout espace, qui d'ailleurs n'est rien en lui-même, disparaîtrait (ce qui est impossible). Mais que, si toute composition de la matière disparaissait par la pensée, il ne dût plus rien rester, c'est ce qui ne paraît pas pouvoir se concilier avec le concept d'une substance qui devrait être proprement le sujet de toute composition, et qui devrait persister dans ses éléments, quoique leur union dans l'espace pour composer un corps eût cessé. Mais il n'en est pas de ce qu'on appelle substance dans le *phénomène* comme d'une chose en soi, telle qu'on la conce-

vrait par un concept intellectuel pur. La substance dans un phénomène n'est pas sujet absolu ; c'est une image durable de la sensibilité ; elle n'est qu'une intuition dans laquelle rien d'inconditionné ne se trouve nulle part.

633. Mais quoique cette règle de la progression à l'infini ait lieu, sans aucun doute, dans la subdivision d'un phénomène comme plein pur et simple de l'espace, elle ne peut cependant pas valoir quand nous voulons l'étendre aussi à la multitude des parties déjà séparées d'une certaine manière dans un tout donné, et qui constituent un *quantum discretum*. On ne saurait admettre que dans un tout (organisé) quelconque, chaque partie soit de nouveau organisée, et que l'on trouve de cette manière dans la division des parties à l'infini, toujours de nouvelles parties artificielles, en un mot que le tout soit organisé à l'infini ; mais on conçoit bien que les parties de la matière puissent, dans leur décomposition à l'infini, être toutes organisées ; car l'infinité de la division d'un phénomène donné dans l'espace se fonde uniquement sur ce que, par ce phénomène, la simple divisibilité, c'est-à-dire une multitude de parties absolument indéterminées en soi, est donnée ; mais les parties elles-mêmes ne sont données et déterminées que par la subdivision, en un mot, le tout n'est pas déjà divisé en lui-même. Par conséquent la division peut déterminer dans ce tout une multitude qui va aussi loin que l'on veut avancer dans la régression de la division. Au contraire, dans un corps organique composé à l'infini, le tout est déjà représenté, précisément par ce concept même, comme divisé, et une multitude de parties en elle-même déterminée, mais infinie, s'y trouve avant toute régression de la division ; en quoi l'on est en con-

tradiction avec soi-même, puisque l'on considère l'enveloppement infini comme une série qui ne sera jamais complète (infinie), et néanmoins cependant comme complète dans la composition. La division infinie ne désigne que le phénomène comme *quantum continuum*, et ne peut être séparée du plein de l'espace, parce que ce plein est précisément la raison de la divisibilité infinie. Mais aussitôt que quelque chose a été pris comme *quantum discretum*, alors la multitude des unités y est déterminée, par conséquent aussi toujours égale à un nombre. Jusqu'où peut donc aller l'organisation dans un corps composé? C'est ce que l'expérience seule peut apprendre, et quoiqu'elle ne soit parvenue avec certitude à aucune partie inorganique, de telles parties cependant doivent se trouver dans l'expérience possible. Mais jusqu'où s'étend en général la division transcendantale d'un phénomène? Ce n'est point l'affaire de l'expérience, mais un principe de la raison, de tenir la régression empirique pour jamais absolument accomplie dans la décomposition de l'étendu, conformément à la nature de ce phénomène.

OBSERVATION FINALE
sur la solution des idées mathématiquement transcendantales,

ET AVERTISSEMENT
sur la solution des Idées transcendantales dynamiques.

634. En représentant dans une table l'antinomie de la raison pure par toutes les idées trancendantales, en même temps que nous avons fait connaître la cause de ce conflit et l'unique moyen de le faire cesser, moyen qui consiste en ce que deux affirmations opposées soient

expliquées comme fausses, nous avons ainsi représenté partout les conditions comme appartenant à leur conditionné suivant des rapports d'espace et de temps ; ce qui est la supposition ordinaire du sens commun, et sur laquelle précisément se fondait aussi tout ce conflit. A cet égard toutes les représentations dialectiques de la totalité dans la série des conditions d'un conditionné donné se sont aussi trouvées partout de même *espèce*. C'était toujours une série dans laquelle la condition avec le conditionné, comme membres de cette série, étaient réunis et par là de *même espèce,* puisque alors la régression ne devait jamais être accomplie ; si le contraire arrivait, c'est qu'un membre conditionné en soi devait être pris faussement pour le premier, et par conséquent comme inconditionné. L'objet, c'est-à-dire le conditionné, n'était donc pas à la vérité considéré partout simplement quant à la quantité, mais il n'y avait cependant pas d'exception pour la série de ses conditions. De là la difficulté qui ne pouvait être résolue par aucun accommodement, mais seulement par la résection complète du nœud, difficulté qui consistait en ce que la raison montrait à l'entendement l'objet ou *trop grand* ou *trop petit*, de telle sorte que l'entendement ne pouvait jamais égaler l'idée de la raison.

635. Mais, à ce sujet, nous n'avons pas parlé d'une distinction essentielle qui domine dans les objets, c'est-à-dire dans les concepts intellectuels que la raison s'efforce d'ériger en idées, distinction tirée de la division de notre table précédente des catégories, dont deux d'entre elles indiquent une synthèse *mathématique* des phénomènes, et les deux autres une synthèse *dynamique*. Jusqu'ici cette omission pouvait très bien avoir lieu,

puisque de la même manière que, dans la représentation générale de toutes les idées transcendantales, nous nous en sommes toujours tenu aux seules conditions dans le *phénomène;* de même aussi dans les deux idées mathémathiques transcendantales, nous n'avons eu d'autre *objet* que celui qui nous était donné dans le phénomène. Mais, maintenant que nous marchons aux concepts *dynamiques* de l'entendement, en tant qu'ils doivent cadrer avec les idées de la raison, cette distinction est importante et nous ouvre un aspect entièrement nouveau par rapport au procès dans lequel la raison est engagée, procès qui a été *renvoyé* précédemment, comme intenté et soutenu par les deux parties sous de fausses suppositions, mais qui peut avoir une issue maintenant, puisqu'il y a peut-être lieu, dans l'antinomie dynamique, à une supposition compatible de ce point de vue avec les prétentions de la raison, et que le juge pourra suppléer au défaut des moyens de droit qu'on avait mal compris de part et d'autre, de façon à pouvoir *concilier* les deux parties ; ce qui était impossible dans le combat que présente l'antinomie mathématique.

636. Les séries des conditions sont assurément toutes de même espèce, en ce sens que l'on voit facilement, en les *remontant,* si elles sont conformes à l'idée, ou si elles sont trop grandes ou trop petites pour elle. Mais le concept intellectuel qui sert de fondement à ces idées contient, ou simplement une *synthèse de l'homogène* (qui est supposé dans toute quantité, tant dans la composition que dans la division), ou bien encore une synthèse de l'*hétérogène,* qui peut au moins être admis dans la synthèse dynamique, tant celle de l'union causale que celle de l'union du nécessaire avec le contingent.

637. D'où il arrive qu'il n'y a lieu, dans la liaison mathématique des séries phénoménales, qu'à la condition *sensible*, c'est-à-dire à une condition qui est elle-même une partie de la série; tandis qu'au contraire la série dynamique des conditions sensibles permet encore une condition hétérogène qui n'est pas une partie de la série, mais qui, comme purement *intelligible*, est en dehors de la série, condition au moyen de laquelle précisément la raison est satisfaite, et l'inconditionné préposé aux phénomènes, sans cependant troubler la série de ces derniers comme toujours conditionnée, et sans contredire pour cela les principes de l'entendement.

638. Or, de ce que les idées dynamiques permettent une condition des phénomènes hors de leur série, c'est-à-dire une condition qui n'est pas phénomène, quelque chose arrive qui est totalement distinct de la conséquence de l'antinomie. Celle-ci faisait que deux affirmations dialectiques opposées devaient être regardées comme fausses. Au contraire, l'universellement conditionné des séries dynamiques, qui en est inséparable comme de phénomènes, joint à la condition, à la vérité empiriquement inconditionnée, mais aussi *non sensible*, satisfait d'une part à l'*entendement* et de l'autre à la *raison* (1); et, tandis que les arguments dialectiques, qui cherchaient d'une manière ou de l'autre la totalité in-

---

(1) Car l'entendement ne permet, *parmi des phénomènes*, aucune condition qui serait elle-même empiriquement inconditionnée. Mais si la *condition intelligible*, qui par conséquent n'appartiendrait pas comme membre à la série des phénomènes, peut être conçue comme correspondant à quelque chose de conditionné (dans le phénomène), sans cependant rompre par là le moins du monde la série des conditions empiriques, alors une telle condition pourrait être admise comme *empiriquement inconditionnée*, de manière que la régression empirique continue n'éprouvât nulle part de solution de continuité.

conditionnée dans de simples phénomènes, tombent, les propositions rationnelles, prises dans un sens ainsi rectifié, peuvent, au contraire, être *toutes deux vraies*, ce qui ne peut jamais avoir lieu dans les idées cosmologiques qui concernent l'unité mathématiquement inconditionnée; parce qu'aucune autre condition de la série des phénomènes n'a lieu, dans ces idées, si ce n'est celle qui est elle-même phénomène, et qui, comme telle, constitue un membre de la série.

III.

Solution des Idées cosmologiques relatives à la totalité de la dérivation des évènements cosmiques de leurs causes.

639. On ne peut concevoir que deux sortes de causalités par rapport à ce qui arrive : ou suivant la *nature*, ou par *liberté*. La première est la liaison d'un état à un état précédent dans le monde sensible, dont l'un suit l'autre d'après une règle. Or, comme la *causalité* des phénomènes repose sur des conditions de temps, et que l'état précédent, s'il eût toujours été, n'aurait pas produit un effet qui eût un jour paru dans le temps pour la première fois, la causalité de la cause de ce qui arrive ou apparaît a aussi *commencé d'être*, et réclame à son tour une cause suivant le principe intellectuel même.

640. Au contraire, j'entends par liberté, dans l'acception cosmologique, la faculté de commencer par soi-même un état, dont par conséquent la causalité n'est pas à son tour soumise, suivant la loi de la nature, à une autre cause qui la détermine quant au temps. La liberté est, dans ce sens, une idée transcendantale pure,

qui d'abord ne renferme rien d'emprunté de l'expérience, et ensuite dont l'objet ne peut non plus être donné déterminément dans aucune expérience, parce que c'est une loi générale, même de la possibilité de l'expérience, que tout ce qui arrive doit avoir une cause; par conséquent aussi, la causalité de la cause, qui *elle-même est arrivée*, doit avoir à son tour la sienne. Par-là donc tout le champ de l'expérience, aussi loin qu'il puisse s'étendre, est converti en un ensemble de la simple nature. Mais comme, de cette manière, aucune totalité absolue des conditions n'a sa raison dans le rapport de causalité, la raison se fait l'idée d'une spontanéité, qui pourrait d'elle-même commencer à agir, sans qu'une autre cause dût précéder pour la déterminer à agir à son tour suivant la liaison de la loi causale.

641. Il faut surtout remarquer que, sur cette idée *transcendantale* de la *liberté* se fonde le concept pratique de cette liberté, et qu'elle y devient [dans la liberté] le moment propre des difficultés qui ont jusqu'ici entouré la question de sa possibilité. La *liberté pratique* est l'indépendance où est l'arbitre de toute *coaction* par des mobiles (*stimulos*) de la sensibilité. Car un arbitre est *sensible* en tant qu'il est *affecté pathologiquement* (par des causes motrices de la sensibilité); il s'appelle *animal* (*arbitrium brutum*) quand il peut être *nécessité pathologiquement*. L'arbitre humain est, à la vérité, un *arbitrium sensitivum*, mais non un *arbitrium brutum;* c'est un *arbitrium liberum,* parce que la sensibilité ne rend pas son action nécessaire, mais qu'il y a dans l'homme une faculté de se déterminer par soi-même, indépendamment de la coaction, par des motifs sensibles.

642. On voit facilement que, si toute causalité était

simplement naturelle dans le monde sensible, tout événement serait déterminé par un autre dans le temps, suivant des lois nécessaires ; et, par conséquent, puisque les phénomènes, en tant qu'ils détermineraient l'arbitre, devraient rendre nécessaire toute action comme leur conséquence, la suppression de la liberté transcendantale ferait en même temps disparaître toute liberté pratique. Car celle-ci suppose que quelque chose qui n'est pas arrivé aurait cependant *dû* arriver, et sa cause, dans le phénomène, n'était par conséquent pas tellement déterminante qu'il n'y eût pas dans notre arbitre une causalité capable de produire, indépendamment de ces causes physiques et même malgré leur présence et leur influence, quelque chose qui est déterminé chronologiquement selon des lois empiriques, par conséquent une causalité capable de commencer d'une manière *entièrement spontanée* une série d'événements.

643. Il arrive donc ici ce qui se rencontre en général dans le conflit de la raison lorsqu'elle sort des bornes de l'expérience possible, que la question n'est pas proprement *physiologique*, mais *transcendantale*. Par conséquent la question de la possibilité de la liberté attaque même la psychologie ; mais comme elle repose sur des arguments dialectiques de la seule raison pure, la solution ne concerne que la philosophie transcendantale. Et pour que celle-ci, qui ne peut refuser à ce sujet une réponse satisfaisante, soit capable de la donner, je dois d'abord chercher à déterminer plus nettement par une observation la méthode à suivre dans cette question.

644. Si les phénomènes étaient des choses en soi, par conséquent l'espace et le temps des formes de l'existence de ces choses, alors les conditions et le condi-

tionné feraient toujours partie d'une seule et même série ; et de là résulterait aussi, dans ce cas, l'antinomie qui est commune à toutes les idées transcendantales, savoir, que cette série devrait nécessairement se trouver ou trop grande ou trop petite pour l'entendement. Mais les concepts dynamiques rationnels, dont nous nous occupons dans la présente section et dans la suivante, ont cela de particulier, que, ne traitant pas d'un objet considéré comme grandeur ou quantité, mais seulement de son *existence,* on peut aussi faire abstraction de la quantité de la série des conditions, et envisager en elles le seul rapport dynamique de la condition au conditionné ; de manière que nous rencontrons déjà, dans la question sur la nature et la liberté, la difficulté de savoir si la liberté est seulement possible partout, et si, dans le cas où elle le serait, elle peut subsister avec l'universalité de la loi physique de la causalité ; par conséquent si c'est une proposition légitimement disjonctive que celle-ci : tout effet dans le monde doit résulter ou de la nature ou de la liberté, ou bien si les *deux choses* n'auraient pas plutôt lieu en même temps, suivant une proportion différente dans un seul et même événement. La vérité de ce principe, concernant l'enchaînement universel de tous les événements du monde sensible suivant des lois naturelles immuables, est déjà fermement établie comme un principe de l'analytique transcendantale, et ne souffre aucune exception. Il n'est par conséquent plus question que de savoir si, malgré cela, par rapport au même effet qui est déterminé suivant la nature, la liberté peut aussi avoir lieu, ou si celle-ci n'est pas entièrement exclue par cette loi inviolable. Et ici, la supposition, la vérité générale, mais trompeuse, de la *réalité absolue* des phénomènes, montre aussitôt son influence préjudiciable pour *confondre* la raison. Car si les phénomènes sont des choses en soi, c'en est fait alors de la liberté; la nature est la cause entière, et en soi suffisamment déterminante, de tous les événements, et leur condition n'est jamais que dans la série des phénomènes, qui avec leurs effets sont nécessairement soumis à la loi de la nature. Si, au contraire, les phénomènes ne valent que pour ce qu'ils sont en effet, c'est-à-dire non comme des choses en soi, mais comme de simples représentations, qui s'enchaînent suivant des lois empiriques, alors ils doivent eux-mêmes avoir des causes qui ne soient pas des phénomènes. Mais une telle cause intelligible n'est pas déterminée à l'égard de sa causalité par des phénomènes, quoique ses effets apparaissent et puissent ainsi être déterminés par d'autres phénomènes. Elle est donc, avec sa causalité, en dehors de la série. Ses effets, au contraire, se trouvent dans la série des conditions empiriques. L'effet peut donc être considéré comme libre par rapport à sa cause intelligible, tout en étant néanmoins regardé en même temps, par rapport aux phénomènes, comme leur conséquence suivant la nécessité de la nature. Cette distinction, ainsi présentée d'une manière générale et purement abstraite, doit sembler très subtile et obscure, mais elle s'éclaircira dans l'application. Nous avons seulement voulu faire remarquer ici que, l'enchaînement universel de tous les phénomènes en un seul contexte de la nature étant une loi nécessaire, toute liberté s'écroulerait infailliblement par l'effet de cette loi, si l'on voulait obstinément s'attacher à la réalité des phénomènes. Par conséquent ceux qui suivent ici l'opinion commune ne peuvent jamais parvenir à concilier la nature avec la liberté.

POSSIBILITÉ DE LA CAUSALITÉ
PAR LIBERTÉ
concurremment avec la loi générale
DE LA NÉCESSITÉ NATURELLE.

645. J'appelle *intelligible* ce qui, dans un objet des sens, n'est pas phénomène. Si donc ce qui doit être considéré comme phénomène dans le monde sensible possède aussi en lui-même une faculté qui n'est pas un objet de l'intuition sensible, mais par laquelle cependant il peut être la cause de phénomènes, on peut alors considérer la *causalité* de cet être sous deux points de vue : comme *intelligible* quant à son *action*, c'est alors la causalité d'une chose en soi ; et comme *sensible* quant à ses *effets*, c'est-à-dire comme causalité d'un phénomène dans le monde sensible. Nous nous ferions donc de la faculté d'un tel sujet un concept empirique, et en même temps un concept intellectuel de la causalité, deux concepts qui ont lieu ensemble dans un seul et même effet. Cette double manière de concevoir la faculté d'un objet des sens ne contredit aucun des concepts que nous devons nous faire des phénomènes et d'une expérience possible ; car ces phénomènes n'étant pas des choses en soi, doivent avoir pour fondement un objet transcendantal qui les détermine comme simples représentations ; en sorte que rien n'empêche que nous ne devions attribuer aussi à cet objet transcendantal, outre la propriété par laquelle il apparaît, une *causalité*, qui n'est pas phénomène, quoique son *effet* fasse néanmoins partie du phénomène. Mais toute cause efficiente doit avoir un

CARACTÈRE, c'est-à-dire une loi de sa causalité, sans quoi elle ne serait pas cause. Et alors nous aurions dans un sujet du monde sensible, premièrement un *caractère empirique* par lequel ses actions, comme phénomènes, seraient en rapport avec d'autres phénomènes suivant les lois constantes de la nature, et pourraient en être dérivées comme de leurs conditions, et par conséquent composeraient, par leur rapport avec ces conditions, les anneaux d'une série unique de l'ordre de la nature. On pourrait lui reconnaître encore un *caractère intelligible*, par lequel il est à la vérité la cause de toutes ces actions comme phénomènes, mais sans être soumis à aucune condition de la sensibilité, et n'est pas même un phénomène. On pourrait encore appeler le premier de ces caractères, caractère de cette chose dans le phénomène; le second, caractère de la chose en soi.

646. Ce sujet agissant ne serait donc, quant à son caractère intelligible, soumis à aucune condition de temps; car le temps n'est que la condition des phénomènes, mais non celui des choses en elles-mêmes. En lui ne *naîtrait* ni ne *passerait* aucune *action*; il ne serait par conséquent pas soumis non plus à la loi de toute détermination de temps, à la loi de tout ce qui est muable, à savoir que tout *ce qui arrive* a sa cause *dans les phénomènes* (de l'état précédent). En un mot, sa causalité, en tant qu'elle est intellectuelle, ne serait point dans la série des conditions empiriques qui rendent l'événement nécessaire dans le monde sensible. Jamais, à la vérité, ce caractère intelligible ne pourrait être connu immédiatement, parce que nous ne pouvons rien percevoir que ce qui apparaît; mais il devrait néanmoins être conçu selon le caractère empirique, de la même

manière que nous sommes obligés en général de donner, par la pensée, pour fondement aux phénomènes, un objet transcendantal, quoique nous ne sachions rien de ce qu'il est en lui-même.

647. Considéré d'après son caractère empirique, ce sujet serait donc, comme phénomène, soumis, suivant toutes les lois de la détermination, à la liaison causale, et ne serait sous ce rapport qu'une partie du monde sensible, dont les effets, comme tout autre phénomène, découleraient inévitablement de la nature, à mesure que des phénomènes exerceraient sur lui leur influence et que son caractère empirique, c'est-à-dire la loi de sa causalité, serait connu par expérience ; toutes ses actions devraient pouvoir s'expliquer par des lois naturelles, et tout ce qui est requis pour leur parfaite et nécessaire détermination devrait être trouvé dans une expérience possible.

648. Mais, suivant son caractère intelligible (quoiqu'à la vérité nous n'en puissions avoir que le concept purement général), le même sujet devrait néanmoins être déclaré libre de toute influence de la sensibilité et de toute détermination phénoménale ; et comme rien n'*arrive* en lui tant qu'il est *noumène*, comme il n'y a aucun changement qui exige une détermination dynamique de temps, comme par conséquent aucune liaison avec des phénomènes comme causes ne se présente en lui ; cet être actif, en tant qu'il serait affranchi dans ses actions de toute nécessité naturelle telle qu'elle se présente dans le monde sensible, serait indépendant et libre. On dirait très bien de lui qu'il commence *de lui-même* [ou spontanément] ses effets dans le monde sensible, sans que l'action commence *en lui*; et cela serait vrai sans que les

effets dussent pour cela commencer d'eux-mêmes dans le monde sensible, parce qu'ils y sont toujours prédéterminés par des conditions empiriques dans le temps passé, mais cependant par le moyen seul du caractère empirique (qui est simplement le phénomène de l'intelligible), et qu'ils ne sont possibles que comme une continuation de la série des causes physiques. Ainsi donc, liberté et nature, chacune dans son sens complet, se trouvent en même temps et sans contradiction dans les mêmes actions, suivant qu'on les compare avec leur cause intelligible ou sensible.

EXPLICATION
DE L'IDÉE COSMOLOGIQUE D'UNE LIBERTÉ
en union avec
LA NÉCESSITÉ NATURELLE.

649. J'ai jugé convenable d'ébaucher d'abord la solution de notre problème transcendantal, pour qu'on pût mieux apercevoir la marche de la raison dans la solution de ce problème. Nous expliquerons maintenant les moments de cette solution, ce dont il s'agit proprement, et nous les considérerons chacun en particulier.

650. La loi de la nature, que Tout ce qui arrive a une cause, que la causalité de cette cause, — c'est-à-dire l'*action* ayant lieu dans un temps antérieur, et en considération d'un effet qui, comme *advenant*, peut même ne pas toujours avoir été, mais qui doit être *arrivé*, — a aussi sa cause dans les phénomènes par lesquels elle est déterminée, et par conséquent tous les événements sont empiriquement déterminés dans un ordre naturel ; cette loi, dis-je, par laquelle seule des phénomènes peuvent

constituer une *nature*, et donner des objets d'une expérience, est une loi de l'entendement dont on ne peut s'écarter ou à laquelle on ne peut soustraire aucun phénomène sous aucun prétexte, parce qu'autrement on le placerait en dehors de toute expérience possible; en quoi on le distinguerait de tous les objets de l'expérience possible, pour en faire un simple être de raison et une chimère.

651. Mais quoiqu'on ne voie là qu'une suite de causes qui ne permet aucune *totalité absolue* dans la régression à leurs conditions, cette difficulté ne nous retient cependant pas ; car elle a déjà été levée dans la discussion générale de l'antinomie de la raison, quand cette raison va dans la série des phénomènes à l'inconditionné. Si nous voulons céder à l'illusion du réalisme transcendantal, il ne reste ni nature ni liberté. Il est seulement ici question de savoir si, quand, dans la série totale de tous les événements, on reconnaît nettement une nécessité physique, il est néanmoins possible que cette nécessité, qui n'est d'un côté qu'un effet naturel, puisse être cependant d'un autre côté considérée aussi comme un effet de la liberté, ou s'il y a entre ces deux espèces de causalités une incompatibilité absolue.

652. Parmi les causes dans le phénomène, il ne peut assurément rien y avoir qui puisse absolument et spontanément commencer une série. Toute action, comme phénomène, en tant qu'elle produit un événement, est elle-même un événement ou accident qui présuppose un autre état dans lequel la cause se trouve; tout ce qui arrive n'est ainsi qu'une continuation de la série, et nul commencement absolu ou spontané n'est possible en elle. Toutes les actions des causes physiques sont donc

elles-mêmes, à leur tour, des effets dans la succession, effets qui supposent également leurs causes dans la série du temps. Une action *primitive*, par laquelle arrive quelque chose qui n'était pas auparavant, ne peut être attendue de l'union causale des phénomènes.

653. Mais est-il donc aussi nécessaire que, si les effets sont des phénomènes, la causalité de leur cause, laquelle cause est elle-même un phénomène, soit purement empirique? N'est-il pas plutôt possible que, quoiqu'il faille, pour chaque effet dans le phénomène, une union avec sa cause suivant des lois de la causalité empirique, cependant cette causalité empirique même, sans briser le moins du monde son enchaînement avec les causes physiques, puisse être effet d'une causalité non empirique mais intelligible, c'est-à-dire d'une action primitive d'une cause par rapport aux phénomènes, cause qui par conséquent est intelligible, non pas en tant que phénomène, mais quant à cette faculté, quoique du reste elle doive être tout à fait considérée comme faisant partie du monde sensible, comme un anneau de la chaîne naturelle?

654. Nous avons besoin du principe de causalité des phénomènes entre eux, pour pouvoir rechercher et donner aux événements physiques des conditions physiques, c'est-à-dire des causes dans le phénomène. Si c'est accordé sans restriction, alors l'entendement, qui, dans son usage empirique, n'aperçoit que la nature dans tous les événements, et qui fait bien, à tout ce qu'il peut trouver, et les explications physiques ne présentent plus aucune difficulté. Or, il n'y a pas le moindre inconvénient à reconnaître, dût-il n'y avoir en cela qu'une fiction, que, parmi les causes physiques, il en est

est aussi qui ont une faculté purement intelligible, puisque sa détermination à l'action ne repose jamais sur des conditions empiriques, mais sur de simples principes de l'entendement, de telle sorte cependant que l'*action* de cette cause *dans le phénomène* soit conforme à toutes les lois de la causalité empirique. Car, de cette manière, le sujet agissant serait, comme *causa phænomenon*, enchaîné à la nature par une dépendance invincible de toutes ses actions; seulement le *phænomenon* de ce sujet (avec toute sa causalité dans le phénomène) renfermerait certaines conditions, qui, si l'on veut s'élever de l'objet empirique à l'objet *transcendantal*, devraient être considérées comme simplement intelligibles. Car si nous ne suivons la règle de la nature que dans ce qui peut être cause parmi les phénomènes, nous pourrons être sans inquiétude sur ce que l'on conçoit dans un sujet transcendantal, qui nous est inconnu empiriquement, comme un principe de ces phénomènes et de leur enchaînement. Ce principe intelligible ne touche en aucune manière aux questions empiriques; il concerne simplement le fait de la pensée dans l'entendement pur. Et, quoique les effets de cette pensée et de cette action de l'entendement pur se trouvent dans les phénomènes, ceux-ci doivent cependant pouvoir être expliqués pleinement par leurs causes dans le phénomène suivant des lois physiques, puisqu'on suit leur caractère purement empirique comme le principe suprême d'explication, et que le caractère intelligible, qui est la cause transcendantale du précédent, est complétement omis comme inconnu, excepté en tant seulement qu'il est donné par le caractère empirique comme signe sensible de cette cause. Appliquons ceci à l'expérience. L'homme est un des phénomènes du monde sensible, et, en ce sens, une des causes physiques dont la causalité doit être soumise aux lois empiriques. Comme tel il doit doit donc avoir aussi un caractère empirique, ainsi que toutes les autres choses de la nature. Nous voyons ce caractère dans les forces et les facultés qu'il révèle par ses actes. Dans la nature morte, ou dans la nature simplement animale, nous ne trouvons aucune raison de concevoir une faculté autrement que conditionnée d'une manière purement sensible. Mais l'homme, qui ne connaît d'ailleurs toute la nature que par les sens, se connaît lui-même par la simple apperception, et même dans des actions et des déterminations internes qu'il ne peut rapporter à aucune impression des sens; en sorte qu'il est certainement pour lui-même, d'un côté, phénomène; mais d'un autre côté, savoir, par rapport à certaine faculté, il ne peut être considéré que comme objet purement intelligible, parce que son action ne peut être attribuée à la réceptivité de la sensibilité. Nous nommons cette faculté entendement et raison. Cette dernière surtout est distinguée d'une manière spéciale de toutes les forces empiriques conditionnées, puisqu'elle considère ses objets uniquement d'après des idées, et détermine en conséquence l'entendement, qui fait alors un usage empirique de ses concepts (même purs).

655. Or, que cette raison ait causalité, qu'au moins nous nous en représentions une en elle, c'est ce qui est clair d'après les *impératifs* que nous donnons comme règles dans toute pratique aux facultés actives. Le verbe DEVOIR exprime une espèce de nécessité et d'union par principes, union qui ne se rencontre nulle part ailleurs.

dans toute la nature. L'entendement ne peut connaître de cette nature que *ce qui est,* a été ou sera. Il est impossible que quelque chose y *doive être* autrement qu'il est en effet dans tous ces rapports de temps. Il y a plus, c'est que le devoir, si l'on ne considère que le cours de la nature, est absolument dépourvu de sens. Nous ne pouvons pas demander ce qui doit arriver dans la nature, ni quelles doivent être les propriétés du cercle, mais bien qu'est-ce qui arrive dans la nature, ou quelles sont les propriétés du cercle.

656. Ce devoir exprime donc une action possible, dont le principe n'est autre chose qu'un simple concept. Au contraire, le principe d'une action purement physique doit toujours être un phénomène. Or, il faut que l'action soit absolument possible sous des conditions physiques si le devoir s'y rapporte. Mais ces conditions physiques ne concernent pas la détermination de l'arbitre même, elles ne regardent que son effet et sa conséquence dans le phénomène. Quelque nombreuses que puissent être les raisons physiques qui me portent *à vouloir,* quelque nombreux que puissent être les mobiles sensibles, ils ne peuvent produire le *devoir,* mais seulement un vouloir toujours conditionné, auquel, tant s'en faut qu'il soit nécessaire, le devoir proclamé par la raison oppose une mesure et un terme, une défense et une autorité. Qu'un objet soit soumis à la simple sensibilité (l'agréable), ou bien encore à la raison pure (le bien), la raison ne se soumet point au principe qui est donné empiriquement, et ne suit point l'ordre des choses comme elles se présentent dans les phénomènes; mais elle se fait par elle-même, avec une parfaite spontanéité, un ordre particulier d'après des idées auxquelles

elle soumet les conditions empiriques, et suivant lesquelles elle déclare tellement nécessaires des actions qui cependant *ne sont pas arrivées,* et qui peut-être n'arriveront jamais, qu'elle suppose néanmoins de toutes que la raison peut avoir causalité en ce qui les regarde; car autrement elle n'attendrait pas dans l'expérience des effets de ces idées.

657. A supposer qu'il en soit ainsi, et quoiqu'on puisse admettre au moins comme possible que la raison a réellement causalité par rapport aux phénomènes, cependant qu'elle soit raison tant qu'on voudra, il faut toujours qu'elle laisse voir un caractère empirique, parce que toute cause suppose une règle suivant laquelle certains phénomènes suivent comme effets, et que toute règle exige dans les effets une uniformité qui fonde le concept de la cause (comme d'une faculté), concept que nous pouvons appeler son caractère empirique, en tant qu'il doit résulter de simples phénomènes; caractère constant, puisque les effets suivant la différence des conditions concomitantes et en parties restrictives, apparaissent dans des formes muables.

658. Tout homme a donc un caractère empirique de son arbitre, caractère qui n'est autre chose qu'une certaine causalité de sa raison, en tant que celle-ci laisse voir dans ses effets phénoménaux une règle suivant laquelle on peut admettre les motifs de la raison et ses actions quant à leur espèce et à leur degré, et juger les principes subjectifs de son arbitre. Ce caractère empirique même devant être, comme effet, dérivé des phénomènes et de leur règle, donnée par l'expérience, toutes les actions de l'homme dans le phénomène sont donc déterminées suivant l'ordre physique par son caractère em-

pirique et par d'autres causes concomitantes; et si nous pouvions pénétrer jusqu'au fond tous les phénomènes de son arbitre, il n'y aurait pas une seule action humaine qu'on ne pût certainement prédire et connaître comme nécessaire, en partant de ses conditions antérieures. Sous le rapport de ce caractère empirique, il n'y a donc aucune liberté, et ce n'est cependant que suivant ce caractère que nous pouvons considérer l'homme, lorsque nous voulons OBSERVER seulement, et que nous voulons scruter physiologiquement les causes déterminantes de ses actions, comme cela se pratique dans l'anthropologie.

659. Mais si nous considérons ces mêmes actions par rapport à la raison, non pas pour en *expliquer* l'origine spéculative, mais seulement en tant que la raison est la cause de leur *production*; en un mot, si nous les comparons avec la raison au point de vue *pratique*, nous trouvons une règle et un ordre tout différents de l'ordre physique. Car alors peut-être *ne devait-il pas arriver* tout ce qui *est* cependant *arrivé*, en conséquence du cours de la nature, et qui devait arriver inévitablement, suivant ses principes empiriques. Mais quelquefois nous trouvons, ou du moins nous croyons trouver, que les idées de la raison ont réellement fait voir une causalité par rapport aux actions de l'homme comme phénomènes, et que ces actions ont eu lieu, non par la raison qu'elles étaient déterminées par des causes empiriques, mais parce qu'elles étaient déterminées par les principes de la raison.

660. Je suppose donc que l'on puisse dire que la raison a causalité par rapport aux phénomènes; son action pourrait-elle bien encore s'appeler libre, là même où elle est très positivement déterminée dans son caractère

empirique (dans le mode sensible), là où elle est nécessaire? Ce caractère est aussi déterminé dans le caractère intelligible (dans le mode rationnel). Mais ce mode rationnel ne peut être connu de nous; nous ne le désignons proprement que par des phénomènes qui ne nous font connaître immédiatement que le mode sensible (le caractère empirique) (1). L'action, en tant qu'elle doit être imputée au mode rationnel comme à sa cause, n'en résulte cependant pas suivant des lois empiriques, c'est-à-dire de telle sorte que les conditions de la raison pure *précèdent*, mais seulement de telle sorte que leurs effets *précèdent* dans le phénomène du sens interne. La raison pure, comme faculté purement intelligible, n'est pas soumise à la forme du temps, ni par conséquent non plus aux conditions de la succession. La causalité de la raison *ne naît pas* dans le caractère intelligible, ne commence pas, comme en un certain temps, à produire un effet; autrement elle serait soumise à la loi physique des phénomènes, en tant que cette loi détermine, quant au temps, des séries de causes; et la causalité serait alors celle de la nature et non de la liberté. Nous pourrions donc dire : Si la raison peut avoir causalité par rapport aux phénomènes, c'est qu'elle est une faculté par laquelle la condition sensible d'une série empirique d'effets commence absolument. Car la condition rationnelle n'est pas sensible, et ne commence par conséquent pas.

(1) La moralité propre des actions (le mérite et le démérite), celle même de notre propre conduite, nous est donc profondément cachée. Nos imputations ne peuvent se rapporter qu'au caractère empirique. Personne ne peut donc faire la juste part de la liberté, celle de la simple nature, celle du tempérament involontairement mauvais ou bon (*merito fortunæ*), ni par conséquent juger avec une parfaite justice.

Alors donc a lieu ce que nous cherchions en vain dans toute série empirique, savoir, la possibilité que la *condition* d'une série successive de phénomènes soit inconditionnée même empiriquement. Car la condition est ici *en dehors* de la série des phénomènes (dans l'intelligible), et par conséquent affranchie de toute condition sensible, et de toute détermination de temps par une cause antérieure.

661. Néanmoins la même cause appartient aussi, sous un autre rapport, à la série des phénomènes. L'homme lui-même est phénomène. Son arbitre a un caractère empirique qui est la cause (empirique) de toutes ses actions. Il n'est par conséquent aucune des conditions qui déterminent l'homme suivant ce caractère, qui ne soit comprise dans la série des effets naturels et n'obéisse à leur loi, suivant laquelle on ne trouve aucune causalité empiriquement inconditionnée de ce qui arrive dans le temps. Aucune action donnée (parce qu'elle ne peut être perçue que comme phénomène) ne peut donc commencer spontanément. Mais on ne peut pas dire de la raison, qu'avant l'état dans lequel elle détermine l'arbitre, un autre état précède dans lequel cet état même est déterminé. Car, la raison même n'étant pas un phénomène et n'étant soumise à aucune condition de la sensibilité, il n'y a lieu en elle à aucune succession, même par rapport à sa causalité, et la loi dynamique de la nature, qui détermine la succession suivant des règles, n'y est point appliquée.

662. La raison est donc la condition indéfectible de tous les actes volontaires par lesquels l'homme se manifeste. Chacun d'eux est d'abord déterminé dans le caractère empirique de l'homme avant qu'il arrive. Par

rapport au caractère intelligible, dont le caractère empirique n'est que le schème sensible, il n'y a ni *avant* ni *après*, et toute action, sans égard au rapport du temps dans lequel elle se trouve relativement à d'autres phénomènes, est l'effet immédiat du caractère intelligible de la raison pure qui par conséquent agit librement, sans être déterminée dynamiquement dans la chaîne des causes naturelles, ni par des principes externes ou internes, mais qui précèdent quant au temps. Cette sienne liberté ne peut cependant être considérée d'une manière purement négative comme indépendante de conditions empiriques (car la faculté rationnelle cesserait par là d'être une cause des phénomènes); on peut encore la représenter positivement comme une faculté de commencer spontanément une série d'événements; de sorte que rien ne commence en elle-même, mais qu'elle ne permet sur elle, comme condition inconditionnée ou absolue de toute action volontaire, aucunes des conditions antérieures, quant au temps, quoique cependant son effet commence dans la série des phénomèmes, mais sans qu'il puisse jamais y constituer un commencement absolument premier.

663. Pour éclaircir le principe régulateur de la raison par un exemple tiré de son usage empirique, non pour le confirmer (car ces sortes de preuves ne conviennent point aux affirmations transcendantales), que l'on prenne une action arbitraire, soit un mensonge malicieux par lequel un homme a introduit une certaine perturbation dans la société; qu'on en cherche d'abord les raisons déterminantes, et qu'on juge ensuite comment il peut lui être imputé avec ses conséquences. Pour atteindre le premier de ces buts, on poursuit le carac-

tère empirique du menteur jusqu'à sa source, que l'on cherche dans une mauvaise éducation, dans les mauvaises sociétés, en partie aussi dans le vice d'un naturel sans pudeur : on l'attribue encore à la légèreté et à l'inconsidération, sans négliger par conséquent les causes occasionnelles. Dans tout cela, on procède donc comme en général dans la recherche d'une série de causes déterminantes d'un effet physique donné. Or, bien que l'on croie que l'action est déterminée par là, on en blâme néanmoins l'auteur, non pas, il est vrai, à cause de son mauvais naturel, non pas à cause de l'influence des circonstances sur lui, et bien moins encore à cause des relations de sa vie passée, dont on ne tient aucun compte, regardant la série écoulée des conditions comme non avenue; mais on croit pouvoir considérer cet acte comme totalement inconditionné par rapport à l'état précédent, de même que si l'agent commençait tout-à-fait spontanément par là une série d'événements successifs. Ce blâme se fonde sur une loi de la raison dans laquelle on regarde cette raison comme une cause qui, sans aucun égard aux autres conditions, a pu et dû déterminer autrement le fait de la volonté. Et l'on n'envisage pas même la causalité de la raison comme simple concurrence, mais comme complète, parfaite en elle-même, quoique les mobiles sensibles, loin de lui avoir été favorables, lui aient été très contraires. L'action est attribuée à son caractère intelligible; au moment où il ment, il a complétement tort. Par conséquent la raison, sans égard à toutes les conditions empiriques du fait, était parfaitement libre, et ce fait doit être entièrement attribué à sa négligence.

664. On aperçoit facilement, à ce jugement impu-

tatif, que l'on pense alors que la raison n'est absolument pas affectée par toute cette sensibilité, qu'elle n'en est pas changée (quoique ses phénomènes, c'est-à-dire la manière dont elle se manifeste dans ses effets, varient), qu'il n'y a en elle aucun état précédent qui détermine le suivant, qu'elle ne fait par conséquent pas partie de la série des conditions sensibles qui rendent les phénomènes nécessaires suivant des lois de la nature. La *raison* est présente, et la même, à toutes les actions de l'homme, dans tous les temps, dans toutes les circonstances de temps, mais sans être elle-même dans le temps, et sans tomber dans un état nouveau, qui n'aurait d'abord pas été le sien. Elle y est *déterminante*, mais non *déterminable*. On ne peut donc pas demander pourquoi la raison ne s'est pas déterminée autrement, mais seulement pourquoi elle n'a pas déterminé autrement les *phénomènes* par sa causalité? Mais à cela pas de réponse possible. Car un caractère intelligible aurait donné un autre caractère empirique; et quand nous disons, sans égard à la vie qu'il a menée jusqu'à ce temps, que l'agent aurait cependant pu éviter de mentir, cela signifie seulement que le mensonge est immédiatement soumis à la puissance de la raison, et que la raison, dans sa causalité, n'est soumise à aucune condition du phénomène ni du cours du temps, et que la différence du temps constitue, à la vérité, une différence principale des phénomènes entre eux, puisqu'ils ne sont pas des choses, par conséquent pas non plus des causes en eux-mêmes, mais qu'elle ne peut faire aucune différence de l'action par rapport à la raison.

665. Nous ne pouvons donc, en jugeant des actions libres par rapport à leur causalité, remonter que jus-

qu'à la cause intelligible, mais pas *au-delà ;* nous pouvons reconnaître qu'elle est libre, c'est-à-dire déterminée indépendamment de la sensibilité, et qu'ainsi elle peut être la condition inconditionnée sensiblement des phénomènes. Mais la cause pour laquelle le caractère intelligible donne tout juste ces phénomènes, et ce caractère empirique dans des circonstances actuelles, est une réponse qui dépasse notre raison, ainsi que le droit de faire certaines questions, comme quand on demande d'où vient que l'objet transcendantal donné à notre intuition sensible extérieure ne donne précisément d'intuition que *dans l'espace,* et pas d'autre. Mais la question que nous avions à résoudre ne nous oblige point à cela, car elle revenait seulement à celle de savoir si la liberté répugne à la nécessité physique dans une seule et même action. A quoi nous avons suffisamment répondu, en faisant voir, puisqu'il est possible qu'il y ait dans la liberté un rapport d'une tout autre espèce de conditions que dans la nécessité physique, la loi de cette dernière n'affecte point la première, et que par conséquent toutes les deux peuvent avoir lieu indépendamment l'une de l'autre, et sans être troublées l'une par l'autre.

***

666. On doit bien remarquer que nous n'avons pas voulu par là prouver la *réalité* de la liberté, comme de l'une des facultés qui contiennent elles-mêmes la cause des phénomènes de notre monde sensible. Car, outre que ce n'aurait pas été là un point de vue transcendantal, un pareil point de vue ne portant que sur des concepts, cela n'aurait pu avoir lieu par une autre raison

encore, puisque nous ne pouvons jamais conclure de l'expérience à quelque chose qui ne doit pas être conçu suivant des lois de l'expérience. Nous n'avons pas même voulu démontrer la *possibilité* de la liberté; car nous n'aurions pas été plus heureux, parce que nous ne pouvons en général connaître par de simples concepts *a priori* la possibilité d'aucun principe réel et d'aucune causalité. La liberté n'est traitée ici que comme une idée transcendantale par laquelle la raison pense établir d'une manière absolue la série des conditions dans le phénomène au moyen du sensiblement inconditionné; mais elle tombe en cela dans une antinomie avec ses propres lois qu'elle impose à l'usage empirique de l'entendement. La seule chose que nous pouvions faire et qui nous importait uniquement, c'était donc de montrer que cette antinomie repose sur une simple apparence, et qu'au moins la nature de la causalité par liberté *n'implique pas*.

IV.

Solution de l'Idée cosmologique de la totalité de la dépendance des phénomènes, quant à leur cause en général.

667. Dans le numéro précédent, nous avons considéré les changements du monde sensible dans leur série dynamique, en tant que chacun des changements est soumis à une autre comme à sa cause. Maintenant cette série des états nous sert uniquement à nous diriger vers une existence qui puisse être la suprême condition de tout ce qui est muable, savoir, à l'*être nécessaire*. Il n'est pas ici question de la causalité inconditionnée, mais de

l'existence inconditionnée de la substance même. Par conséquent la série qui nous occupe n'est proprement qu'une série par concepts, et non une série par intuitions, en tant que l'une est la condition de l'autre.

668. Mais on voit facilement que tout étant muable dans l'ensemble des phénomènes, tout étant par conséquent conditionné dans l'existence, il ne peut y avoir nulle part dans la série de l'existence dépendante aucun membre inconditionné, dont l'existence serait absolument nécessaire; et que, par conséquent, si des phénomènes étaient des choses en soi, mais que, par la même raison précisément, leur condition appartînt toujours, avec le conditionné, à une seule et même série d'intuitions, un être nécessaire, comme condition de l'existence des phénomènes du monde sensible, ne pourrait jamais avoir lieu.

669. Mais la régression dynamique a cette propriété, qui la distingue de la régression mathématique, que, celle-ci n'ayant proprement affaire qu'à la composition des parties pour former un tout, ou à la décomposition du tout en ses parties, les conditions de cette série doivent toujours être considérées comme en faisant partie, par conséquent comme homogènes, par conséquent comme phénomènes; au lieu que dans la première espèce de régression, comme il ne s'agit pas de la possibilité de la formation d'un tout inconditionnée par des parties données, ou de la possibilité d'une partie inconditionnée pour un tout donné, mais de la dérivation d'un état par rapport à sa cause, ou de celle de l'existence accidentelle de la substance à l'égard de l'existence nécessaire, la condition ne doit pas nécessairement constituer une série empirique avec le conditionné.

670. Il nous reste donc encore, dans l'antinomie apparente qui nous occupe, une issue ouverte, puisque les deux propositions contradictoires entre elles peuvent être vraies toutes deux en même temps sous différents rapports, tellement que toutes les choses du monde sensible soient absolument contingentes, et n'aient par conséquent jamais non plus qu'une existence empiriquement conditionnée, quoiqu'il y ait aussi pour toute la série une condition non empirique, c'est-à-dire un être inconditionnellement ou absolument nécessaire. Car cet être, en tant que condition intelligible, ne ferait pas partie de la série comme un de ses anneaux (pas même comme le plus élevé), et ne rendrait non plus aucun membre de la série empiriquement inconditionné, mais ferait passer tout le monde sensible dans son existence empiriquement conditionnée par tous les anneaux de la série. Par conséquent, cette manière de poser pour fondement des phénomènes une existence inconditionnée différerait de la causalité empiriquement conditionnée (de la liberté), dont il a été question dans l'article précédent, en ce que, dans la liberté, la chose même, comme cause (*substantia phænomenon*), ferait cependant partie des conditions dans la série, et que sa *causalité* seulement serait pensée comme intelligible, tandis qu'ici l'être nécessaire devrait être conçu tout à fait en dehors de la série du monde sensible (comme *ens extramundanum*) et purement intelligible, seul moyen d'empêcher qu'il ne soit pas même soumis à la loi de la contingence et de la dépendance de tous les phénomènes.

671. Le *principe régulateur* de la raison est donc, par rapport à notre question, que Tout, dans le monde sensible, a une existence empiriquement conditionnée, et

qu'il n'y a nulle part en lui, par rapport à aucune propriété, une nécessité absolue ou inconditionnée; qu'il n'est aucun membre de la série des conditions dont on ne doive toujours attendre et chercher aussi loin que possible la condition empirique dans une expérience possible, et que rien ne nous autorise à dériver une existence quelconque d'une condition en dehors de la série empirique, ni de la réputer pour absolument indépendante et subsistant par elle-même dans la série, sans cependant nier pour cela que toute la série ne puisse avoir sa raison dans un être intelligible (qui, par le fait, est libre de toute condition empirique, et contient au contraire le principe de la possibilité de tous ces phénomènes).

672. En cela, l'intention n'est pas de prouver l'existence absolument nécessaire d'un être, ni même de fonder seulement là-dessus la possibilité d'une condition purement intelligible de l'existence des phénomènes du monde sensible, mais uniquement de circonscrire la raison de manière qu'elle ne lâche pas le fil des conditions empiriques, et ne se précipite pas dans des explications *transcendantes*, qui ne sont susceptibles d'aucune exposition *in concreto*; par conséquent aussi, d'un autre côté, de circonscrire la loi du simple usage empirique de l'entendement, de manière qu'il ne décide pas de la possibilité des choses en général, et qu'il ne juge *pas impossible* l'intelligible, quoique nous ne puissions pas le faire servir à l'explication des phénomènes. Il est donc seulement prouvé par là que la contingence universelle de toutes les choses physiques et de toutes leurs conditions (empiriques) peut très bien subsister avec la supposition réelle d'une condition nécessaire quoique sim-

plement intelligible; qu'on ne peut par conséquent trouver aucune véritable contradiction entre ces assertions, qu'elles peuvent donc *être vraies toutes deux*. Qu'un tel être intelligible absolument nécessaire soit toujours impossible en soi, c'est cependant ce qui ne peut être conclu de la contingence générale et de la dépendance de tout ce qui appartient au monde sensible, non plus que du principe de ne s'arrêter à aucun de ses membres en particulier, en tant qu'il est contingent, et de se reporter à une cause extérieure au monde. La raison va son chemin dans l'usage empirique, et son chemin plus particulier dans l'usage transcendantal.

673. Le monde sensible ne contient que des phénomènes, mais ces phénomènes sont de simples représentations qui sont toujours à leur tour sensiblement conditionnées; et, comme nous n'avons jamais ici pour objet des choses en soi, il n'est pas étonnant que nous ne soyons jamais autorisés à passer d'un membre de la série empirique, quel qu'il soit, hors du système du monde sensible, comme s'il existait des choses en soi en dehors de leur principe transcendantal, et qu'on pût les quitter pour chercher la cause de leur existence hors d'elles; ce qui devrait certainement arriver enfin avec des *choses* contingentes, mais non avec de simples *représentations* de choses dont la contingence même n'est que phénomène, et ne peut conduire à aucune autre régression qu'à celle qui détermine les phénomènes, c'est-à-dire à la régression empirique. Mais concevoir un principe intelligible des phénomènes, c'est-à-dire du monde sensible, et le concevoir affranchi de la contingence de ce monde, c'est ce qui n'est ni contraire à la régression empirique non circonscrite dans la série des

phénomènes, ni à leur contingence universelle. Mais c'est aussi la seule chose que nous ayons à faire pour lever l'antinomie apparente, et la seule manière dont on puisse le faire. Car si toute condition de tout conditionné (quant à l'existence) est sensible, et appartient par cette raison même à la série, elle est elle-même à son tour conditionnée (comme le prouve l'antithèse de la quatrième antinomie). Il fallait donc, ou qu'un conflit avec la raison qui requiert l'inconditionné subsistât, ou que cet inconditionné fût placé en dehors de la série dans l'intelligible, dont la nécessité n'exige ni ne permet aucune condition empirique, et, par conséquent, est inconditionnellement nécessaire par rapport aux phénomènes.

674. L'usage empirique de la raison (par rapport aux conditions de l'existence dans le monde sensible) n'est point violé par la concession d'un être purement intelligible; il va, suivant le principe de la contingence universelle, des conditions empiriques à des conditions plus élevées, qui sont de même toujours empiriques. Mais ce principe régulateur n'empêche pas non plus de son côté de reconnaître une cause intelligible, qui n'est pas dans la série, lorsqu'il s'agit de l'usage pur de la raison, par rapport aux fins. Car alors cette cause ne désigne que la raison, pour nous purement transcendantale et inconnue, de la possibilité de la série sensible en général, raison dont l'existence, indépendante de toutes les conditions de cette série et absolument nécessaire par rapport à elles, n'est point opposée à leur contingence illimitée, ni par conséquent, à la régression sans fin dans la série des conditions empiriques.

OBSERVATION FINALE

sur toute l'antinomie de la raison pure.

675. Tant que nos concepts rationnels n'ont pour objet que la simple totalité des conditions dans le monde sensible, et ce qui peut tourner à l'avantage de la raison par rapport à elle, nos idées sont à la vérité transcendantales, mais cependant *cosmologiques*. Mais aussitôt que nous posons l'inconditionné (ce qui est toutefois proprement question) dans ce qui est complétement en dehors du monde sensible, et que nous le faisons par conséquent extérieur à toute expérience possible, alors les idées deviennent *transcendantes*; elles servent, non simplement à l'accomplissement de l'usage empirique de la raison (qui reste toujours une idée incomplète, et cependant toujours à suivre), mais elles s'en séparent tout à fait, et se font elles-mêmes des objets dont la matière n'est point prise de l'expérience, et dont la réalité objective ne repose pas non plus sur l'intégralité de la série empirique, mais sur des concepts purs *a priori*. Ces idées transcendantes ont un objet purement intelligible qui, comme objet transcendantal dont nous ne savons rien du reste, peut sans doute être accordé, mais que, d'un autre côté, nous n'avons par devers nous aucune raison de sa possibilité (puisqu'il s'agit d'un être indépendant de tout concept d'expérience), ni même le moindre prétexte de le concevoir comme une chose déterminable par des prédicats distinctifs et internes, et qui est par conséquent un simple être de raison. Néanmoins parmi toutes les idées cosmologiques, celle qui a donné naissance à la quatrième antinomie nous pousse à risquer ce

pas. Car l'existence des phénomènes, qui n'est point fondée en soi-même, mais qui est toujours conditionnée, exige que nous cherchions quelque chose de différent de tous les phénomènes, par conséquent un objet intelligible, dans lequel ne se trouve plus cette contingence. Mais quand une fois nous avons pris la licence d'admettre hors du champ de toute la sensibilité une réalité existante par elle-même, de ne considérer des phénomènes que comme des espèces de représentations accidentelles d'objets intelligibles, d'êtres qui sont eux-mêmes des intelligences, il ne nous reste que l'analogie, suivant laquelle nous employons les concepts de l'expérience pour nous faire cependant un concept quelconque de choses intelligibles, dont nous ignorons absolument ce qu'elles sont en elle-mêmes. Comme nous n'apprenons à connaître le contingent que par l'expérience, mais qu'il s'agit ici de choses qui ne doivent pas être des objets de l'expérience, nous serons obligés d'en dériver la connaissance de ce qui est nécessaire en soi, de purs concepts de choses en général. Le premier pas que nous faisons hors du monde sensible nous oblige donc de commencer nos nouvelles connaissances par la recherche d'un être absolument nécessaire, et de dériver de ces concepts ceux de toutes choses, en tant qu'elles sont purement intelligibles. C'est ce que nous tenterons dans le chapitre suivant.

CHAPITRE III.

IDÉAL DE LA RAISON PURE.

SECTION I.

De l'Idéal en général.

676. Nous avons vu précédemment que des objets ne peuvent être représentés par des *concepts intellectuels* purs sans toutes les conditions de la sensibilité, parce que autrement les conditions de leur réalité objective manquent, et qu'on ne trouve en eux que la simple forme de la pensée. Les concepts peuvent néanmoins être exposés *in concreto*, si on les applique à des phénomènes qui ont proprement en eux la matière d'un concept expérimental, lequel n'est qu'un concept intellectuel *in concreto*. Mais des *idées* sont encore plus éloignées de la réalité objective que des *catégories*; car on ne peut trouver aucun phénomène dans lequel elles puissent être représentées *in concreto*. Elles contiennent une certaine perfection ou intégralité à laquelle n'atteint aucune connaissance empirique possible, et la raison ne conçoit en cela qu'une unité systématique dont elle s'efforce de faire approcher l'unité empirique possible, sans y parvenir jamais complétement.

677. Mais ce que je nomme *idéal* semble encore être plus éloigné de la réalité objective que l'idée. J'entends par idéal l'idée, non simplement *in concreto*, mais *in individuo*, comme une chose unique, exclusivement déterminable ou déterminée par l'idée.

678. L'humanité, dans toute sa perfection, ne s'étend pas seulement à toutes les propriétés qui appartiennent

essentiellement à cette nature, et qui constituent le concept que nous en avons jusqu'à la parfaite convenance avec ses fins, ce qui serait notre idée de l'humanité parfaite, mais encore à tout ce qui, outre ce concept, appartient à la détermination universelle de l'idée : car de tous les prédicats opposés un seul s'applique à l'idée de l'homme parfait. Ce qui est un idéal pour nous était pour Platon une *Idée de l'entendement divin,* un objet unique dans son intuition pure, la perfection de chaque espèce d'êtres possibles; et le prototype de toutes les copies (ectypes) dans le phénomène.

679. Sans nous élever si haut, nous devons avouer que la raison humaine contient non seulement des idées, mais aussi des idéaux qui n'ont pas, à la vérité, comme ceux de *Platon,* une vertu créatrice, mais qui possèdent cependant une vertu *pratique* (comme principes régulateurs), et servent de fondement à la possibilité de la perfection de certaines *actions*. Les concepts moraux ne sont pas tout à fait des concepts purs de la raison, parce qu'ils ont quelque chose d'empirique (plaisir ou peine) pour principal fondement. Néanmoins, par rapport au principe par lequel la raison met des bornes à une liberté illimitée (par conséquent si l'on ne fait attention qu'à sa forme), ils peuvent très bien servir d'exemple de concepts purs de la raison. La vertu, et avec elle la sagesse humaine dans toute sa pureté, sont des idées. Mais le sage (du stoïcien) est un sage idéal, c'est-à-dire un homme qui n'existe que dans la pensée, mais qui s'accorde parfaitement avec l'idée de la sagesse. Comme l'idée donne la *règle;* de même l'idéal sert en pareil cas de *prototype* à la détermination universelle de l'ectype ou copie, et nous n'avons aucun autre *criterium* de nos

actions que la conduite de cet homme divin en nous auquel nous nous comparons, d'après lequel nous nous jugeons, et sur lequel nous nous corrigeons, quoique nous n'en puissions jamais atteindre la perfection. Ces idéaux, quoique nous ne leur accordions aucune réalité objective (existence), ne doivent pourtant pas être regardés comme des chimères; ils donnent une unité de mesure indispensable à la raison, qui a besoin du concept de ce qui est parfait dans son espèce pour pouvoir mesurer, apprécier en conséquence le degré et le défaut de l'imperfection. Mais vouloir réaliser l'idéal dans un exemple, c'est-à-dire dans le phénomène, à peu près comme le sage dans un roman, c'est ce qui est impraticable. Il y a de plus dans cette entreprise quelque chose de peu sensé et de peu édifiant, puisque les bornes naturelles qui restent continuellement au-dessous de la perfection idéale, rendent toute illusion impossible dans une telle tentative, et portent ainsi à suspecter et à regarder comme une fiction le bien même qui est dans l'idée.

680. Tel est l'idéal de la raison; il doit toujours reposer sur des concepts déterminés, et servir de règle et de prototype, soit pour agir, soit pour juger. Mais il en est tout autrement des productions de l'imagination, qu'on ne peut définir et dont on ne peut donner aucun concept intelligible : semblable à des *monogrammes*, ce ne sont que des traits isolés, quoique déterminés suivant une prétendue règle, et qui donnent plutôt une sorte de dessin pour ainsi dire flottant devant les yeux, au moyen de différentes expériences, qu'une image déterminée. Tels doivent être les idéaux que les peintres et les physionomistes prétendent avoir dans la tête; ce sont des

fantômes incommunicables de leurs productions ou de leurs jugements. Ils peuvent être appelés, quoique improprement, des idéaux de la sensibilité, parce qu'ils doivent être le modèle inimitable des intuitions empiriques possibles, sans cependant donner aucune règle susceptible de définition et d'examen.

681. Le but de la raison avec son *idéal* est au contraire la détermination universelle suivant des règles *a priori*; elle conçoit donc un objet qui doit être universellement déterminable suivant des principes, quoique les conditions suffisantes manquent à cet effet dans l'expérience, et que le concept même soit par conséquent *transcendant*.

SECTION II.

De l'Idéal transcendantal (Prototypon transcendantale).

682. Tout concept par rapport à ce qui n'y est pas contenu est indéterminé, et soumis au principe de la *déterminabilité*, que L'un seulement *des deux* prédicats contradictoirement opposés peut lui convenir; principe qui repose sur celui de contradiction, qui est par le fait un principe purement logique, et qui fait abstraction de toute matière de connaissance pour n'en considérer que la forme logique.

683. Mais toute *chose*, quant à sa possibilité, est encore soumise au principe de la détermination *universelle*, suivant lequel, De *tous* les prédicats *possibles* des *choses*, en tant qu'ils sont comparés aux prédicats opposés, un seul doit lui convenir. Ce qui ne repose pas simplement sur le principe de contradiction; car il s'agit non seulement du rapport de deux prédicats contraires, mais en-

core de toute chose en rapport à *toute la possibilité*, comme ensemble de tous les prédicats des choses en général ; et cette possibilité étant supposée comme condition *a priori*, ce principe présente chaque chose comme si elle dérivait sa possibilité propre de la part qu'elle a dans cette possibilité totale (1). Le principe de la détermination universelle concerne donc la matière et non la simple forme logique. C'est le principe de la synthèse de tous les prédicats qui doivent rendre complet le concept d'une chose, et non simplement celui de la représentation analytique par l'un des deux prédicats opposés, et qui contient une supposition transcendantale, savoir celle de la matière de toute *possibilité,* matière qui doit renfermer *a priori* les *données* de la possibilité *particulière* de chaque chose.

684. La proposition : *toute chose existante est universellement déterminée,* ne signifie pas seulement que, de chaque couple de prédicats opposés entre eux, un seul lui convient, mais aussi que de tous les prédicats *possibles,* il y en a toujours un qui lui convient. Par cette proposition, sont comparés entre eux logiquement, d'une manière transcendantale, non seulement des prédicats, mais la chose elle-même avec l'ensemble de tous les prédicats possibles. Le principe revient donc à dire

---

(1) Par ce principe, toute chose est donc rapportée à un *correlatum* commun, savoir la possibilité totale, qui, si elle (c'est-à-dire la matière de tous les prédicats possibles) était trouvée dans l'idée d'une seule chose, démontrerait une affinité de tout le possible par l'identité du principe de sa détermination universelle. La *déterminabilité* de tout *concept* est soumise à l'UNIVERSALITÉ (*universalitas*) du principe de l'exclusion d'un milieu entre deux prédicats opposés ; mais la *détermination* d'une *chose* est soumise à la TOTALITÉ (*universitas*) ou à l'ensemble de tous les prédicats possibles.

que, Pour connaître parfaitement une chose, il faut connaître tout le possible et la déterminer, soit en affirmant, soit en niant. La détermination universelle est par conséquent un concept que nous ne pouvons jamais présenter *in concreto* quant à sa totalité, et se fonde en conséquence sur une idée qui n'a son siège que dans la raison, laquelle prescrit à l'entendement la règle de son parfait usage.

685. Or, quoique cette idée de l'*ensemble de toute possibilité* (en tant que cet ensemble, comme condition de la détermination universelle, sert de fondement à toutes choses par rapport aux prédicats qui peuvent le composer) soit encore indéterminée, et que nous ne concevions par là en général qu'un ensemble de tous les prédicats possibles, nous trouvons cependant, en y regardant de plus près, que cette idée, comme concept primitif, exclut une multitude de prédicats, qui, en qualité de dérivés, sont déjà donnés par d'autres et ne peuvent coexister, et qu'elle s'épure jusqu'à un concept universellement déterminé *a priori*. C'est ainsi que par la simple idée se forme un concept d'un objet individuel qui est déterminé universellement, et qui, par conséquent, doit être appelé un *idéal* de la raison pure.

686. Si nous considérons tous les attributs possibles, non d'une manière purement logique, mais transcendantalement, c'est-à-dire quant à leur matière, qui peut être conçue en eux *a priori*, nous trouvons que quelques-uns d'eux représentent une existence, d'autres une simple non-existence. La négation logique, qui est simplement désignée par le mot *non*, ne s'attache jamais proprement à un concept, mais seulement au rapport d'un concept à un autre concept dans le jugement ; elle

est donc loin de suffire pour désigner un concept par rapport à son contenu. L'expression *non mortel* ne peut point du tout donner à connaître qu'une simple non-existence est représentée par là dans l'objet ; elle ne porte absolument sur aucune matière. Au contraire, une négation transcendantale indique la non-existence en elle-même, à laquelle est opposée l'affirmation transcendantale qui est quelque chose dont le concept exprime déjà par lui-même une existence, et par conséquent est appelée réalité, parce que, par elle seule, et aussi loin qu'elle s'étend, des objets sont quelque chose (des choses), tandis que la négation opposée indique au contraire une simple absence, et que là où cette négation seule est conçue, il y a représentation de l'absence de toute chose.

687. Or, personne ne peut penser déterminément une négation sans avoir posé pour fondement l'affirmation contraire. L'aveugle-né ne peut se faire la moindre représentation des ténèbres, parce qu'il n'en a aucune de la lumière ; le sauvage ne peut se faire une idée de la pauvreté, parce qu'il n'en a aucune de l'opulence (1) ; l'ignorant n'a aucun concept de son ignorance, parce qu'il n'en a aucun de la science. Tous les concepts négatifs sont donc aussi dérivés, et les réalités contiennent les données, et pour ainsi dire la matière transcendantale de la possibilité et de la détermination universelle de toutes choses.

---

(1) Les observations et les calculs des astronomes nous ont appris beaucoup de choses remarquables ; mais le plus important, c'est qu'ils nous aient découvert l'abîme de l'*ignorance*, que la raison humaine, sans ces connaissances, n'aurait jamais pu concevoir si profond. La méditation sur cette ignorance doit produire un grand changement dans la détermination du but final de l'usage de notre raison.

688. Si donc un substratum transcendantal sert de fondement à la détermination universelle dans notre raison, s'il contient en quelque sorte l'entière provision de la matière d'où peuvent être pris tous les prédicats des choses, il n'est par conséquent que l'idée d'un tout de la réalité (*omnitudo realitatis*). Toutes les véritables négations ne sont alors que des *bornes,* nom qu'elles ne pourraient pas recevoir si le non borné (le tout) ne leur servait de fondement.

689. Mais c'est aussi par cette possession entière de la réalité que le concept d'une *chose en soi* est représenté comme universellement déterminé, et que le concept d'un être souverainement réel (*entis realissimi*) est le concept d'un être particulier, parce que, de tous les attributs opposés possibles, un seul, celui qui appartient absolument à l'existence, se trouve dans sa détermination. C'est par conséquent un *idéal* transcendantal qui sert de fondement à la détermination universelle nécessaire de tout ce qui existe, et qui constitue la condition matérielle suprême et parfaite de sa possibilité, condition à laquelle toute pensée des objets en général doit être ramenée, quant au contenu. Mais c'est aussi l'unique idéal propre dont la raison humaine est capable ; parce que dans ce cas seulement, un concept général en soi d'une chose est universellement déterminé par lui-même, et est reconnu comme la représentation d'un individu.

690. La détermination logique d'un concept par la raison repose sur un raisonnement disjonctif dans lequel la majeure contient une distribution logique (la division de la sphère d'un concept universel), et où la mineure réduit cette sphère à une partie, tandis que la

conclusion détermine le concept par cette partie même. Le concept universel d'une réalité en général ne peut être divisé *a priori,* parce que, sans l'expérience, on ne connaît pas d'espèces déterminées de réalités comprises sous ce genre. La majeure transcendantale de la détermination universelle de toutes les choses n'est que la représentation de l'ensemble de toute réalité, non simplement un concept qui comprenne *sous lui* tous les prédicats, quant à leur matière transcendantale; il les contient au contraire *en lui,* et la détermination universelle de chaque chose repose sur la circonscription de ce *tout* de la réalité, puisqu'elle attribue quelque chose de cette réalité à la chose déterminée, tandis que le reste en est exclu ; ce qui s'accorde avec le *ou* répété de la majeure disjonctive, et avec la détermination de l'objet par un des membres de cette division, dans la mineure. L'usage de la raison, par lequel elle donne l'idéal transcendantal pour fondement de sa détermination de toutes les choses possibles, est donc analogue à celui suivant lequel elle procède dans les raisonnements disjonctifs; ce qui est le principe que j'ai donné précédemment pour base à la division systématique de toutes les idées transcendantales, principe suivant lequel ces idées sont produites d'une manière correspondante et parallèle aux trois sortes de raisonnement.

691. Il est évident de soi que la raison, pour arriver à cette fin, c'est-à-dire pour se représenter facilement la détermination universellement nécessaire des choses, ne suppose pas l'existence d'un être qui soit conforme à l'idéal, mais seulement son idée, afin de dériver d'une totalité inconditionée de la détermination universelle la totalité conditionnée, c'est-à-dire celle du circonscrit.

L'idéal est donc pour elle le prototype (*prototypon*) de toutes les choses, qui toutes ensemble, comme des copies défectueuses (*ectypa*), en tirent la matière de leur possibilité, et qui, lorsqu'elles en approchent plus ou moins, en restent cependant toujours infiniment éloignées.

692. Ainsi donc toute possibilité des choses (de la synthèse de la diversité quant à sa matière) est considérée comme dérivée, et celle seulement de ce qui contient en soi toute réalité est considérée comme primitive. Car toutes les négations (qui sont cependant les seuls prédicats par lesquels toute autre chose peut se distinguer de l'être réel par excellence) sont de simples limitations d'une réalité plus grande, et enfin de la suprême réalité; elles supposent donc celle-ci, et en sont simplement dérivées quant à la matière. Toute diversité des choses n'est donc qu'une simple manière diverse de limiter le concept de la réalité suprême qui est leur substratum commun, de même que toutes figures ne sont que différentes manières possibles de renfermer l'espace infini. C'est pourquoi l'objet de son idéal, qui ne peut se trouver que dans la raison, s'appelle aussi l'*être primitif* (*ens originarium*); en tant qu'il n'y en a aucun au-dessus de lui, l'*être suprême* (*ens summum*); et en tant que tout lui est soumis comme conditionné, l'*être de tous les êtres* (*ens entium*). Tout cela cependant ne désigne pas le rapport objectif d'un objet réel à d'autres choses, mais bien le rapport de l'*idée* à des *concepts*, et nous laisse dans une ignorance complète sur l'existence d'un être d'une supériorité si éminente.

693. Comme on ne peut pas dire non plus qu'un être primitif se compose de plusieurs êtres dérivés, puisque chacun de ceux-ci suppose celui-là et ne peut par con-

séquent pas le composer, l'idéal de l'être primitif doit donc aussi être conçu comme simple.

694. L'action de dériver de cet être primitif toute autre possibilité, pour parler nettement, ne pourra donc être considérée comme une *circonscription* de la réalité suprême de cet être, et en quelque sorte comme sa *division*; car alors l'être primitif serait regardé comme un simple agrégat d'êtres dérivés ; ce qui, on vient de le voir, est impossible, quoique nous l'ayons d'abord ainsi présenté dans une première et grossière esquisse. La suprême réalité serait plutôt comme un *fondement* que comme un *ensemble* de la possibilité de toutes choses, et leur diversité ne reposerait pas sur la circonscription de l'être primitif même, mais sur son parfait développement, dont notre sensibilité tout entière ferait justement partie, ainsi que toute réalité dans le phénomène, réalité qui ne peut entrer dans l'idée de l'être suprême.

695. Si donc nous poursuivons plus loin cette idée et que nous en fassions une hypostase [ou substance], nous pourrons déterminer l'être primitif par le simple concept de la réalité suprême, comme un être un, simple, suffisant à tout, éternel, etc.; en un mot, nous pourrons le déterminer, dans sa perfection absolue, par tous les prédicaments. Le concept de cet être est celui de *Dieu*, conçu dans le sens transcendantal. L'idéal de la raison pure est donc l'objet d'une *théologie* transcendantale, ainsi que je l'ai rapporté plus haut.

696. Toutefois, cet usage de l'idée transcendantale dépasserait déjà les bornes de sa destination et de sa convenance; car la raison n'a posé cette idée que comme le *concept* de toute réalité, pour servir de base à la détermination universelle des choses en général, sans pré-

tendre que toute cette réalité soit donnée objectivement et constitue même une chose. Cette dernière circonstance est une pure fiction par laquelle nous rassemblons et réalisons le divers de notre idée en un idéal, comme en un être particulier, sans que nous y soyons le moins du monde autorisés, pas plus qu'à poser même la possibilité d'une telle hypothèse ; de même aussi toutes les conséquences qui découlent d'un tel idéal ne regardent nullement la détermination universelle des choses en général, l'idée seule étant nécessaire à cet effet, et n'ont pas la moindre influence sur elle.

697. Il ne suffit pas de décrire la marche de notre raison et sa dialectique : on doit aussi chercher à découvrir les sources de cette dialectique, afin de pouvoir expliquer cette apparence même comme un phénomène de l'entendement ; car l'idéal dont nous parlons est fondé sur une idée naturelle et n'est pas simplement arbitraire. Je demande donc d'où vient que la raison considère toute possibilité des choses comme dérivée d'une seule chose qui leur sert de fondement, savoir de la réalité suprême, et qu'elle suppose celle-ci comme contenue dans un être primitif particulier ?

698. La réponse se tire de ce qui a été dit dans l'Analytique transcendantale. La possibilité des objets des sens est un rapport de ces objets à notre pensée, dans laquelle quelque chose (savoir la forme empirique) peut être conçue *a priori ;* mais ce qui constitue la matière, la réalité dans le phénomène (ce qui répond à la sensation), doit être donné, sans quoi cela ne pourrait pas même être conçu, et, par conséquent, sa possibilité pas représentée. Or, un objet des sens ne peut être déterminé universellement qu'autant qu'il est comparé avec

tous les prédicats du phénomène, et qu'il est représenté par lui, soit affirmativement, soit négativement. Mais comme ce qui constitue la chose même (dans le phénomène), savoir le réel, doit alors être donné, sans quoi il ne pourrait pas même être pensé, et comme ce en quoi le réel de tous les phénomènes est donné est la seule expérience universelle, la possibilité des objets des sens exige que la matière soit supposée comme donnée dans un ensemble dont la circonscription est la base unique de toute la possibilité des objets empiriques, de leur différence entre eux et de leur détermination universelle. Or, en fait, les objets des sens sont les seuls qui puissent nous être donnés, et ils ne peuvent l'être que dans le contexte d'une expérience possible. Un objet n'est donc rien pour nous s'il ne suppose l'ensemble de toute réalité empirique, comme condition de sa possibilité. Or, par une illusion naturelle, il arrive que nous prenons pour un principe qui devrait valoir pour toutes les choses, un principe qui ne vaut proprement que pour celles qui sont données comme objets de nos sens. Nous tiendrons donc le principe empirique de nos concepts de la possibilité des choses comme phénomènes, par l'omission de cette circonscription, pour un principe transcendantal de la possibilité des choses en général.

699. Mais si de plus nous hypostasions [substantifions] cette idée de l'ensemble de toute réalité, c'est parce que nous convertissons dialectiquement l'unité *distributive* de l'usage expérimental de l'entendement en l'unité *collective* d'un tout empirique, et que nous nous figurons dans ce tout du phénomène un objet unique, qui renferme en lui toute réalité empirique. Cette individualité est alors confondue, par le moyen de la subreption trans-

cendantale dont nous avons déjà parlé, avec le concept d'une chose qui est au sommet de la possibilité de toutes les choses, pour la détermination universelle desquelles elle fournit les conditions réelles (1).

SECTION III.

Des arguments de la raison spéculative en faveur de l'existence d'un être suprême.

700. Malgré ce besoin pressant de la raison, de supposer quelque chose qui puisse servir de fondement parfait à la détermination universelle de ses concepts, elle s'aperçoit néanmoins trop facilement de ce qu'il y a d'idéal et de purement fictif dans une telle supposition, pour qu'elle dût être persuadée par cela seul d'admettre incontinent comme un être réel une simple création de sa pensée, si elle n'était pas autrement forcée de chercher quelque part son repos dans la régression du conditionné qui est donné, à l'inconditionné qui, à la vérité, n'est pas encore donné comme réel en lui-même et quant à son simple concept, mais qui peut seul parfaire la série des conditions sorties de leur principe. Tel est donc le chemin naturel que prend toute raison humaine, même la plus vulgaire, quoique toutes n'y puissent tenir jusqu'au bout. Elle ne commence pas par des concepts,

---

(1) Nous verrons bientôt que cet idéal d'un être qui renferme toute réalité [*entis realissimi*], quoique n'étant qu'une simple représentation, est d'abord *réalisé*, c'est-à-dire converti en un objet; ensuite *hypostasié*; enfin, par une marche naturelle de la raison à l'accomplissement de l'unité, *personnifié*. Et tout cela repose, non sur les phénomènes mêmes (sur la sensibilité seule), mais sur la liaison de leur diversité par l'*entendement* (en une *apperception*). Par conséquent l'unité de la suprême réalité et la déterminabilité universelle (possibilité) de toutes les choses dans le sens le plus strict, semble être dans un entendement suprême, par conséquent dans une *intelligence*.

mais par l'expérience commune, et pose par conséquent en principe quelque chose d'existant. Mais ce fond s'écroule quand il ne porte pas sur le roc immobile de l'absolument nécessaire. Et ce roc même reste suspendu sans appui, si un espace vide l'entoure de tous côtés et s'il ne remplit pas tout lui-même et ne laisse plus ainsi lieu au *pourquoi,* c'est-à-dire s'il n'est infini quant à la réalité.

701. Si quelque chose, quel qu'il soit, existe, il faut accorder aussi que quelque chose existe *nécessairement.* Car le contingent n'existe que sous la condition d'autre chose, comme de sa cause, et le raisonnement qui se fonde sur cette cause n'est valable qu'autant qu'il remonte à une cause qui n'est pas contingente, et qui, précisément pour cette raison, existe nécessairement sans condition. Tel est l'argument sur lequel la raison fonde sa progression vers un être primitif.

702. Or, la raison se cherche d'abord le concept d'un être qui se prête à une prérogative d'existence telle que la nécessité inconditionnée ou absolue, non pas tant pour conclure *a priori* du concept de cet être à son existence (car si elle s'en flattait elle n'aurait qu'à chercher dans les seuls concepts, sans qu'il fût nécessaire de poser en principe une existence donnée), que pour trouver seulement un concept parmi tous ceux des choses possibles, qui n'ait rien en lui de contraire à la nécessité absolue. Car que quelque chose doive cependant exister simplement et absolument, c'est ce qu'elle tient pour déjà établi dans le premier raisonnement. Si elle peut faire disparaître tout ce qui s'oppose à cette nécessité, une seule chose exceptée, cette chose sera l'être absolument nécessaire, que l'on puisse ou non comprendre la

nécessité, c'est-à-dire la dériver ou ne pas la dériver de son concept seul.

703. Or, il semble que ce dont le concept contient en soi la raison de tout pourquoi, et une raison qui n'est en défaut dans aucun cas et sous aucun rapport, qui suffit partout comme condition, est par le fait l'être qui comprend la nécessité absolue, parce que, possédant toutes les conditions de tout ce qui est possible, cet être n'a lui-même besoin d'aucune condition, et n'en paraît pas même susceptible. Par conséquent, d'un côté au moins, il satisfait au concept d'une nécessité absolue. Il ne peut en cela être égalé par aucun autre concept; tous étant défectueux et manquant de complément, ne renferment aucun caractère de l'indépendance de toutes conditions ultérieures. Il est vrai que l'on ne peut pas encore en conclure certainement que ce qui ne renferme pas en soi la condition suprême et parfaite sous tous les rapports, doive être pour cela même conditionné quant à son existence; mais il n'a cependant pas en lui ce caractère unique de l'existence inconditionnée, au moyen duquel la raison, par un concept *a priori*, peut reconnaître un être comme inconditionné.

704. Le concept d'un être contenant la suprême réalité, serait donc de tous les concepts de choses possibles celui qui conviendrait le mieux au concept d'un être absolument nécessaire; et, quoiqu'il n'y satisfasse pas pleinement, nous n'avons cependant pas de choix; nous nous voyons au contraire forcés de nous en contenter, parce que nous ne pouvons nous défaire de l'existence d'un être nécessaire; mais, en l'accordant, nous ne pouvons cependant rien trouver dans tout le champ de la

possibilité qui puisse justement prétendre à une telle prérogative dans l'existence.

705. Telle est donc la marche naturelle de la raison humaine : elle commence par se persuader l'existence de *quelque* être nécessaire; elle reconnaît en lui une existence inconditionnée; elle cherche ensuite le concept de quelque chose indépendant de toute condition et le trouve dans ce qui est lui-même la condition suffisante de tout le reste, c'est-à-dire dans ce qui contient toute réalité. Mais le tout sans bornes est unité absolue, et entraîne avec lui le concept d'un être unique, de l'être suprême. La raison conclut ainsi que l'être suprême, comme principe primitif de toutes choses, existe d'une manière absolument nécessaire.

706. On ne saurait contester à ce concept une certaine fondamentalité s'il s'agit de se *décider,* c'est-à-dire si, après avoir accordé l'existence de quelque être nécessaire, on s'accorde sur la nécessité d'en embrasser la cause, quelle qu'il puisse être; car alors on ne peut pas choisir plus convenablement, ou plutôt il n'y a pas de choix à faire; on est forcé de donner sa voix à l'unité absolue de la réalité parfaite, comme à la source primitive de la possibilité. Mais si rien ne nous force à nous décider, et que nous abandonnions plutôt toute cette affaire jusqu'à ce que nous soyons contraints par des arguments plus puissants à donner notre assentiment, c'est-à-dire s'il s'agit simplement de *juger* ce que nous savons de cette question, et ce que nous nous flattons seulement de savoir; alors le raisonnement précédent ne paraît pas sous un jour à beaucoup près aussi avantageux, et a besoin d'une faveur qui supplée au défaut de la légitimité de ses prétentions.

707. Car si nous admettons tout ce qui se présente à nous, premièrement, que la conclusion qui va d'une existence donnée (ne fût-ce que de la mienne propre) à l'existence d'un être inconditionné nécessaire, est légitime ; secondement, que je dois considérer un être qui contient toute réalité, par conséquent aussi toute condition, comme absolument inconditionné, par conséquent que le concept de la chose qui convient à la nécessité absolue est trouvé par le fait : — on ne peut cependant pas conclure de là que le concept d'un être borné, qui ne renferme pas la suprême réalité, contredise la nécessité absolue. Car quoique dans le concept de cet être je ne trouve pas l'absolu, qui emporte déjà avec lui-même la totalité des conditions, il ne peut cependant pas s'en suivre que son existence doive, par cette raison-là précisément, être conditionnée, de même que je ne puis pas dire dans un raisonnement hypothétique que là où n'est pas une certaine condition (savoir ici celle de la perfection quant aux concepts), là aussi n'est pas le conditionné. Il nous serait plutôt permis de présenter tous les êtres limités comme nécessairement inconditionnés, quoique nous ne puissions conclure leur nécessité du concept général que nous en avons. Mais, de cette manière, cet argument ne nous donnerait pas le moindre concept des attributs d'un être nécessaire, et n'aboutirait absolument à rien.

708. Néanmoins, il reste à cet argument une certaine importance et une certaine autorité qui ne peuvent pas encore lui être enlevées d'un seul coup, malgré son insuffisance objective. Car supposé qu'il y ait des obligations qui fussent dans l'idée de la raison, tout à fait justes, mais sans aucune réalité d'application à nous-mêmes,

c'est-à-dire sans mobiles si l'on ne supposait pas un être suprême qui pût donner aux lois pratiques effet et force; — nous serions alors également obligés de suivre les concepts, qui, bien qu'ils ne pussent pas être objectivement suffisants, sont néanmoins, quant à la mesure de notre raison, d'un poids déterminant, et en comparaison desquels nous ne connaissons cependant rien de meilleur ni de plus convaincant. Le devoir de choisir tirerait ici de l'indifférence l'irrésolution de la spéculation par une addition pratique. Bien plus, la raison ne trouverait en elle-même, comme juge très impartial, aucune justification, si, sous l'influence de mobiles pressants, et malgré l'imperfection de sa connaissance, elle n'obéissait pas aux principes de son jugement, qui sont au moins les meilleurs que nous connaissions.

709. Cet argument, quoique transcendantal, dans le fait, puisqu'il repose sur l'insuffisance interne du contingent, est cependant si simple et si naturel, qu'il est conforme au sens commun le plus vulgaire, dès qu'une fois celui-ci y est conduit. On voit des choses changer, naître et mourir; elles doivent donc, ou du moins leur état doit avoir une cause. Mais on peut toujours demander la même chose de chaque cause, qui ne peut jamais être donnée dans le phénomène. D'où dériverons-nous donc plus justement la causalité *la plus élevée,* si ce n'est de là même où elle est en effet *la plus haute,* c'est-à-dire de l'être qui contient en lui-même originairement la raison de l'effet possible, et dont le concept se produit très facilement par le seul trait d'une perfection absolue! Nous tenons donc cette cause suprême pour absolument nécessaire, par la raison juste-

ment que nous trouvons absolument nécessaire de s'élever jusqu'à elle, et qu'il n'y a aucune raison de la dépasser. C'est pourquoi nous voyons cependant briller chez tous les peuples, à travers leur aveugle polythéisme, quelques étincelles de monothéisme. Ils y avaient été conduits, non par la réflexion, ni par une spéculation profonde, mais seulement par une voie toute naturelle du sens commun devenue insensiblement plus claire.

Il y a donc trois espèces d'arguments possibles tirés de la raison spéculative, en faveur de l'existence de Dieu.

710. Toutes les voies qu'on a tentées dans ce dessein partent, ou de l'expérience déterminée et de ses qualités particulières par là reconnues de notre monde sensible, et s'élèvent ainsi du monde suivant des lois de la causalité jusqu'à la cause suprême hors du monde ;— ou bien elles ne posent empiriquement en principe qu'une expérience indéterminée, c'est-à-dire une existence quelconque ; — ou bien enfin elles font abstraction de toute expérience, et concluent tout à fait *a priori* de simples concepts à l'existence d'une cause suprême. La première preuve est la preuve *physico-théologique*; la seconde, la *cosmologique*; la troisième, l'*ontologique*. Il n'y en a pas, et il ne peut pas y en avoir davantage.

711. Je démontrerai que la raison n'avance pas plus dans l'une de ces voies (l'empirique) que dans l'autre (la transcendantale), et qu'elle déploie vainement ses ailes pour s'élever, par la seule force de la spéculation, au-dessus du monde sensible. Quant à ce qui concerne l'ordre dans lequel ces arguments doivent être examinés, il sera précisément l'inverse de celui que prend la raison

en s'étendant insensiblement, et dans lequel nous les avons d'abord placés. Car on fera voir que, bien que l'expérience en fournisse la première occasion, cependans le simple *concept transcendantal* conduit la raison dans cet effort, et pose à toutes ses recherches la borne qu'elle s'est proposée. Je commencerai donc par l'examen de l'argument transcendantal, et je verrai ensuite ce que l'empirique peut ajouter à sa force démonstrative.

SECTION IV.
De l'impossibilité d'une preuve ontologique de l'existence de Dieu.

712. On voit facilement, d'après ce qui a été dit jusqu'ici, que le concept d'un être absolument nécessaire est un concept pur de la raison, c'est-à-dire une simple idée dont la réalité objective est loin d'être prouvée par le fait seul que la raison en a besoin ; idée qui ne porte que sur une certaine perfection, d'ailleurs inaccessible, et sert plutôt proprement à borner l'entendement qu'à l'étendre à de nouveaux objets. Il y a donc ici cela d'étrange et de contradictoire, que si la conclusion qui va d'une existence donnée en général à une existence absolument nécessaire, semble être impérieuse et juste, nous avons néanmoins contre nous toutes les conditions intellectuelles nécessaires pour nous faire un concept d'une telle nécessité.

713. On a parlé de tout temps de l'être *absolument nécessaire,* et l'on s'est beaucoup plus soucié d'en démontrer l'existence que de comprendre si et comment l'on peut seulement concevoir une chose de cette espèce. Or, une définition nominale de ce concept est à la vérité très facile : c'est quelque chose dont la non-existence est impossible. Mais nous n'en savons pas pour cela da-

vantage par rapport aux conditions qui font qu'il est impossible de tenir le non-être d'une chose pour absolument inconcevable. Et cependant ces conditions sont proprement ce que l'on veut connaître, c'est-à-dire si nous pensons ou non quelque chose en général par ce concept. En rejetant, par le mot *absolu,* toutes les conditions dont l'entendement a toujours besoin pour considérer quelque chose comme nécessaire, on est effectivement loin de me faire comprendre si alors je conçois encore quelque chose par un concept d'un quelque chose absolument ou inconditionnellement nécessaire, ou si peut-être je ne pense absolument rien par là.

714. Il y a plus, on a cru expliquer par une foule d'exemples ce concept hasardé à tout événement, et devenu enfin tout à fait vulgaire, de manière à rendre parfaitement inutile toute recherche ultérieure à l'effet de le comprendre. Toute proposition de géométrie, par exemple, qu'un triangle a trois angles, est absolument nécessaire ; et l'on en a dit autant d'un objet qui est totalement hors de la sphère de notre entendement, comme si l'on comprenait parfaitement ce que l'on veut dire par ce concept.

715. Tous ces prétendus exemples sont pris sans exception de *jugements,* mais non de *choses* et de leur existence. Mais la nécessité absolue des jugements n'est pas une nécessité absolue des choses. Car la nécessité absolue du jugement n'est qu'une nécessité conditionnée de la chose ou du prédicat dans le jugement. La proposition précédente ne dit pas que trois angles soient absolument nécessaires, mais que, posé la condition qu'un triangle existe (soit donné), il existe aussi néces-

sairement trois angles (en lui). Néanmoins cette nécessité logique a un si grand pouvoir d'illusion que lorsqu'on s'est fait d'une chose un concept *a priori*, — et de telle sorte que, suivant l'opinion qu'on s'en fait, il embrasse dans sa compréhension l'existence, — on croit pouvoir en conclure sûrement, parce que l'existence convient nécessairement à l'objet de ce concept, c'est-à-dire, sous la condition que je suppose cette chose comme donnée (comme existante), que son existence est aussi posée nécessairement (suivant la règle de l'identité), et que cet être, par conséquent, est lui-même absolument nécessaire, parce que son existence est conçue dans un concept admis arbitrairement, et sous la condition que j'en pose l'objet.

716. Si, dans un jugement identique, je fais disparaître le prédicat et que je retienne le sujet, il en résulte une contradiction. Je dis alors que le prédicat convient nécessairement au sujet. Mais si je fais disparaître le sujet en même temps que le prédicat, alors il n'y a pas de contradiction, car *il n'y a plus rien* avec quoi il puisse y avoir contradiction. Il est contradictoire de supposer un triangle si l'on en supprime par la pensée les trois angles; mais il n'y a pas de contradiction à faire disparaître le triangle en même temps que ses trois angles. Il en est exactement de même du concept d'un être absolument nécessaire. Si vous en supprimez l'existence, vous supprimez aussi la chose même avec tous ses attributs : où serait alors la contradiction? Il n'y a plus rien extérieurement avec quoi la contradiction soit possible, car la chose ne doit pas être nécessaire extérieurement ; rien non plus intérieurement, car la chose elle-même étant supprimée, toute intériorité est en mê-

même temps supprimée. Dieu est tout-puissant; c'est là un jugement nécessaire. La toute-puissance ne peut être enlevée si vous vous posez une divinité, c'est-à-dire un être infini au concept duquel elle est identique. Mais si vous dites : *Dieu n'est pas,* alors il n'y a ni toute-puissance, ni aucun autre attribut, car ils sont tous ensemble enlevés au sujet, et il n'y a pas ombre de contradiction dans cette pensée.

717. Vous avez donc vu que, si je supprime le prédicat d'un jugement avec le sujet, jamais contradiction intérieure ne peut avoir lieu, quel que puisse être l'attribut. Or, il ne vous reste aucun subterfuge, à moins que vous ne disiez qu'il y a des sujets qui ne peuvent pas être supprimés, qui, par conséquent, doivent rester. Mais il vaudrait autant dire qu'il y a des sujets absolument nécessaires; ce qui est la proposition dont j'ai précisément révoqué en doute la légitimité, et dont vous avez entrepris de me montrer la possibilité, car je ne puis pas du tout me faire un concept d'une chose telle qu'il y eût contradiction qu'elle ne fût pas, avec tous ses attributs; et cependant sans la contradiction, je n'ai aucun criterium de l'impossibilité par simples concepts purs *a priori.*

718. Contre tous ces raisonnements généraux (que personne ne peut contester), vous prétendez, par un cas particulier que vous m'objectez comme une preuve de fait, qu'il y a cependant un concept, mais un seul, à la vérité, où le non-être, où la suppression de l'objet de ce concept est contradictoire en soi : tel est le cas du concept de l'être parfait. Cet être, dites-vous, peut être toute réalité, et vous avez le droit d'admettre un tel être comme possible (ce que j'accorde à présent, quoiqu'il

s'en faille beaucoup que le concept non contradictoire en soi prouve la possibilité de l'objet) (1). Or, dans la toute réalité est aussi comprise l'existence. L'existence est donc dans le concept de quelque chose de possible. Si donc cette chose est supprimée, la possibilité interne de la chose l'est aussi, ce qui est contradictoire.

719. Je réponds : vous êtes déjà tombé dans une contradiction lorsque, dans le concept d'une chose que vous voulez simplement concevoir quant à sa possibilité, sous quelque nom qu'elle se déguise, vous faites entrer le concept de son existence. Si on vous l'accorde, vous avez alors en apparence vaincu, mais en réalité vous n'avez rien dit, car vous n'avez fait qu'une simple tautologie. Je vous le demande, la proposition : *cette chose-ci, ou celle-là* (que je vous accorde comme possible, que ce soit ce qu'on voudra) *existe,* est-elle une proposition analytique ou synthétique? Si elle est analytique, vous n'ajoutez rien par l'existence de la chose à votre pensée de la chose ; mais dans ce cas, ou la pensée qui est en vous devrait être la chose elle-même, ou vous avez supposé une existence comme faisant partie de la possibilité, et alors l'existence est conclue de l'hypothèse de la possibilité interne ; ce qui n'est qu'une tautologie pitoyable. Le mot *réalité*, qui, dans le concept de la chose,

---

(1) Le concept est toujours possible lorsqu'il ne se contredit point. C'est le caractère logique de la possibilité, et son objet se distingue par là du *nihil negativum*. Mais ce concept peut néanmoins être un concept vain, si la réalité objective de la synthèse, par laquelle le concept est produit, n'est pas démontrée en particulier ; ce qui repose toujours, comme nous l'avons montré plus haut, sur des principes de l'expérience possible et non sur le principe de l'analyse (le principe de contradiction). C'est là un avertissement de ne pas conclure incontinent de la possibilité des concepts (de la possibilité logique) à la possibilité des choses (possibilité réelle).

a un autre sens que le mot *existence* dans le prédicat, ne la constitue pas; car si vous appelez réalité toute position (peu importe ce que vous supposiez), alors vous avez déjà posé et admis comme réelle la chose avec tous ses prédicats dans le concept du sujet, et vous ne faites que vous répéter dans ce prédicat. Avouez-vous au contraire, comme doit le faire volontiers tout homme raisonnable, que toute proposition existentielle est synthétique : mais alors comment prétendez-vous affirmer que le prédicat de l'existence ne peut être enlevé sans contradiction, puisque ce privilége n'appartient proprement qu'aux propositions analytiques, dont le caractère particulier consiste précisément en cela même?

720. — Je pourrais espérer avoir anéanti d'une manière toute directe et toute simple cette vaine argutie par une détermination précise du concept de l'existence, si je ne savais pas que l'illusion, dans la confusion d'un prédicat logique avec un prédicat réel (c'est-à-dire avec la détermination d'une chose), se refuse presque à tout éclaircissement. On peut faire servir tout ce qu'on veut pour *prédicat logique*, tellement que le sujet peut être le prédicat de lui-même; car la logique fait abstraction de toute matière. Mais la *détermination* est un prédicat qui s'ajoute au concept du sujet et l'augmente. Elle ne doit donc pas y être déjà contenue.

721. *Etre* n'est évidemment pas un prédicat réel, c'est-à-dire un concept de quelque chose qui puisse ajouter au concept de cette chose. C'est simplement la position d'une chose, ou de certaines determinations prises en elles-mêmes. Dans l'usage logique, c'est seulement la copule d'un jugement. La proposition : *Dieu est tout-puissant,* embrasse deux concepts qui ont leur

objet : Dieu et toute-puissance ; le petit mot *est* n'est en rien un prédicat, c'est seulement ce qui met l'attribut *en rapport* avec le sujet. Si donc je prends le sujet (Dieu) avec tous ses attributs (du nombre desquels est la toute-puissance), et que je dise : *Dieu est,* ou il est un Dieu, je n'ajoute aucun nouvel attribut au concept de Dieu ; je pose seulement le sujet en lui-même avec tous ses prédicats, et, bien entendu aussi l'*objet* en rapport avec mon *concept*. Tous deux doivent exactement renfermer la même chose. Par conséquent de ce que je conçois l'objet du concept comme absolument donné (par l'expression *il est*), rien de plus ne peut pour cela appartenir au concept qui exprime simplement la possibilité. Ainsi le réel ne contient rien de plus que le simplement possible. Cent écus réels ne contiennent absolument rien de plus que cent écus possibles. Car comme ceux-ci signifient le concept, et ceux-là l'objet et sa position en elle-même, s'il y avait quelque chose de plus dans l'objet que dans le concept, mon concept n'exprimerait pas l'objet tout entier, et n'y serait par conséquent pas non plus conforme. Mais il y a plus dans ma fortune si je possède réellement cent écus que si je ne les ai qu'en idée (c'est-à-dire dans leur possibilité), car l'objet en réalité n'est pas simplement contenu analytiquement dans mon concept ; il ajoute synthétiquement à mon concept (qui est une détermination de mon état), sans que par sa présence hors de mon concept, ces cent écus pensés soient le moins du monde augmentés.

722. Si donc je pense une chose par quelques prédicats que ce soit et quel qu'en soit le nombre (même avec une détermination universelle), de ce que je dis de plus : cette chose est ; — rien, absolument rien n'est

ajouté par ce fait à la chose, car autrement ce ne serait pas précisément la même chose qui existerait, puisqu'il y aurait plus que je n'avais pensé dans le concept; je ne pourrais donc pas dire que c'est en tout point l'objet de mon concept qui existe. Si donc je pense dans une chose toutes les réalités, une seule exceptée, alors de ce que je dis une telle chose défectueuse existe, la réalité manquante ne lui survient pas pour autant, mais cette chose existe précisément défectueuse comme je l'ai conçue; autrement elle existerait un peu différente de ce que je pensais. Donc si je pense un être comme la suprême réalité (sans défaut), reste toujours encore la question de savoir s'il existe ou non. Car, quoique dans mon concept rien ne manque au contenu réel possible d'une chose en général, cependant il manque encore quelque chose au rapport à tout mon état de pensée, savoir que la connaissance de cet objet soit possible aussi *a posteriori*. Et ici revient encore la cause de la difficulté qui règne en cette matière. S'il était question d'un objet des sens, je ne pourrais pas confondre l'existence de la chose avec son seul concept; car, par le concept l'objet n'est pensé qu'en accord avec les conditions universelles d'une connaissance empirique possible en général, et par l'existence il est pensé comme contenu dans l'ensemble de l'expérience totale; alors donc le concept de l'objet n'est point augmenté par l'union avec la matière de l'expérience totale, mais notre pensée reçoit de plus par elle une perception possible. Voulons-nous au contraire penser l'existence par la catégorie pure seulement : il n'est pas étonnant alors que nous ne puissions donner aucun caractère pour la distinguer de la simple possibilité.

723. Nous sommes donc obligés de sortir de notre concept d'un objet, qu'elles qu'en soient la qualité et la quantité, pour accorder l'existence à cet objet. Dans les objets des sens, le fait a lieu par l'enchaînement avec quelqu'une de mes perceptions, suivant des lois empiriques; mais l'existence des objets de la pensée pure ne peut être connue par aucun moyen absolument parce qu'elle devrait l'être entièrement *a priori*, quand cependant notre conscience de toute existence (que ce soit par perception immédiate ou par des raisonnements qui rattachent quelque chose à la perception) appartient tout à fait à l'unité de l'expérience. Une existence en dehors de ce champ ne pût-elle être affirmée impossible absolument, n'en reste pas moins une supposition que rien ne peut justifier.

724. Le concept d'un être suprême est une idée très-utile à beaucoup d'égards; mais précisément parce qu'elle n'est qu'une simple idée, elle est tout à fait impropre à étendre par elle seule notre connaissance relativement à ce qui existe. Elle est même impuissante à nous instruire de la possibilité de plusieurs choses. Le caractère analytique de la possibilité, caractère qui consiste en ce que de simples positions (réalités) n'engendrent aucune contradiction, ne peut pas à la vérité lui être contesté; mais comme la réunion de toutes les propriétés réelles dans une chose est une synthèse dont nous ne pouvons pas juger *a priori* la possibilité, les réalités ne nous étant pas spécifiquement données; et comme dans le cas même où elles nous seraient données aucun jugement ne serait encore possible ici, parce que le caractère de la possibilité des connaissances synthétiques ne peut jamais être cherché que dans l'expérience, dont

l'objet d'une idée ne peut pas faire partie; il s'en faut beaucoup que le célèbre *Leibniz* ait fait ce dont il se flattait, ou qu'il soit parvenu à connaître *a priori* la possibilité d'un être idéal si élevé.

725. Dans cette fameuse preuve ontologique (cartésienne) de l'existence d'un être suprême, toute peine, tout labeur a été perdu, et l'on n'augmentera pas plus ses connaissances par de simples idées qu'un négociant n'augmenterait sa fortune en ajoutant des zéros à l'état de sa caisse.

SECTION V.

De l'impossibilité d'une preuve cosmologique de l'existence de Dieu

726. C'était quelque chose d'entièrement opposé à la nature, et une simple innovation de l'esprit scolastique, que de vouloir tirer d'une idée esquissée tout à fait arbitrairement l'existence d'un objet correspondant. En effet, aurait-on jamais tenté de le faire, si notre raison n'avait senti le besoin d'admettre, pour s'expliquer l'existence en général, quelque chose de nécessaire (à quoi l'on pût s'arrêter dans la régression), et si cette raison n'avait pas été forcée, la nécessité devant être inconditionnée et certaine *a priori*, de chercher un concept qui satisfît autant que possible à cette exigence, et qui fît parfaitement connaître *a priori* une existence? On crut donc le trouver dans l'idée d'un être souverainement réel, et en conséquence cette idée ne fut employée qu'à la connaissance plus déterminée de ce qu'on s'était déjà persuadé précédemment devoir exister, savoir, de l'être nécessaire. Cependant on déguisa cette marche naturelle de la raison, et au lieu de s'en tenir à ce concept, on y

chercha un point de départ pour en dériver la nécessité de l'existence, nécessité que ce concept n'était cependant destiné qu'à suppléer. De là résulta la preuve ontologique, qui échoua, parce qu'elle ne renferme rien qui satisfasse l'entendement naturel et sain, ni l'examen scientifique de l'école.

727. La *preuve cosmologique*, que nous allons examiner maintenant, établit l'union de la nécessité absolue avec la réalité suprême; mais au lieu de conclure, comme la précédente, de la réalité suprême à la nécessité dans l'existence, elle conclut plutôt de la nécessité absolue donnée par avance, à un certain être, à sa réalité sans borne. Tout est du moins conduit de cette manière, suivant la ligne d'un raisonnement vrai ou faux, mais au moins naturel, qui emporte avec lui la plus grande persuasion, non seulement pour le sens commun, mais aussi pour l'entendement spéculatif. Mais si sensible que soit la manière dont on pose ainsi les premiers fondements de toutes les preuves de la théologie naturelle, on les a toujours scrutés, et on les scrutera toujours en dépit des ornements, feuillages et volutes dont on ne cesse de les parer et sous lesquels on veut les cacher; cette preuve, que Leibniz appelait aussi *a contingentia mundi*, nous allons l'exposer et l'examiner.

728. Elle est ainsi conçue : si quelque chose existe, un être absolument nécessaire doit aussi exister. Or, il existe quelque chose, ne serait-ce que moi-même ; donc il existe un être absolument nécessaire. La mineure contient une expérience, la majeure conclut d'une expérience en général à l'existence du nécessaire (1). L'ar-

---

(1) Cette argument est trop connu pour qu'il soit nécessaire de le présenter ici plus au long. Il repose sur la prétendue loi phy-

gument part donc de l'expérience : il n'est donc pas entièrement *a priori* ou ontologique. Et, comme l'objet de toute expérience est le monde, on appelle par cette raison cet argument *cosmologique*. Mais cette preuve faisant aussi abstraction de toute propriété particulière des objets de l'expérience par lesquels ce monde diffère de tout autre possible, elle se distingue déjà, dans sa dénomination, de la preuve *physico-théologique*, qui emploie pour arguments des observations de la nature particulière de notre monde sensible.

729. Mais l'argument va plus loin, et conclut que l'être nécessaire ne peut être déterminé que d'une seule manière, c'est-à-dire, par rapport à tous les attributs opposés possibles, que par l'un des deux; par conséquent qu'il doit être *universellement* déterminé par son concept. Or, il ne peut y avoir qu'un seul concept d'une chose qui la détermine universellement *a priori*, savoir, le concept de l'*entis realissimi*; donc le concept de l'être parfait est le seul par lequel un être nécessaire puisse être pensé; c'est-à-dire qu'il existe nécessairement un être suprême.

730. Il y a dans cet argument cosmologique tant de propositions sophistiques, que la raison spéculative semble avoir ici déployé tout son art dialectique pour produire la plus grande apparence transcendantale possible. Nous ne l'examinerons cependant pas en détail pour le moment; nous nous bornerons à faire ressortir

sique transcendantale de la causalité, que toute *contingence* a sa cause, qui, si elle est à son tour contingente, doit avoir elle-même une cause, jusqu'à ce que la série des causes subordonnées entre elles doive aboutir à une cause absolument nécessaire, sans laquelle elle n'aurait aucune intégralité.

un artifice par lequel elle donne comme nouveau un vieil argument, après en avoir changé la forme, et s'en rapporte à l'accord de deux témoins, savoir : au témoignage de la raison pure, et à un autre de la croyance empirique, quand cependant ce n'est que le premier qui change seulement de costume et de voix, afin de passer pour un second. Pour se donner un fondement solide, cet argument s'appuie sur l'expérience, et semble ainsi différer de la preuve ontologique, qui met toute sa confiance dans des concepts purement *a priori*. Mais cette expérience ne sert à la preuve cosmologique que pour faire un seul pas, savoir, pour s'élever à l'existence d'un être nécessaire en général. L'argument empirique ne peut faire connaître les attributs de cet être; aussi la raison l'abandonne complétement, et cherche dans de simples concepts quels doivent être les attributs d'un être absolument nécessaire en général, c'est-à-dire ce qui, entre toutes les choses possibles, doit contenir toutes les conditions requises (*requisita*) pour une nécessité absolue. Or, elle ne croit trouver ces conditions que dans la seule idée d'un être souverainement réel, d'où elle conclut que cet être est l'être absolument nécessaire. Mais il est clair que l'on suppose ici que le concept d'un être de la plus parfaite réalité satisfait pleinement au concept de la nécessité absolue dans l'existence, c'est-à-dire que l'on peut conclure de ce concept à cette nécessité; proposition qu'affirmait l'argument ontologique. Cet argument revient donc dans l'argument cosmologique auquel il sert de fondement; ce qu'on avait cependant voulu éviter. Car la nécessité absolue est une existence par simples concepts. Si donc je dis que le concept de l'*entis realissimi* est un concept de cette nature, et même le seul qui convienne à l'existence nécessaire et lui soit adéquat, je dois accorder également que cette existence nécessaire peut aussi s'en conclure. Ce n'est donc proprement que la preuve ontologique par purs concepts qui fait toute la force de la prétendue preuve cosmologique, et l'expérience en question ne sert qu'à nous conduire au concept de la nécessité absolue, mais non à montrer cette nécessité dans une chose déterminée. Notre but étant d'atteindre une telle idée, nous devons en effet abandonner toute expérience, et chercher dans les concepts purs lequel d'entre eux contient bien les conditions de la possibilité d'un être absolument nécessaire. Mais apercevoir de cette manière la seule possibilité d'un tel être, c'est aussi en démontrer l'existence; car c'est la même chose que de dire : dans tout le possible, il y en a un qui emporte en soi la nécessité absolue ; c'est-à-dire que cet être existe d'une manière absolument nécessaire.

731. Toutes les illusions d'un raisonnement se découvrent très facilement quand on les fait ressortir en mettant l'argument en forme. C'est ce que nous allons faire ici.

732. Si cette proposition : tout être absolument nécessaire est en même temps l'être souverainement réel (ce qui est le *nervus probandi* de la preuve cosmologique), est juste, elle doit pouvoir se convertir au moins *per accidens*, comme tous les jugements affirmatifs, en sorte qu'on aurait : quelques êtres souverainement réels sont en même temps des êtres absolument nécessaires. Or, un *ens realissimum* ne diffère d'un autre en aucun point, et ce qui vaut de quelques-uns contenus sous ce concept, vaut aussi de tous. Je pourrai donc aussi (dans ce

cas) convertir *simplement*, de cette manière : un être souverainement réel est un être nécessaire. Et comme cette proposition est simplement déterminée *a priori* par ses concepts, le simple concept de l'être réel par excellence doit donc emporter avec lui la nécessité absolue. C'est là précisément ce qu'affirmait la preuve ontologique, et quand même la preuve cosmologique ne voudrait pas le reconnaître, cela se trouve néanmoins dans sa conclusion, quoique d'une manière cachée.

733. C'est pourquoi le second moyen que prend la raison spéculative pour prouver l'existence de l'être suprême, non seulement est aussi faux que le premier, mais il a encore ce vice qui lui est propre, qu'il commet une *ignoratio elenchi,* puisqu'il nous promet de nous conduire par un nouveau chemin, quand il nous ramène par un léger détour à l'ancien, que nous avions quitté il n'y a qu'un moment, croyant en prendre un autre.

734. J'ai dit un peu plus haut que dans cet argument cosmologique se cachait une infinité (1) de prétentions dialectiques que la critique transcendantale peut facilement découvrir et faire tomber. Je ne ferai maintenant que les indiquer, et je laisserai au lecteur, déjà exercé, à examiner les propositions illusoires plus au long et à les réfuter.

735. On y trouve donc, par exemple : 1° le principe transcendantal, de Conclure du contingent à une cause, principe qui n'a de sens que dans le monde sensible, mais hors duquel il ne signifie rien du tout. Car le concept purement intellectuel du contingent ne peut pro-

---

(1) Littéralement : toute une *nichée*. — T.

duire aucune proposition synthétique, telle que le principe de la causalité, principe qui n'a absolument ni sens ni signe de son usage, si ce n'est dans le monde sensible. Ici, au contraire, il ne devait précisément servir qu'à s'élever au-dessus du monde sensible. 2° Le raisonnement qui conclut de l'impossibilité d'une série infinie de causes successivement données à une première cause ; à quoi les principes de l'usage de la raison ne nous autorisent même point dans l'expérience : bien moins encore pouvons-nous étendre ce principe au delà de l'expérience (où cette chaîne ne peut être prolongée). 3° Le faux contentement où la raison est d'elle-même par rapport à l'intégralité de cette série, pour avoir fait enfin disparaître toute condition, quoique cependant aucun concept d'une nécessité ne puisse avoir lieu sans condition. Comme on ne peut plus rien saisir au delà, on prend cette impuissance pour l'achèvement de son propre concept. 4° La confusion de la possibilité logique d'un concept de toutes les réalités réunies (sans contradiction interne) avec la possibilité transcendantale, à laquelle il faut un principe qui l'autorise à faire une telle synthèse, principe qui, à son tour, ne peut porter que sur le champ de l'expérience possible, et ainsi de suite.

736. L'artifice de l'argument cosmologique n'a d'autre but que d'éviter la preuve de l'existence d'un être nécessaire *a priori* par purs concepts, preuve qui devrait être faite ontologiquement, mais dont nous nous sentons entièrement incapables. Dans ce dessein, nous concluons, tant bien que mal, d'une existence réelle, donnée pour fondement (d'un expérience en général), à sa condition simplement nécessaire. Alors nous n'avons pas à expliquer la possibilité de cette condition, car, s'il

est démontré qu'elle est, la question de sa possibilité est superflue. Si donc nous voulons déterminer plus nettement cet être nécessaire par ses attributs, nous ne cherchons pas ce qu'il faut pour comprendre par son concept la nécessité de l'existence; car, si nous le pouvions, nous n'aurions alors besoin d'aucune supposition empirique. Non; mais nous cherchons seulement la condition négative (*conditio sine qua non*), sans laquelle un être ne serait pas absolument nécessaire. Ce qui pourrait assurément très bien se faire dans toute autre espèce de raisonnement, en remontant d'une conséquence donnée à son principe. Malheureusement il arrive ici que la condition voulue pour la nécessité absolue ne peut se rencontrer que dans un seul être qui par conséquent devrait contenir dans son concept tout ce qui est requis pour la nécessité absolue, et qui permet en conséquence de conclure *a priori* à cette nécessité. C'est-à-dire que je devrais pouvoir aussi conclure réciproquemet, en disant que la chose à laquelle ce concept (de la suprême réalité) convient, est absolument nécessaire, et que si je ne puis pas conclure ainsi (ce qu'il faudra bien reconnaître, si je veux éviter l'argument ontologique), j'aurai encore échoué dans ce nouveau moyen, et me retrouverai toujours au point d'où j'étais parti. Le concept de l'être suprême satisfait bien *a priori* à toutes les questions qui pourraient être proposées sur les déterminations internes d'une chose, et, par cette raison, est aussi un idéal unique en son genre, parce que le concept général le signale en même temps comme un individu parmi toutes les choses possibles. Mais il ne satisfait pas du tout à la question de sa propre existence, ce qui était cependant l'affaire principale; et l'on ne pouvait répondre à la question de celui qui admettait l'existence d'un être nécessaire, et qui voulait seulement savoir quelle est, entre toutes les choses, celle qu'il devait regarder comme telle, en lui disant : celle-ci est l'être nécessaire.

737. Il peut bien être permis d'*admettre* l'existence d'un être infiniment suffisant, comme cause de tous les effets possibles, pour faciliter à la raison l'unité des principes explicatifs qu'elle cherche. Mais se permettre de dire : *un tel être existe nécessairement,* ce n'est plus le modeste langage d'une hypothèse licite; c'est la prétention orgueilleuse d'une certitude apodictique; car la connaissance de ce que l'on donne à connaître comme absolument nécessaire doit emporter aussi avec soi une nécessité absolue.

738. Toute la question de l'idéal transcendantal revient à ceci : trouver à l'absolue nécessité un concept, ou au concept d'une chose sa nécessité absolue. Si l'on peut l'un, on doit aussi pouvoir l'autre ; car la raison ne reconnaît pour absolument nécessaire que ce qui est nécessaire par son concept. Mais l'un et l'autre surpassent entièrement tous nos efforts possibles pour *satisfaire* notre intelligence sur ce point. Nous sommes même incapables de nous consoler de notre impuissance à cet égard.

739. La nécessité absolue, dont nous avons si indispensablement besoin, comme d'un dernier support de toutes choses, est le véritable abîme de la raison humaine. L'éternité même, quelque horriblement sublime que la dépeigne Haller, ne frappe pas à beaucoup près l'esprit de tant de vertige ; car elle *mesure* seulement la durée des choses, mais elle ne les *soutient* pas. On ne

peut ni se défendre de la pensée suivante ni la supporter, qu'un être, que nous nous représentons comme le plus élevé de tous les êtres possibles, se dit en quelque sorte à lui-même : je suis d'une éternité à l'autre, rien n'existe hors de moi que par ma volonté ; *mais d'où suis-je donc?* — Ici tout s'écroule au-dessous de nous, et la suprême perfection, comme la moindre de toutes, flotte suspendue sans soutien, devant la raison spéculative, à laquelle il ne coûte rien de faire disparaître l'une et l'autre, sans le moindre empêchement.

740. Beaucoup de forces de la nature, qui manifestent leur existence par certains effets, restent impénétrables pour nous, car nous ne pouvons pas les poursuivre assez loin par l'observation. L'objet transcendantal qui sert de fondement aux phénomènes, et avec lui la raison pour laquelle notre sensibilité est soumise à ces conditions suprêmes plutôt qu'à d'autres, sont et demeurent pour nous inscrutables, quoique la chose elle-même du reste soit donnée, mais seulement sans être aperçue. Mais un idéal de la raison pure ne peut passer pour *impénétrable,* par cela seul qu'il ne présente aucune autre garantie de sa réalité que le besoin de la raison d'accomplir toute l'unité synthétique par son moyen. N'étant pas même donné comme objet qui puisse être conçu, il n'est par conséquent pas même donné non plus comme un objet inscrutable. Cet objet doit plutôt, comme simple idée, trouver sa place et sa solution dans la nature de la raison, et par conséquent y être recherché ; car la raison consiste précisément à pouvoir rendre compte de tous nos concepts, opinions et assertions, que ce soit par des raison subjectives, ou si elles ne sont qu'une simple apparence, par des raison objectives.

DÉCOUVERTE ET EXPLICATION

DE L'APPARENCE DIALECTIQUE

dans toutes les preuves transcendantales de l'existence d'un être nécessaire.

741. Les deux preuves employées jusqu'ici sont transcendantales, c'est-à-dire tentées indépendamment de tout principe empirique. Car quoique la preuve cosmologique ait pour fondement une expérience en général, elle n'est cependant pas tirée d'une qualité particulière de cette expérience, mais de principes purs de la raison, par rapport à une existence donnée par la conscience empirique en général; elle abandonne même cette direction pour ne s'appuyer que sur des concepts absolument purs. Quelle est maintenant, dans ces preuves transcendantales, la cause de l'apparence dialectique, mais naturelle, qui unit les concepts de la nécessité et de la réalité suprême, et réalise, substantifie ce qui cependant ne peut être qu'idée? Quelle est la cause qui nous force d'admettre quelque chose de nécessaire en soi parmi les choses existantes, et qui cependant nous fait reculer en même temps devant l'existence d'un pareil être comme devant un précipice; et d'où vient que la raison se comprenne là-dessus, et qu'elle parvienne de l'état fluctuant d'un assentiment craintif et toujours rétracté à une persuasion tranquille?

742. Il est très remarquable que, dès qu'on suppose qu'il existe quelque chose, on ne peut pas éviter la conséquence qu'il existe aussi quelque chose de nécessaire. L'argument cosmologique repose sur ce raisonnement tout naturel (quoique pas plus certain pour cela). Au

contraire, si je puis supposer le concept que je veux d'une chose, je trouve que l'existence de cette chose ne peut jamais être représentée par moi comme absolument nécessaire, et que rien, de quoi que ce soit qui existe, ne m'empêche d'en penser le non-être ; que je suis obligé par conséquent de supposer pour ce qui existe quelque chose de nécessaire en général, il est vrai, mais qu'aucune chose particulière ne peut être pensée comme nécessaire en soi : c'est-à-dire que je ne puis jamais *effectuer complétement* la régression aux conditions de l'existence, sans supposer un être nécessaire par lequel je ne puis du reste jamais *commencer*.

743. Si je dois penser quelque chose de nécessaire en général pour les choses existantes, mais sans être autorisé à concevoir aucune chose en soi comme nécessaire, il suit inévitablement de là que la nécessité et la contingence ne peuvent pas atteindre les choses mêmes ni porter sur elles, parce qu'autrement il y aurait contradiction, Aucun de ces deux principes n'est donc objectif ; ils ne peuvent jamais être que des principes subjectifs de la raison : d'une part, pour chercher à tout ce qui est donné comme existant quelque chose qui soit nécessaire, c'est-à-dire pour ne jamais s'arrêter qu'à une explication parfaite *a priori*, mais, d'un autre côté aussi, pour ne jamais espérer cette perfection, c'est-à-dire pour ne rien prendre d'empirique comme inconditionné, et pour ne se dispenser jamais par là d'une dérivation ultérieure. Dans ce sens, ces deux principes peuvent très bien coexister comme simplement heuristiques et *régulateurs,* principes qui ne concernent que l'intérêt formel de la raison. Car l'un dit : vous devez philosopher sur la nature comme s'il y avait, pour

tout ce qui appartient à l'existence, un premier principe nécessaire, uniquement pour mettre de l'unité systématique dans votre connaissance, lorsque vous poursuivez une telle idée, savoir, un principe suprême imaginé. L'autre vous avertit de ne ne regarder aucune détermination particulière concernant l'existence des choses comme ce premier principe, c'est-à-dire comme absolument nécessaire, mais de vous ménager toujours une dérivation ultérieure, et de ne la réputer jamais que comme conditionnée. Mais si tout ce qui est perçu dans les choses doit être considéré comme nécessairement conditionné, aucune chose susceptible d'être donnée empiriquement ne saurait être considérée comme absolument nécessaire.

744. D'où il suit que vous devez admettre l'absolument nécessaire *hors du monde,* parce qu'il doit seulement servir de principe pour la plus grande unité possible des phénomènes, comme leur raison suprême ; et vous ne pouvez jamais y parvenir *dans le monde*, par ce que la seconde règle vous ordonne de regarder toutes les causes empiriques de l'unité toujours comme dérivées.

745. Les philosophes de l'antiquité regardaient toute forme de la nature comme accidentelle, et la matière, suivant le jugement de la raison générale, comme originelle et nécessaire. S'ils avaient considéré la matière, non pas relativement ou comme substratum des phénomènes, mais quant à son existence *en elle-même,* l'idée de la nécessité absolue se serait évanouie aussitôt ; car il n'est rien qui attache absolument la raison à cette existence ; elle peut toujours, au contraire, la supprimer par la pensée et sans contradiction : la nécessité absolue

n'était donc aussi pour eux que dans la pensée. Il fallait donc, dans cette persuasion, qu'un certain principe régulateur servît de fondement. En effet, l'étendue et l'impénétrabilité (qui composent le concept de matière) sont le principe empirique suprême de l'unité des phénomènes, principe qui possède, en tant qu'il est empiriquement inconditionné, une propriété du principe régulateur en soi. Néanmoins, toute détermination de la matière, détermination qui compose ce qu'il y a de réel en elle, par conséquent aussi l'impénétrabilité, étant un effet (action) qui doit avoir sa cause, et qui est par conséquent toujours indéfiniment dérivé, la matière ne se prête pas à l'idée d'un être nécessaire, comme principe de toute unité dérivée; chacune de ses propriétés réelles, comme dérivées, n'étant nécessaire que conditionnellement, peut être supprimée en soi, et avec elle l'existence totale de la matière. S'il n'en était pas ainsi, nous aurions atteint empiriquement le principe suprême de l'unité; ce qui est interdit par l'autre principe régulateur. D'où il suit que la matière, et en général ce qui appartient au monde, ne s'accorde pas avec l'idée d'un être primitif nécessaire, comme simple principe de la plus grande unité empirique possible; il faut que cet être soit placé hors du monde, puisque alors nous pouvons toujours dériver hardiment les phénomènes du monde et leur existence d'autres phénomènes, comme s'il n'y avait aucun être nécessaire, et que nous pouvons néanmoins tendre sans relâche à la plénitude de la dérivation, comme si un tel être était admis à titre de principe suprême.

746. L'idéal de l'être suprême n'est, suivant ces considérations, qu'un *principe régulateur* de la raison pour

apercevoir toute liaison dans le monde, comme si elle résultait d'une cause nécessaire universellement suffisante, de manière à fonder là-dessus la règle d'une unité systématique et nécessaire, suivant des lois générales destinées à expliquer cette liaison ; mais il n'est point une affirmation d'une existence nécessaire en soi. Il est en même temps inévitable, grâce à une subreption transcendantale, de se représenter ce principe formel comme constitutif, et de concevoir cette unité hypostatiquement. Car, de même que l'espace, par la raison qu'il rend originairement possibles toutes les formes et figures, qui n'en sont que différentes limitations, quoiqu'il ne soit qu'un principe de la sensibilité, est cependant regardé par cette raison-là même, comme quelque chose d'absolument nécessaire en soi, existant par lui-même, et comme un objet donné en lui-même *a priori* : — il arrive tout naturellement aussi que l'unité systématique de la nature ne pouvant être posée d'aucune manière comme principe de l'usage empirique de notre raison, à moins de lui donner pour fondement l'idée d'un être souverainement réel, comme cause suprême, cette idée est alors représentée comme un objet réel, et cet objet à son tour, parce qu'il est la condition suprême, est représenté comme nécessaire. Un principe *régulateur* est par conséquent converti en un principe *constitutif*. Cette subreption devient évidente en ce que, si l'on considère comme une chose en soi cet être suprême, qui était absolument (inconditionnellement) nécessaire par rapport au monde, sa nécessité n'est susceptible d'aucun concept, et par conséquent ne doit avoir été trouvée dans ma raison que comme condition formelle de la pensée, mais non comme condition matérielle et hypostatique de l'existence.

SECTION VI.

De l'impossibilité de la preuve physico-théologique.

747. Si donc ni le concept de choses en général, ni l'expérience d'une *existence en général,* ne peuvent donner ce qui est demandé, il reste encore à savoir si une *expérience déterminée,* par conséquent l'expérience des choses du monde présent, sa nature et son arrangement, ne donne pas une preuve qui puisse nous aider sûrement à nous convaincre de l'existence d'un être suprême. Nous appellerons cette preuve *physico-théologique.* Si elle devait aussi être impossible, il n'y aurait donc aucune preuve suffisante possible, par la simple raison spéculative de l'existence d'un être qui réponde à notre idée transcendantale.

748. D'après tout ce que nous avons dit plus haut, l'on apercevra facilement que la réponse à cette question doit être facile et solide. Car comment pourrait jamais être donnée une expérience qui dût être conforme à une idée? C'est précisément le propre d'une idée, que jamais une expérience ne puisse lui être adéquate. L'idée transcendantale d'un être nécessaire premier, suffisant à tout, est si énormément grande et si élevée au-dessus de ce qui est empirique, de ce qui est toujours conditionné, que l'on ne peut, d'une part, trouver jamais assez d'étoffe dans l'expérience pour remplir un tel concept; et que, d'autre part, l'on ne cesse de tâtonner dans le conditionné, cherchant toujours vainement l'absolu, dont aucune loi d'une synthèse empirique ne donne un exemple, ou ne présente le moindre fil conducteur pour y conduire.

749. S'il y avait un être suprême dans cet enchaînement des conditions, il en serait un anneau, et, de même que les anneaux intermédiaires qu'il précède, il exigerait encore une recherche ultérieure relativement à son principe encore plus élevé. Si l'on veut au contraire le détacher de cette chaîne et ne pas le comprendre, en sa qualité d'être purement intelligible, dans la série des causes physiques, quel pont la raison peut-elle jeter pour atteindre jusqu'à lui, puisque toutes les lois du passage des effets aux causes, et même toute synthèse et toute extension de notre connaissance en général, ne peuvent avoir pour objet que l'expérience possible, c'est-à-dire les seuls objets du monde sensible, et n'ont de valeur que par rapport à eux?

750. Le monde, tel qu'il se révèle à nous, présente un théâtre si étendu de diversité, d'ordre, de finalité et de beauté, soit qu'on l'envisage dans l'immensité de l'espace, ou dans son infinie division, que, même d'après les connaissances acquises par notre faible intelligence, tout langage pour rendre de si nombreuses, de si infiniment grandes merveilles, et l'impression qu'elles font sur nous, est impuissant. Aucun nombre n'en peut exprimer les forces; notre pensée même n'en saurait concevoir la limite : en sorte que notre jugement du tout doit se résoudre en une admiration muette, mais d'autant plus éloquente. Partout nous voyons une chaîne d'effets et de causes, de fins et de moyens, une régularité dans la naissance ou la mort; et comme rien n'est parvenu de soi-même à l'état où il se trouve, cet état signale toujours plus loin une autre chose comme sa cause, laquelle rend à son tour nécessaire une recherche nouvelle, quoique constamment la même. En sorte que

la totale universalité des choses irait s'abîmer dans le néant, si l'on ne prêtait pour appui à cette contingence infinie quelque chose en dehors d'elle, subsistant par soi-même originairement et d'une manière indépendante qui en garantît en même temps la durée, comme cause de son origine. Cette cause suprême (par rapport à toutes choses dans le monde), comment faut-il en concevoir la grandeur? Nous ne connaissons pas le contenu du monde, et nous pouvons moins encore estimer sa grandeur par la comparaison avec tout ce qui est possible. Mais qu'est-ce qui nous empêche, puisque nous avons besoin de la causalité d'un être extrême et suprême, de la placer en même temps, quant au degré de perfection, *au-dessus de toute autre chose possible?* Ce que nous pouvons faire facilement, quoique sans doute seulement par le circuit délicat d'un concept abstrait, si nous nous représentons en lui, comme en une substance particulière, toutes les perfections possibles réunies. Ce concept, favorable à l'exigence de notre raison dans l'économie des principes, n'est sujet en lui-même à aucune contradiction ; il est même avantageux à l'extension de l'usage de la raison au sein de l'expérience, à cause de la direction qu'une idée semblable nous fournit vers l'ordre et la finalité, sans être jamais ouvertement contraire à une expérience.

751. Cet argument mérite d'être toujours rappelé avec respect. C'est le plus ancien, le plus clair et le plus conforme à la raison humaine. Il vivifie l'étude de la nature, de la même manière qu'il tire son existence de cette étude, et en reçoit par là de nouvelles forces. Il conduit à des fins et à des vues que notre observation n'aurait pas découvertes d'elle-même, et étend nos con-

naissances naturelles au moyen du fil conducteur d'une unité particulière dont le principe est hors de la nature. Mais ces connaissances rétroagissent sur leur cause, l'idée occasionnelle, et élèvent la foi en un auteur suprême jusqu'à une persuasion irrésistible.

752. Ce serait donc non seulement nous priver d'une consolation, mais encore vouloir tout à fait l'impossible, que de prétendre enlever quelque chose à l'autorité de cette preuve. La raison, incessamment élevée par des arguments si forts et qui vont toujours en se multipliant sous sa main, quoique ces arguments ne soient qu'empiriques, ne peut être tellement abaissée par le doute d'une spéculation subtile et abstraite, qu'elle ne doive être arrachée à toute irrésolution sophistique comme à un songe, à l'aspect des merveilles de la nature et de la majesté qui éclate dans la structure du monde, pour s'élever de grandeur en grandeur, jusqu'à la plus haute grandeur de toutes; du conditionné à la condition, jusqu'à l'auteur suprême et absolu.

753. Quoique nous n'ayons rien à objecter contre la rationnalité et l'utilité de ce mode de procéder, quoique nous soyons plutôt disposé à le recommander et à l'encourager, nous ne pouvons cependant pas approuver la prétention d'accorder à cette espèce de preuve une certitude apodictique et un assentiment qui n'aurait besoin d'aucune faveur ni d'aucun secours étranger; et l'on ne peut nuire à une bonne cause, en rappelant le langage dogmatique d'un prétentieux disputeur au ton de la modération et de la modestie, au ton d'une foi suffisante pour la tranquillité, quoiqu'elle ne commande pas précisément une soumission absolue. Je pense donc que l'argument physico-théologique est à jamais impuissant à

prouver à lui seul l'existence d'un être suprême, et qu'il doit toujours laisser à l'argument ontologique (auquel seulement il sert d'introduction) cette lacune à remplir. Celui-ci renferme donc toujours l'*unique argument possible* (s'il y a lieu toutefois à une preuve spéculative), que ne peut dépasser aucune raison humaine.

754. Les principaux points de cette preuve physico-théologique sont les suivants : 1° dans le monde se trouvent partout des traces visibles d'un ordre exécuté avec la plus grande sagesse, suivant un dessein déterminé, et dans un tout d'une variété ineffable tant par son contenu que par la grandeur infinie de son étendue. 2° Cet ordre de causes finales est tout à fait étranger aux choses du monde, et ne leur appartient que contingentiellement; c'est-à-dire que la nature des différentes choses ne pouvait d'elle-même, par des moyens nombreux si différents qui devaient convenir entre eux, s'accorder pour des fins déterminées, si ces moyens n'avaient pas été parfaitement choisis et appropriés à des idées fondamentales, par un principe raisonnable. 3° Il existe donc une (ou plusieurs) cause sublime et sage, qui doit être cause du monde, non pas uniquement comme une nature toute-puissante qui agit aveuglément, par *fécondité*, mais comme intelligence qui agit par *liberté*. 4° Son unité se conclut avec certitude de l'unité du rapport mutuel des parties du monde dans les choses auxquelles notre observation s'applique, comme de pièces d'un ouvrage artificiel, et avec vraisemblance, suivant tous les principes de l'analogie, s'il s'agit de choses que nous ne puissions connaître immédiatement.

755. Sans chicaner ici avec la raison naturelle sur sa conclusion, lorsque raisonnant d'après l'analogie de

certaines productions de la nature avec ce que crée l'art humain, qui fait alors violence à la nature et la contraint d'agir, non suivant ses fins à elle, mais en se pliant aux nôtres (d'après leur ressemblance avec des édifices, des vaisseaux, des horloges), elle conclut que cette nature a aussi pour fondement une semblable causalité, à savoir, une intelligence et une volonté ; lorsqu'elle dérive encore d'un autre art, quoique surhumain, la possibilité interne de la nature agissant librement (laquelle rend d'abord possible tout art, et peut-être même la raison) : — sans vouloir, dis-je, chicaner sur cette manière de raisonner, qui ne supporterait peut-être pas la sévérité de la critique transcendantale, il faut avouer cependant que si nous devons une fois nommer une cause, nous ne pouvons pas agir ici plus sûrement qu'en suivant l'analogie avec de semblables produits intentionnels, qui sont les seuls dont les causes et le mode d'action nous soient connus. La raison ne pourrait pas se justifier à ses propres yeux de vouloir passer de la causalité qu'elle connaît à des principes d'explication obscurs et indémontrables qu'elle ne connaît pas.

756. Suivant ce raisonnement, la finalité et l'harmonie d'un si grand nombre de dispositions de la nature pourrait simplement prouver, si elle prouvait quelque chose, la contingence de la forme, mais non celle de la matière, c'est-à-dire de la substance dans le monde; car il faudrait encore, pour établir cette thèse, qu'il pût être démontré que les choses du monde n'étaient pas d'elles-mêmes propres à cet ordre et à cet accord, suivant des lois générales, dans la supposition où ces choses n'auraient pas été, quant à leur *substance* même, le produit d'une sagesse suprême. Mais il faudrait pour cela

un tout autre argument que celui qui résulte de l'analogie avec l'art humain. Cette preuve pourrait donc démontrer tout au plus un *architecte du monde,* dont la puissance serait toujours très limitée par la nature de la matière qu'il travaille, mais non un *créateur du monde,* à l'idée duquel tout est soumis. Ce qui n'est pas à beaucoup près suffisant pour le grand but que l'on se propose, à savoir, de prouver une cause première qui suffit à tout. Si nous voulions prouver la contingence de la matière, il nous faudrait recourir à un argument transcendantal qui n'a pas dû figurer ici.

757. Le raisonnement va donc de l'ordre et de la finalité, partout et toujours observables dans le monde comme d'une organisation tout à fait contingente, à l'existence d'une cause qui *lui est proportionnée.* Mais le concept de cette cause doit nous en faire connaître quelque chose de tout à fait *déterminé,* et il ne peut être autre par conséquent que celui d'un être qui possède toute puissance, toute sagesse, etc., en un mot toutes les perfections, comme être qui suffit à tout. Car les prédicats de puissance et d'excellence *très grande,* admirable, immense, ne donnent assurément aucun concept déterminé, et ne *disent* point ce que la chose est en elle-même : ces prédicats ne sont que des représentations relatives de la grandeur de l'objet que le contemplateur (du monde) compare avec lui-même et avec sa faculté de comprendre; ils ne gagnent ni ne perdent en élévation, soit que l'on grossisse l'objet, soit que l'on rapetisse, par rapport à l'objet, le sujet qui observe. Dès qu'il est question de la grandeur (de la perfection) d'une chose en général, il n'y a de concept déterminé que celui que comprend toute la perfection possible et il n'y

a que le tout (*omnitudo*) de la réalité qui soit universellement déterminé dans le concept.

758. Or, je ne pense pas qu'il y ait quelqu'un qui se flatte d'apercevoir le rapport de la grandeur du monde, observée par lui (quant à l'étendue et à la matière), à la toute-puissance; le rapport de l'ordre du monde à la sagesse suprême; celui de l'unité du monde à l'unité absolue d'un créateur suprême, etc. La théologie physique ne peut donc pas donner un concept déterminé de la cause suprême du monde, ni par conséquent suffire à un principe de la théologie, laquelle doit servir à son tour de fondement à la religion.

759. Le pas à faire pour atteindre la totalité absolue est totalement impossible par la voie empirique. C'est cependant ce que l'on prétend faire dans la preuve physico-théologique. Quel moyen emploie-t-on donc pour franchir cet immense abîme?

760. Après être parvenu à l'admiration de la grandeur, de la sagesse, de la puissance, etc., de l'auteur du monde, ne pouvant pas aller plus loin, on abandonne tout à coup cet argument qui se fondait sur des principes empiriques, pour passer à la contingence du monde, conclue de prime abord de l'ordre et de la finalité. De cette contingence seule, on va donc, uniquement par des concepts transcendantaux, à l'existence d'un être absolument nécessaire; et du concept de la nécessité absolue de la cause première, à son concept universellement déterminé ou déterminant, savoir, à l'idée d'une réalité embrassant toutes choses. La preuve physico-théologique s'arrête donc dans son entreprise : dans son embarras, elle saute tout à coup à la preuve cosmologique; et comme celle-ci n'est qu'une preuve

ontologique dissimulée, la preuve physico-théologique n'atteint réellement son but que dans la raison pure, quoiqu'elle en ait d'abord repoussé la parenté, et qu'elle ait tout fait reposer sur des preuves qui devaient tirer leurs lumières de l'expérience.

761. Les théologiens naturalistes n'ont donc pas de raison de mépriser l'argument transcendantal, et de le regarder avec le dédain présomptueux de physiciens clairvoyants, comme une toile d'araignée qu'auraient fabriquée d'obscurs investigateurs. Car, s'ils voulaient seulement s'examiner eux-mêmes, ils verraient qu'après avoir marché longtemps sur le sol de la nature et de l'expérience, se voyant toujours également éloignés de l'objet qui apparaît en face de leur raison, ils abandonnent subitement ce terrain, passent dans la région des pures possibilités, où, sur les ailes des idées, ils espèrent approcher de plus près de ce qui s'était soustrait à toute leur investigation empirique. Après qu'enfin, par un si grand saut, ils s'imaginent avoir le pied ferme, ils étendent le concept déterminé (sans savoir comment ils s'en sont mis en possession), sur tout le champ de la création, et expliquent par l'expérience, quoique assez péniblement et d'une manière bien indigne de son objet, l'idéal, qui a été simplement produit de la raison pure, sans cependant vouloir avouer qu'ils sont parvenus à cette connaissance ou supposition par un autre chemin que celui de l'expérience.

762. La preuve cosmologique sert donc de fondement à la preuve physico-théologique, de même que l'argument ontologique sert de base à l'argument cosmologique, touchant l'existence d'une cause première comme être suprême. Et comme il n'y a pas de qua-

trème voie ouverte à la raison spéculative, la preuve ontologique tirée des simples concepts de la raison pure est la seule possible, s'il en est une seule qui puisse établir une proposition si élevée au-dessus de tout usage empirique de l'entendement.

SECTION VII.

Critique de toute théologie par principes spéculatifs de la raison.

763. Si par théologie j'entends la connaissance de l'être primitif, cette connaissance a lieu, ou par la raison pure (*theologia rationalis*), ou par révélation (*theologia revelata*). Or, la première conçoit son objet, ou simplement par la raison pure, au moyen de concepts purement transcendantaux (*ens originarium, realissimum, ens entium*), et s'appelle théologie *transcendantale;* ou bien au moyen d'un concept emprunté de la nature (de notre âme), comme suprême intelligence, et devrait s'appeler théologie *naturelle*. Celui qui ne reconnaît que la théologie transcendantale s'appelle DÉISTE; mais celui qui accorde aussi une théologie naturelle s'appelle THÉISTE. Celui-là convient que nous pouvons en tous cas connaître l'existence d'un être primitif par la simple raison, mais que notre concept en est purement transcendantal, c'est-à-dire que nous le concevons seulement comme un être qui renferme une réalité, sans qu'on puisse du reste déterminer plus positivement cette réalité. Le second soutient que la raison est en état de déterminer plus nettement son objet par l'analogie avec la nature, savoir, comme un être qui, par intelligence et liberté, contient en soi la raison première de toutes les autres choses. Le premier ne se représente donc par là qu'une

cause du monde (que d'ailleurs le monde existe par la nécessité de sa nature ou par liberté); le second se représente un *auteur du monde*.

764. La théologie transcendantale est, ou celle qui pense dériver l'existence de l'être primitif d'une expérience en général (sans rien décider de plus sur le monde auquel cet être se rattache), et s'appelle *cosmothéologie*; ou celle qui croit reconnaître l'existence de cet être par les seuls concepts, sans le secours de la moindre expérience, et alors elle s'appelle *ontothéologie*.

765. La *théologie naturelle* conclut les attributs et l'existence d'un auteur du monde, en présence de la nature, de l'ordre et de l'unité qui se manifestent dans ce monde, au sein duquel il faut admettre une double causalité, avec la règle de l'une et de l'autre, savoir, la nature et la liberté. Elle s'élève donc de ce monde à une intelligence suprême, soit comme principe de tout ordre et de toute perfection physique, soit comme principe de tout ordre et de toute perfection morale. Dans le premier cas, elle s'appelle *théologie physique*; dans le second, *théologie morale* (1).

766. Mais puisque sous le concept de Dieu on a coutume de comprendre, comme étant la racine des choses, non pas simplement une nature éternelle agissant en aveugle, mais un être suprême qui doit être, par raison et liberté, l'auteur des choses; et comme ce concept seul nous intéresse, on pourrait, à la rigueur, refuser au *déiste* toute foi en Dieu, et ne lui laisser que la sim-

---

(1) Et non morale théologique, comprenant les lois morales qui *supposent* l'existence d'une souveraine Providence, tandis qu'au contraire la théologie morale est la persuasion de l'existence d'un être suprême, fondée sur des lois morales.

ple affirmation d'un être primitif ou d'une cause suprême. Cependant, comme personne ne doit être accusé de vouloir nier quelque chose par cette seule raison qu'il n'ose l'affirmer, il est plus juste, plus équitable de dire que le *déiste* croit un Dieu, et le *théiste* un Dieu vivant (*summam intelligentiam*). Recherchons maintenant les sources possibles de toutes ces tentatives de la raison.

767. Il me suffit pour le moment de définir la connaissance théorique, Celle par laquelle je connais ce qui *est;* et la connaissance pratique, Celle par laquelle je me représente ce qui *doit être.* C'est pourquoi l'usage théorique de la raison est celui par lequel je reconnais *a priori* (comme nécessaire) que quelque chose est. L'usage pratique, au contraire, est celui par lequel il est connu *a priori* que quelque chose doit être. Si donc il est indubitablement certain, quoique seulement d'une manière conditionnelle, ou que quelque chose est, ou qu'il doit être, alors : ou une condition certaine déterminée peut être absolument nécessaire à cet effet, — ou bien elle peut être seulement supposée comme arbitraire et fortuite. Dans le premier cas, la condition est postulée (*per thesim*); dans le second, elle est supposée (*per hypothesin*). Puisqu'il y a des lois pratiques qui sont absolument nécessaires (les lois morales), si elles supposent nécessairement une existence comme condition de la possibilité de leur force *obligatoire,* cette existence doit être *postulée,* par la raison que le conditionné d'où part le raisonnement pour s'élever à cette condition déterminée, est lui-même reconnu absolument nécessaire *a priori*. Nous ferons voir par la suite que les lois morales, non seulement supposent l'existence d'un

être suprême, mais encore, puisqu'elles sont absolument nécessaires sous un autre rapport, qu'elles le postulent avec droit, mais, à la vérité, d'une manière pratique seulement; nous ne nous occuperons donc pas encore de ce genre de preuve.

768. Puisque, lorsqu'il s'agit simplement de ce qui est (non de ce qui doit être), le conditionné, qui nous est donné dans l'expérience, est toujours conçu aussi comme contingent, la condition qui lui est propre ne peut être connue par là comme absolument nécessaire; elle sert seulement, comme une supposition comparativement nécessaire, ou plutôt comme une supposition *nécessaire*, mais arbitraire en soi et *a priori*, pour la connaissance rationnelle du conditionné. Si donc la nécessité absolue d'une chose doit être connue d'une connaissance théorique, ce ne peut être que par des concepts *a priori*, jamais comme [nécessité] d'une cause par rapport à une existence qui est donnée par expérience.

769. Une connaissance théorique est spéculative, si elle se rapporte à un objet ou à des concepts d'un objet auxquels on ne peut arriver dans aucune expérience. Elle est opposée à la *connaissance naturelle* (physique), qui n'a d'autres objets ni d'autres prédicats que ceux qui peuvent être donnés dans une expérience possible.

770. Le principe en vertu duquel on conclut de ce qui arrive (de l'empiriquement contingent), comme effet, à une cause, est un principe de la connaissance physique, mais non de la connaissance spéculative. Car si nous en faisons abstraction, comme d'une proposition qui renferme la condition de l'expérience possible en général, et que, mettant de côté toute donnée empiri-

que, nous prétendions l'appliquer au contingent en général, il ne reste pas la moindre justification possible d'une telle synthèse; on ne peut plus faire comprendre comment je puis passer de quelque chose qui est à quelque chose tout différent (appelé cause); et même le concept d'une cause, ainsi que celui du contingent, perd, dans cet emploi purement spéculatif, toute signification dont la réalité objective puisse être conçue *in concreto*.

771. Quand donc on conclut de l'existence des *choses* dans le monde à leur cause, ce n'est point là faire un usage *naturel* de la raison, mais bien un usage *spéculatif*, parce que le premier de ces usages ne rapporte pas à une cause les choses mêmes (substances), mais seulement ce qui *arrive*, par conséquent leurs *états*, comme empiriquement fortuits. De savoir si la substance même (la matière) est contingente, quant à l'existence, c'est une question qui n'appartient qu'à la connaissance rationnelle spéculative. Mais quand même il ne s'agirait que de la forme du monde, de son mode d'union et de sa vicissitude, et que je voudrais en conclure une cause totalement différente du monde, ce serait encore un jugement de la raison purement spéculative, parce qu'ici l'objet n'est pas un objet d'une expérience possible. Mais alors le principe de la causalité, qui n'a de valeur que dans les limites du champ de l'expérience, et qui, hors de là, est sans usage, même sans signification, serait tout à fait détourné de sa destination.

772. Or, je soutiens que toute recherche d'un usage purement spéculatif de la raison par rapport à la théologie est complétement inutile, qu'elle est vaine et de nulle valeur quant à la nature interne de cette science;

que d'un autre côté les principes de son usage naturel ne nous conduisent à aucune théologie, et que par conséquent si l'on ne pose en principe les lois morales, ou si l'on ne s'en sert comme d'un fil conducteur, il ne peut y avoir aucune théologie naturelle. Car tous les principes synthétiques de l'entendement sont d'un usage immanent, et pour parvenir à la connaissance d'un être suprême, il faudrait en faire un usage transcendantal, usage impossible à notre entendement. Si la loi empiriquement valable de la causalité devait conduire à l'être primitif, cet être devrait alors faire partie de la chaîne des objets de l'expérience; mais, dans ce cas, comme tous les phénomènes, il serait lui-même conditionné à son tour. Tout en supposant que l'on puisse franchir les bornes de l'expérience, au moyen de la loi dynamique du rapport des effets à leurs causes, quel concept peut nous être donné par cette opération? Ce n'est assurément pas le concept d'un être suprême, parce que l'expérience ne nous fournit jamais le plus grand de tous les effets possibles (comme devant témoigner de sa cause). S'il doit nous être permis, uniquement pour ne pas laisser de vide dans notre raison, de combler ce déficit de la parfaite détermination par une simple idée de la souveraine perfection et de la nécessité primitive, c'est là une concession toute de faveur, mais on ne peut l'exiger au nom d'une preuve invincible. L'argument physico-théologique pourrait donc donner de la force aux autres (s'il pouvait y en avoir), puisqu'il unit là spéculation à l'intuition; mais par lui-même il prépare l'intelligence à la connaissance théologique, et lui donne à cet effet une direction droite et naturelle plutôt que de pouvoir lui seul achever l'œuvre.

773. On voit donc bien par là que des questions transcendantales ne permettent que des réponses transcendantales, c'est-à-dire par purs concepts *a priori*, sans le moindre mélange d'empirisme. Mais ici la question est visiblement synthétique, et demande une extension de notre connaissance au delà de toutes les bornes de l'expérience, à savoir, jusqu'à l'existence d'un être qui doive correspondre à notre simple idée, à laquelle aucune expérience ne peut jamais être adéquate. Or, suivant nos preuves précédentes, toute connaissance synthétique *a priori* n'est possible qu'autant qu'elle exprime les conditions formelles d'une expérience possible; et tous les principes n'ont par conséquent qu'une valeur immanente; c'est-à-dire qu'ils se rapportent seulement à des objets de la connaissance empirique ou à des phénomènes. On n'obtient donc rien non plus par la méthode transcendantale, dans l'intérêt de la théologie d'une raison purement spéculative.

774. Mais si l'on aimait mieux révoquer en doute toutes les preuves précédentes de l'Analytique que de se laisser enlever la persuasion de la validité des arguments si longtemps employés, on ne pourrait du moins refuser de se rendre raison des moyens qu'on emploie, et de la manière dont on ose prendre son vol pour sortir de toute expérience possible par la puissance des seules idées. Je prierais que l'on me fît grâce de nouveaux arguments, ou d'un remaniement des anciens; car, quoique l'on n'ait pas beaucoup à choisir ici, puisqu'en définitive tous les arguments purement spéculatifs reviennent à un seul, à l'ontologique, quoique je ne doive par conséquent pas appréhender grand chose, surtout d'être surchargé par la fécondité des champions dogmatiques de

cette raison affranchie des sens; quoique encore, sans me croire pour cela très redoutable, je ne veuille pas refuser le défi de découvrir le paralogisme dans toute recherche de cette nature, et d'en rabattre ainsi les prétentions : — jamais cependant l'espérance d'un succès plus heureux dans ceux qui sont une fois accoutumés aux croyances dogmatiques ne sera parfaitement éteinte, et je m'en tiens en conséquence à cette unique et juste demande : que l'on justifie à ce sujet d'une façon générale et par la nature de l'entendement humain, ainsi que par toutes les autres sources de connaissance, de la manière dont on veut s'y prendre pour étendre sa connaissance tout à fait *a priori*, pour la faire arriver jusqu'au point où aucune expérience possible et par conséquent aucun moyen ne suffit pour garantir la réalité objective d'un concept pensé par nous-mêmes. De quelque manière que l'intelligence soit arrivée à ce concept, l'existence de l'objet n'y peut cependant pas être trouvée analytiquement, parce que la connaissance de l'*existence* de l'objet consiste précisément en ce que cet objet est en soi placé *hors de la pensée*. Mais il est tout à fait impossible de sortir par soi-même d'un concept, et de parvenir, sans suivre la liaison empirique (mais par laquelle il n'y a jamais de donné que des phénomènes), à la découverte de quelques nouveaux objets et d'êtres transcendantaux.

775. Mais quoique la raison, dans son usage purement spéculatif, ne soit pas à beaucoup près capable d'un si grand dessein, savoir, d'atteindre jusqu'à l'existence d'un être suprême, elle est néanmoins très utile en ce qu'elle *rectifie* la connaissance de cet être, dans le cas où elle aurait été prise d'ailleurs; en ce qu'elle la

met d'accord avec elle-même et avec toute fin intelligible, et la purifie de tout ce qui pourrait être contraire au concept d'un être primitif, et de tout mélange de bornes empiriques.

776. La théologie transcendantale, quoique extrêmement imparfaite, reste donc néanmoins d'un usage négatif très important, et devient une censure permanente de notre raison lorsque celle-ci ne s'occupe que d'idées pures, lesquelles n'admettent naturellement pas d'autre règle que la transcendantale. En effet, si un jour, dans un rapport ultérieur, peut-être pratique, la validité de la *supposition* d'un être suprême et suffisant à tout comme suprême intelligence s'établissait sans contradiction, il serait de la plus grande importance de déterminer nettement ce concept par son côté transcendantal comme concept d'un être nécessaire et souverainement réel, et d'en faire disparaître ce qui est contraire à la réalité suprême, ce qui appartient au simple phénomène (l'anthropomorphisme dans le sens le plus étendu), et en même temps de se défaire de toutes les affirmations contraires soit *athées*, soit *déistes*, soit *anthropomorphiques*; ce qui est très facile dans un semblable Traité critique, puisque les mêmes arguments qui servent à mettre sous les yeux l'imbécilité de la raison humaine par rapport à l'*affirmation* de l'existence d'un pareil être, suffisent nécessairement pour montrer l'insuffisance de toute affirmation contraire. Qui pourrait établir en effet par la spéculation pure de la raison qu'il n'y a aucun être suprême comme principe primitif de toutes choses ou qu'aucun des attributs que, d'après leurs conséquences, nous concevons comme analogues aux réalités dynamiques d'un être pensant ne lui con-

vient, ou que si ces attributs lui conviennent, ils doivent être soumis à toutes les circonscriptions que la sensibilité impose nécessairement aux intelligences à nous connues par l'expérience?

777. L'être suprême demeure donc, pour l'usage purement spéculatif de la raison, un pur idéal, mais cependant un *idéal sans défauts*; concept qui termine et couronne toute la connaissance humaine, concept dont la réalité objective ne peut être prouvée par ce moyen, il est vrai, mais aussi ne peut être niée. Et, s'il doit y avoir une théologie morale capable de combler cette lacune, alors la théologie qui n'a été jusque-là que transcendantale, que problématique, en prouve la nécessité par la détermination de son propre concept et par la censure perpétuelle d'une raison qui n'est pas toujours d'accord avec ses idées propres, trompée qu'elle est souvent par la sensibilité. La nécessité, l'infinité, l'unité, l'existence en dehors du monde (non comme âme du monde), l'éternité sans conditions de temps, la toute-présence sans condition d'espace, la toute-puissance, etc., sont des prédicats purement transcendantaux, et par conséquent leur idée épurée, indispensable à toute théologie, ne peut être dérivée que de la théologie transcendantale.

APPENDICE
A LA DIALECTIQUE TRANSCENDANTALE.

De l'usage régulateur des Idées de la raison pure.

778. L'issue de toutes les tentatives dialectiques de la raison pure, non seulement confirme ce que nous avons

déjà prouvé dans l'Analytique transcendantale, savoir que tous raisonnements qui tendent à sortir du champ de l'expérience possible sont illusoires et sans fondement ; mais elle nous apprend en même temps cela de particulier, que la raison humaine a un *penchant* naturel à sortir de ces bornes, que les idées transcendantales ne lui sont pas moins naturelles que les catégories à l'entendement, quoique avec cette différence que tandis que nous sommes conduits à la vérité par ces dernières, c'est-à-dire à l'accord de nos concepts avec leur objet, les idées opèrent au contraire une simple mais inévitable apparence, dont l'illusion ne peut être évitée que par la critique la plus sévère.

779. Tout ce qui est fondé sur la nature de nos facultés doit être approprié à une fin et d'accord avec leur légitime usage, si seulement nous évitons un certain malentendu, et si nous pouvons trouver la direction propre de ces facultés. Les idées transcendantales auront donc sans doute leur bon usage, et par conséquent un usage *immanent,* quoique, si leur valeur est méconnue, et qu'elles soient prises pour des concepts de choses réelles, elles puissent être transcendantes dans l'application, et par conséquent trompeuses. Car ce n'est pas l'idée en elle-même, mais seulement son usage qui peut être, par rapport à toute expérience possible, *exotique* (transcendant), ou *indigène* (immanent), suivant qu'elle se dirige, ou tout droit sur un objet qu'elle croit lui correspondre, ou seulement sur l'usage intellectuel en général, par rapport aux objets dont elle s'occupe ; en sorte que tous les vices de subreption doivent toujours être attribués à un défaut dans le jugement, mais jamais à l'entendement ou à la raison.

780. La raison ne se rapporte jamais directement à un objet, mais à l'entendement seul, et par le moyen de celui-ci, à son usage empirique propre. Elle ne crée donc pas de concepts (d'objets); elle les met seulement en ordre, et leur donne l'unité qu'ils peuvent avoir dans leur plus grande extension possible, c'est-à-dire par rapport à la totalité des séries, totalité que l'entendement n'aperçoit jamais : il n'a égard qu'à l'union par *laquelle des séries* de conditions se *réalisent* partout suivant des concepts. La raison n'a donc proprement pour objet que l'entendement et son emploi régulier. Et, de la même manière que l'entendement unit par des concepts la diversité dans l'objet, la raison, de son côté, unit la diversité des concepts par des idées, puisqu'elle donne une certaine unité collective pour but aux actes de l'entendement, qui n'ont pour objet que l'unité distributive.

781. J'affirme donc que les idées transcendantales ne sont jamais d'un usage constitutif, qu'il n'en résulte pas des concepts de certains objets, et que si on les entend ainsi, elles ne sont plus que des concepts sophistiques ou dialectiques. Elles ont au contraire un bon usage, un usage régulateur nécessaire, celui de diriger l'entendement vers un certain but. Sous ce rapport, les lignes de direction de toutes ses règles aboutissent en un point qui, bien qu'il ne soit qu'une idée (*focus imaginarius*), c'est-à-dire un point d'où ne partent réellement pas les concepts de l'entendement, puisque ce point est tout à fait hors des bornes de l'expérience possible, sert cependant à leur donner tout à la fois la plus grande unité et la plus grande extension. Il en résulte, à la vérité, une illusion telle que ces lignes semblent partir d'un objet,

mais qui serait en dehors du champ de la connaissance possible empiriquement (de la même manière que les objets sont aperçus derrière la surface d'un miroir). Mais cette illusion (au sujet de laquelle on peut cependant s'empêcher d'être trompé) est néanmoins inévitablement nécessaire, si nous voulons en même temps percevoir les objets qui frappent nos sens, et ceux qui sont loin de nous en arrière; c'est-à-dire, dans le cas qui nous occupe, quand nous voulons exercer l'entendement en dehors de tout objet donné de l'expérience (la partie de l'expérience totale possible), par conséquent lui faire acquérir aussi l'extension la plus excentrique et la plus grande possible.

782. Si nous jetons un coup d'œil sur l'ensemble de nos connaissances intellectuelles, nous trouvons que la part de la raison dans cette affaire, ce qu'elle tend à réaliser, c'est la *systématisation* de la connaissance, c'est-à-dire sa composition en partant d'un principe. Cette unité rationnelle suppose toujours une idée, celle de la forme d'un tout de la connaissance, lequel tout précède la connaissance déterminée des parties, et contient les conditions pour assigner *a priori* à chaque partie sa place et son rapport avec toutes les autres. Cette idée postule donc une parfaite unité de la connaissance intellectuelle, unité par laquelle cette connaissance ne devient pas simplement un agrégat fortuit, mais un système qui s'enchaîne suivant des lois nécessaires. On ne peut donc pas dire proprement que cette idée soit un concept d'un objet; c'est celui de l'unité universelle de ces concpts, en tant que cette unité sert de règle à l'entendement. Ces concepts rationnels ne sont donc pas pris de la nature; nous interrogeons plutôt la nature d'après ces idées et

nous tenons notre connaissance pour défectueuse tant qu'elle ne leur est pas adéquate. On avoue qu'il se trouve difficilement de la *terre pure,* de l'*eau pure,* de l'*air pur,* etc. ; on a cependant besoin des concepts de ces choses (concepts qui, par conséquent, en ce qui concerne la parfaite pureté, n'ont leur origine que dans la raison) pour déterminer convenablement la part qui revient dans le phénomène à chacune de ces causes physiques ; c'est ainsi qu'on réduit toutes les matières aux terres (en ne considérant en quelque sorte que leur simple poids), aux sels et aux substances combustibles (comme la force), enfin à l'eau et à l'air, comme véhicules (comme des machines au moyen desquelles ces choses agissent), pour en expliquer, en conséquence de l'idée d'un mécanisme, les réactions chimiques réciproques. Car quoiqu'on ne l'explique pas réellement par là, cependant cette influence de la raison sur les divisions des physiciens peut très facilement s'apercevoir.

783. Si la raison est une faculté de dériver le particulier du général, alors, ou le général est déjà *certain en soi* et donné, ou il n'est pris que d'une manière *hypothétique*. Dans le premier cas, on n'a besoin que de *jugement* pour faire la subsomption, et le particulier est par là nécessairement déterminé. C'est ce que j'appellerai l'usage de la raison *apodictique*. Si le général n'est pris au contraire que problématiquement, et s'il est une simple idée, le particulier est certain, mais la généralité de la règle, relativement à cette conséquence, est encore un problème. Alors plusieurs cas particuliers, qui tous sont certains, sont soumis à la règle, pour voir s'ils en découlent ; et, dans ce cas, s'il y a apparence que tous les cas particuliers qu'on peut connaître découlent de là,

l'universalité de la règle est conclue ; mais on conclut ensuite de la règle à tous les cas qui ne sont pas aussi donnés en eux-mêmes. J'appellerai cet usage, l'usage *hypothétique* de la raison.

784. Cet usage de la raison par voie d'idées posées en principe comme concepts problématiques, n'est pas proprement *constitutif;* c'est-à-dire qu'il n'est pas tel que, si l'on veut juger suivant toute rigueur, la vérité de la règle générale, prise comme hypothèse, s'ensuive nécessairement ; car comment pourrait-on savoir toutes les conséquences possibles qui, dérivant du même principe adopté, en démontrent la généralité ? Cet usage est donc *régulateur* seulement et sert à mettre le plus d'unité possible dans les connaissances particulières, et à faire *approcher* ainsi la règle de l'universalité.

785. L'usage hypothétique de la raison a donc pour objet l'unité systématique des connaissances de l'entendement ; mais cette unité est la *pierre de touche de la vérité* des règles. Réciproquement, l'unité systématique (comme simple idée) n'est purement qu'une unité *projetée,* que l'on doit regarder, non pas comme donnée en elle-même, mais seulement comme un problème. Elle sert à trouver un principe à la diversité et à l'usage particulier de l'entendement, ainsi qu'à conduire celui-ci aux cas qui ne sont pas donnés et à les systématiser.

786. Mais on voit seulement par là que l'unité systématique ou rationnelle des diverses connaissances intellectuelles est un principe *logique* destiné à aider l'entendement au moyen des idées, dans le cas où il ne suffit pas seul pour établir des règles, et en même temps à mettre, autant que faire se peut, la diversité de ses règles en harmonie sous un principe (systématique) et à mettre

ainsi de l'enchaînement entre elles. Mais si la qualité des objets, ou la nature de l'entendement qui les connaît comme tels, était destinée en soi à l'unité systématique, et si l'on pouvait jusqu'à un certain point postuler celle-ci *a priori,* sans égard à un tel attrait de la raison ; si par conséquent ou pouvait dire que les connaissances possibles de l'entendement (y compris les connaissances empiriques) sont susceptibles d'une unité rationnelle et d'être soumises à des principes communs d'où elles peuvent être dérivées malgré leur diversité : ce serait là un principe *transcendantal* de la raison, qui ne rendrait plus l'unité systématique nécessaire au point de vue purement subjectif et logique comme méthode, mais encore au point de vue objectif.

787. C'est ce que nous expliquerons par un cas de l'emploi de la raison. Parmi les différentes espèces d'unités, suivant les concepts de l'entendement, se trouve aussi celle de la causalité d'une substance qui est appelée force. Les divers phénomènes de la même substance présentent au premier coup d'œil une si grande hétérogénéité, qu'il faut d'abord admettre presqu'autant de forces directes qu'il y a d'effets, comme dans l'esprit humain, la sensation, la conscience, l'imagination, le souvenir, l'esprit, le discernement, le plaisir, l'appétit, etc. D'abord c'est une maxime logique de diminuer autant que possible cette diversité apparente ; de chercher à découvrir par la comparaison l'identité cachée, et à voir si l'imagination jointe à la conscience ne serait pas le souvenir, si l'esprit, le discernement ne serait pas l'entendement et la raison. L'idée d'une *faculté fondamentale*, mais dont la logique ne démontre pas l'existence, est au moins le problème d'une représentation

systématique de la diversité des facultés. Le principe rationnel logique exige que cette unité soit réalisée autant que possible, et plus les phénomènes d'une faculté et d'une autre ont de ressemblance, plus il est vraisemblable qu'ils ne sont que les différentes manifestations d'une seule et même faculté, qui peut comparativement s'appeler leur faculté fondamentale [commune]. Il en est de même de toutes les autres forces.

788. Les forces comparatives premières doivent être de nouveau comparées entre elles, afin, si l'on en découvre l'harmonie, d'approcher d'une force radicale unique, c'est-à-dire d'une force absolue. Mais cette unité rationnelle n'est qu'hypothétique. On ne dit pas qu'elle doit être trouvée en effet, mais qu'elle doit être cherchée en faveur de la raison, ou pour arriver à certains principes de différentes règles susceptibles d'être fournies par l'expérience, et que, partout où la chose est possible, il doit y avoir cette unité systématique dans la connaissance.

789. Mais on voit, quand on fait attention à l'usage transcendantal de l'entendement, que cette idée d'une force première en général, non seulement est destinée comme problème à un usage hypothétique, mais qu'elle présente une réalité objective par laquelle l'unité systématique des différentes forces d'une substance est postulée, et un principe apodictique rationnel établi. Car sans avoir cherché l'accord des différentes forces, et même sans avoir réussi dans cette tentative, nous supposons cependant qu'il peut être trouvé, et cela non seulement comme dans le cas rapporté, à cause de l'unité de la substance, mais encore la où se trouvent plusieurs

substances, quoique homogènes à certain degré, comme dans la matière en général. La raison y suppose l'unité systématique de différentes forces, puisque les lois physiques particulières sont soumises à des lois générales, et que la sobriété des principes n'est pas seulement une base économique de la raison, mais encore une loi interne de la nature.

790. En effet, on ne voit pas comment un principe logique de l'unité rationnelle des règles peut avoir lieu, si l'on n'en suppose un transcendantal au moyen duquel cette unité systématique, en tant qu'elle appartient aux objets mêmes, est posée *a priori* comme nécessaire. Car de quel droit la raison pourrait-elle demander, dans l'usage logique, que la diversité des forces offertes à notre conception, traitée comme une unité simplement dissimulée, soit dérivée d'une certaine force primitive qui la recèle, s'il lui était libre d'accorder qu'il pût se faire également que toutes ces forces fussent différentes, et que l'unité systématique de leur dérivation ne fût pas conforme à la nature? Car alors elle agirait d'une manière diamétralement opposée à sa propre fin, puisqu'elle se donnerait pour but une idée, idée qui serait tout à fait opposée à la constitution de la nature. On ne peut pas dire non plus qu'elle ait pris par anticipation cette unité des qualités contingentes de la nature, suivant des principes de la raison ; car la loi de la raison qui oblige à la chercher est nécessaire, parce que sans elle nous n'aurions aucune raison, et que sans raison, nous n'aurions pas d'ensemble dans l'usage de notre entendement. Nous manquerions donc d'un *criterium* suffisant de la vérité empirique ; ce qui nous obligerait à supposer, par rapport à cette vérité, une unité systé-

matique de la nature absolument et objectivement valable et nécessaire.

791. Nous trouvons cette supposition transcendantale cachée d'une manière étonnante dans les principes des philosophes, quoiqu'ils ne l'y aient pas reconnue, ou ne se le soient pas avoué. Que toutes les diversités des choses singulières n'excluent pas l'identité de l'espèce ; que les différentes espèces doivent être traitées seulement comme différentes déterminations d'un petit nombre de *genres*, et celles-ci comme des espèces de genres encore plus élevés ; que par conséquent une certaine unité systématique de tous les concepts empiriques possibles, en tant qu'ils peuvent être dérivés de concepts plus élevés et plus généraux doive être cherchée : — c'est là une règle de l'école ou un principe logique sans lequel aucun usage de la raison n'aurait lieu, puisque nous ne pouvons conclure du général au particulier qu'autant que les propriétés générales des choses sont posées pour fondement des qualités spéciales.

792. Mais les philosophes, en établissant cette règle bien connue de l'école, qu'il ne faut pas multiplier les êtres sans nécessité (*entia prœter necessitatem non esse multiplicanda*), supposent aussi que cette harmonie se rencontre dans la nature. Ce qui veut dire que la nature des choses fournit elle-même matière à l'unité rationnelle, et que la diversité, en apparence infinie, ne doit pas nous empêcher de soupçonner en elle l'unité rationnelle des propriétés fondamentales d'où la diversité ne peut dériver que par la pluralité des déterminations. Cette unité, quoiqu'elle ne soit qu'une pure idée, a été cependant si recherchée de tout temps, qu'il a été

nécessaire de tempérer plutôt que d'exciter le désir de l'atteindre. C'était déjà beaucoup que les chimistes pussent réduire tous les sels à deux principes élémentaires, les acides et les alcalis; cependant, ils ont de plus essayé de ne voir dans cette différence qu'une variété ou une expression diverse d'une seule et même matière constitutive. On a tenté de ramener successivement les différentes espèces de terres (la matière des pierres et même des métaux) à trois, enfin à deux. Non content de cela, on ne peut se défaire de la pensée qu'il n'y a cependant qu'un seul genre sous ces variétés, et l'on soupçonne même qu'il y a un principe commun aux terres et aux sels. On croirait peut-être que c'est là un procédé purement économique de la raison pour s'épargner de la peine autant que possible, et une tentative hypothétique qui, si elle réussit, donne de la vraisemblance par cette unité même au principe d'explication supposé. Mais un pareil dessein tout accommodé à l'avantage personnel est très facile à distinguer de l'idée par laquelle on suppose que cette unité rationnelle est d'accord avec la nature même, et qu'ici la raison ne mendie pas, mais qu'au contraire elle commande, quoique sans pouvoir déterminer les bornes de cette unité.

793. Si la diversité des phénomènes qui s'offrent à nous était si grande, je ne dis pas quant à la forme (car ils peuvent se ressembler sous ce rapport), mais quant à la matière, c'est-à-dire quant à la variété des êtres existants, que l'intelligence humaine, même la plus pénétrante, n'y pût trouver par la comparaison de l'un avec l'autre la moindre similitude (ce que l'on peut bien concevoir), la logique des genres n'aurait pas lieu; il n'y aurait même aucun concept général, ni même aucun

entendement dont l'objet unique fût de s'en occuper. Le principe logique des genres, pour être appliqué à la nature (je n'entends par là que des objets qui nous sont donnés), suppose donc un principe transcendantal. Suivant ce principe, l'uniformité est nécessairement supposée (quoique nous n'en puissions pas déterminer *a priori* le degré) dans le divers d'une expérience possible, parce que sans elle aucun concept empirique, par conséquent aucune expérience, ne serait possible.

794. Au principe logique des genres, qui postule l'identité, est opposé un autre principe, celui des *espèces*, qui a besoin de la diversité et des différences des choses, nonobstant leur accord sous un même genre, et qui fait un devoir à l'entendement de n'être pas moins attentif à ces espèces qu'aux genres. Ce principe (de la pénétration ou faculté de discerner) circonscrit tout à fait la légèreté du premier (de l'esprit), et la raison montre ici deux attraits opposés l'un à l'autre : d'un côté, l'attrait de la *circonscription* (de la généralité) par rapport aux genres; d'un autre côté, l'attrait du *contenu* (de la déterminabilité) en vue de la diversité des espèces, — parce que l'entendement, dans le premier cas, pense *beaucoup* de choses sous ses concepts, tandis que, dans le deuxième, il pense *davantage* dans chacun d'eux. C'est ce qui se remarque encore dans la façon de penser très différente des physiciens, dont les uns (particulièrement les esprits spéculatifs) sont ennemis de la dissimilitude, envisageant toujours l'unité du genre, tandis que les autres (surtout les esprits empiriques) cherchent à scinder constamment la nature en une si grande variété, que l'on perd l'espoir d'en juger les phénomènes suivant des principes généraux.

795. Ce dernier mode de la pensée a manifestement aussi un principe logique pour fondement, principe qui a pour but l'intégralité systématique de toutes les connaissances, lorsque, commençant par le genre, je descends à la variété qu'il peut renfermer, et qu'ainsi j'essaie de donner de l'étendue au système, comme dans le premier cas, en remontant au genre, je cherche à lui donner de la simplicité. Car on ne peut pas plus comprendre, de la sphère du concept qui fait percevoir un genre, quelles en sont les parties, qu'on ne peut comprendre, en partant de l'espace que la matière doit occuper, jusqu'où peut en aller la division. C'est pourquoi tout *genre* exige différentes *espèces,* mais celles-ci veulent à leur tour d'autres *espèces subalternes,* et puisqu'aucune de ces dernières ne peut avoir lieu sans avoir aussi sa sphère (circonscription comme *conceptus communis*), la raison demande dans toute son extension, qu'aucune espèce ne soit considérée en elle-même comme la dernière, parce qu'étant toujours un concept qui ne contient en soi que ce qui est commun à différentes choses, ce concept n'est pas universellement déterminé; il ne peut donc pas non plus se rapporter immédiatement à un individu, et doit conséquemment toujours tenir en soi d'autres concepts, c'est-à-dire des espèces subordonnées. Cette loi de la spécification pourrait s'énoncer ainsi : *Entium varietates non temere esse minuendas.*

796. Mais on voit facilement aussi que cette loi logique n'aurait pas de sens et serait sans application, si elle n'avait pour fondement une *loi* transcendantale de la *spécification,* loi qui, à la vérité, n'exige pas des choses qui peuvent être nos objets, une *infinité* réelle par rapport aux différences; car le principe logique, en tant

qu'il affirme *seulement l'indéterminabilité* de la sphère logique par rapport à la division possible, n'y donne point occasion : néanmoins il prescrit à l'entendement de chercher, dans toute espèce qui se présente à nous, des sous-espèces, et pour chaque différence des différences moindres. En effet, s'il n'y avait pas de concepts inférieurs, il n'y en aurait pas de supérieurs. Or, l'entendement ne connaît rien que par concepts ; il ne connaît donc qu'autant qu'il s'avance dans la division, jamais par simple intuition, mais toujours au moyen de concepts inférieurs. La connaissance des phénomènes dans leur détermination universelle (qui n'est possible que par l'entendement), exige une spécification de ses concepts indéfiniment continuée, et une progression vers des différences toujours à déterminer et dont nous avons fait abstraction dans le concept de l'espèce, et plus encore dans celui du genre.

797. Cette loi de la spécification ne peut être non plus tirée de l'expérience, qui ne peut donner des propositions si générales. La spécification empirique s'arrête bientôt dans la distinction de la diversité, à moins qu'elle ne soit conduite par la loi transcendantale de la spécification qui la précède, comme par un principe de la raison, à chercher cette diversité et à la soupçonner toujours, encore bien qu'elle ne se manifeste pas aux sens. Qu'il y ait des terres absorbantes de différentes espèces (la chaux muriatique et la terre muriatique), c'est ce qu'on ne pouvait examiner sans avoir d'abord une certaine règle de la raison qui précédât, et qui proposât à l'entendement de chercher la diversité, supposant la nature assez riche pour pouvoir soupçonner cette diversité. Car, aussi bien, nous n'avons d'intelligence qu'à la condition

de supposer des diversités dans la nature des choses, et dans l'hypothèse que les objets de l'entendement aient en eux de l'analogie : c'est précisément la diversité même de ce qui peut être compris sous un certain concept qui constitue l'usage de ce concept et l'occupation de l'entendement.

798. La raison prépare donc à l'entendement son champ : 1° par un principe de l'*uniformité* du divers sous des genres plus élevés ; 2° par un principe de la *variété* du semblable sous des espèces inférieures ; et, pour achever l'unité systématique, elle ajoute encore, 3° une loi de l'*affinité* de tous ces concepts, qui ordonne un passage continuel de chaque espèce à toute autre espèce, par l'accroissement graduel de la diversité. Nous pouvons appeler ces principes, principes de l'*homogénéité*, de la *spécification* et de la *continuité* des formes. Le dernier résulte de la réunion des deux premiers, après avoir accompli dans l'idée l'enchaînement systématique, tant en s'élevant aux genres les plus hauts, qu'en descendant aux espèces les plus basses ; car alors toutes les diversités sont unies entre elles par affinité, parce que toutes dérivent à tous les degrés de la détermination étendue d'un genre unique suprême.

799. L'unité systématique des trois principes logiques peut être rendue sensible de la manière suivante : on peut considérer un concept quelconque comme un point qui, désignant la position du spectateur, a son horizon, c'est-à-dire une multitude de choses qui peuvent être représentées de là, et parcourues des yeux. Il peut y avoir dans cet horizon une multitude infinie de points de vue, dont chacun à son tour a sa sphère plus étroite ; c'est-à-dire que toute espèce renferme des espèces subor-

données d'après le principe de la spécification, et que l'horizon logique ne se compose que de petits horizons (sous-espèces), et non pas de points qui n'aient aucune circonscription (d'individus). Mais on peut imaginer pour différents horizons, c'est-à-dire pour différents genres qui sont déterminés par autant de concepts, un horizon commun d'où on les dominera tous comme d'un point central, lequel horizon est un genre plus élevé, jusqu'à ce qu'on soit enfin arrivé au genre suprême, qui est l'horizon général et vrai, déterminé du point de vue du concept le plus élevé, et qui embrasse toute diversité, comme genres, espèces et sous-espèces.

800. La loi de l'homogénéité me conduit à ce point de vue culminant ; la loi de la spécification, à tout ce qui est placé plus bas et à sa plus grande diversité. Mais comme de cette manière il n'y a pas de vide dans l'ensemble de tous les concepts possibles, et que, hors de cet ensemble, on ne peut rien trouver, il résulte de la supposition de cet horizon universel et de son entière division, ce principe : *datur continuum formarum;* c'est-à-dire qu'il n'y a pas différents genres originels et premiers, qui seraient en quelque sorte isolés et séparés les uns des autres (par un intervalle vide), mais que tous les différents genres ne sont que des divisions d'un certain genre suprême et général. La conséquence immédiate de ce principe est *datur continuum formarum;* c'est-à-dire que toutes les différences des espèces se limitent réciproquement, et ne permettent aucune transition brusque de l'une à l'autre, mais doivent passer par tous les degrés différentiels plus petits, par lesquels on peut passer de l'une à l'autre : en un mot, il n'y a pas d'espèces ou de sous-espèces qui soient absolument les plus

voisines entre elles (dans le concept de la raison), mais il y a toujours des espèces intermédiaires possibles, dont la différence de la première à la seconde et à la troisième est moinde que la différence de la première à la quatrième.

801. La première loi prévient donc l'égarement dans la diversité des différents genres primitifs, et recommande l'uniformité; la seconde, au contraire, circonscrit à son tour cette propension à l'uniformité, et prescrit la distinction des sous-espèces avant de s'appliquer avec son concept général aux individus. La troisième réunit les deux premières en prescrivant l'uniformité jusque dans la plus grande variété, par le passage gradué d'une espèce à une autre; ce qui indique une sorte d'affinité des différents rameaux, comme sortis tous d'un même tronc.

802. Mais cette loi logique du *continui specierum (formarum logicarum)* en suppose une transcendantale (*lex continui in natura*) sans laquelle l'usage de l'entendement ne serait qu'induit en erreur par ce précepte, puisqu'il prendrait peut-être un chemin tout opposé à la nature. Il faut donc que cette loi repose sur des principes transcendantaux purs, et non sur des principes empiriques. Car, dans ce dernier cas, elle arriverait après les systèmes, tandis que c'est elle, au contraire, qui engendre ce qu'il y a proprement de systématique dans la connaissance de la nature. Il n'y a pas sous ces lois de dessein caché d'établir par leur moyen, comme purs essais, une sorte d'expérimentation, quoique à la vérité cet enchaînement, en quelque lieu qu'il se manifeste, fournisse une puissante raison de tenir pour fondée l'unité conçue hypothétiquement, et que, sous ce rap-

port, elles aient leur utilité; il est clair au contraire qu'elles déclarent rationnelles et conformes à la nature, la sobriété dans le nombre des causes premières, la diversité des effets et de là une affinité intrinsèque entre les membres de la nature. Il est donc évident que ces principes se recommandent directement par eux-mêmes, et non simplement comme des auxiliaires de la méthode.

803. Mais on voit facilement que cette continuité des formes est une simple idée sans aucun objet qui lui corresponde dans l'expérience, *non seulement* parce que les espèces sont réellement distinctes dans la nature, et doivent par conséquent former un *quantum discretum*, et que si la progression dans leur affinité était continue, elle devrait aussi contenir une véritable infinité de membres intermédiaires entre deux espèces données, ce qui est impossible; *mais encore,* parce que nous ne pouvons faire de cette loi aucun usage empirique déterminé, attendu qu'elle ne fait pas connaître le plus petit caractère d'affinité jusqu'auquel nous devons poursuivre la recherche de la *succession* graduelle des différences spécifiques; elle ne nous offre au contraire qu'une certaine indication générale, portant que nous devons la rechercher.

804. Si nous transposions ces principes pour les disposer selon l'*usage expérimental,* ceux de l'*unité* systématique seraient peut-être : *diversité, affinité* et *unité,* mais chacun d'eux pris comme idée dans le degré le plus élevé de sa perfection. La raison suppose les connaissances intellectuelles, qui sont immédiatement appliquées à l'expérience, et cherche leur unité d'après des idées, unité qui s'étend beaucoup plus loin que la portée de

l'expérience. L'affinité du divers, sous un principe de l'unité, sans préjudice pour la diversité, concerne non seulement les choses, mais bien plus encore les simples qualités et propriétés des choses. Par conséquent, si par exemple le cours orbiculaire des planètes nous est donné par une expérience (pas entièrement certaine encore), et si nous trouvons des différences, alors nous les soupçonnons dans ce qui peut changer le cercle en quelqu'un de ces cours divergents, suivant une loi constante [qui le fait passer] par tous les degrés intermédiaires infinis : c'est-à-dire que nous soupçonnons que les mouvements non circulaires des planètes approchent sans doute plus ou moins du cercle et tombent dans les ellipses. Les comètes montrent encore une plus grande différence dans leurs orbites, puisque (autant qu'on peut en juger par l'observation) elles ne se meuvent pas même circulairement; mais nous en devinons le cours parabolique, qui est cependant analogue à l'ellipse, et quand le grand axe de cette dernière s'étend très loin, on ne peut la distinguer de la parabole dans toutes nos observations. C'est ainsi que nous arrivons, en suivant ces principes, à l'unité générique de la figure de ces orbes planétaires, mais de là nous allons à l'unité des causes de toutes les lois de leur mouvement (la gravitation), d'où ensuite nous étendons nos conquêtes, en tâchant d'expliquer aussi toutes les variations et apparentes dérogations à ces règles par le même principe; enfin nous ajoutons plus que l'expérience ne peut jamais confirmer, puisque nous concevons, d'après les règles de l'analogie, la marche hyperbolique des planètes dans laquelle ces corps, sortant complétement de notre système solaire, et allant de soleil en soleil, unissent dans leur course les parties les plus éloignées d'un système du monde sans bornes pour nous, qui est tenu en rapport dans toutes ces parties par une seule et même force motrice.

805. Ce qui est particulièrement remarquable dans ces principes, et qui nous occupe uniquement, c'est qu'ils semblent être transcendantaux. Et quoiqu'ils contiennent de simples idées en faveur de l'usage empirique de la raison, sauf dans cet usage à ne pouvoir les suivre qu'asymptotiquement, pour ainsi parler, c'est-à-dire d'une manière purement approximative, sans les atteindre jamais ; toutefois, comme propositions synthétiques *a priori,* ils ont une valeur objective, mais indéterminée, et servent de règles à l'expérience possible, dans le travail de laquelle ils sont aussi employés avec succès comme principes heuristiques, sans cependant que l'on puisse en faire une déduction transcendantale ; ce qui, comme nous l'avons dit plus haut, est toujours impossible par rapport aux idées.

806. Nous avons distingué, dans l'Analytique transcendantale, les principes *dynamiques* de l'entendement comme principes simplement régulateurs de l'*intuition*, des principes *mathématiques,* qui sont constitutifs par rapport à la même intuition. Néanmoins, ces lois dynamiques sont certainement constitutives par rapport à l'expérience, puisqu'elles rendent les *concepts* possibles *a priori*, sans lesquels aucune expérience n'a lieu. Au contraire des principes de la raison pure ne peuvent pas être constitutifs même par rapport aux concepts empiriques, parce qu'aucun schème correspondant de la sensibilité ne peut leur être donné, et qu'ils ne peuvent par conséquent pas avoir d'objet *in concreto*. Si donc je sors

de cet usage empirique de ces principes, comme principes constitutifs, comment donc leur assurerai-je un usage régulateur, et, avec cet usage, quelque valeur objective, et quelle sera la portée de cet usage ?

807. L'entendement est à la raison comme la sensibilité est à l'entendement. La raison a pour objet de donner de l'unité systématique à tous les actes empiriques possibles de l'entendement, de la même manière que l'entendement unit par des concepts, et soumet à des lois empiriques le divers des phénomènes. Mais les actes de l'entendement sans schèmes de la sensibilité sont *indéterminés*; de même l'*unité rationnelle* est aussi *indéterminée* en elle-même, par rapport aux conditions sous lesquelles et au degré où l'entendement doit unir systématiquement ses concepts. Mais quoique aucun schème ne puisse être *intuitivement* découvert pour l'unité systématique universelle de tous les concepts intellectuels, cependant quelque chose d'*analogue* à un tel schème peut et doit être donné, et cet analogue est l'idée du *maximum* de la division et de la réunion de la connaissance intellectuelle en un seul principe. Car le plus grand et l'absolument parfait peut être conçu déterminément, parce que toutes les conditions restrictives, qui donnent une diversité indéterminée, sont omises. L'idée de la raison est donc l'analogue d'un schème de la sensibilité, mais avec la différence que l'application des concepts intellectuels au schème de la raison n'est pas précisément une connaissance de l'objet même (comme dans l'application des catégories à leurs schèmes sensibles), mais seulement une règle ou principe de l'unité systématique de tout usage intellectuel. Or, comme tout principe qui constitue *a priori* pour l'entendement

une unité universelle de son usage vaut aussi, quoique seulement d'une manière indirecte, à l'égard de l'objet de l'expérience, les principes de la raison pure auront également, par rapport à cet objet, une réalité objective, *non pour déterminer* quelque chose en eux, mais seulement pour montrer la marche suivant laquelle l'usage empirique et déterminé de l'entendement dans l'expérience peut être universel et d'accord avec lui-même, en ce sens que cet usage est rattaché *le plus possible* au principe de l'unité universelle, et en est dérivé.

808. J'appelle *maximes* de la raison tous les principes subjectifs qni sont tirés, non de la qualité de l'objet, mais de l'intérêt de la raison, par rapport à une certaine perfection possible de la connaissance de cet objet. Il y a donc des maximes de la raison spéculative qui reposent uniquement sur son intérêt spéculatif, quoiqu'ils aient l'air d'être des principes objectifs.

809. Si des principes purements régulateurs sont considérés comme constitutifs, ils peuvent être contradictoires comme principes objectifs ; mais si on les considère simplement comme *maximes*, il n'y a plus alors de contradiction réelle, mais simplement un intérêt de la raison différent, qui est cause de la divergence dans la manière de penser. En effet, la raison n'a qu'un seul intérêt, et la contradiction de ses maximes n'est qu'une différence et une limitation mutuelle des méthodes pour satisfaire à cet intérêt.

810. De cette manière, l'intérêt de la *diversité* (suivant le principe de la spécification) peut l'emporter dans tel raisonneur ; mais dans tel autre, c'est l'intérêt de l'*unité* (suivant le principe de l'agrégation). Chacun d'eux pense porter son jugement d'après la connais-

sance parfaite de l'objet, et ne le fonde cependant que sur le plus ou moins grand attachement à l'un des deux principes, dont aucun ne repose sur des fondements objectifs, mais seulement sur l'intérêt de la raison, et qui, par conséquent, seraient mieux appelés maximes que principes. Quand je vois des esprits distingués disputer sur la caractéristique des hommes, des bêtes ou des plantes, même des corps du règne minéral, les uns admettant par exemple des caractères nationaux particuliers et fondés sur l'origine des peuples, comme aussi des différences décisives et héréditaires de famille, de races, etc.; d'autres, se fondant au contraire sur ce que la nature, dans cette affaire, a d'abord procédé partout absolument de la même manière, et que toute différence tient exclusivement à des circonstances extérieures : alors je n'ai qu'à considérer la qualité de l'objet pour comprendre qu'il est caché beaucoup trop profondément aux deux parties, pour qu'elles en puissent parler pertinemment. Et ce n'est là que le double intérêt de la raison dont l'un des disputants prend ou affecte de prendre un côté, et l'autre le côté opposé. De là, par conséquent, la différence des maximes entre la diversité de la nature et son unité, maximes qui peuvent très bien être réunies, mais qui, lorsqu'elles sont prises pour des aperçus objectifs, occasionnent non seulement un conflit, mais encore des obstacles qui arrêtent la vérité jusqu'à ce qu'on ait trouvé un moyen de concilier les intérêts opposés et de tranquilliser la raison là-dessus.

811. Il en est de même de la défense ou de l'attaque de cette loi célèbre mise en circulation par Leibniz, et si admirablement appuyée par Bonnet, *de la gradation continue* des êtres créés, gradation qui n'est que la con-

séquence du principe de l'affinité reposant sur l'attrait de la raison ; car l'observation et la connaissance approfondie de l'économie de la nature ne pouvait pas la donner comme affirmation objective. Les degrés de cette échelle, tels que l'expérience peut nous les donner, sont très distants les uns des autres, et nos prétendues petites différences sont communément produites dans la nature même par de si grands hiatus qu'on ne peut s'en rapporter à des observations (principalement dans une grande variété de choses, où cependant il doit toujours être plus facile de trouver de certaines ressemblances et approximations) comme à des plans de la nature. Au contraire, la méthode qui consiste à chercher, suivant ce principe, l'ordre dans la nature, et la maxime qui porte à considérer cet ordre comme généralement fondé dans une nature en général, sans du reste en déterminer le siége ou l'étendue, est sans doute un principe régulateur légitime et beau de la raison, mais qui, comme tel, s'étend beaucoup trop loin pour que l'expérience ou l'observation puisse lui être adéquate : cependant, tout en ne déterminant rien, il trace la voie de l'unité systématique à l'expérience.

Du but dernier de la dialectique naturelle de la raison humaine.

812. Les idées de la raison pure ne peuvent jamais être dialectiques en elles-mêmes, leur abus seul doit en produire en nous une apparence trompeuse ; car elles nous sont données par la nature de notre raison, et ce suprême tribunal de tout droit et de toute prétention de notre spéculation ne peut renfermer primitivement des illusions et des prestiges. Il est donc probable qu'elles

ont leur destination bonne et utile dans la constitution naturelle de notre raison. Mais la tourbe des sophistes crie, comme c'est sa coutume, à l'absurdité et à la contradiction, et blâme le gouvernement de la raison dont elle ne peut pénétrer les plans secrets, à l'action bienfaisante duquel elle est redevable de sa propre conservation, et même de la culture qui la rend capable de le blâmer et de le condamner.

813. On ne peut se servir avec certitude d'un concept *a priori* sans en avoir fait la déduction transcendantale. Les idées de la raison pure ne permettent, à la vérité, aucune déduction de l'espèce de celle des catégories; mais si elles doivent avoir quelque peu de valeur objective, quoique indéterminée seulement, et ne pas représenter simplement de vains êtres de raison (*entia rationis ratiocinantis*), il faut nécessairement que leur déduction soit possible, posé même qu'elle s'écarte beaucoup de celle que l'on peut établir relativement aux catégories. La perfection de l'œuvre critique de la raison pure est à ce prix. Nous allons donc y procéder.

814. C'est une grande différence que quelque chose soit donné à ma raison comme un *objet absolument,* ou seulement comme un *objet en idée*. Dans le premier cas, mes concepts déterminent l'objet ; dans le second, il n'y a qu'un schème, auquel n'est directement donné aucun objet, pas même hypothétiquement, mais qui sert cependant à nous représenter d'autres objets, moyennant un rapport à cette idée, en vertu de leur unité systématique, par conséquent indirectement. Je dis donc que le concept d'une intelligence suprême n'est qu'une simple idée, c'est-à-dire que sa réalité objective ne doit pas consister en ce qu'il se rapporte directement à un objet

(car en ce sens nous n'en pourrions pas justifier la valeur objective); il n'est qu'un schème (ordonné suivant des conditions de la plus grande unité rationnelle) du concept d'une chose en général, schème qui ne sert qu'à conserver la plus grande unité systématique dans l'usage empirique de notre raison, dans lequel on dérive en quelque sorte l'objet de l'expérience de l'objet figuré de cette idée, comme de son principe ou de sa cause. Alors nous disons, par exemple, que les choses du monde doivent être considérées comme si elles tenaient leur existence d'une intelligence suprême. De cette manière, l'idée n'est proprement qu'un concept heuristique et non ostensif, qui fait voir, non pas comment un objet est existant, mais comment, sous sa conduite, nous devons *chercher* la nature et la liaison des objets de l'expérience en général. Si donc on peut faire voir que, quoique les trois espèces d'idées transcendantales (*physicologiques*, *cosmologiques* et *théologiques*) ne se rapportent *directement* à aucun objet qui leur corresponde, ni à sa *détermination,* cependant toutes les règles de l'usage empirique de la raison dans la supposition d'un tel *objet* en *idée,* conduisant à l'unité systématique et étendant toujours la connaissance expérimentale, mais sans pouvoir jamais lui être contraires, c'est alors une *maxime* nécessaire de la raison d'agir suivant ces idées. Telle est la déduction transcendantale de toutes les idées de la raison spéculative, non comme des principes *constitutifs* de l'extension de notre connaissance à plus d'objets que l'expérience n'en peut donner, mais comme des principes *régulateurs* de l'unité systématique de la diversité de la connaissance empirique en général, unité qui est par là mieux établie et mieux réglée dans ses propres limites qu'elle ne pourrait l'être par le seul usage des principes intellectuels sans ces idées.

815. C'est ce que je vais éclaircir. *D'abord* (en psychologie) nous relierons, en conséquence de ces idées comme principes, tous les phénomènes, toutes les actions, toute notre capacité intellectuelle, en suivant le fil de l'expérience interne, comme si l'esprit était une substance simple qui existât constamment avec identité personnelle (au moins dans la vie), tandis que ses états, dont ceux du corps font partie comme conditions extérieures seulement, changent sans cesse. *Secondement* (en cosmologie) nous devons poursuivre la recherche des conditions des phénomènes naturels internes et externes, comme si cette recherche devait jamais être complète, c'est-à-dire comme si elle était en elle-même infinie, et sans un membre premier et suprême, mais sans nier que ces phénomènes n'aient en dehors d'eux leurs causes premières purement intelligibles, mais qui cependant ne peuvent jamais entrer dans le système des explications physiques, puisque nous ne les connaissons point du tout. *Troisièmement* enfin (en théologie), nous devons considérer tout ce qui ne peut jamais appartenir qu'à l'enchaînement de l'expérience possible, *comme si* cette expérience formait une unité absolue, mais entièrement dépendante et toujours conditionnée encore dans les limites du monde sensible, mais en même temps néanmoins, *comme si* l'ensemble de tous les phénomènes (le monde sensible en lui-même) avait en dehors de sa circonscription un principe unique suprême, suffisant à tout, savoir, une raison subsistant en quelque sorte par elle-même, primitive et créatrice, par rapport à laquelle nous réglons

tout usage empirique de la nôtre dans sa plus grande extension, *comme si* les objets mêmes étaient sortis de ce prototype de toute raison. C'est-à-dire, d'un côté, que les phénomènes internes de l'âme dérivent non d'une substance pensante simple, mais les uns des autres d'après l'idée d'un certain être simple; en second lieu, que l'ordre de l'univers et son unité systématique ne dérivent point d'une intelligence suprême, mais qu'on tire de l'idée d'une cause souverainement sage la règle suivant laquelle la raison doit procéder pour sa plus grande satisfaction propre dans la liaison des causes et des effets cosmiques.

816. Rien ne nous empêche maintenant d'*admettre* aussi ces idées comme objectives et hypostatiques, excepté seulement l'idée cosmologique, où la raison tombe sur une antinomie quand elle veut réaliser cette idée (les idées psychologiques et théologiques ne contiennent pas de semblables antinomies). Car, si elles ne sont pas contradictoires, comment en pourrait-on contester la réalité objective, quand on sait aussi peu de leur possibilité pour la nier que nous n'en savons pour l'affirmer? Néanmoins, pour admettre quelque chose, il ne suffit pas qu'il n'y ait à cela aucun obstacle positif, et il ne peut nous être permis d'admettre comme réels et déterminés des êtres de raison qui surpassent tous nos concepts sans cependant répugner à aucun d'eux, sur la simple autorité de la raison spéculative, qui achève volontiers son œuvre. Ces êtres de raison ne doivent pas être admis en eux-mêmes; seulement leur réalité doit valoir comme celle d'un schème du principe régulateur de l'unité systématique de toute connaissance de la nature; ils doivent donc être posés comme des analo-

gues des choses réelles, et non comme des choses réelles en soi. Nous retranchons de l'objet des idées les conditions qui bornent notre concept intellectuel, mais qui seules aussi font que nous pouvons avoir d'une chose un concept déterminé. Nous pensons alors quelque chose de la nature intime de laquelle nous n'avons aucun concept, mais dont nous concevons cependant un rapport à l'ensemble des phénomènes, rapport qui est analogue à celui que les phénomènes soutiennent entre eux.

817. Si donc nous admettons ces êtres idéaux, nous n'étendons pas proprement ainsi notre connaissance au delà des objets de l'expérience possible, mais seulement leur unité empirique, par l'unité systématique dont l'idée nous donne le schème, idée qui vaut par conséquent, non comme principe constitutif, mais simplement comme principe régulateur. Car de ce que nous posons quelque chose correspondant à l'idée, un quelque chose, un être réel, ce n'est pas à dire que nous voulions étendre notre connaissance des choses par des concepts transcendantaux ; car cet être n'est posé qu'en idée, et non en lui-même, uniquement donc pour exprimer l'unité systématique qui doit nous servir de règle dans l'usage empirique de la raison, sans prétendre rien dédécider sur le fondement de cette unité ou sur la propriété interne d'un être qui lui sert de base et de cause.

818. Ainsi, le concept transcendantal et le seul déterminé que nous fournit de Dieu la raison purement spéculative, est *déiste,* dans le sens le plus strict : c'est-à-dire que la raison ne donne pas même la valeur objective d'un tel concept, mais seulement l'idée de quelque chose qui soit le fondement de toute sa réalité empirique, de

son unité suprême et nécessaire, et que nous ne pouvons concevoir que par analogie à une substance réelle, qui soit, suivant des lois rationnelles, la cause de toutes choses. Si cependant nous essayons de le concevoir en tout comme un objet particulier, plutôt que de nous contenter de la simple idée du principe régulateur de la raison, il faudra renoncer à l'intégralité de toutes les conditions de la pensée, comme surpassant l'intelligence humaine; ce qui cependant ne peut se concilier avec le but d'une unité systématique parfaite dans notre connaissance, à laquelle la raison ne met pas de bornes.

819. D'où il arrive que, lorsque j'admets un être divin, je n'ai pas à la vérité le moindre concept, ni de la possibilité interne de sa perfection suprême, ni de la nécessité de son existence; mais je puis alors satisfaire à toutes les autres questions qui concernent la contingence, et donner à la raison la plus complète satisfaction relativement à la recherche de la plus grande unité dans son usage empirique, si ce n'est par rapport à cette supposition même; ce qui prouve que son intérêt spéculatif, et non une connaissance claire, l'autorise à partir d'un point haut placé en dehors de sa sphère, pour contempler de là ses objets en un tout parfait.

820. Ici se montre donc une différence de la manière de penser dans une seule et même supposition, différence passablement subtile, mais d'un très grand poids néanmoins dans la philosophie transcendantale. Je puis avoir une raison suffisante d'admettre quelque chose relativement (*suppositio relativa*), sans cependant avoir le droit de l'admettre absolument (*suppositio absoluta*). Cette distinction convient lorsqu'il n'est simplement question que d'un principe régulateur, dont nous

connaissons la nécessité intrinsèque il est vrai, mais non la raison de cette nécessité, et que nous admettons en conséquence une raison (*Grund*) suprême, dans la vue simplement de concevoir d'autant plus déterminément l'universalité du principe, comme par exemple, lorsque je me persuade l'existence d'un être correspondant à une idée simple et transcendantale. Car je ne puis jamais admettre l'existence de cette chose en elle-même, parce qu'aucun des concepts par lesquels je puis concevoir déterminément un objet ne sert à cet effet, et que les conditions de la valeur objective de mes concepts sont exclues par l'idée même. Les concepts de la réalité, de la substance, de la causalité, ceux mêmes de la nécessité dans l'existence, n'ont, en dehors de l'usage empirique, aucun sens qui détermine un objet, puisqu'ils rendent possible la connaissance empirique d'un objet. Ils peuvent donc bien servir à l'explication de la possibilité des choses dans le monde sensible, mais non à celle de la possibilité d'un *Tout cosmique même,* parce que ce principe d'explication devrait être extérieur au monde, et par conséquent n'être pas un objet d'une expérience possible. Or, je puis néanmoins admettre un tel être incompréhensible comme objet d'une simple idée relativement au monde sensible, mais pas en lui-même. Car si le fondement du plus grand usage empirique possible de ma raison est une idée (celle de l'unité systématiquement parfaite dont je parlerai tout à l'heure plus spécialement), qui en elle-même ne peut jamais se rencontrer d'une manière adéquate dans l'expérience, quoiqu'elle soit absolument nécessaire pour approcher le plus près possible de l'unité empirique, alors non seulement j'aurai le droit, mais encore je serai forcé de réaliser cette idée, c'est-à-dire de lui poser un objet réel, mais uniquement comme un quelque chose en général que je ne connais pas en lui-même et auquel je ne donne ces attributs analogues aux concepts intellectuels dans l'usage empirique, que comme à un principe de toute unité systématique et par rapport à cette unité. Je concevrai donc, suivant l'analogie des réalités dans le monde, suivant celle des substances, de la causalité et de la nécessité, un être possédant tous ces attributs au plus haut degré de perfection; et puisque cette idée porte simplement sur ma raison, je pourrai concevoir cet être comme une *raison indépendante* qui, par des idées de l'harmonie et de l'unité la plus parfaite, est cause de tout l'univers; de cette manière je ne fais abstraction de toutes les conditions limitatives des idées que pour constituer, sous l'autorité de ce principe primitif, l'unité systématique de la diversité dans l'univers, et par ce moyen rendre l'usage empirique de la raison le plus grand possible, en considérant toutes ces combinaisons *comme si* elles étaient des dispositions d'une raison suprême, dont la nôtre n'est qu'un faible simulacre. Je conçois alors cet être suprême par de purs concepts qui n'ont proprement d'application que dans le monde sensible. Mais aussi, comme cette supposition transcendantale ne m'est accordée que pour un usage relatif, à savoir, pour donner le substratum à la plus grande unité possible de l'expérience, je puis donc concevoir, au moyen seulement d'attributs qui n'appartiennent qu'au monde sensible, un être que je distingue du monde. Car je ne prétends nullement, et je n'ai pas le droit de prétendre à la connaissance de cet objet de mon idée, quant à ce qu'il peut être en lui-même, puisque je n'ai pas de concepts qui puissent me le permettre. Les concepts, même de réalité, de substance, de causalité, celui de la nécessité dans l'existence, perdent ici toute leur valeur, et sont de vains titres de concepts sans aucun contenu, dès que je sors par là du champ des sens. Je ne conçois la relation d'un être qui m'est tout à fait inconnu, avec la plus grande unité systématique de l'univers, que pour en faire un schème du principe régulateur du plus grand usage empirique possible de ma raison.

821. Si nous jetons maintenant nos regards sur l'objet transcendantal de nos idées, nous verrons que nous ne pouvons pas en supposer l'existence *en elle-même* suivant les concepts de réalité, de substance, de causalité, etc., parce que ces concepts n'ont pas la moindre application à quelque chose qui diffère totalement du monde sensible. Par conséquent la supposition rationnelle d'un être suprême comme cause première est conçue d'une manière purement relative, en faveur de l'unité systématique du monde sensible ; c'est un simple quelque chose en idée, de la nature *intime* duquel nous n'avons pas le moindre concept. On voit aussi par là pourquoi, à la vérité, nous avons besoin de l'idée d'un être primitif *nécessaire en soi*, par rapport à ce qui est donné d'existant pour le sens, mais pourquoi nous ne pouvons jamais avoir le moindre concept de cet être et de sa *nécessité* absolue.

822. A présent, nous pouvons mettre clairement sous les yeux le résultat de toute la dialectique transcendantale, et déterminer nettement la fin dernière des idées de la raison pure, qui ne peuvent être dialectiques que par un malentendu et une témérité. La raison pure ne

s'occupe donc que d'elle-même, et ne peut avoir aucun autre objet, parce que les objets ne lui sont pas donnés pour l'unité du concept expérimental, mais bien les connaissances intellectuelles pour l'unité du concept rationnel ou de l'enchaînement en un principe unique. L'unité rationnelle est l'unité du système, et cette unité systématique sert à la raison de principe, non objectivement pour l'étendre au delà des objets, mais subjectivement comme maxime pour l'appliquer à toute connaissance empirique possible des objets. Néanmoins l'enchaînement systématique que la raison peut donner à l'usage empirique de l'entendement, non seulement en exige l'extension, mais de plus il en garantit la justesse; et le principe de cette unité systématique est aussi objectif, d'une manière indéterminée (*principium vagum*) sans doute, et non à titre de principe constitutif ou pour déterminer quelque chose par rapport à son objet direct, mais comme maxime ou principe purement régulateur, pour provoquer et soutenir à l'infini (indéterminément) l'usage empirique de la raison par la découverte de nouvelles voies que l'entendement ne connaît pas, sans être pour cela jamais contraire le moins du monde aux lois de l'usage empirique.

823. Mais la raison ne peut concevoir cette unité systématique sans donner en même temps à son idée un objet qui ne peut se rencontrer dans aucune expérience, car l'expérience ne donne jamais un exemple d'unité systématique parfaite. Cet être de raison (*ens rationis ratiocinatæ*) n'est donc, à la vérité, qu'une simple idée, et n'est par conséquent pas pris absolument *en lui-même* comme quelque chose de réel; il n'est posé en principe que problématiquement (parce que nous ne pouvons

l'atteindre par aucuns concepts de l'entendement), afin d'apercevoir la raison entière des choses du monde sensible comme si elles avaient leur fondement dans cet être de raison, mais dans le dessein seulement de fonder là-dessus l'unité systématique indispensable à la raison, unité requise de toutes manières pour la connaissance empirique de l'entendement, sans toutefois qu'elle puisse jamais lui être un obstacle.

824. On connaîtrait mal le sens de cette idée, si on la prenait pour l'affirmation ou seulement pour la supposition d'une chose réelle à laquelle on penserait attribuer le principe de la constitution systématique du monde. Il faut au contraire laisser complétement indéterminée la propriété du principe de cette idée, principe qui se soustrait à nos concepts, et se poser une idée pour point de vue, d'où seulement cette unité si nécessaire à la raison et si salutaire à l'entendement puisse s'étendre. En un mot, cette chose transcendantale est simplement le schème de ce principe régulateur par lequel la raison, autant qu'il est en elle, étend l'unité systématique à toute expérience.

825. Le premier objet d'une telle idée, c'est moi-même, considéré simplement comme nature pensante (âme). Si je recherche les propriétés dont un être pensant est doué en lui-même, je dois interroger l'expérience, et je ne puis appliquer à cet objet aucune des catégories, qu'autant que leur schème est donné dans l'intuition sensible. Mais je ne parviens jamais de cette manière à une unité systématique de tous les phénomènes du sens intime. Au lieu donc du concept expérimental (de ce qu'est réellement l'âme), concept qui ne peut pas nous mener loin, la raison prend le concept de

l'unité empirique de toute pensée, et par le fait qu'elle pense cette unité inconditionnée et primitive, elle tire de là un concept rationnel (une idée) d'une substance simple immuable en elle-même (personnellement identique) et qui est en commerce avec les autres choses réelles qui lui sont extérieures, en un mot l'idée d'une intelligence simple subsistant par elle-même. Mais, en cela, elle n'a en vue que des principes de l'unité systématique dans l'explication des phénomènes de l'âme ; savoir, de considérer toutes les déterminations comme appartenant à un sujet unique, toutes les facultés comme dérivées autant que possible d'une seule et unique faculté fondamentale, tout changement comme déterminant un seul et même être constant, et de se représenter tous les *phénomènes* dans l'espace comme complétement distincts des actes de la *pensée*. Cette simplicité de la substance, etc., ne devrait être que le schème de ce principe régulateur, loin d'être supposée la cause réelle des propriétés de l'âme. Car ces propriétés peuvent aussi reposer sur des principes tout différents, mais que nous ne connaissons pas, de la même manière précisément que nous ne pourrions pas proprement connaître l'âme en elle-même par ces prédicats supposés, tout en voulant les faire valoir par rapport à elle, puisqu'ils constituent une simple idée qui ne peut absolument pas être représentée *in concreto*. Cette idée psychologique ne peut donc être qu'avantageuse, si l'on a l'attention de ne la faire valoir que relativement à l'usage systématique de la raison par rapport aux phénomènes de notre âme. Car lorsqu'aucune des lois empiriques des phénomènes corporels, lois qui sont d'une tout autre espèce, ne se mêlent aux explications des phénomènes du *sens intime*, alors aucune vaine hypothèse sur la génération, la mort, la palingénésie des âmes, etc., n'est permise. Et dès lors cet objet du sens intime est envisagé dans toute sa pureté, sans mélange de propriétés hétérogènes; de plus, l'investigation de la raison tend à ramener autant que possible à un principe unique les raisons d'explication dans ce sujet; résultats qui s'obtiennent très bien, qui ne s'obtiennent même que par un tel schème, considéré comme un être réel. L'idée psychologique ne peut non plus signifier autre chose que le schème d'un concept régulateur. Car si je voulais demander seulement si l'âme n'est pas en elle-même d'une nature spirituelle, cette question n'aurait alors aucun sens. Par ce concept j'enlève en effet non seulement la nature corporelle, mais encore toute nature, c'est-à-dire tous les prédicats d'une expérience possible, par conséquent toutes les conditions nécessaires pour concevoir un objet à un tel concept; seule chose cependant qui fait que l'on dit que ce concept a un sens.

826. La seconde idée régulatrice de la raison purement spéculative est le concept du monde en général. Car la nature n'est à proprement parler qu'un seul objet donné, par rapport auquel la raison a besoin de principes régulateurs. Cette nature est de deux espèces, ou pensante ou corporelle. Pour concevoir la nature corporelle, quant à sa possibilité intime, c'est-à-dire pour déterminer l'application des catégories à cette nature, nous n'avons besoin d'aucune idée, c'est-à-dire d'aucune représentation qui dépasse l'expérience. Il n'en est même aucune de possible par rapport à cette nature, parce qu'ici nous sommes uniquement conduits par l'intuition sensible, et non comme dans le concept psycho-

logique fondamental (moi), qui comprend *a priori* une certaine forme de la pensée, savoir, son unité. Il ne nous reste donc, pour la raison pure, que la nature en général, et en elle la plénitude des conditions suivant un certain principe. La totalité absolue des séries de ces conditions, dans la dérivation de ses membres, est une idée qui à la vérité ne peut jamais être réalisée parfaitement dans l'usage même empirique de la raison, mais qui sert cependant de règle pour la manière de procéder dans l'expérience, c'est-à-dire dans l'explication de phénomènes donnés (en rétrogradant ou en avançant). Nous devons faire alors *comme si* la série en soi était infinie (c'est-à-dire *in indefinitum*) ; mais dans le cas où la raison même est considérée comme cause déterminante (dans la liberté), par conséquent dans les principes pratiques, nous devons agir *comme si* nous avions sous les yeux non un objet des sens, mais un objet de l'entendement pur, où les conditions ne peuvent plus être placées dans la série des phénomènes, mais hors d'elle, et où la série des états peut être considérée *comme si* elle commençait absolument (par une cause intelligible). Toutes choses qui prouvent que les idées cosmologiques ne sont que des principes régulateurs, et sont très éloignées de donner d'une manière en quelque sorte constitutive une totalité réelle de ces séries. On peut voir le reste en son lieu dans l'antinomie de la raison pure.

827. La troisième idée de la raison pure, qui contient une supposition purement relative d'un être, comme cause suffisante de toutes les séries cosmologiques, est le concept rationnel de Dieu. Nous n'avons pas la moindre raison de poser absolument (de supposer en soi) l'objet de cette idée ; car qu'est-ce qui peut nous permettre,

ou simplement nous excuser soit de croire, soit d'affirmer, d'après le simple concept que nous nous faisons de ce qu'il est en lui-même, un être d'une perfection absolue et comme absolument nécessaire par sa nature, si ce n'est le monde, par rapport auquel seulement la supposition peut être nécessaire? Ce qui fait voir que l'idée de cet être, ainsi que toutes les idées spéculatives, ne signifie autre chose sinon que la raison prescrit de considérer la liaison universelle du monde suivant des principes d'une unité systématique, par conséquent *comme si* tout procédait d'un seul être embrassant tout, comme cause suprême et suffisante de tout. D'où il est clair que la raison ne peut avoir encore d'autre vue que sa propre règle formelle dans l'extension de son usage empirique, mais jamais une extension *au delà de toutes les bornes de l'usage empirique*. Cette idée ne cache donc aucun principe constitutif de son usage approprié à une expérience possible.

828. L'unité formelle suprême la plus haute, qui se fonde seulement sur des concepts rationnels, est l'unité *finale* des choses; l'intérêt *spéculatif* de la raison nous force à regarder toute disposition régulière dans le monde comme l'effet délibéré d'une raison suprême. Un tel principe ouvre donc à notre raison, appliquée au champ de l'expérience, des aspects tout à fait nouveaux pour lier les choses dans le monde suivant des lois téléologiques, et pour parvenir de cette manière à leur plus grande unité systématique. La supposition d'une intelligence suprême comme cause unique de l'univers, mais tout simplement en idée, peut donc toujours être utile à la raison, sans cependant lui nuire jamais en cela. Car si nous présupposons par rapport à la figure

de la terre (ronde, cependant quelque peu aplatie) (1), aux montagnes, aux mers, etc., des vues parfaitement sages d'un créateur, nous pourrons faire de cette manière une foule de découvertes. Si donc nous restons dans cette supposition comme dans un principe purement *régulateur*, alors l'erreur même ne peut nous nuire. Car il ne peut en tous cas s'ensuivre autre chose, si ce n'est de trouver, là où nous attendions un enchaînement téléologique (*nexus finalis*), un enchaînement purement mécanique ou physique (*nexus affectivus*) ; et alors nous manquons seulement d'une unité de plus, mais nous n'altérons en rien l'unité rationnelle dans son usage empirique. Ce contretemps ne peut donc atteindre la loi même dans son but général et téléologique. Car quoiqu'un anatomiste puisse être convaincu d'erreur pour affecter quelque organe d'un corps animal à une fin qu'on peut montrer clairement n'en pas résulter, cependant il est absolument impossible de *faire voir* dans quelques cas donnés qu'une disposition de la nature, quelle qu'elle soit, manque tout à fait de fin. C'est pourquoi la physiologie (des médecins) étend aussi sa connaissance empirique très limitée des fins de la structure d'un corps organique, par un principe que donne la seule raison pure, au point de supposer très hardiment,

---

(1) L'avantage que procure la figure arrondie de la terre est assez connu, mais peu savent que son aplatissement en forme de sphéroïde empêche à lui seul que les élévations du continent, ou même des plus petites montagnes produites comme par un tremblement de terre, ne dérange sans cesse l'axe de la terre, et même d'une manière considérable en peu de temps, la terre formant sous la ligne une si grande montagne que la secousse de toute autre montagne ne peut jamais la déplacer par rapport à l'axe. Et cependant on n'hésite pas à expliquer cette sage disposition par l'équilibre de la masse terrestre, autrefois fluide.

et en même temps du consentement de tous les hommes sages, que tout dans l'animal a son utilité et sa fin convenable ; supposition qui, si elle devait être constitutive, irait beaucoup plus loin que ne peuvent le permettre les observations faites jusqu'ici. D'où l'on voit qu'elle n'est qu'un principe régulateur de la raison, pour arriver à l'unité systématique suprême par le moyen de l'idée de la causalité finale d'une cause première et suprême du monde, *comme si* cette cause, en tant que suprême intelligence, avait tout fait d'après un but souverainement sage.

829. Si nous sortons de cette restriction de l'idée à l'usage purement empirique, la raison se trompe de plusieurs manières, puisqu'alors elle quitte le terrain de l'expérience, qui doit cependant contenir les jalons de son chemin, et s'abandonne au delà de ce terrain à l'incompréhensible et à l'ininvestigable, sur la hauteur duquel elle est nécessairement saisie de vertige, parce qu'elle se voit de là entièrement privée de tout usage d'accord avec l'expérience.

830. Le premier inconvénient qui résulte de l'emploi de l'idée d'un être suprême, non d'une manière simplement régulatrice, mais (ce qui est contraire à la nature d'une idée) constitutivement, est la raison paresseuse (*ignava ratio*) (1). On peut donc appeler ainsi tout principe qui fait que l'on considère une investiga-

(1) C'est ainsi que les anciens dialecticiens appelaient le paralogisme suivant : Si le destin le veut, tu dois guérir de cette maladie, que tu aies un médecin ou que tu n'en aies pas. Cicéron dit que cette manière de raisonner a été ainsi appelée, parce que, si on la suit, il n'y a aucun usage à faire de la raison dans la vie ; ce qui est la cause pour laquelle j'ai caractérisé de ce nom l'argument sophistique de la raison pure.

tion de la nature, en quoi que ce soit, comme absolument accomplie, et qui porte par conséquent la raison à demander du repos comme si elle avait achevé son œuvre. C'est pourquoi l'idée psychologique même, quand elle est employée comme un principe constitutif pour l'explication des phénomènes de notre âme, et en conséquence pour étendre notre connaissance sur ce sujet au delà de toute expérience (l'état de l'âme après la mort), accommode fort la raison sans doute, mais aussi corrompt et ruine de fond en comble tout son usage naturel suivant la direction de l'expérience. C'est ainsi que le spiritualiste dogmatique explique l'unité personnelle constamment subsistante à travers tous les changements, par l'unité de la substance pensante qu'il croit percevoir immédiatement dans le moi ; l'intérêt que nous prenons aux choses qui ne doivent arriver qu'après la mort, par la conscience de la nature immatérielle de notre sujet pensant, etc. Il se débarrasse ainsi de toute recherche naturelle des causes de nos phénomènes internes par des principes d'explication physique, puisqu'une sorte de décision supérieure d'une raison transcendante le porte à négliger au profit de sa commodité, mais au préjudice de ses lumières, les sources immanentes de la connaissance expérimentale. Cette conséquence fâcheuse est encore plus sensible dans le dogmatisme de notre idée d'une intelligence suprême et du système théologique de la nature (théologie physique) auquel le dogmatisme sert faussement de base. Car alors toutes les fins qui se montrent dans la nature, et nous en imaginons souvent dans ce but, servent à nous faciliter beaucoup l'investigation des causes, en ce sens qu'au lieu de les rechercher dans les lois générales du mécanisme de la matière, nous en appelons aux desseins impénétrables de la suprême sagesse, et regardons le travail de la raison comme achevé quand nous nous dispensons de l'usage de cette faculté, usage cependant qui ne trouve de fil conducteur qu'où l'ordre de la nature et la série des changements opérés suivant des lois internes et plus générales nous le met en mains. Cette erreur peut être évitée, si, — non contents de considérer du point de vue des fins quelques parties seulement de la nature, comme par exemple la division du continent, sa structure, l'espèce et la situation des montagnes, ou bien seulement l'organisation dans le règne végétal et animal, — nous rendons encore *tout à fait générale* cette unité systématique de la nature, par rapport à l'idée d'une intelligence suprême. Car alors nous établissons en principe une finalité suivant des lois générales de la nature, auxquelles pas un seul arrangement particulier n'échappe, quoiqu'il nous soit plus ou moins facile de le connaître, et nous avons un principe régulateur de l'unité systématique d'une liaison téléologique, mais que nous ne devons pas prédéterminer. Nous devons nous borner en l'attendant, à rechercher la liaison physico-mécanique, suivant des lois générales. Car alors seulement le principe de l'unité finale peut toujours étendre l'usage de la raison par rapport à l'expérience, sans y préjudicier en aucun cas.

831. Le second vice qui résulte de la fausse interprétation du principe de l'unité systématique est celui de la raison renversée (*perversa ratio*, ὕστερον πρότερον *rationis*). L'idée de l'unité systématique ne devrait servir que comme principe régulateur pour la chercher suivant des lois naturelles générales dans la liaison des choses,

et à proportion du chemin que l'on aurait fait dans la découverte sur la voie empirique, pour croire que l'on s'est d'autant plus rapproché de la plénitude de son usage, quoiqu'on ne puisse sans doute jamais l'atteindre. On fait précisément le contraire en tombant dans le vice dont nous parlons; on commence par poser la réalité comme fondement hypostatique d'un principe de l'unité finale, et l'on détermine anthropomorphiquement le concept de cette intelligence suprême, parce qu'il est en lui-même inaccessible à l'investigation; et alors les fins de la nature sont acceptées par force et dictatorialement, quand il est juste cependant de les chercher dans la voie de l'investigation physique. De telle sorte que non seulement la téléologie, qui devrait uniquement servir à suppléer l'unité de la nature, suivant des lois générales, ne sert qu'à la faire disparaître. Mais la raison manque encore par là même son propre but, qui est de prouver par la nature l'existence d'une telle cause intelligente suprême d'après cette fin. Car si l'on ne peut supposer *a priori* la finalité suprême dans la nature, c'est-à-dire comme appartenant à son essence, comment donc serait-on tenu de la rechercher et de s'approcher par son moyen et comme par degrés de la perfection souveraine d'un créateur, comme d'une perfection absolument nécessaire et par conséquent connaissable *a priori?* Le principe régulateur veut que l'on suppose absolument, et par conséquent comme dérivant de l'essence des choses, l'unité systématique, comme *unité naturelle,* qui n'est pas connue d'une manière purement empirique, mais qui est supposée *a priori,* quoique encore indéterminément. Mais si je mets tout d'abord en principe un ordonnateur suprême, c'en est fait de l'unité naturelle; car elle est tout à fait étrangère et fortuite dans la nature des choses, et ne peut plus être connue par des lois générales de la nature. De là un cercle vicieux dans la preuve, puisqu'on suppose ce qui proprement devrait être démontré.

832. Prendre le principe régulateur de l'unité systématique de la nature pour un principe constitutif, et supposer comme cause hypostatique ce qui n'est seulement qu'en idée pour servir de principe à l'usage uniforme de la raison, ce n'est évidemment là que troubler la raison elle-même. L'investigation de la nature va son chemin en suivant tout simplement la chaîne des causes naturelles, d'après les lois générales de la nature, suivant l'idée d'un créateur, il est vrai, non pour faire dériver de ce créateur la finalité qu'elle poursuit partout, mais pour en connaître l'existence par cette finalité qui est cherchée dans l'essence des choses naturelles, et autant que possible même dans l'essence de toutes les choses en général, par conséquent pour la reconnaître comme existence absolument nécessaire. Mais qu'on y réussisse ou non, l'idée reste toujours juste, ainsi que son usage, pourvu qu'il ait été restreint aux conditions d'un principe purement régulateur.

833. La parfaite unité finale est la perfection (considérée absolument). Si nous ne trouvons pas cette perfection dans la nature des choses qui composent tout l'objet de l'expérience, c'est-à-dire de toute notre connaissance objectivement valable, par conséquent dans les lois générales et nécessaires de la nature, comment voudrions-nous en conclure l'idée d'une perfection suprême et absolument nécessaire d'un être primitif qui soit le principe de toute causalité? La plus grande unité systé-

matique, par conséquent aussi l'unité finale, est l'école et même le fondement de la possibilité du plus grand usage de la raison humaine. Son idée est donc intimement liée à l'essence de notre raison. Cette même idée est donc législatrice pour nous, et il est aussi très naturel de lui supposer une raison legislatrice (*Intellectus archetypus*) de laquelle toute unité systématique de la nature soit dérivée, comme de l'objet de notre raison.

834. Nous avons dit, à l'occasion de l'antinomie de la raison pure, que toutes les questions que cette raison élève doivent absolument être répondues, et que le prétexte des bornes de notre connaissance, prétexte qui, dans beaucoup de questions physiques, est aussi inévitable que juste, ne peut être admis ici, où les questions ne roulent pas sur la nature des choses, mais seulement sur la nature de la raison, sur sa constitution interne. Nous pouvons maintenant confirmer au premier abord cette audacieuse assertion par rapport aux deux questions auxquelles la raison attache le plus grand intérêt, et compléter ainsi notre examen de la Dialectique.

835. Si donc on demande (à l'égard d'une théologie transcendantale) (1), *premièrement* : s'il y a quelque chose de distinct du monde qui renferme le principe de l'ordre du monde et de sa composition suivant des règles générales, nous répondrons : *oui, sans doute*. Car le monde est une somme de phénomènes; il faut

(1) Ce que j'ai déjà dit précédemment de l'idée psychologique et de sa destination propre, comme principe pour l'usage simplement régulateur de la raison, me dispense d'être long dans l'exposition de l'illusion transcendantale suivant laquelle cette unité systématique de toute diversité du sens intime est représentée hypostatiquement. La méthode est ici tout à fait semblable à celle que la critique a suivie par rapport à l'idéal théologique.

donc bien qu'ils aient un principe transcendantal, c'est-à-dire concevable au seul entendement pur. La *seconde* question est celle de savoir si cet être est une substance de la plus grande réalité, nécessaire, etc.; je réponds que cette *question n'a pas de sens*. En effet, toutes les catégories par lesquelles je cherche à me faire un concept d'un pareil objet n'ont qu'un usage empirique et n'ont absolument pas de sens si elles ne sont pas appliquées à des objets de l'expérience possible, c'est-à-dire au monde sensible. Hors de ce champ, elles ne sont que des titres pour des concepts, titres qu'on peut accorder, mais par lesquels aussi on ne peut rien entendre. La *troisième* question enfin est ainsi conçue : si nous ne pouvons pas au moins concevoir cet être différent du monde, suivant une *analogie* avec les objets de l'expérience? La réponse est : *oui, assurément;* mais comme objet en idée seulement, et non en réalité; c'est-à-dire, en tant uniquement qu'il est pour nous un substratum inconnu de l'unité systématique, de l'ordre et de la finalité de la constitution du monde, unité dont la raison doit se faire un principe régulateur de son investigation physique. De plus, nous pouvons accorder hardiment dans cette idée, et sans crainte d'être blâmé, certains anthropomorphismes qui sont indispensables à ce principe régulateur. Car ce n'est jamais qu'une Idée, qui ne se rapporte point directement à un être différent du monde, mais au principe régulateur de l'unité systématique du monde, et seulement par le moyen de son schème, ou d'une suprême intelligence qui soit l'auteur du monde suivant des fins pleines de sagesse. On n'a pas dû penser par là ce qu'est en soi ce principe primitif de l'unité du monde, mais comment nous devons l'employer, ou plutôt son idée, relativement à l'usage systématique de la raison à l'égard des choses du monde.

836. Mais, continuera-t-on, pourrons-nous cependant de cette manière admettre un créateur du monde, unique, sage et tout-puissant? *Sans aucun doute;* non seulement nous pouvons l'admettre, mais il *faut* même le supposer. — Mais alors n'étendons-nous pas notre connaissance au delà du champ de l'expérience possible? — *Aucunement.* Car nous avons seulement supposé un quelque chose dont nous n'avons aucun concept de ce qu'il est en lui-même (un objet purement transcendantal); mais par rapport à l'ordre systématique et final de la constitution du monde, ordre que nous devons supposer quand nous étudions la nature, nous n'avons pensé un être à nous inconnu que *par analogie* avec une intelligence (dont le concept est empirique); c'est-à-dire que nous l'avons doté, par rapport aux fins et à la perfection qui se fondent sur un tel être, d'attributs qui, suivant les conditions de notre raison, peuvent contenir le principe d'une semblable unité systématique. Cette idée est donc entièrement fondée sur l'*usage cosmique* de notre raison. Mais si nous voulions lui accorder une valeur absolument objective, nous oublierions alors que c'est simplement un être en idée que nous pensons; et comme nous partirions en ce cas d'un principe indéterminable par la contemplation du monde, nous ne pourrions pas appliquer convenablement ce principe à l'usage empirique de la raison.

837. Mais, demandera-t-on encore, ne puis-je pas cependant de cette manière faire usage du concept et de la supposition d'un être suprême dans la contemplation rationnelle du monde? — *Oui,* et c'est proprement

pour cela que cette idée a été fondée par la raison. — Mais puis-je donc considérer comme des fins, des dispositions qui y ressemblent, en les dérivant de la volonté divine, au moyen de dispositions particulières établies à cet effet dans le monde? — Oui, vous le pouvez également; mais de telle sorte qu'il vous soit indifférent que quelqu'un dise que la sagesse divine a tout coordonné à ses fins suprêmes, ou que l'idée de la suprême sagesse est un principe régulateur dans la recherche de la nature, et un principe de son unité systématique et finale suivant les lois physiques générales, dans le cas même où nous ne l'observons pas. C'est-à-dire qu'il doit vous être tout à fait indifférent de dire quand vous la percevez : Dieu l'a ainsi voulu dans sa sagesse, ou bien : la nature l'a ainsi ordonné sagement. Car la plus grande unité systématique, l'unité finale, que votre raison désirait donner pour base à toutes recherches physiques, comme principe régulateur, était précisément ce qui vous autorisait à mettre en principe l'idée d'une intelligence suprême, comme un schème du principe régulateur; et autant vous trouvez maintenant d'après cela de régularité dans le monde, autant vous trouvez innée la légitimité de votre idée. Mais comme ce principe n'avait d'autre but que de chercher l'unité naturelle nécessaire, et la plus grande possible, nous l'attribuerons, à la vérité, tant que nous pourrons l'atteindre, à l'idée d'un être suprême; mais nous ne pourrons, sans nous mettre en contradiction avec nous-mêmes, dépasser les lois générales de la nature, par rapport auxquelles seules l'idée était établie, pour regarder cette régularité de la nature comme contingente et surnaturelle par rapport à son origine, parce que nous ne sommes pas autorisés à admettre au-dessus de la nature un être revêtu de ces propriétés, mais seulement à mettre l'idée de cet être en principe, pour les considérer comme unies entre elles systématiquement suivant l'analogie d'une détermination causale des phénomènes.

838. Nous sommes donc aussi autorisés non seulement à concevoir la cause du monde en idée, suivant un anthropomorphisme subtil (sans lequel on n'en pourrait rien penser), à savoir comme un être qui a entendement, plaisir et peine, et en conséquence désir et volonté, mais à lui attribuer une perfection infinie, qui par conséquent surpasse de beaucoup celle à laquelle nous pouvons être conduits par la connaissance empirique de l'ordre du monde. Car la loi régulatrice de l'unité systématique veut que nous étudiions la nature, de manière qu'on trouve partout à l'infini unité systématique et finale, malgré la plus grande diversité possible. Car, quoique nous ne découvrions que peu de cette perfection cosmique, il est cependant de la législation de notre raison de la chercher et de la soupçonner partout, et il doit toujours nous être avantageux, et jamais préjudiciable, de régler suivant ce principe la contemplation de la nature. Mais il est clair aussi, par cette représentation de l'idée fondamentale d'un créateur suprême, que je ne mets pas en principe l'existence et la connaissance d'un tel être, mais seulement son idée; et par conséquent que je ne dérive proprement rien de cet être, mais simplement de son idée, c'est-à-dire de la nature des choses du monde, suivant une telle idée. Aussi une certaine conscience, quoique inexpliquée ou enveloppée, du légitime usage de notre concept rationnel, semble avoir fait tenir aux philosophes de tous les temps un

langage modeste et raisonnable, lorsqu'ils présentent la sagesse et la providence de la nature et de la sagesse divine, comme des locutions synonymes, et qu'ils préfèrent même la première locution quand il s'agit seulement de la raison spéculative, parce qu'elle empêche la prétention d'affirmer plus que nous ne devons, et réduit en même temps la raison à son propre champ, la nature.

839. Ainsi la raison pure, qui ne semblait nous promettre d'abord rien de moins que l'extension des connaissances au delà de toutes les bornes de l'expérience, si nous la comprenons bien, ne contient que des principes régulateurs ; principes qui, à la vérité, prescrivent une unité plus grande que celle que l'usage empirique de l'entendement peut atteindre, mais qui, par cela même qu'ils placent si loin la borne de l'approximation de cet usage, élèvent son accord avec lui-même, par l'unité systématique, au plus haut degré ; tandis que si on les entend mal, et si on les prend pour des principes constitutifs de connaissances transcendantes, par une apparence à la vérité brillante mais illusoire, une opinion et une prétendue science produisent alors des contradictions et des disputes éternelles.

**

840. Ainsi toute connaissance humaine commence avec des intuitions, d'où elle s'élève à des concepts et aboutit à des idées. Quoiqu'elle ait, par rapport à ces trois éléments, des sources de connaissance *a priori*, qui, au premier aspect, semblent dédaigner les bornes de toute expérience, une critique complète persuade ce-

pendant que toute raison dans l'usage spéculatif ne peut jamais, avec ses éléments, dépasser le champ de l'expérience possible, et que la destination propre de cette faculté suprême de connaître est de ne se servir de toutes les méthodes et des principes de ces méthodes, que pour poursuive la nature jusque dans ce qu'elle a de plus intime suivant tous les principes possibles de l'unité, dont le principal est celui des fins ; mais jamais pour sortir des limites de la nature, hors desquelles nous ne trouvons que l'espace vide. A la vérité, l'examen critique de toutes les propositions qui peuvent étendre notre connaissance au delà de l'expérience réelle nous persuade suffisamment, dans l'Analytique transcendantale, qu'elles ne peuvent jamais conduire qu'à une expérience possible ; et si l'on ne se défiait pas des théorèmes abstraits et généraux les plus clairs, quand des perspectives attrayantes et trompeuses ne nous portent pas à rejeter la force de ces théorèmes, assurément nous aurions pu être dispensés d'interroger péniblement tous les témoins dialectiques qu'une raison transcendantale appelle au secours de ses prétentions ; car nous savions déjà, et d'une science certaine, que tous ses prétextes, peut-être sincères, devaient être tout à fait inutiles, puisqu'il s'agissait d'une connaissance qui ne saurait être le partage de personne. Mais cependant, comme il n'y a pas de fin aux paroles si l'on ne fait voir la véritable cause de l'apparence par laquelle la raison, même la plus subtile, peut être surprise, et comme la résolution de toute notre connaissance transcendante en tous ses éléments (comme étude de notre nature intérieure) n'est pas de peu de prix en elle-même ; c'est un devoir pour le philosophe, et non simplement une nécessité, d'examiner avec détail toute cette œuvre, si vaine qu'elle soit, de la raison spéculative, jusque dans ses premières sources. Mais comme l'apparence dialectique est illusoire et attrayante, non seulement quant au jugement, mais encore quant à l'intérêt que l'on prend ici au jugement, et qu'elle est et sera sans doute toujours naturelle, il était prudent de rédiger pour ainsi dire les actes de ce procès, et de les déposer dans les archives de la raison humaine, afin d'éviter de semblables erreurs à l'avenir.

II.

MÉTHODOLOGIE TRANSCENDANTALE

841. Si je considère l'ensemble de toute connaissance de la raison pure et spéculative comme un édifice dont nous avons au moins l'idée, je puis dire que nous en avons énuméré et déterminé, dans la science élémentaire transcendantale, les matériaux, quel que puisse être cet édifice, et quelles qu'en soient la hauteur et la solidité. Sans doute il est arrivé, quoique nous eussions dans l'esprit une tour qui devait s'élever jusqu'au ciel, qu'il ne s'est trouvé de matériaux que pour construire une habitation justement assez spacieuse et assez élevée pour y vaquer à nos travaux sur la plaine de l'expérience. Cette entreprise hardie a donc dû échouer faute de matériaux, sans même avoir égard à la confusion qui devait inévitablement diviser les travailleurs sur le plan à suivre, et les disperser par tout le monde, pour qu'ils bâtissent chacun en particulier suivant son dessein. Maintenant, il s'agit bien moins des matériaux que du plan; et quoique nous soyons avertis de ne pas le hasarder sur un dessin arbitraire et aveugle, qui pourrait

peut-être dépasser toutes nos ressources, nous ne pouvons cependant pas renoncer à nous élever une demeure solide, sauf à en faire le devis en conséquence des matériaux qui nous sont donnés, et de nos besoins en même temps.

842. J'entends donc par méthodologie transcendantale la détermination des conditions formelles d'un système complet de la raison pure. En sorte que nous avons à nous occuper d'une *discipline,* d'un *canon,* d'une *architectonique,* enfin d'une *histoire* de la raison pure ; et nous ferons, au point de vue transcendantal, ce que l'on tente dans les écoles sous le nom de *logique pratique,* par rapport à l'usage de l'entendement en général, mais qu'on exécute mal. En effet la logique générale n'étant restreinte à aucune espèce particulière de connaissance intellectuelle (v. g., à la connaissance intellectuelle pure), n'étant pas non plus restreinte à certains objets, elle ne peut faire, à moins qu'elle n'emprunte des connaissances d'autres sciences, que de proposer des titres aux *méthodes possibles,* et des expressions techniques dont nous nous servons par rapport à ce qu'il y a de systématique dans les différentes sciences, expressions qui apprennent d'avance à l'élève des noms dont il ne doit que plus tard connaître la signification et l'usage.

CHAPITRE PREMIER.

Discipline de la raison pure.

843. Les hommes, avides de connaître, ont fort peu d'estime pour les jugements négatifs, non seulement

quant à la forme logique, mais encore quant à la matière ; on les regarde absolument comme des ennemis jaloux de notre insatiable besoin de connaître ; il faudrait presque une apologie pour les faire tolérer seulement, à bien plus forte raison pour leur concilier estime et faveur.

844. On peut exprimer, *logiquement* à la vérité, d'une manière négative, toutes les propositions que l'on veut. Mais par rapport au contenu de notre connaissance en général, c'est-à-dire si un jugement l'étend ou la restreint, les jugements négatifs ont pour fonction propre d'*empêcher* simplement l'*erreur*. C'est aussi pourquoi des propositions négatives, destinées à prévenir une fausse connaissance dans des matières où l'erreur n'est jamais possible, sont sans doute très vraies, mais cependant vaines, c'est-à-dire non conformes à leur but, et sont souvent, par cette raison, ridicules. Telle est la proposition de ce rhéteur : qu'Alexandre n'aurait rien pu conquérir sans armées.

845. Mais là où les bornes de notre connaissance possible sont très étroites, l'inclination à juger grande, l'apparence fort trompeuse, et le préjudice occasionné par l'erreur très pernicieux, là l'instruction *négative,* qui ne sert qu'à nous préserver de l'erreur, a plus d'importance qu'une instruction positive imparfaite par laquelle notre connaissance pourrait être agrandie. La *contrainte* par laquelle le penchant continuel à s'écarter de certaines règles est réprimé et enfin détruit, s'appelle *discipline*. Elle diffère de la *culture,* qui doit simplement procurer de l'*habileté,* sans au contraire en détruire une autre déjà existante. Pour la formation d'un talent qui est déjà porté par lui-même à se développer, la disci-

pline donnera donc un secours négatif (1), mais la culture et la doctrine donneront un secours positif.

846. Que le tempérament et des dispositions naturelles qui se permettent volontiers un mouvement libre et illimité (comme l'imagination et le génie), aient besoin d'une discipline à plusieurs égards, c'est ce que tout le monde accordera facilement. Mais que la raison, dont le propre est de prescrire une discipline à toutes les autres tendances de notre nature, en manque elle-même, c'est ce qui paraîtra sans doute étrange. Et en fait, elle s'est effectivement soustraite jusqu'ici à cette espèce d'humiliation, précisément parce qu'en voyant son air imposant et solennel, personne ne pouvait facilement la soupçonner capable de s'occuper d'un jeu frivole d'images au lieu de concepts, et de mots au lieu de choses.

847. Il n'est besoin d'aucune critique de la raison dans l'usage empirique, parce que ses principes sont continuellement soumis au contrôle de l'expérience. Il en est de même dans les mathématiques, où ses concepts doivent être exposés continuellement à l'intuition pure *in concreto*; par là, tout ce qui est faux et arbitraire est aussitôt rendu visible. Mais dans les cas où ni l'intuition empirique, ni l'intuition pure ne contiennent la raison dans un orbite sensible, savoir dans son usage transcendantal par les seuls concepts, alors elle a grande-

---

(1) Je sais bien que l'on a coutume d'employer dans la langue de l'école le nom de *discipline* comme synonyme de celui d'instruction. Mais il y a beaucoup d'autres cas aussi où la première expression se distingue soigneusement de la seconde et signifie *correction*, tandis que l'autre signifie *éducation*; et la nature des choses demande que l'on conserve, en faveur de cette distinction, les expressions les plus convenables. C'est pourquoi je désirerais qu'on ne prît jamais le mot discipline que dans le sens négatif.

ment besoin d'une discipline qui réprime son penchant à s'étendre au delà des bornes restreintes de l'expérience possible, et la garantisse de l'extravagance et de l'erreur ; et toute la philosophie de la raison pure n'a d'autre but que cette utilité négative. Elle peut remédier aux erreurs particulières par la *censure*, et à leurs causes par la *critique*. Mais dans le cas où, comme dans la raison pure, se trouve un système total d'illusions et de prestiges bien liés entre eux, et systématisés d'après des principes communs, il semble nécessaire d'établir une législation toute spéciale, mais négative, et qui, sous le nom de *discipline,* constitue en partant tout à la fois de la nature de la raison et de celle des objets de son usage, comme système de circonspection et d'examen de soi-même, en présence duquel aucune fausse et subtile apparence ne puisse subsister, mais au contraire doive se dévoiler sur le champ, nonobstant toutes les raisons qui semblent être en sa faveur.

848. Mais il est bon de remarquer que, dans cette seconde partie de la critique transcendantale, je dirige la discipline de la raison pure, non sur le contenu, mais simplement sur la méthode de connaître par raison pure. La première de ces tâches a été remplie dans la science élémentaire. Mais l'usage de la raison, à quelque objet qu'il puisse s'appliquer, est d'un côté tellement identique à lui-même, en même temps qu'il diffère si essentiellement de tout autre en tant qu'il doit être transcendantal, que, sans la doctrine négative préventive qui donne une discipline établie principalement à cet effet, ces erreurs sont inévitables ; elles résultent nécessairement d'une observation intempestive de méthodes, qui, à la vérité, peuvent bien convenir ailleurs à la raison, mais pas ici.

SECTION I.

Discipline de la raison pure dans l'usage dogmatique.

849. Les mathématiques donnent un exemple très frappant de l'extension indépendante et heureuse de la raison pure, sans le secours de l'expérience. Des exemples sont contagieux, principalement pour une faculté qui se flatte naturellement d'avoir toujours le même bonheur qu'elle a eu dans un cas particulier. La raison pure espère donc pouvoir s'étendre heureusement et fondamentalement dans l'usage transcendantal, comme il lui est arrivé dans les mathématiques, si surtout elle emploie dans le premier cas cette méthode qui lui a été d'une si grande et si évidente utilité dans le second. Il importe donc beaucoup de savoir si la méthode pour arriver à la certitude apodictique, méthode qu'on appelle *mathématique* dans cette dernière science, est identique à la première, au moyen de laquelle on cherche la même certitude en philosophie, et qu'on devrait appeler ici méthode *dogmatique*.

850. La connaissance *philosophique* est la *connaissance rationnelle* par *concepts*, mais la connaissance mathématique est la connaissance rationnelle par la *construction* des concepts. Or, *construire* un concept, c'est exposer *a priori* l'intuition qui lui correspond. Pour la construction d'un concept il faut donc une intuition *non empirique*, qui ait par conséquent, comme intuition un objet *unique*, mais qui, néanmoins, comme construction d'un concept (d'une représentation générale), doit exprimer dans la représentation quelque chose d'universellement valable pour toutes les intuitions pos-

sibles qui appartiennent à ce concept. Ainsi, je construis un triangle lorsque j'expose un objet qui correspond à ce concept, ou par le moyen de la simple imagination en intuition pure, ou suivant l'imagination encore, sur le papier, en intuition empirique; mais dans l'un et l'autre cas parfaitement *a priori,* sans en avoir pris l'exemplaire d'aucune expérience. La figure particulière décrite est empirique, et sert néanmoins à exprimer le concept sans préjudice pour sa généralité, parce que dans cette intuition empirique, on ne considère jamais que l'action de construire un concept, auquel beaucoup de déterminations (par exemple, celle de la grandeur, des côtés et des angles) sont tout à fait indifférentes, et l'on fait par conséquent abstraction de ces différences qui ne changent pas le concept du triangle.

851. La connaissance philosophique ne considère donc le particulier que dans le général, et la connaissance mathématique le général que dans le particulier, et même dans le singulier, quoique cependant *a priori* et par le moyen de la raison; de telle sorte que, de même que le singulier est déterminé par certaines conditions générales de la construction, de même l'objet du concept auquel ce singulier répond seulement comme schème, doit être conçu comme déterminé universellement.

852. La différence essentielle de ces deux espèces de la connaissance rationnelle consiste donc dans cette forme, et ne repose pas sur celle de leur matière ou de leurs objets. Des philosophes ont cru distinguer la philosophie des mathématiques, en donnant à la philosophie pour objet simplement la *qualité*, et aux mathématiques la *quantité;* mais ils ont pris l'effet pour la

cause. La forme de la connaissance mathématique est la cause que cette connaissance ne peut se rapporter qu'aux quantités. Car le seul concept des quantités peut être construit, c'est-à-dire présenté *a priori* en intuition ; mais les qualités ne peuvent être présentées que dans l'intuition empirique. Leur connaissance rationnelle n'est donc possible que par concepts. Ainsi, personne ne peut prendre que de l'expérience une intuition correspondante au concept de la réalité, et jamais on n'y participera de soi-même *a priori* et avant la conscience empirique. La forme conique pourra être rendue percevable sans aucun auxiliaire empirique, par le seul concept, mais la couleur de ce cône devra être donnée d'avance par une expérience ou par une autre. Je ne puis d'aucune manière mettre en intuition le concept d'une cause en général, si ce n'est par quelque exemple que l'expérience me donne. Du reste, la philosophie traite des quantités comme les mathématiques ; par exemple de la totalité, de l'infinité, etc. Les mathématiques s'occupent aussi de la différence des lignes et des surfaces, ainsi que d'espaces de qualité diverse, de la continuité de l'étendue comme d'une de leurs qualités. Mais quoique, dans ce cas, la philosophie et les mathématiques aient un objet commun, cependant la manière de le traiter par la raison est tout à fait différente dans la philosophie et dans les mathématiques. La première s'attache simplement aux concepts généraux ; celles-ci ne peuvent rien faire de ces simples concepts, mais elles se hâtent de recourir à l'intuition dans laquelle elles considèrent le concept *in concreto*, quoique cependant pas empiriquement, mais simplement dans une intuition qu'elles proposent, ou qu'elles construisent *a priori*, et dans laquelle ce qui résulte des conditions générales de la construction doit valoir aussi généralement de l'objet du concept construit.

853. Que l'on donne à un philosophe le concept d'un triangle, et qu'on le laisse chercher à sa manière le rapport de la somme des trois angles à l'angle droit : il n'a que le concept d'une figure renfermée dans trois lignes droites, et en elle le concept d'un nombre égal d'angles. Il aura beau penser à ce concept tant qu'il voudra, il ne trouvera rien de nouveau. Il peut décomposer et rendre clair le concept de la ligne droite ou d'un angle, ou du nombre trois, mais jamais arriver à des propriétés qui ne se trouvent déjà pas dans ces concepts. Mais si l'on fait cette question au géomètre, il commence aussitôt par construire un triangle. Et comme il sait que deux angles droits pris ensemble valent autant que tous les angles contigus qui peuvent être formés d'un point sur une ligne droite, il prolonge un côté de son triangle et obtient deux angles adjacents, qui, pris ensemble, sont égaux à deux angles droits. Il partage ensuite l'angle externe en tirant une ligne parallèle au côté opposé du triangle, et voit qu'il en résulte un angle adjacent externe qui est égal à un angle interne, etc. De cette manière il est toujours conduit, suivant une chaîne de conclusions, de l'intuition à la solution parfaitement claire, et en même temps générale de la question.

854. Les mathématiques ne construisent pas simplement des grandeurs (*quanta*) comme dans la géométrie, mais encore la simple quantité (*quantitatem*), comme dans l'algèbre, où l'on fait pleine abstraction de la qualité de l'objet qui doit être pensé suivant un concept de

grandeur de cette nature. On choisit alors une certaine notation de toutes les constructions de quantités en général (de nombres, comme de l'addition, de la soustraction, etc., de l'extraction des racines), et, après qu'on a désigné le concept général des quantités suivant leurs divers rapports, on expose en intuition suivant certaines règles générales toute opération qui est engendrée et changée par la quantité. Quand il s'agit de diviser une quantité par une autre, on combine les caractères de toutes les deux suivant la forme indiquée pour la division, etc., et l'on parvient ainsi, au moyen d'une construction symbolique, aussi bien que la géométrie par la construction ostensible ou géométrique (des objets mêmes), à un point où la connaissance discursive ne pourrait jamais atteindre par de simples concepts.

855. Quelle est la cause d'une position si différente où se trouvent le philosophe et le mathématicien, l'un prenant le chemin des concepts, l'autre celui des intuitions qu'il expose suivant des concepts *a priori?* D'après les théories transcendantales précédemment établies, cette cause est claire : il ne s'agit pas ici de propositions analytiques qui puissent être engendrées par la simple décomposition des concepts (en quoi sans doute le philosophe aurait l'avantage sur son adversaire), mais de propositions synthétiques, et même telles qu'elles doivent être connues *a priori*. Car je ne dois pas considérer ce que je pense réellement dans mon concept de triangle (ce qui n'est autre chose que la simple définition), mais je dois plutôt m'élever au-dessus de ce concept, aux propriétés qui ne sont pas dans ce concept, mais qui cependant lui appartiennent. Ce qui n'est possible qu'en déterminant mon objet d'après les conditions de l'intui-

tion pure ou de l'intuition empirique. La première manière ne donnerait qu'une proposition empirique (par la mesure de ses angles) et sans généralité, à plus forte raison sans nécessité. Ce n'est pas de propositions semblables qu'il est question. Mais la seconde manière est la construction mathématique, et même ici la construction géométrique, par le moyen de laquelle j'ajoute, dans une intuition pure comme dans une intuition empirique, la diversité qui appartient au schème d'un triangle en général, par conséquent à son concept : ce qui est certainement un moyen de construire des propositions générales synthétiques.

856. Je philosopherais donc vainement sur le triangle, c'est-à-dire en y pensant discursivement, sans faire un seul pas au delà de la simple définition, mais par laquelle il serait juste de commencer. Il y a bien une synthèse transcendantale par simples concepts, synthèse qui ne réussit qu'au philosophe, mais qui ne concerne qu'une chose en général, quelles que soient les conditions sous lesquelles la perception de cette chose puisse appartenir à l'expérience possible. Mais dans les problèmes mathématiques il n'en est jamais question, ni en en général de l'existence; il ne s'agit que des propriétés des objets en eux-mêmes, en tant seulement que ces objets sont unis à leur concept.

857. Nous avons seulement cherché, dans l'exemple rapporté, à rendre claire la grande différence qu'il y a entre l'usage discursif de la raison, quant aux concepts, et l'usage intuitif par la construction des concepts. La question qui se présente maintenant tout naturellement est celle de savoir pourquoi ce double usage de la raison est nécessaire et à quelle condition on peut reconnaître

si le premier seulement a lieu ou bien encore le second.

858. Toute notre connaissance se rapporte en dernier lieu cependant à des intuitions possibles ; car celles-ci seules donnent un objet. Or, un concept *a priori* (un concept non empirique) contient déjà ou une intuition pure, et alors il peut être construit, ou il ne contient que la synthèse d'intuitions possibles qui ne sont pas données *a priori*, et alors on peut bien juger synthétiquement et *a priori* par ce concept, mais seulement d'une manière discursive d'après des concepts, et jamais intuitivement par la construction du concept.

859. Or, de toutes les intuitions aucune ne nous est donnée *a priori*, si ce n'est la simple forme des phénomènes, l'espace et le temps ; et leur concept comme concept de quantités (*quantis*), peut être exposé en intuition *a priori*, c'est-à-dire construit, soit avec leur qualité (leur figure), soit par le nombre en s'en tenant à leur quantité (la simple synthèse du divers homogène). Mais la matière des phénomènes par laquelle des *choses* nous sont données dans l'espace et le temps ne peut être présentée que dans la perception, par conséquent *a posteriori*. Le seul concept qui représente *a priori* cette matière empirique des phénomènes est le concept de chose en général, et sa connaissance synthétique *a priori* ne peut procurer que la simple règle de la synthèse de ce que l'intuition peut donner *a posteriori*, mais jamais l'intuition de l'objet réel *a priori*, parce que cette intuition doit nécessairement être empirique.

860. Les propositions synthétiques qui concernent des *choses* en général dont l'intuition ne peut être donnée *a priori*, sont transcendantales. C'est pourquoi les propositions transcendantales ne sont jamais données

par la construction des concepts, mais seulement *a priori* d'après des concepts. Elles contiennent simplement la règle suivant laquelle une certaine unité synthétique de ce qui ne peut pas être présenté intuitivement *a priori* (des perceptions) doit être cherchée empiriquement. Mais elles ne peuvent, en aucun cas, représenter *a priori* un seul de leurs concepts ; elles ne peuvent le faire qu'*a posteriori,* par le moyen de l'expérience, qui n'est en définitive possible que suivant ces propositions synthétiques.

861. Quand on doit juger synthétiquement d'un concept, il faut en sortir et recourir à l'intuition dans laquelle il est donné ; car si l'on s'en tenait à ce qui est contenu dans le concept, le jugement serait simplement analytique, et ne serait qu'une explication de la pensée d'après ce qui est contenu réellement dans le concept. Mais je puis passer du concept à une intuition pure ou empirique correspondante, pour l'y considérer *in concreto*, et pour connaître *a priori* ou *a posteriori* ce qui convient à son objet. Dans le premier cas, la connaissance est rationnelle et mathématique par la construction du concept ; dans le second, la connaissance est simplement empirique (mécanique) et ne peut jamais donner des oppositions nécessaires et apodictiques. Je pourrais donc décomposer mon concept empirique d'or, sans autre profit que d'énumérer tout ce que je pense dans ce mot ; en quoi sans doute ma connaissance acquiert une perfection logique, mais sans qu'il en résulte aucune augmentation ou addition. Je prends la matière qui se présente sous ce nom, et je la soumets à des perceptions qui donneront différentes propositions synthétiques mais empiriques. Je construirais le concept ma-

thématique d'un triangle, c'est-à-dire que je le donnerais en intuition *a priori*, et j'acquerrais de cette manière une connaissance synthétique mais rationnelle. Si c'est le concept transcendantal d'une réalité, d'une substance, d'une faculté, etc., qui m'est donné, il ne désigne ni une intuition empirique, ni une intuition pure, mais seulement la synthèse des intuitions empiriques (qui par conséquent ne pourraient être données *a priori*). La synthèse ne pouvant s'élever *a priori* à l'intuition qui lui correspond, aucune proposition synthétique déterminante ne peut sortir de ce concept, mais seulement un principe de la synthèse (1) des intuitions empiriques possibles. Une proposition transcendantale est donc une connaissance rationnelle synthétique suivant de simples concepts, et par conséquent discursive, puisque par là seulement toute unité synthétique de la connaissance empirique est possible, mais sans aucune intuition *a priori*.

862. Il y a donc deux emplois de la raison, lesquels, malgré la généralité de la connaissance et sa génération *a priori*, deux choses qui leur sont communes, diffèrent cependant beaucoup l'un de l'autre. La raison de cette différence tient à ce que dans le phénomène, en tant qu'il nous donne tous les objets, il y a deux parties, la

---

(1) Au moyen du concept de cause, je sors réellement du concept empirique d'un événement (lorsqu'il arrive quelque chose), toutefois sans recourir à l'intuition qui représente le concept de la cause *in concreto*, mais bien [en me rattachant] aux conditions de temps en général, qui peuvent être trouvées dans l'expérience, conformément au concept de cause. Je procède donc simplement suivant des concepts, mais je ne puis procéder par la construction des concepts, parce que le concept est une règle de la synthèse des perceptions, qui ne sont pas des intuitions pures, et qui par conséquent ne peuvent être données *a priori*.

forme de l'intuition (l'espace et le temps), qui peut être connue et déterminée parfaitement *a priori*, et la matière (le physique) ou le contenu, qui indique quelque chose qui se trouve dans l'espace et le temps, et qui contient par conséquent l'existence et répond à la sensation. Par rapport à la matière qui ne peut être donnée déterminément que d'une manière empirique, nous ne pouvons avoir *a priori* que des concepts indéterminés de la synthèse des sensations possibles, en tant qu'elles appartiennent à l'unité de l'apperception (dans une expérience possible). Par rapport à la forme, nous pouvons déterminer nos concepts *a priori* dans l'intuition, en créant dans l'espace et le temps les objets mêmes par une synthèse uniforme, et les considérant simplement comme quantités (*quanta*). Le premier usage de la raison a lieu par concepts. Dans cet usage nous ne pouvons que soumettre à des concepts des phénomènes, quant à leur contenu réel, phénomènes qui ne peuvent être déterminés qu'empiriquement, c'est-à-dire *a posteriori* (mais conformément à ces concepts comme règles d'une synthèse empirique). Le second usage de la raison a lieu par la construction des concepts. Par cet usage ces concepts se rapportant à une intuition *a priori*, peuvent par là même être donnés déterminément *a priori* dans l'intuition pure, et sans données empiriques. Considérer tout ce qui est (une chose dans l'espace ou le temps), pour savoir si et jusqu'à quel point c'est ou non un *quantum*; s'il doit y avoir dans cette chose une existence représentée, ou un défaut d'existence; jusqu'à quel point ce quelque chose (qui remplit l'espace et le temps) est un premier substratum, ou une pure détermination; si son existence a un rapport à quelque chose d'autre comme cause ou effet ; enfin s'il est indépendant, ou dans une dépendance mutuelle avec d'autres choses par rapport à l'existence : considérer, en un mot, la possibilité de cette existence, sa réalité et sa nécessité ou ses contraires, — tout cela est du ressort de la *conaissance rationnelle* par concepts, appelée connaissance *philosophique*. Mais déterminer *a priori* dans l'espace une intuition (une figure), diviser le temps (durée), ou simplement connaître l'universalité de la synthèse d'une seule et même chose dans l'espace, et la quantité d'une intuition en général (nombre) qui en résulte : c'est là une *opération rationnelle* par la construction des concepts, et qui s'appelle *opération mathématique*.

863. Le grand succès de la raison par le moyen des mathématiques fait naturellement présumer que la méthode employée par cette science, partout où la science elle-même ne serait pas possible, devrait également réussir en dehors du champ des quantités, puisqu'elle ramène tous ces concepts à des intuitions qu'elle peut donner *a priori*, et par leur moyen se rendre pour ainsi dire maîtresse de la nature, quand au contraire la philosophie pure divague sur la nature avec des concepts discursifs *a priori*, sans pouvoir rendre intuitive *a priori* leur réalité, et par là y faire ajouter foi. Il semble aussi que la confiance des mathématiciens en eux-mêmes, ainsi que la foi du public aux prodiges de leur habileté, ne leur a jamais fait défaut pour peu qu'ils aient voulu se mettre à l'œuvre. Car ayant à peine essayé de philosopher sur leurs mathématiques (chose difficile), ils n'aperçoivent pas, ne soupçonnent pas même la différence spécifique d'un usage de la raison et d'un autre. Alors, des règles vulgaires et empiriquement pratiquées, qu'ils tirent de

la raison humaine, passent à leurs yeux pour des axiomes. D'où peuvent leur venir les concepts d'espace et de temps dont ils s'occupent (comme des seules quantités primitives) : c'est ce qui leur importe peu. Il ne leur semble pas moins inutile de rechercher l'origine des concepts purs de l'entendement, et par là même l'étendue légitime de l'application qu'on en peut faire; il leur suffit de s'en servir. En quoi ils font très bien, s'ils ne sortent pas des bornes qui leur sont assignées, c'est-à-dire de celle de la *nature*. Mais en franchissant peu à peu le champ de la sensibilité pour s'étendre sur le sol mobile de leurs concepts purs et même transcendantaux, où ils manquent d'un point d'appui solide sur lequel ils puissent marcher sans crainte, et même d'une eau dans laquelle ils puissent nager (*instabilis tellus, innabilis unda*), ils ne laissent par conséquent pas de traces, tandis qu'au contraire leur marche dans les mathématiques forme une grande route, qui peut encore être suivie par la postérité la plus reculée.

864. Puisque nous nous sommes fait un devoir de déterminer d'une manière précise et avec certitude les bornes de la raison pure dans l'usage transcendantal, et que cette tendance de la raison a cela de particulier, que malgré les avertissements les plus pressants et les plus clairs, plutôt que d'abandonner son dessein, elle se laisse toujours emporter par l'espoir de franchir les bornes de l'expérience, de parvenir dans les régions enchantées de l'intellectuel, — il devient nécessaire d'enlever en quelque sorte la dernière ancre d'une espérance fantastique, et de montrer que l'application de la méthode mathématique à cette espèce de connaissance ne peut procurer le moindre avantage, si ce n'est peut être

celui de faire voir plus clairement que la géométrie et la philosophie sont deux sciences toutes différentes, quoiqu'elles se donnent la main l'une à l'autre dans la physique, et par conséquent que les concepts de l'une ne peuvent pas être ceux de l'autre.

865. La fondamentalité des mathématiques repose sur des définitions, des axiomes, des démonstrations. Il me suffira donc de démontrer qu'aucune de ces opérations, telle que l'entend le mathématicien, ne peut avoir lieu en philosophie ; que le géomètre, en suivant sa méthode en philosophie, ne bâtirait que des châteaux de cartes ; et que le philosophe, en suivant la sienne dans la partie mathématique, ne pourrait faire que du verbiage. Il faut dire cependant que la philosophie consiste précisément à reconnaître les limites de la science, et que le mathématicien même, si son talent n'est déjà peut-être pas circonscrit par la nature et restreint à sa spécialité, ne peut pas rejeter les avis de la philosophie, ni se mettre au-dessus.

866. 1° *Des* DÉFINITIONS. *Définir*, comme l'expression même l'indique, ne doit signifier proprement qu'exposer originellement dans ses limites le concept détaillé d'une chose (1). En conséquence un concept *empirique* ne peut pas être défini, mais seulement *expliqué*. Car, puisque nous n'avons en lui que quelques signes d'une certaine espèce d'objets sensibles, on n'est jamais sûr si par le

---

(1) *Détail* signifie ici la clarté et la suffisance des signes [ou éléments de concepts]. Le mot *limites* désigne la précision, de manière à ce qu'il n'y ait pas plus de signes qu'il n'y en a dans le concept tout entier. *Originellement* signifie que cette détermination des bornes n'est pas dérivée d'ailleurs, et que par conséquent elle n'a pas besoin d'une preuve ultérieure ; ce qui empêcherait de mettre la prétendue définition en tête de tous les jugements sur un objet.

mot qui désigne l'objet à définir, on ne pense pas tantôt plus, tantôt moins que ses signes. Ainsi, l'un peut penser par le concept d'*or*, outre le poids, la couleur, la ténacité, encore la propriété de ne pas contracter la rouille, tandis qu'un autre n'en saura peut-être rien. On ne se sert de certains signes qu'autant qu'ils sont nécessaires pour établir une distinction; mais de nouvelles observations en font disparaître quelques-uns, en ajoutent d'autres, en sorte que le concept n'est jamais renfermé dans des bornes certaines. Et à quoi servirait-il aussi de définir un tel concept, puisque, s'il est question de l'eau et de ses propriétés par exemple, on ne s'arrête pas à ce que l'on pense par le mot eau, mais qu'on s'élève à des expériences, et que le mot, avec le peu de signes qu'il exprime ne doit former qu'une *désignation* et non un concept de la chose, et que par conséquent la prétendue définition n'est autre chose que la détermination d'un mot? Ensuite, on ne peut non plus, à parler proprement, définir aucun concept *a priori*, par exemple la substance, la cause, le droit, l'équité, etc. Car je ne puis jamais être sûr que la représentation claire d'un concept donné (encore confus) a été parfaitement expliquée, à moins que je ne sache qu'elle est adéquate à l'objet. Mais comme son concept tel qu'il est donné peut contenir beaucoup de représentations obscures que nous avons omises dans l'analyse, quoique nous les employions toujours dans l'application, la perfection de l'analyse de mon concept est donc toujours douteuse, et ne peut être rendue *probable* que par un grand nombre d'exemples bien chosis, sans être jamais apodictiquement certaine. Au lieu du mot *définition*, j'emploierais plus volontiers celui d'*exposition*, qui est plus modeste, et que le critique peut accorder jusqu'à un certain degré, tout en hésitant encore sur la parfaite exactitude de l'opération. Puis donc que ni les concepts empiriques, ni ceux donnés *a priori* ne peuvent être définis, il n'en reste pas d'autres que ceux qui sont pensés arbitrairement, dans lesquels on puisse tenter cette opération. Je puis toujours, dans ce cas, définir mon concept; car je dois savoir ce que j'ai voulu penser, puisque j'ai formé le concept même de propos délibéré, et qu'il ne m'a été donné ni par la nature de l'entendement, ni par l'expérience; mais je ne puis cependant pas dire que j'aie par là défini un véritable objet. Car si le concept repose sur des conditions empiriques, par exemple le concept d'une horloge marine, l'objet et sa possibilité ne sont pas encore donnés par ce concept arbitraire; je ne sais pas même par là si ce concept a réellement un objet, et ma définition peut mieux s'appeler une explication (de mon projet) que la définition d'un objet. Il ne reste donc d'autres concepts susceptibles de définition que ceux qui, contenant une synthèse arbitraire, peuvent être construits *a priori*. Les mathématiques seules ont donc des définitions, car elles exposent *a priori* en intuition l'objet qu'elles pensent, et cet objet ne peut contenir ni plus ni moins que le concept, parce que le concept de l'objet a été donné primitivement par la définition, c'est-à-dire sans dériver la définition d'aucun autre concept. La langue allemande n'a, pour les expressions *exposition, explication, déclaration* et *définition*, qu'un mot (*Erklærung*). Nous pourrions donc nous relâcher un peu de notre sévérité à refuser aux définitions philosophiques le titre de définitions, et borner toute cette remarque à dire que les définitions philosophiques ne sont que des expositions, tandis que les définitions mathématiques sont des constructions de concepts primitivement formés. Les premières ne sont faites qu'analytiquement par la décomposition (dont l'intégralité n'est pas apodictiquement certaine); les secondes sont formées synthétiquement, et par conséquent constituent le concept même, tandis qu'au contraire les premières ne font que l'expliquer. D'où il suit :

867. *a* Qu'en philosophie, on ne peut imiter les mathématiques en commençant par des définitions, si ce n'est par forme d'essais. Car les définitions n'étant, dans cette première forme, que des décompositions des concepts donnés, ces concepts, quoique confus encore, précèdent donc, et leur exposition imparfaite est antérieure à l'exposition parfaite; de telle sorte que nous pouvons conclure plusieurs choses de quelques concepts élémentaires obtenus par une analyse encore imparfaite, avant d'être parvenus à une analyse intégrale, c'est-à-dire à une définition. En un mot, dans la philosophie, la définition, comme clarté reconnue, devrait plutôt suivre le travail que le commencer (1). Au contraire, en mathématiques, nous n'avons aucun concept qui précède la

---

(1) La philosophie fourmille de mauvaises définitions, surtout de définitions qui contiennent bien des éléments de définitions, mais pas une définition complète. Si donc on ne pouvait se servir d'aucun concept qui ne fût pas défini, il serait bien difficile de philosopher. Mais comme on peut faire un bon et sûr usage des éléments (de l'analyse) aussi loin qu'ils s'étendent, on peut donc aussi employer très utilement des définitions incomplètes, c'est-à-dire des propositions qui ne sont pas encore des définitions, mais qui du reste sont vraies, et qui par conséquent en sont des approximations. Dans les mathématiques, la définition appartient à l'*esse;* dans la philosophie, au *melius esse.* Il est beau, mais souvent difficile d'y parvenir. Les jurisconsultes cherchent encore une définition pour leur concept de droit.

définition; c'est par là que le concept lui-même est donné; la définition peut et doit donc être donnée d'abord. On peut et l'on doit toujours commencer par la définition.

868. *b* Les définitions mathématiques ne peuvent jamais être erronées; car le concept étant d'abord donné par la définition, il ne renferme précisément que ce que la définition veut que l'on pense par ce concept. Mais quoique rien de faux ne puisse s'y présenter quant au contenu, cependant il peut être faux quelquefois quant à la forme, quoique rarement, savoir, par rapport à la précision. Ainsi la définition ordinaire de la ligne circulaire, qu'elle est une ligne courbe dont tous les points sont également distants d'un seul (du centre), renferme ce vice, que la détermination de la *courbure* s'y est inutilement glissée. Car il doit y avoir un théorème particulier qui découle de la définition, et il peut être facilement démontré que toute ligne dont tous les points sont également distants d'un seul est courbe (qu'aucune de ses parties n'est droite). Les définitions analytiques peuvent au contraire être erronées de beaucoup de manières, soit parce qu'elles mêlent aux concepts des éléments qu'ils ne contiennent réellement pas, soit parce qu'elles manquent de l'exactitude de détail qui constitue l'essence d'une définition, attendu que l'on ne peut être parfaitement certain de la perfection de sa composition. La méthode des mathématiques n'est donc pas praticable en philosophie.

869. 2° *Des* AXIOMES. Les axiomes, en tant qu'ils sont immédiatement certains, sont des principes synthétiques *a priori*. Or, un concept ne peut être uni à un autre synthétiquement, et cependant d'une manière immé-

diate, parce que, pour que nous puissions sortir d'un concept, en dépasser la sphère, il nous faut une connaissance intermédiaire. Or, comme la philosophie n'est simplement que la connaissance rationnelle par concepts, on ne peut trouver en elle aucun principe qui mérite le nom d'un axiome. Les mathématiques, au contraire, sont susceptibles d'axiomes, parce qu'au moyen de la construction des concepts dans l'intuition de l'objet, elles peuvent unir leurs prédicats *a priori* immédiatement; par exemple : il y a toujours trois points dans un plan. Au contraire, un principe synthétique ne peut jamais être immédiatement certain par simples concepts, par exemple la proposition : tout ce qui arrive a sa cause, puisqu'il faut faire attention à une troisième chose, savoir, ici, à la condition de la détermination de temps dans l'expérience, et que je ne puis connaître ni directement ni immédiatement par des concepts un principe de cette nature. Les principes discursifs sont donc tout autre chose que les principes intuitifs, c'est-à-dire que les axiomes. Les premiers ont toujours besoin d'une déduction dont les seconds peuvent se passer; et comme ceux-ci sont évidents, précisément par cette raison, ce qui ne peut jamais être la prétention de principes philosophiques dans toute leur certitude, il s'en faut beaucoup qu'une proposition quelconque de la raison pure transcendantale soit aussi visible (comme on a coutume de le dire fièrement) que la proposition : deux fois deux font quatre. A la vérité, dans l'Analytique, à la table des principes de l'entendement pur, j'ai fait mention de certains axiomes de l'intuition; mais le principe que j'y ai introduit n'est pas lui-même un axiome; il sert seulement à donner la raison de la possibilité des axiomes en général, et n'est lui-même qu'un principe par concepts : car la possibilité des mathématiques doit elle-même être montrée dans la philosophie transcendantale. La philosophie n'a donc pas d'axiomes, et il ne lui est jamais permis d'imposer purement et simplement ses principes *a priori*, mais elle doit s'appliquer à revendiquer ses droits à leur égard par une déduction profonde.

870. 3° *Des* DÉMONSTRATIONS. La preuve apodictique seule, en tant qu'elle est intuitive, peut être appelée démonstration. L'expérience nous apprend bien ce qui est, mais elle ne nous dit pas que ce qui est ne puisse être autrement. Par conséquent aucune preuve apodictique ne peut résulter de raisonnements empiriques. Mais de concepts *a priori* (dans la connaissance discursive), ne peut jamais résulter la certitude intuitive, c'est-à-dire l'évidence, quelque apodictiquement certain que puisse être d'ailleurs le jugement. Les mathématiques seules contiennent des démonstrations, parce qu'elles dérivent leurs connaissances non de concepts, mais de la construction des concepts, c'est-à-dire de l'intuition correspondante aux concepts qui peut être donnée *a priori*. La méthode algébrique elle-même, avec ses équations, dont elle tire par réduction la vérité avec preuve, n'est pas, il est vrai, une construction géométrique, mais c'est cependant une construction caractéristique [figurée], dans laquelle les concepts sont proposés en intuition avec des signes, principalement les concepts du rapport des quantités, et qui, abstraction faite de l'heuristique, garantit toutes les conséquences contre les erreurs, par cela seul que chacune d'elles est rendue sensible aux yeux. La connaisance philosophi-

que, au contraire, doit manquer de cet avantage, puisqu'elle doit toujours considérer le général *in abstracto* (par concepts), tandis que les mathématiques peuvent considérer le général *in concreto* (dans l'intuition singulière), et cependant par une représentation pure *a priori*, dans laquelle toute faute devient sensible. J'appellerais donc plus volontiers les preuves philosophiques *acroamatiques* (discursives), parce qu'elles ne peuvent se faire que par des mots seuls (l'objet en pensée), que *démonstrations*, lesquelles, comme l'expression le prouve déjà, pénètrent dans l'intuition de l'objet.

871. On voit donc par tout cela qu'il ne convient point du tout à la nature de la philosophie, surtout dans le champ de la raison pure, de prendre un air dogmatique, et de se décorer des titres et des insignes des mathématiques, étrangère qu'elle est à leur ordre, quoiqu'elle ait toute raison de vouloir une union fraternelle avec elles. Ce sont là de vaines prétentions, qui ne pourront jamais se réaliser ; il faut au contraire que la philosophie rétrograde au point de se donner pour but de découvrir les prestiges d'une raison qui méconnaît ses bornes, et de réduire, à l'aide d'une explication suffisante de nos concepts, les prétentions de la spéculation à la modeste mais solide connaissance de la raison même. La raison, dans ses recherches transcendantales, ne pourra donc pas regarder devant elle avec sécurité, comme si la route qu'elle tient conduisait tout droit au but, ni se confier si témérairement à ses prémisses qu'elle croie pouvoir se dispenser de reporter souvent ses regards en arrière, et de voir si par hasard elle ne découvrirait pas dans le cours des raisonnements des fautes qui lui seraient échappées dans les principes, et s'il ne

serait pas nécessaire de mieux déterminer ou de changer complétement ces principes.

872. Je divise toutes les propositions apodictiques (soit démontrables, soit immédiatement certaines) en *dogmes* et en *mathèmes* (*mathemata*). Une proposition directement synthétique par concepts est un *dogme*. Au contraire, une proposition synthétique par construction des concepts est un *mathème*. Les jugements analytiques ne nous apprennent proprement rien de plus sur l'objet que ce que le concept que nous en avons contient déjà, parce qu'ils n'étendent pas la connaissance au delà du concept du sujet, mais seulement éclaircissent ce concept. Ils ne peuvent donc être proprement appelés *dogmes* (mots que l'on pourrait peut-être traduire par celui de *sentences*). Mais de ces deux espèces de propositions synthétiques *a priori,* il n'y a, d'après la manière commune de parler, que celles qui appartiennent à la connaissance philosophique qui puissent prendre ce nom, et l'on appellerait difficilement *dogmes* des propositions arithmétiques ou géométriques. Cet usage confirme donc l'explication que nous avons donnée, que les seuls jugements par concepts peuvent s'appeler dogmatiques, et non ceux qui s'obtiennent par la construction des concepts.

873. Or, toute la raison pure, dans son usage simplement spéculatif, ne contient pas un seul jugement directement synthétique par concepts. Car nous avons montré qu'elle n'est capable, par le moyen des idées, d'aucuns jugements synthétiques ayant une valeur objective, qu'à l'aide des concepts de l'entendement; elle établit à la vérité des principes certains, non pas directement par concepts, mais seulement d'une manière toujours indi-

recte, par le rapport de ces concepts à quelque chose de complétement accidentel, savoir, l'*expérience possible*. Et alors, si cette expérience (quelque chose comme objet d'expériences possibles) est supposée, ces principes peuvent sans doute être apodictiquement certains ; mais en eux-mêmes (directement), ils ne peuvent pas même être connus *a priori*. Personne, par exemple, ne peut comprendre fondamentalement par le seul concept donné, la proposition : tout ce qui arrive a une cause. Cette proposition n'est donc pas un dogme, quoiqu'elle puisse très bien être prouvée, et apodictiquement à un autre point de vue, à savoir dans le seul champ de son usage possible ou de l'expérience. Mais elle s'appelle *principe* et non *théorème*, quoiqu'elle puisse être démontrée, parce qu'elle a la propriété particulière de rendre d'abord possible sa preuve elle-même, l'expérience, et d'y être toujours nécessairement supposée.

874. Si donc il n'y pas de dogmes dans l'usage spéculatif de la raison pure, même quant à la matière, il s'en suit que toute méthode *dogmatique*, qu'elle soit prise des mathématiques ou qu'elle ait un caractère qui lui soit propre, n'est point convenable en elle-même ; elle ne fait que pallier les fautes et les erreurs, et trompe la philosophie, qui a proprement pour objet de mettre dans leur jour le plus pur tous les pas de la raison. Cela n'empêchera jamais la méthode d'être *systématique* ; car notre raison est elle-même subjectivement un système, mais un système de l'usage pur de la raison, par le moyen de simples concepts, c'est-à-dire un système d'investigation suivant des principes d'unité, dont l'*expérience* seule peut fournir la matière. On ne peut rien dire ici de la méthode propre à une philosophie transcendantale, puis-

que nous ne nous occupons que d'une critique de nos facultés, c'est-à-dire de savoir si nous pouvons édifier partout, et à quelle hauteur nous pouvons élever l'édifice avec la matière que nous avons (les concepts purs *a priori*).

SECTION II.

Discipline de la raison pure par rapport à son usage polémique.

875. Dans toutes ses entreprises, la raison doit se soumettre à la critique; elle ne peut porter atteinte à cette liberté par aucune prohibition sans se nuire à elle-même et s'attirer des soupçons défavorables. Il n'est rien de si important par rapport à l'utilité, rien de si sacré qui puisse se soustraire à cette investigation critique; elle ne fait acception de personne. Sur cette liberté repose même l'existence de la raison, qui n'a aucune autorité dictatoriale, mais dont la décision n'est toujours que l'accord de citoyens libres; chacun d'eux doit pouvoir avouer ses doutes, et même exprimer librement son *veto*.

876. Mais quoique la raison ne puisse jamais se *refuser* à la critique, elle n'a cependant pas de motif pour la *redouter*. Toutefois la raison pure, dans son usage dogmatique (non pas mathématique), n'a pas tellement conscience de l'observation rigoureuse de ses lois suprêmes, qu'elle ne doive pas comparaître avec timidité, et même avec une entière abnégation de toute son autorité dogmatique, en présence de l'œil critique d'une raison supérieure et juridique.

877. C'est tout le contraire si elle n'a pas affaire à la censure du juge, mais aux prétentions de ses conci-

toyens, et qu'elle ait simplement à se défendre. Car, ceux-ci voulant aussi être dogmatiques, quoiqu'en niant, comme elle en affirmant, il y a lieu à une justification κατ'ἄνθρωπον capable de garantir contre toute entreprise injuste, et de donner une possession légitime qui n'ait rien à redouter d'aucune prétention étrangère, quoiqu'elle ne puisse pas être prouvée κατ'ἀλήθειαν.

878. Par usage polémique de la raison pure, j'entends la défense de ses propositions contre les négations dogmatiques. Il ne s'agit donc pas de savoir si ses assertions ne pourraient pas aussi être fausses, mais il suffit seulement que personne ne puisse jamais affirmer le contraire avec une certitude apodictique (ni même avec une plus grande apparence) ; car nous ne sommes pas dans une position précaire si nous avons un titre quoique insuffisant, et s'il est bien certain que personne ne pourra jamais démontrer l'illégitimité de cette possession.

879. C'est quelque chose de triste et d'humiliant qu'il y ait une antithétique de la raison pure, et que la raison, qui cependant doit être le tribunal suprême auquel ressortissent toutes les difficultés, doive tomber en contradiction avec elle-même. A la vérité, nous avons considéré précédemment cette antithétique apparente, et nous avons vu qu'elle repose sur un malentendu, puisqu'en conséquence des préjugés vulgaires, on prenait des phénomènes pour des choses en soi, et qu'on demandait une intégralité absolue de leur synthèse, d'une manière ou d'une autre (deux manières également impossibles) ; ce qui ne pouvait s'attendre des phénomènes. Il n'y avait donc aucune *contradiction* réelle de la *raison* avec elle-même dans les propositions : La série

des phénomènes *donnés en eux-mêmes* a un commencement absolument premier, et cette série est absolument et en *elle-même* sans commencement; car les deux propositions subsistent très bien ensemble, puisque des phénomènes, quant à leur existence (comme phénomènes), ne sont absolument rien en *eux-mêmes*; c'est-à-dire qu'ils sont quelque chose de contradictoire, et que par conséquent leur supposition doit nécessairement entraîner à des conséquences contradictoires.

880. Mais un semblable malentendu ne peut être prétexté, ni par conséquent la contradiction imputée à la raison, si par hasard quelqu'un affirmait théistiquement qu'*il y a un être suprême*, et qu'un autre, au contraire, affirmât athéistiquement qu'*il n'y a aucun être suprême;* ou, en psychologie : que tout ce qui pense est une unité absolue constante, et par suite différent de toute unité matérielle périssable, et qu'un autre opposât à cela que l'âme n'est pas une unité immatérielle et ne peut échapper à la mort. Car l'objet de la question est ici indépendant de toute chose étrangère qui en contredirait la nature, et l'entendement n'a affaire qu'à des *choses en soi*, et non à des phénomènes. Il n'y aurait donc une véritable contradiction qu'autant que la raison pure n'aurait rien à dire que de négatif et qui pût servir de fondement à une affirmation. Car, en ce qui regarde la critique des arguments à l'appui de l'assertion dogmatique, elle peut très bien s'accorder, sans pour cela qu'on renonce à des propositions que favorise au moins l'intérêt de la raison, intérêt auquel l'adversaire ne peut faire appel.

881. Je ne suis pas, à la vérité, de l'opinion que des hommes très habiles, très profonds (par exemple *Sul-*

zer), ont si souvent exprimée, lorsqu'ils sentaient la faiblesse des arguments usités jusqu'ici, à savoir, que l'on peut espérer de trouver par la suite des démonstrations évidentes de ces deux propositions cardinales de notre raison pure : qu'il y a un Dieu, qu'il y a une vie future. Je suis certain au contraire que cela n'arrivera jamais. Car où la raison prendrait-elle le principe de ces démonstrations synthétiques, qui ne se rapportent point à des objets de l'expérience et à leur possibilité interne? Mais il est aussi apodictiquement certain que jamais homme ne pourra affirmer le *contraire* avec la moindre apparence, loin de pouvoir le faire dogmatiquement. Car, comme il ne pourrait l'affirmer que par raison pure, il devrait entreprendre de démontrer qu'un être suprême, et le sujet pensant en nous comme intelligence pure, sont *impossibles*. Mais où prendrait-il les connaissances qui l'autoriseraient à juger ainsi synthétiquement de choses qui dépassent toute expérience possible? Nous pouvons donc être parfaitement sûrs que jamais personne ne nous prouvera le contraire. Nous n'avons par conséquent pas besoin de recourir sur ce point à des arguments d'école, puisque nous pouvons toujours adopter ces propositions qui concordent très bien avec l'intérêt spéculatif de notre raison dans l'usage empirique, et sont en outre le seul moyen de le concilier avec l'intérêt pratique. Nous avons donc à notre disposition contre notre adversaire (qui ne doit pas être considéré ici simplement comme critique) notre *non liquet*, qui doit infailliblement le confondre, puisque nous ne craignons pas sa rétorsion, attendu que nous avons constamment en réserve la règle subjective de la raison, qui manque nécessairement à notre adversaire, et sous la garantie de laquelle nous pouvons soutenir tranquillement les coups dont il frappe l'air.

882. De cette manière, il n'y a proprement aucune antithétique de la raison pure. Car la seule arène pour elle devrait être cherchée dans le champ de la théologie pure et de la psychologie. Mais ce terrain ne supporte aucun champion armé de pied en cap et de traits qui puissent être à craindre. On peut seulement s'y avancer par forme de jeu et de fanfaronnade; ce qui n'est que ridicule et puéril. C'est là une observation consolante et qui encourage la raison; car où prendrait-elle ailleurs des forces, si, devant seule faire disparaître toutes les erreurs, elle était en dissidence avec elle-même, sans pouvoir espérer une possession tranquille?

883. Tout ce que la nature elle-même établit est bon à quelque fin. Les poisons mêmes servent à chasser d'autres poisons qui s'engendrent dans nos humeurs, et ne doivent par conséquent pas manquer dans une pharmacie complète. Les objections contre les persuasions et les prétentions de notre raison purement spéculative sont données par la nature même de cette raison et doivent en conséquence avoir leur bonne destination, leur fin légitime, qu'il ne faut pas mépriser. Pourquoi la Providence a-t-elle placé tant d'objets qui ont cependant une liaison si étroite avec l'intérêt de notre raison, à une telle hauteur par rapport à nous, qu'il ne nous est guère permis de les entrevoir autrement que par une perception obscure et douteuse, et que notre curiosité est plutôt excitée que satisfaite? Il est au moins incertain qu'il y ait quelque utilité, peut-être même y a-t-il du danger, à prendre des déterminations hardies par rapport à ces vues de l'esprit. Mais, en tout cas, et sans

aucun doute, il est utile de donner une parfaite liberté à la raison investigatrice, afin qu'elle puisse sans obstacle prendre soin de son intérêt propre ; ce qui exige qu'elle mette des bornes à ses vues, et qu'elle les étende : deux choses qui se font toujours mal, si des mains étrangères s'en mêlent pour la détourner de sa marche naturelle, par des considérations forcées.

884. Laissez donc votre adversaire parler au nom seul de la raison, et ne le combattez qu'avec les armes de la raison. Du reste, inquiétez-vous peu de la bonne cause (de l'intérêt pratique), car elle n'est jamais en péril dans le combat purement spéculatif. La lutte ne met à découvert qu'une certaine antinomie de la raison, antinomie qui, reposant sur la nature de la raison même, doit nécessairement être entendue et examinée. Cette lutte est salutaire à la raison, puisqu'elle en considère l'objet sous deux points de vue, et qu'elle corrige le jugement en le circonscrivant. Ce qui est litigieux en cela n'est pas la *chose,* mais le *ton*. Car il doit vous suffire de parler le langage d'une *foi* solide justifiée par la raison la plus sévère, quand même il faudrait abandonner celui de la *science*.

885. Si l'on eût demandé à *David Hume,* cet homme grave, capable de garder l'équilibre du jugement, ce qui l'avait engagé, à force de doutes laborieusement amassés, à renverser la persuasion si salutaire et si utile aux hommes, que leur aperçu rationnel suffit à l'affirmation et au concept déterminé d'un être suprême, il aurait sûrement répondu : rien, sinon que je voulais ramener la raison à une plus grande connaissance d'elle-même, et que je voyais avec peine la violence qu'on veut lui faire lorsqu'on s'en glorifie, tout en l'empêchant de faire

un aveu loyal des faiblesses qu'elle découvre en s'examinant elle-même. Demandez-vous au contraire à *Priestley*, partisan exclusif des principes de l'usage *empirique* de la raison, et ennemi de toute spéculation transcendantale, qu'est-ce qui l'a amené, lui, si zélé et si pieux docteur de la religion, à renverser la liberté et l'immortalité de l'âme (l'espérance de la vie future n'est pour lui qu'une résurrection miraculeuse), ces deux grandes colonnes de tout l'édifice religieux? Il vous répond seulement que c'est l'intérêt de la raison, laquelle perd trop à ce que l'on veuille arracher certains objets aux lois de la nature matérielle, les seules que nous puissions connaître et déterminer avec précision. Il serait injuste de blâmer Priestley, qui sait concilier son assertion paradoxale avec le but de la religion, de diffamer et d'inquiéter un homme aussi bien pensant, parce qu'il ne peut trouver le chemin dès qu'il a quitté le champ de la physique. Mais *Hume* ne mérite pas moins de faveur, ses intentions n'étaient pas moins bonnes et son caractère moral était irréprochable; seulement il ne put s'arracher à sa spéculation abstraite, pensant avec raison que l'objet de cette spéculation est tout en dehors des bornes de la science de la nature dans le champ des idées pures.

886. Qu'y a-t-il donc à faire, surtout par rapport au danger qui semble menacer l'utilité commune? Rien n'est plus naturel, plus équitable que la résolution que vous avez à prendre à ce sujet. Laissez faire : si ces gens-là montrent du talent, une investigation profonde et neuve, en un mot de la raison, la raison y gagnera toujours. Si vous employez d'autres moyens que ceux d'une raison libre, si vous criez au crime de haute trahison;

si, comme pour éteindre l'incendie, vous appelez au secours celui-là même qui ne comprend rien à des travaux si subtils, vous vous rendez ridicules. Car il n'est point du tout ici question de savoir ce qui peut être utile ou nuisible au bien commun, mais seulement jusqu'où la raison peut s'avancer dans sa contemplation, indépendamment de toute utilité, et si l'on doit compter sur elle en général, ou si plutôt elle doit être quittée pour la raison pratique. N'employez donc pas la force, et au lieu de frapper des coups désespérés, regardez plutôt tranquillement depuis la position sûre de la critique, un combat qui peut être inquiétant pour les champions, mais qui ne peut rien avoir que d'agréable pour vous, et dont l'issue ne sera certainement pas sanglante, mais en tous cas très utile à vos connaissances. Car il est par trop absurde d'attendre de la raison des éclaircissements, tout en lui prescrivant à l'avance le parti qu'elle doit nécessairement embrasser. Au surplus, la raison est assez domptée, contenue dans ses limites par elle-même, pour que vous n'ayez pas besoin d'éveiller la garde afin d'opposer la force civile au parti dont l'influence prépondérante vous paraîtrait dangereuse; il n'y a dans cette dialectique aucune victoire qui doive vous alarmer.

887. Je vais plus loin, c'est que la raison a grand besoin d'un tel combat; il serait à souhaiter qu'il se fût engagé plus tôt, et avec une tolérance publique illimitée, car la critique aurait moins tardé à naître, et son avénement aurait fait cesser d'elles-mêmes toutes ces querelles, puisqu'elle aurait appris aux combattants à connaître leur illusion et les préjugés qui les ont divisés.

888. Il y a dans la nature humaine je ne sais quoi de

simulé qui doit en définitive, comme tout ce qui vient de la nature, aboutir à de bonnes fins; je veux dire une inclination à cacher ses véritables sentiments, et à faire parade de quelques autres qui sont supposés et que l'on tient pour bons et honorables. Il est certain que, grâce à cette inclination des hommes à se cacher et à prendre une apparence avantageuse, ils ne se sont pas simplement civilisés, mais encore moralisés petit à petit, parce que personne ne pouvant pénétrer à travers le fard de la décence, de l'honnêteté et de la pudeur, on trouva par conséquent dans les prétendus bons exemples dont on se voyait environné, une école d'amélioration pour soi-même. Mais cette disposition à se montrer meilleur que l'on n'est, et à manifester des sentiments que l'on n'a pas, ne sert guère qu'à dépouiller en quelque sorte provisoirement l'homme de sa rudesse, et à lui faire prendre d'abord l'*apparence* d'un bien qu'il connaît; car, une fois que les bons principes sont dégagés et qu'ils ont passé dans l'esprit, toute fausseté doit être insensiblement combattue avec vigueur, parce qu'autrement elle corromprait le cœur, et la bonté des sentiments serait étouffée sous l'enveloppe empruntée d'une belle apparence.

889. Je remarque avec douleur cette simulation et cette hypocrisie jusque dans les expressions mêmes de la pensée spéculative, où cependant les hommes trouvent bien moins d'obstacles à la franche manifestation de leur sentiment, et sont moins intéressés à le cacher. Que peut-il y avoir en effet de plus préjudiciable aux connaissances que de se communiquer réciproquement des pensées dénaturées, falsifiées pour ainsi dire, de cacher les doutes que nous sentons être contraires à nos asser-

tions, ou de donner la couleur de l'évidence à des arguments qui ne nous satisfont pas nous-mêmes? Tant que la simple vanité personnelle suscite ces artifices secrets (ce qu'on rencontre souvent dans les jugements spéculatifs qui n'ont aucun intérêt particulier, et qui sont difficilement susceptibles d'une certitude apodictique), alors la vanité des autres s'y oppose, aidée qu'elle est en cela de l'*approbation publique*, et les choses en viennent en définitive, quoique beaucoup plus tard, au point où elles auraient été amenées d'abord par le sentiment le plus sincère et l'intention la plus droite. Mais lorsque le public se persuade que des sophistes ne tendent qu'à ébranler les fondements du bien public, il semble non seulement prudent, mais encore permis et même honorable, de venir au secours de la bonne cause, ne fût-ce qu'avec des raisons spécieuses, plutôt que de laisser à ses prétendus adversaires l'avantage de rabaisser nos paroles au ton d'une persuasion purement pratique, et de nous contraindre d'avouer le manque de certitude spéculative et apodictique. Je penserais cependant que rien au monde n'est plus nuisible au dessein de défendre une bonne cause, que de joindre à de solides raisons les artifices de la spéculation, les piéges et la fraude. Le moins qui puisse être exigé en pareil cas, c'est qu'on s'applique franchement et sincèrement à peser les raisons fondamentales d'une simple spéculation. Mais si l'on pouvait compter avec certitude sur ce peu de chose, le combat de la raison spéculative sur les graves questions de Dieu, de l'Immortalité de l'âme et de la Liberté, serait depuis longtemps décidé ou ne tarderait pas à l'être. Mais il arrive souvent que la pureté des sentiments est en raison inverse de la bonté de la cause, et que celle-ci a peut-être un plus grand nombre d'adversaires loyaux et sincères que de patrons.

890. Je suppose donc des lecteurs qui ne veuillent pas que l'on défende une cause juste par de mauvaises raisons : il est décidé pour eux que, suivant nos principes de la critique, si l'on ne regarde pas ce qui arrive, mais ce qui devrait arriver, il ne doit y avoir, à proprement parler, aucune polémique de la raison pure. Car comment pourrait-il se faire que deux personnes engageassent un combat sur une chose dont aucune d'elles ne pourrait exposer la réalité dans une expérience réelle ou seulement possible, et dont l'idée n'est couvée par l'une d'elles que pour en tirer *quelque chose de plus* que l'idée, savoir la réalité de l'objet même? Par quel moyen sortiront-elles de la controverse, puisqu'aucune d'elles ne peut rendre sa cause compréhensible et certaine, et n'est seulement capable que d'*attaquer* et ruiner la cause de son adversaire? Car telle est l'issue de toutes les assertions de la raison pure : sortant de toutes les conditions de l'expérience possible, hors desquelles ne peut se trouver aucun document de vérité, étant néanmoins obligées de recourir aux lois de l'entendement destinées au simple usage empirique, sans lesquelles aucun pas dans la pensée synthétique n'est possible, elles se montrent toujours à découvert à leur adversaire, dont à leur tour elles peuvent attaquer le côté faible.

891. La critique de la raison pure peut être considérée comme le vrai tribunal de toutes les controverses purement rationnelles; car sa juridiction ne s'étend pas aux disputes qui roulent immédiatement sur les objets; elle est établie suivant les principes de son institution primitive pour définir et juger les droits de la raison.

892. Sans elle la raison est encore en quelque sorte dans son état de nature, et ne peut accorder ni garantir aucune valeur à ses affirmations et à ses droits que par la *guerre*. La critique, au contraire, tirant toutes ses décisions des règles fondamentales de sa propre institution, dont personne ne peut révoquer en doute l'autorité, nous donne la tranquillité d'un état civil dans lequel nous ne devons traiter nos différends que par voie de *procédure*. Ce qui met fin aux désaccords dans le premier état, c'est une *victoire* dont se glorifient les deux partis, et qui est ordinairement suivie d'une paix incertaine, établie par une autorité qui s'interpose. Mais dans l'autre état, c'est la *sentence*; et cette sentence doit procurer une paix perpétuelle, puisqu'elle tarit la source même du procès. Les disputes éternelles d'une raison purement dogmatique nous forceraient également à chercher le repos dans une critique de cette raison même, et enfin dans une législation qui se fonde sur elle; comme le dit Hobbes, l'état de nature est un état d'injustice et de violence, et l'on doit nécessairement l'abandonner pour se soumettre à la contrainte légale, qui ne met de bornes à notre liberté que pour la faire subsister avec la liberté de chacun, et par là même avec le plus grand bien de tous.

893. Cet état de liberté comporte donc aussi le droit de soumettre au jugement public, sans être pour cela réputé citoyen turbulent et dangereux, les pensées et les doutes que l'on ne peut s'éclaircir soi-même; ce qui est déjà dans le droit primitif de la raison humaine, qui ne connaît d'autre juge que la raison générale même, dans laquelle chacun a son suffrage. Et comme tout perfectionnement dont notre nature est sus-

ceptible doit venir de là, un tel droit est sacré, et ne peut être aboli. Il serait peu sage d'appeler dangereuses certaines assertions téméraires, ou certaines attaques inconsidérées contre des choses qui ont pour elles l'assentiment de la majeure et meilleure partie du public; car ce serait leur accorder une importance qu'elles ne doivent pas avoir. Quand j'entends dire que la liberté de la volonté humaine, l'espérance d'une vie future et l'existence de Dieu ont été ruinées par les raisonnements d'un esprit peu commun, je suis alors tenté de lire le livre, car j'attends de son talent qu'il étende mes connaissances. Je sais déjà très certainement d'avance qu'il n'aura rien fait de tout cela : non pas que je me croie en possession de preuves invincibles de ces importantes propositions, mais je suis pleinement convaincu par la critique transcendantale, qui m'a découvert toute la portée de notre raison pure, qu'elle est impuissante à établir des assertions affirmatives dans ce champ, et plus incapable encore d'affirmer quoi que ce soit de négatif à cet égard. Car, où ce prétendu esprit fort aurait-il pris sa connaissance qu'il n'y a aucun être suprême? Cette proposition est hors du champ de l'expérience possible, et par conséquent hors des bornes de toute connaissance humaine. A la vérité, je ne lirais pas le défenseur dogmatique de la bonne cause contre cet ennemi, parce que je sais d'avance qu'il ne combattra les raisons spécieuses de son adversaire que pour frayer un chemin aux siennes propres ; de plus, un fait journalier n'est pas aussi fécond en nouvelles remarques qu'un fait extraordinaire et ingénieusement imaginé. Ce serait plutôt cet adversaire de la religion dogmatique à sa façon, qui fournirait à ma critique une occupation désirable en me donnant l'occasion d'en perfectionner les principes, sans que j'eusse à craindre pour elle la moindre chose.

894. Mais la jeunesse qui est confiée à l'enseignement académique ne doit-elle pas du moins être prémunie contre ces sortes d'écrits, et la connaissance prématurée de propositions si dangereuses lui être dérobée, jusqu'à ce que son jugement soit formé, ou plutôt jusqu'à ce que la doctrine dont on veut la pénétrer ait poussé d'assez fortes racines pour résister victorieusement à toute opinion contraire, quelle qu'en puisse être la source?

895. S'il était inévitable de s'en tenir à dogmatiser sur des matières de la raison pure, et si la réfutation des adversaires était proprement polémique, c'est-à-dire de telle nature que le combat dût infailliblement s'engager à coups d'argument pour des assertions contraires ; assurément il n'y aurait rien de mieux à faire *pour le moment,* mais en même temps rien ne serait plus vain et plus inutile *pour l'avenir,* que de mettre en tutelle pour un temps la raison de la jeunesse, et de la garantir de la séduction, au moins pendant ce temps. Mais si, dans la suite, ou la curiosité ou l'esprit du siècle lui met en main de semblables écrits, cette éducation du jeune âge la retiendra-t-elle alors? Celui qui ne se présente qu'avec des armes dogmatiques pour repousser les attaques d'une autre opinion et ne sait pas découvrir la dialectique occulte, qui n'est pas moins cachée dans son propre sein que dans celui de son adversaire, voyant des arguments spécieux, qui ont l'avantage de la nouveauté, ébranler des arguments non moins spécieux, mais qui n'ont plus cet attrait du nouveau, et qui excitent au contraire le soupçon d'une crédulité déçue dans la jeunesse : celui-là dis-je, ne croit pas mieux pouvoir montrer qu'il a

passé l'âge de la discipline de l'éducation de sa nourrice, qu'en méprisant ses sages avertissements ; et, accoutumé au dogmatisme, il avale à longs traits le poison qui corrompt dogmatiquement ses principes.

896. C'est précisément le contraire de ce que l'on conseille ici qui doit avoir lieu dans l'instruction académique, mais, à la vérité, dans l'hypothèse seulement d'une instruction solide en matière critique de la raison pure. Car, pour en appliquer les principes d'aussi bonne heure que possible, et pour en montrer la valeur suffisante dans la plus grande apparence dialectique, il est absolument nécessaire que des attaques si redoutables aux dogmatiques soient dirigées contre sa raison, quoique faible encore, mais éclairée par la critique, et qu'on lui fasse essayer l'examen des vaines assertions de son adversaire par les principes de cette critique. Il pourra facilement les réduire en poudre, et acquerra une prompte confiance dans ses propres forces pour se garantir pleinement de ces prestiges nuisibles, qui devront enfin perdre pour lui toute leur apparence. Et quoique ces mêmes coups qui ruinent l'édifice de l'ennemi dussent être tout aussi dangereux à sa construction spéculative propre, s'il lui prenait jamais fantaisie d'en élever une, il est cependant fort tranquille à cet égard, puisqu'il n'a pas besoin d'habiter un pareil édifice ; il a devant lui, dans le champ pratique, une échappée où il peut espérer avec raison un terrain plus solide pour y élever son système rationnel et salutaire.

897. Il n'y a donc aucune polémique proprement dite dans le champ de la raison pure. De part et d'autre les coups portent à faux, et les combattants n'ont affaire qu'à leur ombre, car ils sortent de la nature et passent

dans une région où leur dogmatisme n'a pas la moindre prise, où il n'y a rien qui se laisse saisir et retenir. Quand ils croient lutter avec avantage, les ombres qu'ils pourfendent se reproduisent en un clin d'œil comme les héros du Walhalla, en sorte qu'ils peuvent toujours se donner le plaisir de porter des coups non sanglants.

898. Toutefois l'usage sceptique de la raison pure, que l'on pourrait appeler le principe de la *neutralité* dans toutes ses controverses, n'est nullement admissible. Exciter la raison contre elle-même, lui donner des armes des deux côtés et regarder ensuite paisiblement et par forme de jeu son ardent combat, n'est pas une chose récréative au point de vue dogmatique ; c'est plutôt le spectable d'un esprit jaloux qui se réjouit des maux d'autrui. Mais si cependant l'on considère l'aveuglement et l'orgueil invincible des sophistes, orgueil qui ne se laisse tempérer pas aucune critique, il ne reste pourtant pas d'autre remède que de lui opposer la jactance de l'antagoniste qui se fonde sur les mêmes droits, pour que la raison soit au moins embarrassée par la résistance d'un ennemi, afin de lui faire douter de ses prétentions et prêter l'oreille à la critique. Mais s'en tenir à ces doutes, et dire à l'appui que la persuasion et l'aveu de notre ignorance nous sont recommandés, non simplement comme un remède contre la suffisance dogmatique, mais aussi comme la manière de terminer le combat de la raison avec elle-même ; c'est un dessein parfaitement inutile, et qui n'est point propre à procurer du repos à la raison, mais qui est au contraire un excellent moyen de la tirer de son doux rêve dogmatique pour lui faire examiner attentivement son état. Comme cependant

cette manière sceptique de se tirer d'un fâcheux procès de la raison, semble être en quelque sorte le plus court chemin pour arriver à un repos philosophique constant; comme elle est du moins la grande route que prennent volontiers ceux qui pensent se donner un air philosophique par un mépris moqueur de toute recherche de cette nature : je crois qu'il est nécessaire de faire voir cette manière de penser sous un autre jour.

De l'impossibilité où est la raison pure en désaccord avec elle-même de se contenter du Scepticisme.

899. La conscience de mon ignorance (si cette ignorance n'est en même temps reconnue nécessaire), au lieu de mettre fin à mes questions, est bien plutôt la cause propre qui les fait soulever. Toute ignorance porte ou sur les choses, ou sur la détermination et les bornes de ma connaissance. Si l'ignorance est fortuite, elle doit me porter, dans le premier cas, à étudier *dogmatiquement* les choses, et dans le second cas, à tracer *critiquement* les bornes de ma connaissance possible. Mais de savoir si mon ignorance est absolument nécessaire, et si je puis par conséquent me dispenser de toute *recherche* ultérieure, c'est ce qui ne peut s'établir empiriquement par l'observation, mais seulement critiquement et en *approfondissant* les premières sources de notre connaissance. La détermination des bornes de notre raison ne peut donc se faire qu'*a priori* suivant des principes; mais sa circonscription, quoiqu'elle ne soit que la connaissance indéterminée d'une ignorance qui ne peut jamais être dissipée, peut aussi être connue *a posteriori* par ce qui nous reste toujours à connaître dans tout savoir. La dé-

termination des bornes de la raison par la critique de la raison même, seule connaissance possible de son ignorance, est donc *science;* la circonscription de la raison n'est qu'une *perception* dont l'étendue des conséquence est indéterminable. Lorsque je me représente la surface de la terre (suivant l'apparence sensible) comme un disque, je ne puis savoir jusqu'où elle s'étend. Mais l'expérience m'apprend que partout où je porte mes pas, je me trouve toujours environné d'un espace d'où je pourrais m'avancer plus loin. Je connais donc les bornes de chacune de mes connaissances géographiques réelles, et non les bornes de toute géographie possible. Mais si je me suis avancé assez loin pour savoir que la terre est un globe et que sa surface est sphérique, alors je puis connaître déterminément, et suivant des principes *a priori,* d'après une petite partie de cette surface, par exemple de la quantité d'un degré, le diamètre, et, par celui-ci, la complète circonscription de la terre, c'est-à-dire sa surface; et quoique je sois dans l'ignorance par rapport aux objets que renferme cette superficie, cependant je ne le suis pas à l'égard de la circonscription qui les contient, de son étendue et de ses limites.

900. L'ensemble de tous les objets possibles de notre connaissance nous fait l'effet d'une surface plane qui a son horizon apparent, savoir, ce qui en embrasse toute la circonscription, et que nous appelons concept rationnel de l'universalité conditionnée. Il est impossible d'atteindre empiriquement ce concept, et l'on a tenté vainement jusqu'ici de le déterminer *a priori* suivant un certain principe. Cependant toutes les questions de notre raison pure se rapportent à ce qui est hors de cet hori-

zon, ou tout au plus à ce qui peut être sur la ligne qui le détermine.

901. Le célèbre *David Hume* a été un de ces géographes de la raison humaine; il crut avoir suffisamment répondu à toutes ces questions, en les reléguant au delà de cet horizon de la raison qu'il ne put cependant tracer. Il s'arrêta surtout au principe de causalité, et remarqua très justement que la vérité (pas même la valeur objective du concept d'une cause efficiente en général) n'en est appuyée sur aucun aperçu clair, c'est-à-dire sur aucune connaissance *a priori;* que par conséquent aussi toute son autorité résulte, non pas de la nécessité de cette loi, mais de son utilité générale dans le cours de l'expérience, d'où naît une nécessité subjective que l'on appelle habitude et qui fait toute son autorité. De l'impuissance de notre raison de faire usage de ce principe au delà de toute expérience, il conclut la nullité de toute prétention de la raison en général à sortir de l'empirisme.

902. Une semblable méthode de soumettre les faits de la raison à l'examen, et s'il le faut au blâme, peut s'appeler la *censure* de la raison. Il est certain que cette censure conduit inévitablement à *douter* de *tout* usage transcendant des principes. Mais ce n'est là seulement que le second pas, qui est encore bien loin d'achever l'œuvre. Le premier pas dans les choses de la raison pure, qui en montre l'enfance, est *dogmatique*. Le second pas, déjà mentionné, est *sceptique,* et montre la circonspection du jugement redressé par l'expérience. Mais il en faut encore un troisième qui ne peut être fait que par un jugement mûr et viril, appuyé sur des règles fermes et d'une universalité certaine, afin de soumettre

à l'appréciation, non les faits de la raison, mais la raison elle-même suivant toute sa faculté et son aptitude pour les connaissances pures *a priori*. Il ne s'agit pas là de la censure, mais de la *critique* de la raison ; critique par laquelle des *bornes* (*Schranken*), même des *limites* (*Grenzen*) déterminées de la raison, son ignorance non seulement dans telle ou telle partie, mais par rapport à toutes les questions possibles d'une certaine espèce, ne sont pas conjecturées mais établies par principes. Ainsi, le scepticisme est un lieu de repos pour la raison humaine ; là, elle peut se rappeler le chemin dogmatique qu'elle a fait, et décrire le pays où elle est, afin de pouvoir choisir sa route plus sûrement. Mais ce n'est pas une habitation où elle doive rester toujours ; une pareille demeure ne peut se trouver que dans une certitude parfaite, soit de la connaissance des objets mêmes, soit des limites qui circonscrivent toute notre connaissance des objets.

903. Notre raison n'est pas comme une plaine d'une étendue indéfinie, dont on ne connaisse les bornes que d'une manière générale ; elle est plutôt comparable à une sphère dont le diamètre peut être trouvé par la courbe de l'arc à sa surface (par la nature des propositions synthétiques *a priori*) ; ce qui permet aussi d'en déduire avec certitude le contenu et la délimitation. Hors de cette sphère (champ de l'expérience), il n'y a plus d'objets pour notre raison ; les questions mêmes qui concernent les prétendus objets de cette nature ne se rapportent qu'à des principes subjectifs, d'une détermination universelle des rapports possibles parmi les concepts de l'entendement dans les limites de cette sphère.

904. Nous sommes réellement en possession de con-

naissances synthétiques *a priori*, comme le prouvent les principes de l'entendement qui anticipent (*anticipiren*) l'expérience. Si cependant quelqu'un n'en comprenait pas la possibilité, il pourrait à la vérité douter d'abord si elles sont réellement en nous *a priori*, mais il ne pourrait pas en conclure l'impossibilité par les simples facultés de l'entendement, ni déclarer inutiles tous les pas de la raison suivant la règle qui résulte de ces connaissances. Seulement il pourrait dire : si nous en apercevions l'origine et la vérité, nous pourrions déterminer la circonscription et les bornes de notre raison, mais auparavant toutes les assertions de la raison sont téméraires. De cette manière un doute universel dans toute philosophie dogmatique, laquelle va son chemin sans la critique de la raison, serait tout à fait fondé; mais on ne pourrait cependant pas absolument contester à la raison un semblable progrès s'il était préparé et assuré par une meilleure constitution. Car enfin, tous les concepts, et même toutes les questions que nous propose la raison pure, ne sont pas simple hasard de l'expérience; ils ne sont même que dans la raison, qui doit pouvoir comprendre la valeur ou la nullité des uns et résoudre les autres. Nous ne sommes pas non plus autorisés à rejeter ces questions en prétextant notre faiblesse, comme si leur solution tenait réellement à la nature des choses, et à nous refuser à leur investigation ultérieure; la raison seule ayant engendré ces idées dans son sein, elle doit se rendre compte de leur valeur ou de leur apparence dialectique.

905. Toute polémique sceptique n'est proprement dirigée contre le dogmatiste qui, sans se défier de ses premiers principes objectifs, c'est-à-dire sans critique,

poursuit gravement son chemin, que pour déranger ses plans et le ramener à la connaissance de lui-même. Elle ne décide absolument rien par rapport à ce que nous pouvons savoir ou ne pas savoir. Toutes les vaines tentatives dogmatiques de la raison sont des *faits* qu'il est toujours utile de soumettre à la censure. Mais ceci ne peut rien décider sur l'attente de la raison relativement à un meilleur succès de ses efforts futurs, et à ses prétentions à cet égard. La simple censure ne peut donc pas terminer la querelle sur les droits de la raison humaine.

906. Hume étant peut-être de tous les sceptiques le plus ingénieux, mais étant sans contredit le plus remarquable par l'influence que la méthode sceptique peut avoir pour provoquer un examen fondamental de la raison, il vaut la peine d'exposer, autant qu'il entre dans mon plan de le faire, la marche de ses raisonnements, et les erreurs d'un homme si habile et si estimable, erreurs qui ont cependant pris naissance sur le sentier de la vérité.

907. Hume pensait peut-être, quoiqu'il ne s'en soit jamais expliqué clairement, que nous sortons, dans certains de nos jugements, hors de notre concept de l'objet. J'ai appelé cette espèce de jugements, jugements *synthétiques*. Un fait qui ne souffre pas la moindre difficulté, c'est que je puis, par le moyen de l'expérience, sortir du concept que j'ai déjà des objets. L'expérience est même une semblable synthèse des perceptions, qui augmente le concept résultant d'une perception par d'autres perceptions qui s'y ajoutent. Mais nous croyons aussi pouvoir *a priori* sortir de notre concept, et étendre ainsi notre connaissance. Nous tentons de le faire, ou par l'entendement pur, dans ce qui peut être au moins

un *objet de l'expérience*, ou par la raison pure à l'égard des qualités sensibles des choses, ou même de l'existence d'objets qui ne peuvent jamais se présenter dans l'expérience. Notre sceptique ne distingua pas ces deux sortes de jugements comme il aurait cependant dû le faire ; et il regarda comme impossible, sans expérience antérieure, cette augmentation des concepts par des concepts, et, si je puis ainsi dire, l'enfantement spontané de notre entendement même (et de la raison). D'où il conclut que tous ces prétendus principes *a priori* n'étaient que des rêves. Il crut trouver qu'ils n'étaient que l'habitude résultant de l'expérience et de ses lois, par conséquent que ce n'étaient que des règles purement empiriques, c'est-à-dire contingentes par elles-mêmes, auxquelles nous accordons faussement la nécessité et l'universalité. A l'appui de cette étrange assertion, il en appelle au principe universellement reconnu du rapport de la cause et de l'effet. Comme aucune faculté intellectuelle ne peut nous conduire du concept d'une chose à l'existence de quelque autre chose qui soit par là donnée universellement et nécessairement, il crut pouvoir en conclure qu'il n'y a rien en nous qui soit capable sans expérience d'augmenter notre concept, et qui nous autorise à porter un jugement qui ait une valeur matérielle *a priori*. Que la lumière solaire fonde la cire qu'elle éclaire, en même temps qu'elle durcit l'argile, c'est ce qu'aucune intelligence n'aurait pu deviner, loin de le conclure régulièrement en partant des concepts que nous avions déjà de ces choses ; l'expérience seule pouvait nous apprendre cette loi. Nous avons vu, au contraire, dans la Logique transcendantale, que, tout en ne pouvant jamais sortir *immédiatement* de la matière du concept qui nous est donné, nous pouvons cependant connaître parfaitement *a priori* la loi de liaison avec d'autres choses, mais par rapport à une troisième chose, savoir, à une expérience *possible*. En conséquence si la cire qui auparavant était solide se fond, je puis connaître *a priori* que quelque chose a dû précéder (par exemple, la chaleur solaire), ensuite de quoi la fusion s'est opérée suivant une loi contante, quoique, sans expérience, je ne puisse connaître *a priori* d'une manière *déterminée*, et sans l'enseignement de l'expérience, ni la cause par l'effet, ni l'effet par la cause. Hume conclut donc faussement de la contingence de notre détermination *suivant la loi*, à la contingence de la *loi* même, et il confondit le fait de passer du concept d'une chose à l'expérience possible (ce qui arrive *a priori* et constitue la réalité objective de ce concept), avec la synthèse des objets de l'expérience réelle, qui est toujours empirique. Il fit donc d'un principe de l'affinité, qui a son siége dans l'entendement et énonce une liaison nécessaire, une règle de l'association qui n'a lieu que dans l'imagination imitative, et ne peut exposer que des liaisons fortuites et non objectives.

908. Mais les erreurs sceptiques de cet homme, d'ailleurs très pénétrant, résultèrent principalement d'un défaut qu'il eut cependant de commun avec tous les dogmatiques, savoir, de ce qu'il ne considérait pas systématiquement *a priori* toutes les espèces de synthèses de l'entendement. Car il aurait trouvé, par exemple, pour ne pas parler ici du reste, que le *principe de la permanence,* tout aussi bien que celui de la causalité, précède l'expérience. De cette manière il aurait pu prescrire à l'entendement s'étendant *a priori*, et à la raison

pure, certaines limites. Mais lorsqu'il se contente de *circonscrire* notre entendement sans en *poser les bornes*, et qu'en établissant une défiance générale, il ne donne aucune connaissance déterminée de l'ignorance qui nous est invincible; lorsqu'il censure quelques principes de l'entendement, sans le soumettre lui-même à l'épreuve de la critique dans toute son étendue, et qu'il accuse cette faculté de refuser ce qu'elle ne peut réellement accorder, alors il va trop loin, puisque sans l'avoir soumise tout entière à l'examen, il lui conteste tout pouvoir de s'étendre *a priori*. Il lui arrive donc ce qui ruine toujours le scepticisme; c'est que le scepticisme lui-même ne manque jamais d'être mis en doute, parce que ses objections ne reposent que sur des faits accidentels, au lieu de porter sur des principes capables de faire renoncer nécessairement au droit d'affirmer dogmatiquement.

909. Comme il ne connaît non plus aucune différence entre les droits fondés de l'entendement et les prétentions dialectiques de la raison, contre lesquelles cependant sont surtout dirigées ses attaques, la raison, dont l'élan propre n'est pas le moins du monde ici troublé, mais entravé seulement, ne s'aperçoit pas que le champ de ses excursions est entièrement fermé, et ne peut jamais être complétement détourné de ses efforts; et, quoiqu'elle soit attaquée çà et là dans ses tentatives, elle n'est jamais parfaitement repoussée; car elle s'arme pour résister aux attaques, et s'opiniâtre d'autant plus à établir ses prétentions. Mais une revue rigoureuse de tous nos moyens, et la persuasion qui en résulte de la jouissance assurée d'une petite possession, fait disparaître tout litige, malgré la vanité de prétentions plus élevées,

et porte à se contenter d'une propriété restreinte, mais incontestable.

910. Le dogmatiste sans critique, qui n'a point mesuré la sphère de son entendement, qui, par conséquent, n'a pas déterminé suivant des principes les bornes de la connaissance possible, et qui ne sait pas d'avance ce qu'il peut, mais qui pense s'en assurer en l'essayant, doit courir plus que le danger d'être en butte à ces attaques sceptiques ; il doit en essuyer un vrai dommage. Car s'il affirme une seule chose dont il ne puisse rendre raison, mais sans pouvoir en expliquer l'apparence par des principes, alors son soupçon tombe sur toutes les assertions, quelque persuasives qu'elles puissent être d'ailleurs.

911. C'est ainsi que le sceptique corrige le disputeur dogmatique, et le conduit à une saine critique de l'entendement et de la raison même. Dès qu'il y est parvenu, il n'a plus rien à craindre ; car il distingue alors sa possession de tout ce qui n'est pas elle ; il ne s'arroge aucun droit sur ce qui ne lui appartient pas, et *évite* ainsi les contestations. A la vérité, la méthode sceptique ne *satisfait* pas par elle-même aux questions de la raison, mais cependant elle *prépare* la raison en l'exerçant, excite sa vigilance, et la conduit aux moyens fondamentaux qui peuvent lui garantir sa possession légitime.

SECTION III.

Discipline de la raison pure par rapport aux hypothèses.

912. Puisqu'enfin nous savons par la critique de notre raison qu'en fait, dans son usage pur et spéculatif, nous ne pouvons rien savoir, ne devrait-elle pas ouvrir un

champ d'autant plus vaste aux *hypothèses,* puisqu'il nous est du moins permis d'inventer et d'opiner, sinon d'affirmer ?

913. Si l'imagination ne doit pas *délirer,* mais *feindre,* sous la censure sévère de la raison, quelque chose de parfaitement certain, de non fictif et qui ne soit point de simple opinion, doit toujours précéder ; et ce quelque chose est la *possibilité* de l'objet même. Alors il est bien permis, par rapport à sa réalité, de recourir à l'opinion. Mais, pour que cette opinion ne soit pas vaine, elle doit être employée comme principe d'explication, conjointement avec ce qui est vraiment donné, et qui est par conséquent certain ; et alors l'opinion s'appelle *hypothèse.*

914. Mais comme nous ne pouvons nous faire la moindre notion de la possibilité de l'union dynamique *a priori,* et que la catégorie de l'entendement pur ne sert point à la penser, mais seulement à la comprendre partout où elle se trouve dans l'expérience, nous ne pouvons pas imaginer originellement suivant ces catégories un seul objet d'après une qualité nouvelle et qui ne puisse être donné empiriquement, ni le donner pour fondement à aucune hypothèse légitime ; ce serait simplement soumettre à la raison de vaines chimères, au lieu de concepts de choses. Ainsi, il n'est pas permis d'imaginer de nouvelles facultés primitives, par exemple un entendement capable de percevoir son objet sans le secours des sens, — ou une force attractive sans contact, — ou une nouvelle espèce de substance qui, par exemple, soit présente dans l'espace sans impénétrabilité, — ni par conséquent aucun commerce des substances différent du commerce universel que présente l'expérience, — au-

cune durée si ce n'est dans le temps. En un mot, notre raison peut seulement faire servir les conditions de l'expérience possible, comme conditions de la possibilité des choses, mais pas du tout se créer à elle-même des choses indépendamment de ses conditions, parce que des concepts de cette nature, quoique sans contradiction, seraient toujours sans objet.

915. Les concepts rationnels sont, comme nous l'avons dit, de simples idées, et n'ont aucun objet dans une expérience quelconque. Mais ce n'est pas à dire pour cela qu'ils indiquent des objets fictifs et qui soient par là même regardés comme possibles. Ils sont simplement pensés problématiquement pour fonder dans le champ de l'expérience à leur égard (comme fictions heuristiques) des principes régulateurs de l'usage systématique de l'entendement. Sort-on de l'expérience, ce ne sont plus que de simples êtres de raison, dont la possibilité ne peut être établie, et qui par conséquent ne peuvent être hypothétiquement posés pour fondement à l'explication des phénomènes réels. Il est bien permis de *concevoir* l'âme comme simple, afin, suivant cette idée, de donner pour principe de notre jugement sur les phénomènes internes une parfaite et nécessaire unité à toutes les facultés de l'âme, quoiqu'on ne puisse les apercevoir en même temps *in concreto*. Mais *admettre* l'âme comme substance simple (ce qui est un concept transcendant) serait une proposition qui, non seulement ne pourrait être prouvée (ce qui est le cas de plusieurs hypothèses physiques), mais qui serait de plus tout arbitraire et aveugle, parce que le simple ne peut se présenter dans aucune expérience, et que, si l'on comprend ici sous le mot substance l'objet permanent de l'intuition

sensible, la possibilité d'un *phénomène simple* ne peut absolument pas être aperçue. La raison a le droit de regarder comme une opinion la notion d'êtres purement intelligibles ou les qualités simplement intelligibles des choses du monde sensible, quoique (parce qu'on n'a aucun concept de leur possibilité ni de leur impossibilité) ces choses ne puissent non plus être niées dogmatiquement, par suite d'une vue de l'esprit prétendue meilleure.

916. Pour expliquer des phénomènes donnés on ne peut employer d'autres choses, comme principes d'explication, que celles qui ont été unies avec les choses données, suivant des lois déjà reconnues des phénomènes. Une *hypothèse trancendantale* dans laquelle une simple idée de la raison serait employée à l'explication de la nature des choses, serait par le fait une explication nulle, puisque ce qui ne serait pas suffisamment compris par des principes empiriques reconnus serait expliqué par quelque chose qu'on ne comprend absolument pas. Le principe d'une telle hypothèse ne servirait proprement qu'à tranquilliser la raison, mais pas du tout à l'avancement de l'usage de l'entendement par rapport aux objets. L'ordre et la finalité dans la nature ne doivent à leur tour s'expliquer que par des causes physiques et suivant des lois physiques ; et les hypothèses les plus audacieuses, si toutefois elles ne sont que physiques, y sont plus tolérables encore que l'hypothèse métaphysique, c'est-à-dire que l'appel à un auteur divin que l'on suppose à cet effet. Ce principe serait en effet celui de la raison paresseuse (*ignava ratio*), qui permettrait d'admettre d'un seul coup toutes les causes dont on peut encore connaître, par une expérience progressive, la

réalité objective, du moins quant à la possibilité, pour se reposer dans une simple idée qui est très commode à la raison. Mais pour ce qui est de la totalité absolue du principe d'explication dans la série des causes, ce ne peut être un obstacle par rapport aux objets cosmiques, parce que ces objets n'étant que des phénomènes, jamais rien d'achevé ne peut y être espéré dans la synthèse de la série des conditions.

917. On ne peut recourir à des hypothèses transcendantales de l'usage spéculatif de la raison, ni à la liberté de se servir de principes métaphysiques pour suppléer au défaut de principes physiques d'explication, soit parce que la raison n'avancerait point par là, mais plutôt verrait tout le progrès de son usage interrompu, soit parce que cette licence la priverait de tout le fruit de la culture de son terrain propre, savoir l'expérience. Car si l'explication de la nature nous devient ici ou là difficile, alors nous avons tout de suite sous la main un principe d'explication transcendant qui nous dispense de toute recherche, et notre investigation se termine, non par une connaissance, mais par l'entière incompréhensibilité d'un principe déjà tellement préconçu qu'il devait contenir le concept de l'absolument Premier.

918. La deuxième condition requise pour qu'une hypothèse puisse être admise, c'est qu'elle suffise pour déterminer *a priori* les conséquences qui sont données. S'il faut, à cet effet, recourir à des hypothèses subsidiaires, elles font soupçonner qu'elles ne sont qu'une simple fiction; chacune d'elles, ayant besoin de la même justification que requérait déjà la pensée fondamentale ou première, ne peut, par conséquent, donner un témoi-

gnage idoine. Si, dans la supposition d'une cause infiniment parfaite, on ne manque pas de principe d'explication de toute la régularité, de tout l'ordre et de toute la grandeur qui se remarque dans le monde, cette supposition a cependant besoin, dans les aberrations et les maux qui se présentent, du moins suivant nos concepts, de nouvelles hypothèses pour être à l'abri des doutes qui pourraient naître de la vue de ces maux. Si la substantialité simple de l'âme humaine, qui est posée comme fondement de ses phénomènes, est attaquée par les difficultés qui naissent de la ressemblance de ses phénomènes avec les changements qu'éprouve la matière (l'accroissement et le décroissement), de nouvelles hypothèses doivent être invoquées; hypothèses à la vérité, qui ne sont pas sans apparence [*Schein*], mais qui, cependant, manquent de toute confiance, excepté de celle que leur accorde l'opinion, prise pour principe fondamental, à laquelle elles doivent cependant servir d'appui.

919. Si les affirmations de la raison, données ici pour exemples (l'unité incorporelle de l'âme et l'existence d'un être suprême), ne doivent pas valoir comme hypothèses, mais comme dogmes prouvés *a priori*, alors il n'est plus question d'hypothèses. Mais aussi la preuve doit avoir la certitude apodictique d'une démonstration. Car si l'on veut rendre simplement *vraisemblable* la réalité de ces idées, c'est une entreprise aussi absurde que si l'on pensait démontrer seulement comme probable une proposition géométrique. La raison séparée de toute expérience ne peut rien connaître qu'*a priori* et nécessairement, à moins de ne rien connaître du tout. Par conséquent son jugement n'est jamais opinion; c'est ou une abstention de tout jugement, ou une certitude

apodictique. Des opinions et des jugements vraisemblables sur ce qui convient aux choses, ne sont possibles qu'à titre de principes d'explication de ce qui est réellement donné, ou comme conséquences, suivant des lois empiriques, de ce qui est fondamental et réel, par conséquent dans la série des objets de l'expérience seulement. *Opiner* hors de ce champ, c'est jouer avec des pensées, à moins que l'on ne croie simplement pouvoir trouver par hasard la vérité sur une voie incertaine du jugement.

920. Mais quoique dans les questions simplement spéculatives de la raison pure, il n'y ait pas lieu de faire des hypothèses pour fonder des propositions, elles y sont cependant très admissibles pour se défendre seulement, c'est-à-dire non dans l'usage dogmatique, mais dans l'usage polémique. J'entends, par le mot défense, non la multiplication des arguments en faveur d'une proposition, mais simplement l'anéantissement des vues apparentes d'un adversaire, destinées par lui à ruiner notre assertion. Or, toutes les propositions synthétiques par raison pure ont cela de propre, que, si celui qui affirme la réalité de certaines idées, n'en sait jamais assez pour rendre sa proposition certaine, d'un autre côté son adversaire en sait tout aussi peu pour affirmer le contraire. Cette égalité du sort de la raison humaine ne favorise, à la vérité, aucun des deux partis dans les connaissances spéculatives; mais elle devient par là même le théâtre naturel de combats sans fin. Cependant on verra clairement par la suite que, par rapport à l'usage pratique, la raison a le droit de supposer quelque chose qu'elle ne peut légitimement admettre dans le champ de la simple spéculation sans des preuves suffisantes, parce

que, d'un côté, toutes ces suppositions nuisent à la perfection de la spéculation, et que, de l'autre, l'intérêt pratique n'a point à s'occuper de spéculation. En morale, la raison est donc en possession, sans avoir besoin de démontrer la légitimité du fait : ce que d'ailleurs elle ne pourrait faire. C'est donc à l'adversaire à prouver. Mais, comme celui-ci sait aussi peu, touchant l'objet en question, pour affirmer qu'il n'est pas, que le premier qui en affirme l'existence, il y a évidemment ici un avantage de la part de celui qui affirme quelque chose comme supposition pratiquement nécessaire (*melior est conditio possidentis*). Je dis donc qu'il lui est libre, pressé qu'il est en quelque sorte par la nécessité, de se servir, pour défendre sa cause, des mêmes moyens que l'adversaire emploie contre elle, c'est-à-dire d'hypothèses. Mais ces hypothèses ne doivent pas servir à fortifier la preuve de la proposition attaquée ; elles ne sont destinées qu'à faire voir que l'adversaire connaît trop peu l'objet de la difficulté pour que, par rapport à nous, il puisse se flatter de l'avantage d'une vue spéculative.

921. Les hypothèses ne sont donc permises dans le champ de la raison pure que comme des armes, c'est-à-dire non pour fonder un droit, mais uniquement pour le défendre. Mais ici nous devons toujours chercher l'adversaire en nous-mêmes, car la raison spéculative est *essentiellement* dialectique dans son usage transcendantal, et les objections qui pourraient être à craindre sont au-dedans de nous-mêmes. Nous devons les exhumer comme des prétentions anciennes, mais imprescriptibles, afin de fonder une paix éternelle sur leur abolition. Un repos extérieur n'est qu'apparent ; il faut extirper le germe des hostilités qui se trouve dans la

nature de la raison humaine. Mais comment en pourrons-nous venir à bout si nous ne lui donnons pas la liberté de se développer, de se nourrir pour qu'il se montre, afin de le détruire ensuite radicalement? Imaginez donc vous-mêmes des objections qui ne sont encore venues à la pensée de personne, donnez des armes à votre adversaire, ou mettez-le sur le terrain le plus favorable. Rien à craindre, mais tout à espérer en cela; vous prendrez ainsi une possession qui ne pourra plus vous être enlevée par la suite.

922. Une parfaite armure a donc aussi besoin des hypothèses de la raison pure, hypothèse qui, bien qu'elles ne soient que des armes de plomb (parce qu'elles ne sont acérées par aucune loi de l'expérience), seront cependant toujours aussi bonnes que celles dont un adversaire peut se servir contre vous. Si donc vous êtes pressés par une objection (sous un autre rapport non spéculatif) contre la nature de l'âme supposée immatérielle et à l'abri de tout changement corporel, sous prétexte que l'expérience semble prouver soit l'accroissement, soit le décroissement des facultés de l'âme, comme si elles n'étaient que différentes modifications de nos organes, vous pouvez infirmer la force de cet argument en supposant que notre corps n'est que le phénomène fondamental auquel, comme condition, se rapporte, dans l'état actuel (la vie), toute la capacité de sentir, et avec elle toute la pensée; en supposant que la séparation du corps est la fin de cet usage sensible de notre faculté de connaître, et le commencement de son usage intellectuel. Le corps ne serait donc pas la cause de la pensée, il en serait simplement la condition restrictive, et par conséquent devrait être considéré com-

me auxiliaire de la vie sensible et animale, et à plus forte raison encore, comme un obstacle à la vie pure et spirituelle. En sorte que la dépendance où est la vie sensible de la constitution corporelle, ne prouverait rien pour la dépendance où serait toute la vie de l'état de nos organes. Vous pouvez même aller plus loin et élever des doutes nouveaux, ou qui n'ont point encore surgi, ou qui n'ont pas été poussés assez loin.

923. La contingence des générations qui, dans les hommes comme dans les brutes, dépend de l'occasion, et trouve en outre des aliments, de la conduite, des caprices et des fantaisies, trop souvent même du vice, forme une grande difficulté contre l'opinion de l'éternité à venir d'une créature, dont la vie commence d'abord dans des circonstances si peu importantes, et si entièrement abandonnées à notre disposition. Pour ce qui est de la perpétuité de toute l'espèce (sur la terre), la difficulté a peu de poids, parce que l'accident individuel n'est soumis à aucune loi dans l'espèce. Mais par rapport à tout individu, il est sans doute difficile d'attendre un si grand effet de si petites causes. Vous pouvez de plus former cette hypothèse transcendantale, que toute la vie n'est proprement qu'intelligible, exempte des révolutions du temps, qu'elle n'a point commencé par la naissance et qu'elle ne doit point finir par la mort; que cette vie n'est qu'un simple phénomène, c'est-à-dire une représentation sensible de la vie spirituelle pure, et que le monde sensible tout entier n'est qu'une pure image qui se présente à notre manière de connaître actuelle, et qui, comme un songe, n'a aucune réalité objective en soi; que si nous devions nous apercevoir nous-mêmes comme nous sommes, et les choses *comme elles sont,*

nous nous verrions dans un monde de natures spirituelles, avec lequel notre unique et vrai commerce n'a pas commencé à la naissance, et ne doit point finir à la mort, qui n'est qu'un phénomène, etc.

924. Quoique nous ne sachions pas la moindre chose de tout ce que nous avons ici prétexté hypothétiquement contre l'attaque, et que nous ne l'affirmions pas sérieusement; quoique tout cela ne soit pas même des idées de raison, mais simplement des conceptions *imaginées* pour la défense; cependant nous nous conduisons ici d'une manière raisonnable, parce que nous faisons seulement voir à notre adversaire, qui pense avoir épuisé toute possibilité en présentant mal à propos le défaut de conditions empiriques de cette possibilité pour une preuve de l'impossibilité universelle de tout ce que nous croyons, qu'il ne peut pas plus embrasser par les simples lois de l'expérience tout le champ des choses possibles en soi, que nous ne pouvons acquérir fondamentalement par la raison la connaissance de quoi que ce soit au delà des bornes de l'expérience. Celui qui emploie ces moyens hypothétiques contre les prétentions audacieusement négatives d'un adversaire, ne doit pas être pour cela considéré comme voulant en faire ses propres et vraies opinions; il les abandonne aussitôt qu'il a repoussé la suffisance dogmatique de son antagoniste; car s'il y a modération et modestie à ne point admettre les assertions hasardées des autres, il n'y a cependant pas moins de prétention orgueilleuse à vouloir faire passer ses propres négations et objections comme des preuves du contraire, que si l'on avait pris le parti affirmatif et le rôle de l'assertion.

925. On voit donc par là que, dans l'usage spécula-

tif de la raison, des hypothèses n'ont par elles-mêmes aucune valeur comme opinions, mais seulement par rapport à des prétentions transcendantes opposées. Car l'extension des principes de l'expérience possible à la possibilité des choses en général, est aussi transcendante que l'affirmation de la réalité objective de concepts qui ne peuvent trouver leur objet qu'en dehors des bornes de toute expérience possible. Ce que la raison pure juge assertoriquement doit (comme tout ce qu'elle connaît) être nécessaire, à moins de n'être absolument rien. Elle ne renferme donc réellement aucune opinion. Mais ces hypothèses ne sont que des jugements problématiques qui ne peuvent pas du moins être contredits, quoique sans doute ils ne puissent être démontrés par rien. Ce ne sont par conséquent pas des opinions privées, bien qu'elles ne puissent pas être facilement exemptes de de doute (même par rapport à la tranquillité interne). Mais on doit les maintenir telles, et faire grandement attention qu'elles ne croient pas à elles-mêmes, qu'elles ne prétendent pas à une valeur absolue, et qu'elles n'étouffent pas la raison sous des fictions et des illusions.

SECTION IV.

Discipline de la raison pure par rapport à ses preuves.

926. Les preuves de propositions transcendantales et synthétiques ont cela de propre, entre toutes les preuves d'une connaissance synthétique *a priori,* que la raison par le moyen de ses concepts n'y doit pas s'appliquer immédiatement à l'objet ; la valeur objective des concepts et la possibilité de leur synthèse doivent d'abord

être prouvées *a priori*. Il ne s'agit pas là simplement d'une règle de prudence nécessaire, mais encore de la nature et de la possibilité des preuves mêmes. Si je dois dépasser *a priori* le concept d'un objet, je ne pourrai le faire sans un fil conducteur particulier et étranger à ce concept. Dans les mathématiques, ce fil est l'intuition *a priori* qui dirige ma synthèse ; toutes les conséquences peuvent y être déduites immédiatement de l'intuition pure. Dans la connaissance transcendantale, qui n'a d'objet que les concepts de l'entendement, cette règle consiste dans l'expérience possible. La preuve ne fait donc pas voir que le concept donné (par exemple le concept de ce qui arrive) conduise directement à un autre concept (celui d'une cause) ; car ce passage serait un saut qu'on ne pourrait justifier : mais elle montre que l'expérience elle-même, par conséquent l'objet de l'expérience, serait possible sans cette liaison. La preuve devait donc faire voir en même temps la possibilité d'arriver synthétiquement et *a priori* à une certaine connaissance des choses qui n'était pas comprise dans leur concept. Sans cette attention, les arguments se précipitent comme des eaux qui débordent avec impétuosité et se répandent à travers la campagne, partout où la pente d'une association cachée les dirige fortuitement. L'apparence de la persuasion, apparence qui repose sur des causes subjectives de l'association, et qui passe pour l'aperçu d'une affinité naturelle, ne peut absolument pas contrebalancer l'ambiguïté qui ne peut manquer de se rencontrer dans une marche aussi hasardée. Toutes les tentatives pour prouver la proposition du principe suffisant ont donc été vaines, de l'avis unanime des docteurs ; et avant que la critique transcendantale eût paru, on s'en rapportait obstinément, puisqu'on ne pouvait pas abandonner ce principe, au sens commun de l'humanité (appel qui montre toujours que la cause de la raison est désespérée), plutôt que de consentir à chercher de nouveaux arguments dogmatiques.

927. Mais si la proposition qui doit être prouvée est une assertion de la raison pure, et si je veux m'élever par le moyen de simples idées au-dessus de mes concepts empiriques, cette proposition doit, à plus forte raison, contenir en elle la justification d'une pareille progression synthétique (si cette progression était d'ailleurs possible), comme une condition nécessaire de sa force démonstrative. Ainsi, quelque spécieuse que soit la prétendue preuve de la simplicité de la nature de notre substance pensante, tirée de l'unité de l'apperception, j'y rencontre cependant une difficulté incontestable : c'est que la simplicité absolue n'étant pas un concept susceptible d'être immédiatement rapporté à une perception, mais un concept qui doit être simplement conclu comme idée, on ne voit pas comment la simple conscience, contenue dans *tout acte de la pensée,* ou du moins qui peut y être contenue, devrait, toute représentation simple qu'elle est, me conduire à la conscience et à la connaissance d'une *chose dans laquelle* seule la pensée peut être contenue. Car si je me représente en mouvement la force de mon corps, il sera pour moi une unité absolue, et la représentation que je m'en fais sera simple. Je puis donc exprimer cette force représentative par le mouvement d'un point, attendu que le volume ne fait rien ici, et que je puis me le représenter sans aucune diminution de la force, si petit qu'il soit supposé, dût-il se trouver réduit à un point. Je ne conclurai cependant pas de là que,

si rien ne m'était donné que la force motrice d'un corps, je pusse concevoir le corps comme substance simple par la raison que sa représentation est abstraite de toute quantité du contenu dans l'espace, et par conséquent est simple. Par là même donc que le simple dans l'abstraction est tout à fait différent du simple dans l'objet, et que le moi, qui dans le premier sens ne comprend aucune diversité, peut, dans le second sens, lorsqu'il signifie l'âme même, être un concept très complexe, ou contenir *sous lui* et désigner beaucoup de choses, par là même je découvre un paralogisme. Mais, pour le pressentir (car sans une telle conjecture préalable jamais cet argument n'aurait été suspecté), il est absolument nécessaire d'être constamment armé d'un criterium permanent de la possibilité de ces propositions synthétiques, qui doivent toujours plus prouver que l'expérience ne peut donner. Or, ce criterium consiste en ce que la preuve ne soit pas conduite directement à l'attribut désiré, mais par le moyen d'un principe de la possibilité d'étendre un concept *a priori* jusqu'à des idées, et de les réaliser ensuite. Si l'on usait toujours de cette précaution ; si, avant de chercher une preuve, on examinait d'abord sagement en soi-même comment et avec quel motif d'espoir on peut se promettre une telle extension par la raison pure, et d'où l'on veut tirer en pareil cas ces vues qui ne peuvent être dérivées de concepts, ni être anticipées par le rapport à l'expérience possible, on s'épargnerait beaucoup d'efforts pénibles et toujours infructueux, car on n'accorderait pas à la raison ce qui surpasse manifestement sa force; ou plutôt on mettrait un frein à ses élans vers l'extension spéculative, qu'il est si difficile de modérer.

928. La première règle est donc de n'essayer aucune preuve transcendantale sans avoir auparavant réfléchi, et sans s'être d'abord rendu compte de la source où l'on puisera les principes sur lesquels on pense établir ces arguments, ainsi que du droit qu'on a d'attendre de ces principes de justes conséquences. Si ce sont des principes de l'entendement (par exemple de la causalité), en vain l'on s'efforcera d'arriver par leur moyen aux idées de la raison pure, car ils ne valent que pour des objets de l'expérience possible. Si ce sont des principes de la raison pure, alors toute peine est également perdue. Ils sont à la vérité dans la raison; mais, comme principes objectifs, ils sont tous dialectiques, et ne peuvent en tout cas valoir que comme des principes régulateurs de l'usage empirique, coordonné systématiquement. Mais si ces prétendus arguments se présentent, opposez à la fausse persuasion le *non liquet* d'un jugement par la réflexion; et, quoique vous ne puissiez pas encore pénétrer leur prestige, vous avez néanmoins le plein droit de demander la déduction des principes employés dans ce cas; déduction qui, si ces principes doivent être tirés de la simple raison, ne peut jamais vous être donnée. Et ainsi vous n'avez pas même besoin d'entreprendre le dénoûment et la réfutation de chacune de ces apparences sans fondement; vous pouvez renvoyer toute cette dialectique, inépuisable en artifices, devant le tribunal de la raison critique, qui demande des lois.

929. Le second caractère des preuves transcendantales est que, pour chaque proposition transcendantale, on ne peut trouver qu'*un seul* argument. Si je ne dois pas conclure des concepts, mais de l'intuition qui correspond à un concept, que ce soit une intuition pure,

comme dans les mathématiques ou une intuition empirique, comme dans la physique, l'intuition posée en principe me donne alors une matière diverse de propositions synthétiques, matière que je puis unir de plus d'une manière; et, pouvant partir aussi de plusieurs points, je puis arriver par différentes voies à la même proposition.

930. Mais toute proposition transcendantale part simplement d'un concept *unique*, et pose la condition synthétique de la possibilité de l'objet d'après ce concept. Il ne peut donc y avoir qu'un seul argument, parce que, à l'exception de ce concept, il n'y a plus rien par quoi l'objet puisse être déterminé. La preuve ne peut donc contenir que la détermination d'un objet en général suivant ce concept, qui est aussi seul et unique. Par exemple, dans l'Analytique transcendantale, nous avons tiré la proposition : tout ce qui arrive a une cause, de la seule condition de la possibilité objective d'un concept de ce qui arrive en général : si bien que la détermination d'un événement dans le temps, par conséquent cet événement lui-même comme appartenant à l'expérience, serait impossible, s'il n'était soumis à cette règle dynamique. Tel est donc aussi le seul argument possible; car, par cela seul qu'un objet est destiné au concept par le moyen de la loi de la causalité, l'événement représenté vaut objectivement, c'est-à-dire est vrai. A la vérité, on a encore cherché d'autres preuves de cette proposition, en essayant de les tirer, par exemple, de la contingence; mais en considérant cette proposition de plus près, on ne peut trouver aucun autre signe de la contingence que le fait d'*arriver*, c'est-à-dire l'existence précédée du non-être de l'objet, et l'on revient par conséquent toujours

au même argument. S'il s'agit de prouver la proposition: tout ce qui pense est simple, on ne s'arrête pas à la diversité de la pensée, mais on tient fermement au concept du moi, concept simple et auquel se rapporte toute pensée. Il en est de même de la preuve transcendantale de l'existence de Dieu, qui repose simplement sur la réciprocité des concepts d'un être très réel et nécessaire, et qui ne peut être tentée autrement.

931. Cette observation préventive réduit singulièrement la critique des assertions de la raison. Dès que la raison traite de simples concepts, il n'y a qu'une seule preuve possible, si toutefois il y en a une. Par conséquent, si l'on voit le dogmatiste se présenter avec dix preuves, on peut être sûr alors qu'il n'en a aucune. Car s'il en avait une, qui (comme cela doit être en matière de raison pure), prouvât apodictiquement, qu'aurait-il besoin des autres? Son but n'est donc pas différent de celui de cet avocat au parlement qui avait des arguments divers pour tous les juges, et qui faisait tourner à son profit la faiblesse de chacun d'eux. Car, sans se donner la peine d'approfondir une affaire, et pour se débarrasser bien vite de la besogne, ils saisissaient la première raison qui leur semblait la meilleure, et décidaient en conséquence.

932. La troisième règle propre à la raison pure, quand par rapport aux preuves transcendantales elle est soumise à une discipline, c'est que ses preuves ne doivent jamais être *apagogiques,* mais toujours *ostensives.* La preuve directe ou ostensive est, dans toute espèce de connaissance, celle qui unit en même temps la persuasion de la vérité et la connaissance de ses sources. La preuve apagogique, au contraire, peut à la vérité pro-

duire la certitude, mais pas l'intelligence de la vérité, par rapport à l'enchaînement des raisons de sa possibilité. Par conséquent les preuves apagogiques sont plutôt des procédés utiles en certains cas, qu'une méthode qui satisfasse à toutes les vues de la raison. Elles ont cependant l'avantage de l'évidence sur les preuves directes, en ce que la contradiction emporte toujours avec elle plus de clarté dans la représentation que la meilleure synthèse, et approche de plus près de l'intuitif d'une démonstration.

933. Ce qui fait sans doute que l'on emploie les preuves apagogiques dans les différentes sciences, c'est que, quand les principes d'où une certaine connaissance doit être dérivée sont trop variés et trop profonds, alors on cherche si l'on peut l'atteindre par ses conséquences. Mais le *modus ponens* (1), qui consiste à conclure la vérité d'une connaissance de la vérité de ses conséquences, n'est permis qu'autant que toutes ses conséquences possibles sont vraies; car alors elles ne peuvent avoir qu'un seul principe possible, qui par conséquent est aussi le vrai. Mais cette méthode est impraticable, parce qu'elle surpasse notre force, puisque nous ne pouvons apercevoir toutes les conséquences possibles d'une proposition donnée. On emploie néanmoins cette manière de raisonner, quoique sans doute avec une certaine indulgence, lorsqu'il s'agit de prouver quelque chose simplement comme hypothèse, permettant ce raisonnement par analogie, que, si toutes les conséquences que l'on a cherchées s'accordent parfaitement avec un principe reconnu, toutes les autres doi-

---

(1) V. *Logique* de Kant, trad. fr., seconde édit., p. 190 et 191. — T.

vent aussi se trouver d'accord avec lui. Une hypothèse ne peut donc jamais être par là convertie en vérité démontrée. Le *modus tollens* des raisonnements qui concluent des conséquences aux principes, prouve non seulement très strictement, mais aussi très facilement. Car si même une seule conséquence fausse peut être tirée d'une proposition, cette proposition elle-même est fausse. Au lieu donc de parcourir toute la série des principes dans une preuve ostensive, série qui peut conduire à la vérité d'une connaissance par le moyen de la vue complète de sa possibilité, il suffit seulement de trouver une seule conséquence fausse parmi toutes celles qui découlent du principe contraire; alors ce contraire est également faux; par conséquent la connaissance à démontrer est vraie.

934. Mais l'argumentation apagogique ne peut être permise que dans les sciences où il est impossible de *substituer* le subjectif de notre représentation à l'objectif, c'est-à-dire à la connaissance de ce qui est dans l'objet. Mais si l'élément objectif prédomine, il doit arriver fréquemment ou que le contraire d'une certaine proposition répugne aux lois purement subjectives de la pensée, mais non à l'objet, ou que deux propositions faussement regardées comme objectives ne soient réputées contradictoires entre elles que sous la condition subjective; et alors, comme la condition est fausse, toutes deux doivent être fausses, sans que de la fausseté de l'une on puisse conclure la vérité de l'autre.

935. Dans les mathématiques, cette subreption est impossible. Les mathématiques sont donc le domaine propre de ces sortes de preuves. En physique, où tout se fonde sur l'intuition empirique, cette subreption peut

le plus souvent être prévenue par un grand nombre d'observations comparées ; cependant cette espèce de preuve y est en général de nulle valeur. Mais les recherches transcendantales de la raison pure partent toutes du foyer (*Medium*) propre de l'apparence dialectique, c'est-à-dire du subjectif, qui se présente ou s'impose à la raison dans ses prémisses comme objectif. Dans les propositions synthétiques de cette nature, il ne peut donc être permis de justifier ses assertions par la seule réfutation du contraire. Car, ou cette réfutation n'est autre chose que la simple représentation du rejet de l'opinion contraire ainsi que des conditions subjectives de la compréhensibilité par notre raison, ce qui n'est assurément pas un motif pour nier la chose même (c'est ainsi par exemple que la nécessité absolue dans l'existence d'un être ne peut tout simplement pas être comprise par nous, et que par conséquent cette impossibilité s'oppose avec droit à toute preuve *subjective* d'un être suprême nécessaire, sans s'opposer avec raison à la possibilité d'un tel être primitif *en lui-même*) ; — ou les deux parties, tant celle qui affirme que celle qui nie, trompées par l'apparence transcendantale, mettent en principe un concept impossible d'un objet : et alors il y a lieu à la règle *non entis nulla sunt prædicata,* c'est-à-dire que ceux qu'on affirme et ceux qu'on nie d'un objet sont également faux, et l'on ne peut apagogiquement parvenir à la connaissance de la vérité par la réfutation de l'opposé. Soit, par exemple, la supposition que le monde sensible *en lui-même* est donné quant à sa totalité : alors il est faux, *ou* qu'il soit infini quant à l'espace, *ou* qu'il doive être fini et borné, parce que les deux cas sont faux. Car des phénomènes (comme simples représentations), qui cependant seraient donnés en *eux-mêmes* (comme objets), sont quelque chose d'impossible, et l'infinité de ce tout imaginé serait à la vérité inconditionnée, mais contredirait (parce que tout dans les phénomènes est conditionné) la détermination quantitative absolue, qui est cependant supposée dans le concept.

936. La preuve apagogique est aussi l'illusion propre qui a toujours attiré les admirateurs de la solidité de nos raisonneurs dogmatiques : elle est en quelque sorte le champion qui veut démontrer l'honneur et le droit incontestable du parti dont il s'est chargé, par cela seul qu'il s'engage à se battre avec quiconque en voudrait douter, quoique cette fanfaronnade ne décide absolument rien de ce qu'il affirme; elle ne sert qu'à faire voir la force respective des adversaires, et encore seulement du côté de l'agresseur. Les spectateurs, en voyant que chacun dans son rang a tantôt le dessus, tantôt le dessous, prennent trop souvent de là l'occasion de douter sceptiquement de l'objet même qui est l'occasion du combat. Mais c'est à tort ; et il suffit de leur rappeler le *non defensoribus istis tempus eget*. Chacun doit directement établir sa cause par le moyen d'une preuve légitimement obtenue par déduction transcendantale des arguments, c'est-à-dire directement, afin que l'on voie ce que chacun peut alléguer en faveur de ses prétentions rationnelles. Car si un adversaire s'appuie sur des principes subjectifs, il est assurément facile de le réfuter, mais sans avantage pour le dogmatique, qui d'ordinaire s'attache aussi à des causes subjectives du jugement, et qui peut être également poussé à bout par son adversaire. Mais si les deux parties agissent d'une manière toute directe, ou elles sentiront la difficulté, l'impossibilité

même de trouver le titre de leurs assertions, et pourront enfin ne s'en rapporter qu'à la prescription ; ou bien la critique découvrira facilement l'apparence dogmatique, et forcera la raison pure à l'abandon de ses prétentions exagérées dans l'usage spéculatif, et à rentrer dans les bornes de son territoire propre, savoir les principes pratiques.

CHAPITRE II.

Canon de la raison pure.

937. Il est humiliant pour la raison humaine qu'elle ne produise rien dans son usage pur, et qu'elle ait de plus besoin d'une discipline afin de réprimer ses extravagances et d'éviter les prestiges qui en résultent pour elle. Mais, d'un autre côté, cela l'élève et lui donne une telle confiance, qu'elle peut et doit exercer cette discipline sans permettre une autre censure sur elle-même. Les bornes qu'elle est forcée de mettre à son usage spéculatif limitent également les prétentions argutieuses de tout adversaire ; par conséquent tout ce qui lui reste encore de ses exigences excessives d'autrefois peut être ainsi garanti contre toute attaque. La plus grande et peut-être l'unique utilité de la philosophie de la raison pure peut donc bien être négative, puisqu'elle sert, non d'organe à l'extension, mais de discipline pour la détermination des bornes de la connaissance, et qu'au lieu de découvrir la vérité, elle a le mérite modeste de préserver de l'erreur.

938. Il faut bien cependant qu'il y ait une source de ces connaissances positives qui font partie du domaine

de la raison pure, et qui peut-être ne sont une occasion d'erreur que par malentendu seulement, quand en réalité elles assignent un terme à l'ardeur de la raison. Car autrement, à quelle cause faudrait-il rapporter ce désir, qu'il ne faut pas étouffer, de poser quelque part un pied ferme hors des bornes de l'expérience? Elle pressent des choses qui ont pour elle un grand intérêt. Elle entre dans le chemin de la pure spéculation pour approcher plus près de ces objets; mais ils fuient devant elle. Sans doute qu'elle aura lieu d'espérer plus de succès sur la seule route qu'il lui reste à tenir, celle de l'usage *pratique*.

939. J'entends par *Canon*, l'ensemble des principes *a priori* de l'usage légitime de certaines facultés de connaître en général. Ainsi la logique générale, dans sa partie analytique, est un canon pour l'intelligence et la raison en général, mais seulement quant à la forme, car elle fait abstraction de tout contenu. Ainsi l'Analytique transcendantale est le canon de l'*entendement* pur. Car il n'est capable que de véritables connaissances synthétiques *a priori*. Mais il n'y a pas de canon où nul usage légitime d'une faculté de connaître n'est possible. Or toute connaissance synthétique de la *raison* pure dans son usage spéculatif est tout à fait impossible, par toutes les raisons rapportées jusqu'ici. Il n'y a donc aucun canon de son usage spéculatif (car cet usage est tout à fait dialectique); mais toute logique transcendantale n'est à cet égard que discipline. Si donc il y a un usage parfaitement légitime de la raison pure, cas auquel il doit y avoir aussi son *canon*, ce canon ne concerne pas l'*usage spéculatif de la raison*, mais son usage *pratique*, qu'il s'agit maintenant de rechercher.

SECTION I.

De la fin suprême de l'usage pur de notre raison.

940. La raison est portée par un penchant de sa nature à sortir de l'usage empirique et à s'élever dans un usage pur, à l'aide de simples idées, jusqu'aux confins les plus reculés de toute connaissance. Elle ne peut trouver de repos qu'après avoir parcouru toute sa sphère dans un tout systématique subsistant par lui-même. Cette tendance est-elle donc purement fondée sur son intérêt spéculatif, ou plutôt uniquement sur son intérêt pratique?

941. Je ne m'occuperai pas ici du succès que peut avoir la raison pure au point de vue spéculatif, mais seulement des questions dont la solution constitue sa dernière fin, qu'elle puisse ou non l'atteindre, et par rapport à laquelle toutes les autres ne valent que comme moyens. Ces fins dernières, quant à la nature de la raison, doivent avoir à leur tour une unité, pour présenter en un tout à l'humanité un intérêt qui ne soit subordonné à aucun autre plus élevé.

942. La fin dernière à laquelle se rapporte maintenant la spéculation de la raison dans l'usage transcendantal a trois objets : le libre arbitre, l'immortalité de l'âme et l'existence de Dieu. L'intérêt purement spéculatif de la raison est très faible par rapport à tous les trois, et il serait bien difficile qu'un intérêt si faible fît affronter les fatigues d'une investigation transcendantale et lutter contre des obstacles sans cesse renaissants. On ne peut en effet tirer aucun profit pratique de toutes les découvertes qui pourraient être faites dans ce champ,

de manière à pouvoir en établir l'utilité *in concreto,* ou dans l'étude de la nature. La volonté peut aussi être libre, mais uniquement en ce qui concerne la cause intelligible de notre volonté ; car pour ce qui est des phénomènes, des expressions de cette volonté, c'est-à-dire des actions, nous ne pouvons pas les expliquer autrement que comme le reste des phénomènes de la nature, c'est-à-dire d'après leurs lois immuables, suivant une inviolable maxime fondamentale, sans laquelle il est impossible de faire aucun usage de notre raison dans l'ordre empirique. Accordons en second lieu que la nature spirituelle de l'âme (et avec elle son immortalité) puisse être aperçue, on n'en peut cependant rien conclure ni par rapport aux phénomènes de cette vie, ni par rapport à la nature particulière d'un état futur, parce que notre concept d'un être incorporel est simplement négatif : il n'augmente donc en rien du tout notre connaissance, et ne fournit aucune matière propre à des conséquences : ces conséquences ne pourraient donc valoir que comme des fictions, sans pouvoir être avouées par la philosophie. Si, en troisième lieu, l'existence d'un être suprême était démontrée, nous pourrions comprendre par là même la convenance dans la constitution du monde et l'ordre dans l'univers, mais nous ne serions nullement autorisés à en dériver un arrangement et un ordre particulier, ni à l'y conclure sans crainte partout où nous ne l'observerions pas, puisqu'une loi nécessaire de l'usage spéculatif de la raison c'est de ne pas dépasser les causes physiques et de ne pas négliger ce que nous pouvons apprendre par l'expérience, pour dériver quelque chose que nous connaissons de ce qui surpasse entièrement notre connaissance. En un mot, ces trois propositions restent toujours transcendantes pour la raison spéculative, et n'ont aucun usage immanent ou d'accord avec l'expérience, c'est-à-dire un usage qui nous soit utile de quelque manière ; elles sont, au contraire, considérées en elles-mêmes, tout à fait oiseuses, et comme de pénibles efforts de notre raison.

943. Si donc ces trois propositions cardinales ne nous sont pas nécessaires pour la *science,* et si néanmoins elles nous sont instamment recommandées par notre raison, leur importance ne peut proprement appartenir alors qu'à la *pratique*.

944. Est pratique tout ce qui est possible par liberté. Si les conditions de l'exercice de notre libre arbitre sont empiriques, la raison ne peut avoir en cela qu'un usage régulateur, et servir seulement à produire l'unité des lois empiriques : c'est ainsi, par exemple, que, dans la théorie de la prudence, la réunion de toutes les fins qui nous sont données par nos inclinations en une seule fin, le *bonheur* et l'accord des moyens pour y arriver, constituent toute l'œuvre de la raison, laquelle ne peut à cet effet donner que des lois *pragmatiques* de l'action libre pour atteindre les fins que nous recommandent les sens, par conséquent aucunes lois pures parfaitement déterminées *a priori*. Au contraire, des lois pratiques pures dont la fin est donnée *a priori* par la raison, et qui ne commandent pas d'une manière empiriquement conditionnée, mais absolument, sont des produits de la raison pure. Telles sont les lois *morales ;* seules, elles appartiennent donc à l'usage pratique de la raison pure, et sont seules susceptibles d'un canon.

945. Tout l'appareil de la raison dans le traité qu'on peut appeler philosophie pure, n'a donc pour but en

réalité que les trois problèmes précédents ; mais ils ont à leur tour leur fin plus éloignée, savoir *ce qu'il faut faire* si la volonté est libre, s'il y a un Dieu et s'il existe une vie à venir. Et comme il s'agit ici de notre conduite par rapport à la fin suprême, la dernière fin d'une nature qui s'occupe sagement de nous n'appartient proprement, dans la constitution de notre raison, qu'à la morale.

946. Mais il faut beaucoup de précautions lorsque nous étudions un objet qui est étranger à la philosophie transcendantale (1), pour ne pas se jeter dans les épisodes et ne pas violer l'unité systématique, comme aussi, d'un autre côté, pour ne rien ôter à la clarté et à la persuasion en disant trop peu sur cette nouvelle matière. J'espère m'acquitter de ces deux tâches, en me tenant aussi près que possible de la raison transcendantale, et en évitant complétement ce qu'il pourrait y avoir de psychologique ou d'empirique.

947. Et d'abord, il faut remarquer que je ne me servirai quant à présent du concept de liberté que dans le sens pratique, et que le sens transcendantal de ce concept, qui ne peut être supposé empiriquement comme l'explication des phénomènes, mais qui est lui-même un problème pour la raison, ne m'occupera pas ici, attendu qu'il en a été parlé précédemment. Un arbitre est

---

(1) Tous les concepts pratiques se rapportent à des objets du bien-être ou du mal-être, c'est-à-dire du plaisir ou de la peine, par conséquent, au moins indirectement, à des objets de notre sentiment. Mais, comme le sentiment n'est pas une faculté représentative des choses, et qu'il est en dehors de toute faculté cognitive, les éléments de nos jugements, en tant qu'ils se rapportent au plaisir ou à la douleur, appartiennent donc à la philosophie pratique, et ne font pas partie de l'ensemble de la philosophie transcendantale, qui ne s'occupe que des connaissances pures *a priori*.

simplement *animal* (*arbitrium brutum*), lorsqu'il ne peut être déterminé que par des ressorts sensibles, c'est-à-dire *pathologiquement*. Mais l'arbitre qui peut être déterminé indépendamment de mobiles sensibles, par conséquent par des causes motrices qui ne peuvent être représentées que par la raison, s'appelle *arbitre libre* (*arbitrium liberum*), et tout ce qui s'y rattache comme principe ou conséquence s'appelle *pratique*. La liberté pratique peut être prouvée par l'expérience : car ce qui attire, c'est-à-dire ce qui affecte immédiatement les sens, ne détermine par seul l'arbitre humain ; mais nous avons de plus le pouvoir de surmonter les impressions faites sur notre faculté appétitive sensible, en nous représentant ce qui nous est utile ou nuisible, même d'une manière éloignée. Or ces réflexions sur ce qui est désirable par rapport à tout notre état, c'est-à-dire sur ce qui est bon et utile, reposent sur la raison. Elle prescrit donc aussi des lois qui sont impératives, c'est-à-dire les *lois* objectives de la *liberté,* qui proclament ce qui *doit être fait,* quoique peut-être il ne le soit jamais, et se distinguent ainsi des *lois de la nature* ou lois physiques, qui traitent seulement *de ce qui arrive ;* ce qui fait qu'elles sont appelées lois pratiques.

948. Nous pouvons nous dispenser de rechercher si la raison, même dans ces actions au moyen desquelles elle prescrit des lois, n'est pas à son tour déterminée par d'autres influences éloignées, et si ce qui s'appelle liberté par rapport aux impulsions sensibles ne devrait pas aussi être appelé nature par rapport à des causes efficientes plus élevées et plus éloignées. Cela ne touche effectivement en rien le point de vue pratique, puisque nous n'y demandons immédiatement à la raison que la

règle de la conduite : c'est donc là une question purement spéculative que nous pouvons négliger tant que nous considérons ce qu'il nous faut faire ou omettre. Nous connaissons donc la liberté pratique par l'expérience, savoir, comme une des causes physiques, c'est-à-dire comme une causalité de la raison dans la détermination de la volonté, tandis que la liberté transcendantale requiert l'indépendance de cette même raison (par rapport à sa causalité, pour commencer une série de phénomènes) à l'égard de toutes les causes déterminantes appartenant au monde sensible, et en tant qu'elle semble être contraire aux lois de la nature, par conséquent à toute expérience possible. En ce sens, elle est donc un problème. Mais, en ce qui concerne la raison dans l'usage pratique, ce problème ne la regarde pas. Il ne s'agit donc que de deux questions dans un canon de la raison pure, questions qui se rattachent à l'intérêt pratique de la raison pure, et par rapport auxquelles un canon de son usage doit être possible, savoir : y a-t-il un Dieu ? y a-t-il une vie à venir ? La question de la liberté transcendantale ne se rattache qu'à la simple science spéculative, et nous pouvons la négliger comme complétement indifférente, lorsqu'il est question de la pratique. Nous en avons d'ailleurs suffisamment parlé dans les antinomies de la raison pure.

SECTION II.

De l'idéal du souverain bien, comme principe de détermination de la fin suprême de la raison pure.

949. La raison nous a conduit dans son usage spéculatif à travers le champ de l'expérience, et, n'y ayant

pu trouver un contentement parfait, elle nous a dirigés de là vers des idées spéculatives, qui nous ont à la fin ramené à l'expérience, et qui ont par conséquent rempli leur but d'une manière utile, il est vrai, mais pas tout à fait d'accord avec notre attente. Il nous reste encore à savoir si une raison pure se rencontre aussi dans l'usage pratique ; si dans cet usage elle conduit aux idées qui atteignent les fins suprêmes de la raison pure, fins que nous avons indiquées plus haut ; et si par conséquent la raison ne pourrait nous donner, du point de vue de son intérêt pratique, ce qu'elle nous refuse au point de vue spéculatif.

950. Tout intérêt de ma raison (tant le spéculatif que le pratique) est compris dans les trois questions suivantes :

1° *Que puis-je savoir ?*
2° *Que dois-je faire ?*
3° *Que m'est-il permis d'espérer ?*

951. La première question est purement spéculative. Nous avons (comme je m'en flatte) épuisé toutes les réponses qu'on peut y faire, et trouvé enfin celle dont la raison peut se contenter ; et si elle ne considère pas la pratique, elle a en effet de quoi être satisfaite. Mais nous sommes resté tout aussi éloigné des deux grandes fins auxquelles tendent proprement tous les efforts de la raison pure, que si dans le principe nous avions évité ce travail par paresse. Si donc il s'agit du savoir par rapport à ces deux questions, il est du moins certain et décidé qu'il ne sera jamais notre partage.

952. La seconde question est purement pratique.

Comme telle, elle peut très bien appartenir à la raison pure ; toutefois elle n'est pas alors transcendantale, mais morale ; elle ne peut par conséquent pas d'elle-même être la matière de notre critique.

953. Enfin la troisième question, savoir : en faisant ce que je dois, que puis-je espérer ? est tout à la fois théorique et pratique ; de telle sorte que la pratique conduit, comme un fil directeur seulement, à la réponse de la question théorique, et quand celle-ci s'élève, la pratique mène à la solution de la question spéculative. Car toute *espérance* tend au bonheur, et la loi morale est la même chose que le savoir et la loi physique par rapport à la connaissance théorique des choses. L'espérance revient en dernière analyse à la conclusion qu'il y a quelque chose (qui détermine le dernier but possible), *parce que quelque chose doit arriver* ; le savoir revient à conclure qu'il y a quelque chose (qui agit comme cause suprême), *parce que quelque chose arrive*.

954. Le bonheur est la satisfaction de toutes nos inclinations (tant *extensivement*, quant à leur variété, qu'*intensivement*, suivant le degré, comme aussi *protensivement*, quant à la durée). J'appelle pragmatique (règle de prudence), la loi pratique qui a son mobile dans le *bonheur* ; mais j'appelle morale (loi des mœurs), celle qui n'a pour principe moteur que le *mérite d'être heureux*. La première dit ce qu'il faut faire si nous voulons participer au bonheur, la seconde commande ce que nous devons faire pour mériter d'être heureux. La première se fonde sur des principes empiriques ; car je ne puis savoir que par le moyen de l'expérience qu'elles sont les inclinations qui doivent être satisfaites, et quels sont les moyens physiques qui peuvent opérer cette

satisfaction. La seconde fait abstraction des inclinations ainsi que des moyens naturels de les satisfaire, et considère seulement la liberté d'un être raisonnable en général, et les conditions nécessaires sous lesquelles elle peut être mise en harmonie, suivant des principes, avec la distribution de la félicité ; elle peut par conséquent reposer au moins sur de simples idées de la raison pure, et être connue *a priori*.

955. Je mets en fait qu'il n'y a réellement que des lois morales pures qui déterminent parfaitement (sans égard à des mobiles empiriques, c'est-à-dire à la félicité) le faire et l'omettre, c'est-à-dire l'usage de la liberté d'un être raisonnable en général, et que ces lois ordonnent *absolument* (non d'une manière purement hypothétique, sous la supposition d'autres fins empiriques), et par conséquent sont nécessaires sous tous les rapports. Je puis préposer avec droit cette proposition, non seulement en m'appuyant sur les preuves des moralistes les plus célèbres, mais encore sur le jugement moral de tout homme qui veut concevoir clairement une telle loi.

956. La raison pure contient donc, non pas à la vérité dans son usage spéculatif, mais bien dans un certain usage pratique, savoir, l'usage moral des principes de la *possibilité de l'expérience*, c'est-à-dire des principes des actions qui *pourraient,* dans l'histoire de l'humanité, se trouver d'accord avec les préceptes moraux ; car, puisqu'ils portent que ces actions doivent se faire, il faut aussi qu'elles soient possibles. Par conséquent une espèce particulière d'unité systématique, l'unité morale, doit être possible, tandis que l'unité systématique de la nature ne peut être démontrée par des *principes spécu-*

latifs de la raison. La cause de cette différence, c'est que la raison a causalité par rapport à la liberté en général, mais non par rapport à toute la nature, et que les principes moraux de la raison peuvent produire des actions libres, mais non des lois physiques. Les principes de la raison pure ont donc un réalité objective dans leur usage pratique, principalement dans l'usage moral.

957. J'appelle le monde, en tant qu'il serait conforme à toutes les lois morales (ce qu'il *peut* être quant à la *liberté* des être raisonnables, et ce qu'il doit être quant aux lois nécessaires de la *moralité*), un *monde moral*. Ce monde est conçu simplement comme monde intelligible, parce qu'on y fait abstraction de toutes les conditions (fins) de la moralité et même de tous les obstacles qu'elle peut y rencontrer (la faiblesse ou la corruption de la nature humaine). Ce monde n'est donc qu'une simple idée, mais cependant une idée pratique, qui peut et doit avoir une influence réelle sur le monde sensible, pour rendre autant que possible celui-ci conforme à cette idée. L'idée d'un monde moral a donc une réalité objective, non comme s'il se rapportait à un objet d'une intuition intelligible (que nous ne pouvons concevoir), mais au monde sensible, comme objet de la raison pure dans son usage pratique, et au *corpus mysticum* des êtres raisonnables qui l'habitent, en tant que leur libre arbitre a en soi une unité systématique universelle et subordonnée à des lois morales, tant avec lui-même qu'avec la liberté de chacun.

958. La réponse à la première des deux questions de la raison pure concernant l'intérêt pratique a été celle-ci : *fais ce qui te rendra digne d'être heureux.* Maintenant la seconde question est ainsi conçue : comment, si je

me comporte de telle sorte que je ne sois pas indigne du bonheur, m'est-il permis d'espérer de pouvoir y participer ? Il s'agit de savoir, pour répondre à cette question, si les principes de la raison pure, qui prescrivent la loi *a priori,* y rattachent aussi nécessairement cette espérance.

959. Je dis donc que, de même que les principes moraux sont nécessaires suivant la raison dans son usage *pratique,* il est pareillement nécessaire d'admettre suivant la raison, dans son usage *théorique,* que tout homme a lieu d'espérer le bonheur dans la même proportion qu'il s'en est rendu digne par sa conduite, et que par conséquent le système de la moralité est étroitement lié, mais seulement dans l'idée de la raison pure, avec le système du bonheur.

960. Or, dans un monde intelligible, c'est-à-dire dans le monde moral, dans le concept duquel nous faisons abstraction de tous les obstacles à la moralité (des inclinations), un tel système de félicité, proportionnellement lié avec la moralité, peut être conçu, même comme nécessaire, parce que la liberté, en partie excitée, en partie retenue par les lois morales, serait elle-même la cause de la félicité générale. Par conséquent les êtres raisonnables eux-mêmes, sous la direction de ces principes, seraient auteurs de leur bien-être constant, et en même temps de celui des autres. Mais ce système d'une vertu qui est à elle-même sa propre récompense n'est qu'une idée dont l'exécution repose sur la condition que chacun fasse ce qu'il doit, c'est-à-dire que toutes les actions des êtres raisonnables s'opèrent comme si elles résultaient d'une volonté suprême qui renfermât en elle tous les arbitres privés. Mais l'obligation de la loi morale

étant valable pour tout usage particulier de la liberté, quoique d'autres ne se conduisent pas conformément à cette loi, alors ni la nature des choses du monde, ni la causalité des actions mêmes et de leur rapport à la moralité, ne déterminent la manière dont leurs conséquences se rapportent au bonheur, et l'union nécessaire dont il a été question, celle de l'espérance d'être heureux avec la tendance infatigable à se rendre digne du bonheur, ne peut être connue par la raison, si l'on met en principe la nature seule : on ne peut au contraire l'espérer qu'en admettant une *raison suprême,* qui ordonne suivant les lois morales en même temps qu'on la reconnaît comme cause de la nature.

961. J'appelle *idéal du souverain bien* l'idée d'une pareille intelligence dans laquelle une volonté morale parfaite est unie à la souveraine béatitude, et qui est la cause de toute félicité dans le monde, en tant que cette félicité est en rapport étroit avec la moralité (comme mérite d'être heureux). Ce n'est donc que dans l'idéal du bien suprême originel que la raison peut trouver le fondement de l'union pratiquement nécessaire des deux éléments du souverain bien dérivé, savoir, d'un monde intelligible ou *moral*. Mais, puisque nous devons nécessairement nous concevoir nous-mêmes par la raison comme appartenant à un tel monde, bien que les sens ne nous présentent que comme un monde de phénomènes, nous devrons donc admettre ce premier monde comme un monde futur pour nous, dans lequel nous recueillerons le fruit de nos œuvres dans celui-ci, où nous ne voyons point cette liaison. Par conséquent Dieu et une vie à venir sont, suivant des principes de la raison, deux suppositions inséparables de l'obligation que nous mpose cette même raison.

962. La moralité en elle-même constitue un système; mais il n'en est pas de même du bonheur, à moins qu'il ne soit distribué proportionnellement à la vertu. Cette distinction n'est possible que dans un monde intelligible sous un créateur et un régulateur sage. Nous sommes forcés par la raison d'admettre ce créateur, ainsi que la vie dans un monde que nous devons considérer comme à venir, à moins de regarder les lois morales comme de vaines chimères, parce que leur conséquence nécessaire, que la raison elle-même y rattache, s'évanouirait forcément sans cette supposition. C'est ce qui fait aussi que chacun regarde les lois morales comme des *préceptes ;* ce qu'elles ne pourraient être cependant, si elles n'avaient *a priori* des conséquences d'accord avec leurs règles, et si elles ne renfermaient par conséquent pas des *promesses* et des *menaces.* Mais, d'un autre côté, cela ne pourrait être, si ces lois n'étaient pas dans un être nécessaire comme souverain bien, lequel peut seul rendre possible une telle unité proportionnelle.

963. Leibniz a appelé le monde, en tant qu'on n'y fait attention qu'aux êtres raisonnables et à leur accord suivant des lois morales sous le règne du souverain bien, le *royaume de la grâce,* et l'a distingué du *royaume de la nature,* où ces êtres sont à la vérité soumis aux lois morales, mais n'attendent aucune autre conséquence de leur conduite que celles qui résultent du cours de la nature de notre monde sensible. C'est donc une idée pratiquement nécessaire, de se considérer dans le royaume de la grâce, où tout bonheur nous attend, à moins que nous ne restreignions nous-mêmes notre part de félicité, en nous rendant indignes d'être heureux.

964. Les lois pratiques, en tant qu'elles sont en même

temps les causes subjectives des actions, c'est-à-dire des principes subjectifs, s'appellent *maximes*. Le jugement critique de la moralité, quant à sa pureté et à ses conséquences, a lieu suivant des *idées,* mais l'*observance* de ses lois s'accomplit suivant des *maximes*.

965. Il est nécessaire que toute notre vie soit surbordonnée à des maximes morales ; mais il est impossible en même temps qu'il en soit ainsi, à moins que la raison ne rattache à la loi morale, qui est une simple idée, une cause efficiente qui détermine, en conséquence de notre conduite par rapport à cette loi, notre fin dernière en ce monde ou dans un autre. Par conséquent sans un Dieu, ou sans un monde qui ne nous est pas connu maintenant, mais que nous espérons, les idées pompeuses de vertu sont à la vérité dignes d'approbation et d'admiration, mais elles ne sont pas des motifs d'intention et d'exécution puisqu'elles n'atteignent pas tout le but qui est naturel à tout être raisonnable, et qui est déterminé *a priori* et nécessairement par cette même raison pure.

966. Il s'en faut beaucoup que le bonheur soit pour notre raison le souverain bien. La raison ne l'approuve pas (si fort que l'appétit puisse le désirer) s'il n'est uni au mérite d'être heureux, c'est-à-dire à l'obéissance morale. La moralité seule, et avec elle le simple *mérite* d'être heureux, n'est point non plus le souverain bien. Pour que le bien soit parfait, il faut que celui qui ne s'est pas comporté de manière à se rendre indigne du bonheur puisse espérer d'y participer. La raison même, libre de toute considération personnelle, lorsque, sans égard à son intérêt propre, elle se met à la place d'un être qui pourrait départir toute félicité, ne peut pas ju-

ger autrement; car, dans l'idée pratique, deux choses sont nécessairement liées, de telle manière cependant que l'intention morale, comme condition, rende d'abord possible la participation à la félicité, mais pas réciproquement, c'est-à-dire pas de telle sorte que l'espérance de la félicité rende possible l'intention morale. Dans le dernier cas en effet il n'y aurait pas d'intention morale, et par conséquent pas de mérite d'être heureux d'un bonheur qui, suivant la raison, ne connaît d'autres bornes que celles qui dépendent de notre mauvaise conduite morale.

967. La félicité, dans une juste proportion avec la vertu des êtres raisonnables qui s'en rendent dignes, constitue donc seule le souverain bien du monde dans lequel, suivant les préceptes de la raison pure mais pratique, nous devons nécessairement nous placer, et qui n'est assurément qu'un monde intelligible. Le monde sensible ne promet pas en effet, touchant la nature des choses, une telle unité systématique de fins, dont la réalité ne peut d'ailleurs être fondée que sur la supposition d'un bien suprême primitif. Car une raison subsistant par elle-même, ayant un caractère de cause première, crée, entretient, réalise, suivant la finalité la plus parfaite, l'ordre universel des choses, quoique souvent cet ordre nous reste profondément inconnu dans le monde sensible.

968. Cette théologie morale a donc cet avantage particulier sur la spéculative, qu'elle conduit infailliblement au concept d'un premier être, *unique, souverainement parfait* et *raisonnable,* que la théologie spéculative ne nous *indique* même pas par ses principes objectifs, loin de pouvoir nous en *persuader*. Car nous ne trouvons, ni

dans la théologie transcendantale, ni dans la théologie naturelle, si loin que la raison puisse aller, aucun motif suffisant de n'admettre qu'un seul être capable d'être préposé avec droit à toutes les causes naturelles, et dont nous puissions en même temps les faire dépendre entièrement. Au contraire, si nous considérons du point de vue de l'unité morale, comme d'une loi nécessaire du monde, la cause seule capable de donner un effet d'accord avec cette loi, et par conséquent d'attacher à cet effet une force coactive pour nous, ce doit être une volonté unique suprême qui renferme toutes ces lois. Car comment trouverions-nous dans des volontés différentes une parfaite unité d'intentions et de fins? Cette volonté doit être toute-puissante, afin que tout être et ses rapports à la moralité dans le monde lui soient soumis; elle doit tout savoir, afin que l'intérieur des sentiments et leur valeur morale lui soient connus; elle doit être présente en tout lieu, afin de prêter immédiatement l'assistance que le meilleur des mondes réclame; éternelle, afin qu'en aucun temps cette admirable harmonie de la nature et de la liberté ne vienne à cesser; etc.

969. Mais cette unité systématique des fins dans ce monde des intelligences, — monde qui, dès qu'on l'envisage comme simple nature, ne peut être appelé que monde sensible, mais qui, à titre de système de la liberté, peut s'appeler monde intelligible, c'est-à-dire monde moral (*regnum gratiæ*), — cette unité, dis-je, nous conduit inévitablement aussi à l'unité dernière de toutes les choses qui composent ce grand tout, suivant des lois physiques générales, de même que la première nous conduit à la même unité suivant des lois morales, universelles et nécessaires, et rattache ainsi la raison

pratique à la raison spéculative. Si le monde doit conspirer avec cet usage de la raison, sans lequel nous nous regarderions nous-mêmes comme indignes de la raison, savoir, avec le monde moral qui repose sur l'idée du souverain bien, il doit être conçu comme sorti d'une idée. Toute recherche physique est donc susceptible d'une direction suivant la forme d'un système des fins, et devient, dans son plus grand développement, Physique théologique. Mais cette Physique, partant de l'ordre moral comme d'une unité fondée sur l'essence de la liberté, et non établie fortuitement en vertu d'ordres extérieurs, ramène la finalité de la nature à des principes qui doivent être indissolublement liés *a priori* à la possibilité intime des choses, et par là à une *théologie transcendantale* qui prend l'idéal de la souveraine perfection ontologique pour un principe de l'unité systématique, idéal qui unit toutes les choses suivant des lois physiques générales et nécessaires, parce que toutes ont leur origine dans la nécessité absolue d'un seul être primitif.

970. Quel *usage* pourrions-nous faire de notre entendement, même par rapport à l'expérience, si nous ne nous proposions pas de fins ? Mais les fins suprêmes sont celles de la moralité, et ces fins, la raison pure seule peut nous les faire connaître. A l'aide de ces fins, et sous leur conduite, nous ne pouvons cependant faire aucun usage final de la connaissance de la nature par rapport à la science, dans le cas où la nature n'aurait pas posé elle-même d'unité dernière ; car sans cette unité nous manquerions même de raison, parce que nous n'apprendrions pas de la nature à cultiver cette raison par le moyen d'objets qui nous fourniraient la matière de sem-

blables concepts. Mais si cette unité finale est nécessaire, et fondée sur la nature de l'arbitre même, cet arbitre, qui contient la condition de l'application de cette unité *in concreto,* doit être également nécessaire. En sorte que cet accroissement transcendantal de notre connaissance rationnelle ne serait pas la cause, mais simplement l'effet de la finalité pratique que nous enseigne la raison pure.

971. Aussi trouvons-nous dans l'histoire de la raison humaine, qu'avant que les concepts moraux eussent été suffisamment épurés et déterminés, avant que l'unité systématique des fins eût été considérée d'après ces mêmes concepts, et même au point de vue de principes nécessaires, la connaissance de la nature n'avait pu produire que des concepts grossiers et vagues de la Divinité; la raison cultivée à un haut degré, dans plusieurs autres sciences, était même restée dans une indifférence étonnante par rapport à cette question. La loi morale infiniment pure de notre religion, en nous obligeant à faire un grand travail sur les idées morales, a donné plus de prise à la raison sur cet objet, par l'intérêt qu'elle forçait d'y prendre, et sans que des connaissances physiques étendues, ni des vues transcendantales vraies et certaines y aient contribué. De pareilles vues ont manqué dans tous les temps. Ces idées morales produisirent donc presque à elles seules un concept de la nature divine, que nous croyons juste maintenant, non parce que la raison spéculative nous le persuade, mais parce qu'il est parfaitement d'accord avec les principes moraux de la raison. C'est ainsi enfin qu'à la seule raison pure, mais seulement dans l'usage pratique, revient cependant l'honneur de rattacher à notre intérêt suprême une con-

naissance que la seule spéculation peut imaginer, mais non faire valoir, et de la convertir par là, sinon en dogme démontré, du moins en une hypothèse absolument nécessaire pour ses fins les plus essentielles.

972. Mais quand la raison pratique est parvenue à ce point élevé, savoir, au concept d'un être primitif unique, comme souverain bien, elle n'a pas le droit, comme si elle était au-dessus de toutes les conditions empiriques de son application et qu'elle fût parvenue à la connaissance immédiate de nouveaux objets, elle n'a pas le droit, dis-je, de partir de ce concept et d'en dériver les lois morales mêmes. Car elles sont précisément ce dont la nécessité pratique *interne* nous conduit à la supposition d'une cause subsistant par elle-même, ou d'un sage régulateur du monde pour rendre ses lois efficaces ; nous ne pouvons donc pas les regarder par rapport à cet être comme fortuites et dérivées de sa simple volonté, surtout d'une volonté dont nous n'aurions aucun concept si nous ne nous l'étions fait conformément à ces lois. Si loin que la raison pratique ait droit de nous conduire, nous ne tiendrons jamais des actions pour obligatoires par cela seul qu'elles sont des ordres de Dieu ; elles nous paraissent au contraire des ordres de Dieu parce que nous y sommes tenus intérieurement. Nous étudierons la liberté sous la condition de l'unité finale, suivant des principes rationnels, et nous ne la croirons d'accord avec la volonté divine qu'autant que nous tiendrons pour sainte la loi morale que la raison même nous enseigne par la nature des actions, et nous ne croirons nous conformer à cette volonté qu'en nous rendant, nous et les autres, les meilleurs possibles. La théologie morale n'est donc que d'un usage immanent, à savoir,

pour accomplir notre destinée en ce monde, en nous mettant d'accord avec le système de toutes les fins, et non pour abandonner mystiquement et témérairement le fil conducteur d'une raison morale législative dans un bon mouvement de la vie, afin de le rattacher immédiatement à l'idée de l'être suprême; ce qui donnerait un usage transcendantal de la raison, usage qui, comme celui de la raison spéculative, doit en pervertir et rendre vaines les dernières fins.

SECTION III.

De l'opinion, de la science et de la foi.

973. La croyance *Fürwahrhalten*) est un fait, un événement intellectuel qui peut reposer sur des raisons objectives, mais qui requiert aussi des causes subjectives dans l'esprit de celui qui juge. Si la croyance est valable pour tout le monde, en tant qu'elle n'est pour chacun que la raison, son principe est alors objectivement suffisant, et la croyance s'appelle *conviction*. Si la croyance n'a sa raison que dans la qualité particulière du sujet, on l'appelle alors *persuasion*.

974. La persuasion est une simple apparence, puisque la cause du jugement, quoique purement subjective, est réputée objective. Un semblable jugement n'a donc aussi qu'une valeur individuelle, et la croyance n'est pas communicable. Mais la vérité repose sur la convenance avec l'objet par rapport auquel les jugements de chaque esprit doivent en conséquence se trouver d'accord entre eux (*consentientia uni tertio consentiunt inter se*). La pierre de touche extérieure de la croyance, pour

savoir si c'est une conviction ou simplement une persuasion, est donc la possibilité d'être communiquée et d'être trouvée valable par la raison de tout homme ; car il est au moins présumable alors que la cause de tous les jugements, malgré la diversité des sujets entre eux, doit reposer sur une base commune, à savoir l'objet avec lequel par conséquent tous s'accordent et prouvent par là même la vérité du jugement.

975. La persuasion ne peut donc à la vérité se distinguer subjectivement de la conviction, tant que le sujet n'a devant les yeux la croyance que comme phénomène de son propre esprit. Mais l'expérience que l'on fait sur l'intelligence d'autrui avec les motifs de cette croyance qui sont valables pour nous, afin de savoir si ces motifs produisent sur cette raison étrangère le même effet que sur la nôtre, est cependant un moyen, quoique purement subjectif, non pas d'opérer la conviction, mais de découvrir la valeur purement personnelle du jugement, c'est-à-dire de révéler ce qui n'est en lui que simple persuasion.

976. Si, de plus, on peut expliquer les *causes* subjectives du jugement, que nous prenons pour des *raisons* objectives, et par conséquent la croyance trompeuse, comme un certain événement dans notre esprit, sans avoir pour cela besoin de la qualité de l'objet, alors on met à nu l'apparence, et l'on n'est plus trompé par elle, quoique nous soyons toujours portés jusqu'à un certain point à l'erreur, si la cause subjective de l'apparence tient à notre nature.

977. Je ne puis rien *affirmer*, c'est-à-dire rien énoncer comme jugement nécessairement valable pour chacun, que ce qui produit en moi la conviction. Je puis garder

ma persuasion si je m'y trouve bien, mais je ne puis ni ne dois la faire valoir hors de moi.

978. La croyance ou la valeur subjective du jugement, par rapport à la conviction (qui vaut en même temps objectivement), présente les trois degrés suivants : l'*opinion*, la *foi* et la *science*. L'*opinion* est une croyance estimée avec conscience insuffisante, *tant* subjectivement qu'objectivement. Si la croyance n'est suffisante que subjectivement, et qu'elle soit en même temps regardée comme objectivement insuffisante, alors elle s'appelle *foi*. Enfin, si la croyance vaut subjectivement et objectivement, elle s'appelle *science*. La suffisance subjective s'appelle *conviction* (pour moi-même); la suffisance objective, *certitude* (pour tout le monde). Je ne m'arrêterai pas à expliquer des concepts si faciles à saisir (1).

979. Je n'ai jamais le droit d'*opiner*, sans *savoir* au moins quelque chose par le moyen de quoi le jugement purement problématique en soi reçoive une liaison avec la vérité; liaison qui, quoique imparfaite, est cependant plus qu'une fiction arbitraire. De plus, la loi d'une telle liaison doit être certaine. Car si je n'ai, par rapport à cette loi, qu'une opinion encore, tout n'est plus qu'un jeu de l'imagination sans le moindre rapport à la vérité. Il n'est pas permis d'*opiner* dans les jugements par raison pure. Car ces jugements n'étant point appuyés sur des raisons empiriques, tout au contraire devant être connu *a priori* où tout est nécessaire, le principe de la liaison exige universalité et nécessité, par conséquent certitude parfaite; autrement il n'y aurait pas de voie

---

(1) V. *Logique* de Kant, *introduction*. — T.

ouverte à la vérité. Il est donc absurde d'opiner en mathématiques pures; il faut savoir, ou s'abstenir de tout jugement. Il en est de même avec les principes de la morale, puisque l'on ne doit point, sur la simple opinion que quelque chose est *permis*, tenter une action; il faut savoir s'il l'est réellement.

980. Dans l'usage transcendantal de la raison, opiner est au contraire trop peu; mais aussi savoir est beaucoup trop. Nous ne pouvons donc pas juger en pareil cas sous le simple rapport spéculatif, parce que des motifs subjectifs de la croyance, comme motifs capables d'opérer la foi, ne méritent aucun assentiment dans les questions spéculatives, puisqu'ils ne peuvent être dispensés de tout secours empirique, ni être communiqués aux autres à mesure égale.

981. Mais en général la croyance théoriquement insuffisante ne peut être appelée foi que sous le *rapport pratique*. Or le but pratique est celui de l'*habileté* ou de la *moralité;* le premier pour des fins arbitraires et fortuites, le second pour des fins absolument nécessaires.

982. Quand une fois un but est proposé, les conditions pour l'atteindre sont hypothétiquement nécessaires. La nécessité est subjective, mais néanmoins comparativement suffisante, si je ne sais absolument pas d'autres conditions sous lesquelles le but pourrait être atteint; mais elle est suffisante absolument et pour chacun, si je suis sûr que personne ne peut connaître d'autres conditions qui conduisent au but proposé. Dans le premier cas, ma supposition et la croyance à certaines conditions est une foi purement contingente; dans le second cas, c'est une foi nécessaire. Si le médecin doit faire quelque chose pour un malade qui est en

danger, mais qu'il ne connaisse pas la maladie, il examine les phénomènes, et juge, parce qu'il ne sait rien de mieux, que c'est une phthisie. Sa foi, suivant son propre jugement même, est purement fortuite; un autre aurait peut-être mieux rencontré. J'appelle *foi pragmatique*, une foi fortuite, mais qui sert de fondement à l'usage réel des moyens pour certaines actions.

983. La pierre de touche ordinaire pour savoir si ce qu'affirme quelqu'un est simplement une persuasion, ou du moins une conviction subjective, c'est-à-dire une foi ferme, c'est le *pari*. Souvent il arrive que quelqu'un affirme ce qu'il dit, d'un ton si confiant et si imperturbable qu'il semble avoir déposé toute crainte d'erreur. Un pari cependant l'embarrasse. Quelquefois, à la vérité, il montre assez de persuasion pour qu'on puisse l'estimer un ducat, mais non pas dix. Car il en mettra bien un en jeu, mais s'il s'agit d'en mettre dix, il remarquera à la fin ce qu'il n'avait pas remarqué d'abord, savoir qu'il est cependant possible qu'il ait tort. Si l'on s'imaginait qu'il s'agit de parier le bonheur de toute la vie, alors notre suffisance diminuerait très sensiblement; alors on serait rempli de crainte, et l'on trouverait enfin que notre foi ne va pas si loin. La foi pragmatique n'a donc qu'un degré, qui, suivant la différence de l'intérêt qui est en jeu, peut être grand ou petit.

984. Bien que nous ne puissions rien entreprendre par rapport à un objet, et que par conséquent la croyance soit simplement théorique, cependant, comme nous pouvons dans beaucoup de cas imaginer une entreprise pour laquelle nous présumons avoir des raisons suffisantes s'il y avait un moyen de donner de la certitude à l'affaire, alors il y a dans des jugements purement

théoriques quelque chose d'*analogue* aux jugements *pratiques,* à la croyance desquels convient le mot *foi* et que nous pouvons appeler *foi dogmatique* [doctrinalen]. S'il était possible de décider la chose par quelque expérience, je pourrais bien parier toute ma fortune qu'au moins quelqu'une des planètes que nous apercevons est habitée. C'est pourquoi je dis que ce n'est pas simplement une opinion, mais une foi ferme (sur la vérité de laquelle je hasarderais nombre d'avantages de la vie) qu'il y a aussi d'autres mondes habités.

985. Or, nous devons avouer que la doctrine de l'existence de Dieu appartient à la foi dogmatique. Car, quoique par rapport à la connaissance théorique du monde je n'aie rien à *établir* qui présuppose nécessairement cette pensée comme condition de mon explication des phénomènes cosmiques, et que je sois plutôt obligé de me servir de ma raison comme si tout était simplement physique; cependant l'unité finale est une si grande condition de l'application de la raison à la nature, que je ne puis pas la méconnaître quand l'expérience m'en donne de si nombreux exemples. Mais je ne connais aucune condition de cette unité qu'elle me donne pour fil conducteur dans mon investigation de la nature, à moins de supposer qu'une intelligence suprême a tout coordonné suivant des fins très sages. C'est donc une condition d'un dessein à la vérité accessoire, mais cependant pas sans importance (celui d'avoir un fil conducteur dans la recherche de la nature), que de supposer un sage créateur du monde. Le résultat de mes recherches confirme si souvent aussi l'utilité de cette supposition dont rien ne démontre clairement la fausseté, que je dis beaucoup trop peu quand j'appelle ma croyance une simple opi-

nion; je puis même aller jusqu'à dire, sous ce rapport théorique, que je crois fermement à un Dieu. Cependant cette foi n'est pas pratique dans le sens strict; elle doit être appelée une foi dogmatique, foi que la *théologie de la nature* (la théologie physique) doit nécessairement opérer partout. Pour ce qui est de la sagesse divine, si nous réfléchissons aux qualités brillantes dont la nature humaine est dotée, et à la brièveté de la vie, brièveté si peu conforme à cette riche nature, nous aurons aussi une raison suffisante d'une foi dogmatique à la vie future de l'âme humaine.

986. Le mot foi est en pareil cas une expression de modestie sous le rapport *objectif*; mais il indique en même temps une ferme confiance sous le rapport *subjectif*. Si je ne voulais appeler ici que du nom d'hypothèse admissible la croyance purement théorique, je donnerais déjà à entendre par là que j'ai un concept plus parfait de la nature d'une cause du monde, et du monde à venir, que je ne puis réellement le justifier; car ce que je n'admets même qu'hypothétiquement doit être suffisamment connu de moi, du moins quant à ses propriétés, pour que je *n'aie pas besoin d'en* examiner le *concept*, mais *seulement* l'*existence*. Le mot foi concerne seulement la direction que me donne une idée, et l'influence subjective qu'elle exerce sur le progrès des actes de ma raison, influence par laquelle je suis retenu dans cette direction, quoique je ne sois pas en état d'en rendre compte sous le rapport spéculatif.

987. Mais la simple foi dogmatique renferme quelque chose de chancelant; ce qui fait que souvent on s'en sépare par suite de difficultés qui se présentent dans la

spéculation, quoique toujours à la vérité on y revienne nécessairement.

988. Il en est tout autrement de la *foi morale;* car il est absolument nécessaire ici que quelque chose soit fait, savoir, que j'obéisse de tous points à la loi morale. Ici, la fin est indispensablement fixée, et toutes mes lumières ne me laissent apercevoir qu'une seule condition possible sous laquelle cette fin soit d'accord avec toutes les autres, et possède ainsi une valeur pratique, savoir qu'il y ait un Dieu et une vie future. Je suis aussi très sûr qu'il n'y a personne qui connaisse d'autres conditions aboutissant à la même unité des fins sous la loi morale. Mais puisque le précepte moral est par conséquent aussi ma maxime (la raison voulant qu'il doive l'être), je croirai inévitablement à l'existence de Dieu et à la vie à venir, et je suis sûr que personne ne peut ébranler cette foi, parce qu'autrement mes principes moraux mêmes, auxquels je ne puis renoncer sans être détestable à mes propres yeux, s'écrouleraient.

989. De cette manière, il nous reste encore assez, même après avoir abandonné toutes les prétentions ambitieuses d'une raison vaguant au delà des bornes de toute expérience, pour avoir lieu d'être contents sous le rapport pratique. A la vérité, personne assurément ne pourra se flatter de *savoir* qu'il y a un Dieu et une vie à venir; car, s'il le savait, il serait précisément l'homme que je cherche depuis si longtemps. Tout savoir (s'il concerne un objet de la raison pure) peut être communiqué aux autres, et par conséquent je pourrais espérer de voir ma science s'étendre merveilleusement par l'instruction que je recevrais d'un tel homme. Mais non, la conviction n'est pas ici une certitude *logique,* c'est une

certitude *morale*; et comme elle repose sur des principes subjectifs (le sens moral), je ne puis pas même dire : *il est* moralement certain qu'il y ait un Dieu, etc.; mais seulement : *je suis* moralement certain, etc. C'est-à-dire que la foi en un Dieu et en une autre vie est tellement liée à mon sens moral, que je ne cours pas plus risque de la perdre, parce que je ne crains pas plus qu'elle me soit ravie jamais, que je n'appréhende de perdre le sentiment moral lui-même.

990. La seule difficulté qu'il y ait en cela, c'est que cette foi rationnelle se fonde sur la supposition des sentiments moraux. Si nous renoncions à cette supposition et que nous admissions une foi qui fût indifférente par rapport aux lois morales, la question que propose la raison serait simplement spéculative, et pourrait encore alors être appuyée de solides raisons, prises de l'analogie, mais non de raisons telles qu'un doute très obstiné dût s'y rendre (1). Dans ces questions nul homme n'est affranchi de tout intérêt ; car, à supposer qu'il fût privé de l'intérêt moral par défaut de bons sentiments, il lui en resterait encore assez pour lui faire *craindre* l'existence de Dieu et une vie à venir. Il suffit pour cela qu'au moins il ne puisse pas acquérir la *certitude* qu'il n'y a *aucun* être de cette nature, ni *aucune* vie à venir; certitude qu'il ne peut acquérir, en effet, à

---

(1) L'esprit humain prend (comme je crois qu'il arrive nécessairement dans tout être raisonnable) un intérêt naturel à la moralité, quoique cet intérêt ne soit ni indivisible ni pratiquement prépondérant. Affermissez et augmentez cet intérêt, et vous trouverez la raison tout à fait docile et assez sage pour unir à l'intérêt pratique l'intérêt spéculatif. Mais si au contraire votre premier, ou du moins, votre second soin n'est pas de rendre les hommes bons, vous ne les rendrez jamais sincèrement croyants.

moins de prouver l'impossibilité de ces deux choses ; ce qui devrait être prouvé par la raison seule, et par conséquent apodictiquement. Or, cette preuve, aucun homme raisonnable ne peut assurément l'entreprendre. Ce serait donc là une foi *négative,* qui n'engendrerait pas, il est vrai, moralité et bons sentiments, mais cependant quelque chose d'analogue, en ce sens qu'elle pourrait contenir les méchants.

991. Mais, dira-t-on, est-ce là toute l'œuvre de la raison, quand elle s'étend au delà des bornes de l'expérience ? N'a-t-elle donc que ces deux articles de foi ? Le sens commun en aurait pu faire autant, sans avoir besoin de consulter là-dessus les philosophes !

992. Je ne rapporterai pas ici les services que la philosophie a rendus à la raison humaine, par la recherche pénible de sa critique, quoique ces services dussent se trouver par le fait purement négatifs ; ce dont il sera encore question dans le chapitre suivant. Mais exigez-vous donc qu'une connaissance qui, aux yeux de tous les hommes, surpasse le sens commun, doive vous être découverte par les philosophes seuls ? Ce reproche est la meilleure preuve de la vérité de ce que nous avons dit jusqu'ici, puisqu'il fait voir ce que l'on n'aurait pas pu prévoir dans le principe, savoir, que la nature, dans ce qui intéresse tous les hommes, sans distinction, n'est coupable d'aucune distribution partiale de ses dons, et que la philosophie la plus élevée par rapport aux fins essentielles de la nature humaine, ne peut pas conduire plus loin que la direction par elle départie à l'intelligence même la plus vulgaire.

CHAPITRE III.

Architectonique de la raison pure.

993. J'entends par Architectonique l'art des systèmes. Comme l'unité systématique est ce qui convertit la connaissance vulgaire en science, c'est-à-dire ce qui forme un système d'un simple agrégat de connaissances, l'architectonique est la théorie de ce qu'il y a de scientifique dans notre connaissance en général ; elle appartient donc nécessairement à la méthodologie.

994. Nos connaissances en général ne peuvent être, sous l'empire de la raison, des rhapsodies ; elles doivent au contraire former un système, seule forme sous laquelle elles peuvent soutenir et faire avancer les fins essentielles de la raison. Mais j'entends par système l'unité des diverses connaissances sous une idée. Cette idée est le concept rationnel de la forme d'un tout, en tant que l'étendue de la variété et la place respective des parties est déterminée *a priori* par ce même concept. Le concept rationnel scientifique contient donc la fin et la forme du tout qui cadre avec lui. L'unité du but auquel se rapportent toutes les parties, en même temps qu'elles se rapportent les unes aux autres dans l'idée de cette fin, rend chaque partie dépendante de la connaissance de toutes les autres, et il n'y a lieu à aucune addition accidentelle, à aucune grandeur indéterminée de la perfection, qui n'ait pas ses limites tracées *a priori*. Le tout est donc composé, articulé (*articulatio*), et non entassé (*coacervatio*) ; semblable au corps d'un animal, dont l'accroissement ne lui donne aucun membre, mais qui, sans rien

changer aux proportions, rend chacun de ses membres plus fort et plus approprié à ses fins, il peut croître par intussusception (*per intussusceptionem*), mais non par juxta-position (*per appositionem*).

995. L'idée a besoin d'un *schème* qui lui serve d'expression, c'est-à-dire d'une diversité et d'une ordonnance des parties déterminées *a priori* par le principe de la fin. Le schème qui n'est pas esquissé suivant une idée ou d'après une des fins capitales de la raison, mais empiriquement ou suivant des considérations qui se présentent accidentellement (dont le nombre ne peut être su d'avance), donne une idée *technique*; mais celui qui ne résulte que d'une idée (où la raison donne des fins *a priori* et ne les attend pas empiriquement), fonde une unité *architectonique*. Ce qu'on appelle science ne peut se former techniquement, eu égard à la ressemblance du divers, ou à cause de l'emploi fortuit de la connaissance *in concreto* à toutes sortes de fins extérieures; mais il peut se former architectoniquement en partant du point de vue de l'affinité et de la dérivation d'une seule fin suprême et interne, qui seule rend le tout possible. De plus, le schème de la science doit contenir, en conséquence de l'idée, c'est-à-dire *a priori*, l'esquisse (*monogramma*) et la distribution du tout en ses parties, et doit être distingué avec certitude et par principe de tous autres schèmes.

996. Personne ne cherche à établir une science sans lui donner une idée pour fondement. Mais dans l'exécution de cette science, le schème, et même la définition qu'on donne au commencement de la science, répond très rarement à l'idée qu'on s'en fait; car cette idée est dans la raison comme un germe dans lequel toutes les

parties encore très enveloppées, très cachées, et à peine reconnaissables à l'inspection microscopique. Les sciences étant toutes conçues du point de vue d'un certain intérêt général, ne doivent donc pas être expliquées ni définies d'après la description que leur auteur en donne, mais suivant l'idée que l'on trouve fondée dans la raison même en partant de l'unité naturelle des parties que l'auteur a rassemblées. Car alors on trouve que l'auteur, et souvent même ses derniers sectateurs, se trompent à l'occasion d'une idée qu'ils n'ont pu eux-mêmes s'éclaircir; ce qui les a empêchés de déterminer le contenu propre, l'articulation (une unité systématique) et les limites de la science.

997. Il est malheureux que ce ne soit qu'après avoir longtemps rassemblé rhapsodiquement, suivant l'indication d'une idée cachée au fond de notre raison, beaucoup de connaissances relatives à cette idée, comme autant de matériaux pour un édifice; que ce ne soit même qu'après les avoir longtemps disposés techniquement, qu'il nous soit enfin devenu possible d'apercevoir l'idée sous un jour plus clair, et d'esquisser architectoniquement un tout d'après les fins de la raison. Les systèmes, semblables aux vers, formés d'abord imparfaitement par une génération équivoque du simple concours des concepts réunis, paraissent n'être parfaitement formés qu'avec le temps, quoiqu'ils aient tous leur schème, comme germe primitif, dans la raison qui se développe d'elle-même. Cette dernière circonstance fait non seulement que chacun d'eux est en soi composé suivant une idée, mais encore que tous forment entre eux comme des membres d'un seul tout, conformément à une fin, un système unique de la connaissance humaine, et permet-

tent une architectonique de tout le savoir humain, qui, à présent que tant de matériaux sont rassemblés ou peuvent être tirés des ruines d'anciens édifices, non seulement serait possible, mais ne serait pas même très difficile. Nous nous contenterons ici d'achever notre œuvre, en esquissant simplement l'*architectonique* de toute connaissance par *raison* pure; et nous ne partirons que du point où la racine commune de notre faculté de connaître se partage en deux branches, dont l'une est la *raison*. J'entends ici par raison toute la faculté de connaître supérieure, et j'oppose par conséquent le rationnel à l'empirique.

998. Si je fais abstraction de toute matière de la connaissance, considérée objectivement, toute connaissance est alors subjectivement ou historique ou rationnelle. La connaissance historique est *cognitio ex datis;* la connaissance rationnelle est *cognitio ex principiis*. Une connaissance, quelle qu'en puisse être l'origine, est encore historique dans celui qui la possède, s'il n'en connaît que ce qui lui a été transmis d'ailleurs, que du reste il ait appris soit par expérience immédiate, soit en entendant raconter, soit par éducation (des connaissances générales). Celui-là donc qui, à parler proprement, a appris un système de philosophie, par exemple celui de *Wolf,* eût-il dans la tête toutes les propositions, définitions et preuves, en même temps que la division de toute la doctrine, et pût-il, comme on dit, tout compter sur ses doigts; celui-là n'a cependant qu'une connaissance *historique* parfaite de la philosophie de Wolf; il ne sait et ne juge qu'autant qu'il lui a été donné. Contestez-lui une définition, il ne sait où il doit en prendre une autre. Il s'est formé sur une raison étrangère, mais la faculté

cultivée n'est pas celle de l'invention ; c'est-à-dire que la connaissance ne résulte pas en lui de la raison, et quoiqu'elle soit objectivement une connaissance rationnelle, subjectivement néanmoins elle est purement historique. Il a bien compris et bien retenu, c'est-à-dire bien appris ; il est la statue de plâtre d'un homme vivant. Les connaissances rationnelles qui le sont objectivement (c'est-à-dire qui ne peuvent résulter primitivement de la raison propre de l'homme) n'en méritent donc le nom, même subjectivement, qu'autant qu'elles ont été puisées aux sources générales de la raison, d'où la critique, et même le rejet de ce qu'on a appris peut aussi dériver ; c'est-à-dire qu'elles doivent résulter de principes.

999. Maintenant, toute connaissance rationnelle se forme ou de concepts, ou de la construction des concepts ; la première s'appelle philosophique, la seconde mathématique. J'ai déjà parlé de leur différence intrinsèque dans le premier chapitre. Une connaissance peut donc être objectivement philosophique et cependant subjectivement historique, comme dans la plupart des écoliers, dans tous ceux qui ne vont pas plus loin que l'école et qui restent écoliers toute leur vie. Mais une chose remarquable cependant, c'est que la connaissance mathématique, de quelque manière qu'on ait appris, peut néanmoins valoir, même subjectivement, comme connaissance rationnelle, et qu'il n'y a pas lieu de faire en mathématiques la distinction que nous avons établie pour la philosophie. La raison en est que les sources de la connaissance, auxquelles seules le maître peut puiser, ne se trouvent nulle part ailleurs que dans les principes essentiels et vrais de la raison et ne peuvent par conséquent non plus être pris nulle part ailleurs par

l'écolier lui-même; qu'ils ne peuvent être contestés, parce que l'usage de la raison a lieu ici *in concreto,* quoique cependant *a priori,* savoir dans l'intuition pure, et se trouvent par cela même affranchis de l'illusion et de l'erreur. De toutes les sciences rationnelles (*a priori*), il n'y a donc que les mathématiques qui soient susceptibles d'être apprises; mais jamais la philosophie (à moins que ce ne soit historiquement); en matière de raison, on ne peut tout au plus qu'apprendre à *philosopher*.

1000. Le système de toute connaissance philosophique est donc la *philosophie.* Il faut admettre la philosophie objectivement, si l'on entend par là l'archétype du jugement critique de toutes les tentatives philosophiques, archétype qui doit servir à juger toute philosophie subjective, dont l'édifice est souvent si divers et si muable. La philosophie n'est donc qu'une simple idée d'une science possible, qui n'est donnée nulle part *in concreto,* mais de laquelle on cherche à s'approcher par différentes voies, jusqu'à ce que la véritable route, obstruée par la sensibilité, soit découverte, et que l'ectype, manqué jusqu'ici, puisse être enfin assimilé au prototype, autant qu'il est possible. Jusque-là, on ne peut apprendre aucune philosophie; car où est-elle? qui la possède? et à quel caractère la reconnaître? On peut seulement apprendre à philosopher, c'est-à-dire exercer le talent de la raison à rechercher ses principes généraux dans certaines questions qui se présentent, mais cependant toujours avec la réserve du droit de la raison d'examiner, de confirmer ou de rejeter ces principes, même dans leurs sources.

1001. Mais jusque-là le concept de la philosophie

n'est qu'un *concept scolastique,* celui d'un système de la connaissance qui est cherchée simplement comme science, sans que l'on se propose rien de plus que l'unité systématique de cette science, par conséquent sans avoir en vue la perfection *logique* de la connaissance. Mais il y a encore un *concept cosmique (conceptus cosmicus)* qui a toujours servi de fondement à cette dénomination, principalement lorsqu'on le personnifiait en quelque sorte, et qu'on se le représentait comme un prototype dans l'idéal du *philosophe.* A cet égard la *philosophie* est la science du rapport de toute connaissance au but essentiel de la raison humaine (*teleologia rationis humanæ*), et le philosophe n'est pas un artiste en matière de raison, mais un législateur de la raison humaine. En ce sens il serait trop orgueilleux de s'appeler soi-même philosophe, et d'avoir la prétention d'égaler le prototype, qui n'est que dans l'idée.

1002. Le mathématicien, le physicien, le logicien ne sont cependant que des artistes en matière de raison, quelque brillants succès que le premier puisse avoir dans la connaissance rationnelle en général, et les seconds particulièrement dans la connaissance philosophique. Il y a cependant un maître en idéal, qui forme tous ceux-ci, qui s'en sert comme d'instruments pour procurer les fins essentielles de la raison humaine. Celui-là *seul* mériterait le nom de philosophe. Cependant comme il ne se rencontre nulle part, et que l'idée de sa législation se trouve partout dans toute raison humaine, nous ne nous attacherons qu'à cette idée, et nous déterminerons plus approximativement ce que la philosophie prescrit suivant ce concept cosmique (1) relative-

(1) Le *concept cosmique* est ici celui qui concerne ce qui intéresse

ment à l'unité systématique prise du point de vue des fins.

1003. Les fins essentielles ne sont pas pour cela les fins les plus élevées, dont une seule (dans la parfaite unité systématique de la raison) est possible. Elles sont par conséquent ou la dernière fin, ou des fins subalternes qui appartiennent nécessairement à la première comme moyens. La première n'est donc que la destination totale de l'homme, et la philosophie qui la concerne s'appelle morale. A cause de cette prééminence de la philosophie morale sur toute autre investigation de la raison, on entendait toujours par le mot philosophe, chez les anciens, en même temps et principalement le moraliste. Et même l'apparence extérieure de la domination de soi-même par la raison fait que l'on appelle encore maintenant philosophe, suivant une certaine analogie avec cette acception des anciens, chacun dans la sphère restreinte de son savoir.

1004. La législation de la raison humaine (la philosophie) a donc deux objets, la nature et la liberté, et renferme par conséquent la loi physique et la loi morale, d'abord dans deux systèmes particuliers, mais ensuite dans un seul et unique système philosophique. La philosophie de la nature comprend tout ce qui *est;* celle des mœurs ce qui *doit être.*

1005. Mais toute philosophie est ou connaissance par raison pure, ou connaissance rationnelle par principes empiriques. La première s'appelle philosophie pure, la seconde philosophie empirique.

nécessairement chacun; je détermine donc le *but* d'une science d'après des *concepts scolastiques,* lorsque je ne la considère que comme une des aptitudes pour certaines fins arbitraires.

1006. Maintenant la philosophie de la raison pure est ou *Propédeutique,* laquelle examine la faculté de la raison par rapport à toute connaissance *a priori* et s'appelle *Critique;* — ou le système de la raison pure (la science), c'est-à-dire toute la connaissance philosophique (tant vraie qu'apparente) par raison pure, dans un contexte systématique, et s'appelle *Métaphysique.* Ce nom peut cependant s'appliquer aussi à toute la philosophie pure, y compris la critique, de manière à entendre par là, et l'investigation de tout ce qui peut être connu jamais *a priori,* et l'exposition de ce qui constitue un système de connaissances philosophiques pures de cette espèce, et qui diffère soit de l'usage empirique, soit de l'usage mathématique de la raison.

1007. La métaphysique se divise en métaphysique de l'usage *spéculatif* et en métaphysique de l'usage *pratique* de la raison pure; elle est par conséquent : ou *métaphysique de la nature* ou *métaphysique des mœurs.* La première contient tous les principes purs de la raison par simples concepts (par conséquent les mathématiques exclues) de la connaissance *théorique* de toutes choses; celle-ci contient les principes qui déterminent et rendent nécessaires *a priori* le *faire* et l'*omettre.* Or, la moralité est la seule légalité des actions qui puisse être parfaitement dérivée *a priori* de principes. La métaphysique des mœurs est donc proprement la morale pure, dans laquelle aucune anthropologie (aucune condition empirique) n'est posée en principe. La métaphysique de la raison spéculative est donc ce qu'on a coutume d'appeler *métaphysique* dans le *sens* propre. Mais en tant néanmoins que la morale pure appartient également à la branche de la connaissance humaine et même philosophique par raison pure, nous lui conserverons la première dénomination, quoique nous l'omettions ici, comme n'appartenant pas à notre objet actuel.

1008. Il est de la plus grande importance d'*isoler* des connaissances qui diffèrent d'autres connaissances, quant à leur genre et à leur origine, et de faire grandement attention qu'elles ne se confondent point avec d'autres auxquelles elles sont ordinairement rattachées dans l'usage. Ce que fait le chimiste dans la séparation des matières, le mathématicien dans les mathématiques pures, à plus forte raison le philosophe doit le faire, afin de pouvoir déterminer avec certitude, à l'usage vagabond de l'entendement, la part de chaque espèce de connaissance, sa valeur propre et son influence. La raison humaine, depuis qu'elle a commencé à penser, ou plutôt à réfléchir, n'a donc jamais pu se passer d'une métaphysique, mais elle n'a pu l'exposer assez pure de toute matière étrangère. L'idée de cette science est tout juste aussi ancienne que la raison humaine spéculative; et quelle raison ne spécule pas, soit à la manière scolastique, soit à la manière populaire? Il faut avouer cependant que la distinction des deux éléments de notre connaissance, dont l'un est en notre puissance, tout à fait *à priori*, et dont l'autre ne peut être pris qu'*a posteriori* de l'expérience, est toujours restée très obscure, même pour les penseurs de profession, et que par conséquent jamais la détermination des bornes d'une espèce particulière de connaissances, par conséquent non plus la véritable idée d'une science qui a si longtemps et si fort occupé la raison humaine, n'a pu être établie. Quand on disait que la métaphysique est la science des premiers principes de la connaissance humaine, on n'indiquait pas par là une espèce toute particulière, mais seulement un rang par rapport à la généralité ; elle ne pouvait donc être ainsi distinguée nettement de l'empirisme ; car, dans les principes empiriques mêmes, certaines connaissances sont plus générales, et par conséquent plus élevées que d'autres. Mais dans la série d'une telle subordination (où l'on ne distingue pas ce qui est connu parfaitement *a priori* de ce qui n'est connu qu'*a posteriori*), où tracer la ligne de démarcation qui distingue la première partie de la dernière, et les membres supérieurs des membres inférieurs et subordonnés ? Que dirait-on si la chronologie ne pouvait indiquer les époques du monde qu'en les divisant en premiers siècles et en siècles suivants ? Et s'il est permis de demander si le cinquième et le dixième siècle font aussi partie des premiers, je demande de même si le concept d'étendue appartient à la métaphysique ? Oui, répondez-vous ! Eh quoi, celui de corps aussi ? — Oui ! — Et celui de corps fluide ? Vous êtes étonné ; car si cela continue, tout appartiendra à la métaphysique. D'où l'on voit que le simple degré de subordination (le particulier sous le général) ne peut déterminer les bornes d'une science, et qu'il n'y a dans notre cas que l'entière dissimilitude et la différence absolue d'origine qui le puisse. Mais ce qui, d'un autre côté, obscurcissait encore l'idée fondamentale de la métaphysique, c'était qu'elle a, comme connaissance *a priori,* une certaine ressemblance avec les mathématiques, ressemblance qui rend bien les deux sciences parentes, quant à l'origine *a priori ;* mais le mode de connaissance de la première a lieu par concepts, tandis que le mode de juger *a priori* dans celle-ci a lieu par la construction des concepts ; ce qui donne la différence d'une connaissance philosophique d'avec une connaissance mathématique. La différence est si manifeste qu'on l'a toujours sentie, sans avoir jamais pu la signaler par des critères évidents. Il est arrivé de ce défaut de distinction que des philosophes ayant erré dans le développement même de l'idée de leur science, leur travail n'a pu avoir aucun but déterminé, aucune règle certaine, et qu'avec un plan si arbitrairement tracé, ignorant la voie qu'ils avaient à prendre, et toujours en désaccord sur les découvertes que chacun d'eux pensait avoir faites sur sa route, ils ont d'abord rendu leur science méprisable aux yeux des autres, et ont fini par la vouer eux-mêmes au mépris.

1009. Toute connaissance pure *a priori*, en vertu de la faculté particulière de connaître dans laquelle seule cette connaissance peut avoir son siége, constitue donc une unité particulière, et la métaphysique est la philosophie qui doit donner à cette connaissance cette unité systématique. La partie spéculative de cette science qui s'est particulièrement approprié ce nom, celle que nous appelons *métaphysique de la nature*, et qui considère tout par concepts *a priori*, en tant qu'il est (et non ce qui doit être), se divise de la manière suivante.

1010. La métaphysique, entendue dans le sens étroit, comprend la *Philosophie transcendantale* et la *Physiologie* de la raison pure. La première ne considère que l'*entendement* et la raison même, comme formant un système de tous les concepts et de tous les principes qui se rapportent aux objets en général, sans cependant admettre des choses *qui seraient données* (*Ontologia*); la deuxième considère la *nature*, c'est-à-dire l'ensemble des objets donnés (qu'ils soient donnés aux sens, ou, si l'on veut, à une autre espèce d'intuition), et forme par conséquent la *Physiologie* (quoique seulement *rationnelle*). Maintenant l'usage de la raison, dans cette contemplation rationnelle de la nature, est ou physique ou hyperphysique; ou mieux encore *immanent* ou *transcendant*. Le premier a pour objet la nature, en tant que sa connaissance peut être appliquée dans l'expérience (*in concreto*); le second s'occupe de cette union des objets de l'expérience, qui dépasse toute expérience. Cette physiologie *transcendante* a par conséquent pour objet, ou une liaison *interne*, ou une liaison *externe*, mais qui toutes deux dépassent l'expérience possible; la première est la physiologie de toute la nature, c'est-à-dire la *Cosmologie transcendantale;* la seconde est la physiologie de l'enchaînement de toute la nature des choses avec un être au-dessus de la nature, c'est-à-dire la *Théologie* transcendantale.

1011. La physiologie immanente, au contraire, considère la nature comme l'ensemble de tous les objets des sens, par conséquent telle qu'elle nous est donnée, mais seulement suivant des conditions *a priori*, sous lesquelles elle peut nous être donnée en général. Mais ces objets sont seulement de deux espèces : 1° ceux des sens extérieurs, par conséquent leur ensemble, la *nature corporelle;* 2° celui du sens intime, l'âme, et, suivant ses concepts fondamentaux, en général, la nature *pensante*. La métaphysique de la nature corporelle s'appelle *Physique*. Mais, comme elle ne doit renfermer que les principes de la connaissance *a priori* de cette nature, elle s'appelle *physique rationnelle*. La métaphysique de la nature pensante s'appelle *psychologie;* et, par la même raison que tout à l'heure, il ne s'agit ici que de la *Psychologie rationnelle*.

1012. Tout le système de la métaphysique se compose donc de quatre parties principales : 1° l'*Ontologie*; 2° la *Psychologie rationnelle*; 3° la *Cosmologie rationnelle*; 4° la *Théologie rationnelle*. La seconde partie, savoir, la Physique de la raison pure, contient deux parties : la *Physique rationnelle* (1) et la *Psychologie rationnelle*.

1013. L'idée fondamentale d'une philosophie de la raison pure prescrit même cette division ; division qui est par conséquent *architectonique* (conformément aux fins essentielles de la raison), et non simplement *technique* (suivant des affinités perçues fortuitement, et établie en quelque sorte comme par hasard). Mais elle est aussi, par la même raison, immuable et législative. Il y a cependant quelques points qui pourraient exciter le doute et infirmer la conviction de sa légitimité.

1014. Comment d'abord puis-je attendre des objets une connaissance *a priori*, par conséquent une Métaphysique, en tant que les objets sont donnés à nos sens, par conséquent *a posteriori*? Et comment est-il possible de connaître la nature des choses suivant des principes *a*

---

(1) Il ne faut pas croire que j'entende par là ce que l'on appelle *physique générale*, qui est plutôt mathémathique que philosophie de la nature ; car la métaphysique de la nature se distingue très nettement des mathématiques, et ne peut pas présenter des aperçus qui étendent aussi loin nos connaissances que ceux fournis par cette dernière science; mais elle est cependant très importante par rapport à l'application de la critique de la connaissance intellectuelle pure en général à la nature. A défaut de cette métaphysique, les mathématiciens mêmes, en s'attachant à certains concepts vulgaires, mais cependant métaphysiques en réalité, ont insensiblement surchargé la physique d'hypothèses qui s'évanouissent par la critique de ces principes, sans que par là cependant l'on porte la moindre atteinte à l'usage des mathématiques dans ce champ (usage qui est tout à fait indispensable).

priori, et d'arriver à une *Physiologie rationnelle*? La réponse est que nous ne prenons de l'expérience que ce qui est nécessaire pour nous donner un objet, en partie du sens externe, en partie du sens interne : du sens externe, par le simple concept de matière (l'étendue inanimée, impénétrable) ; du sens interne, par le concept d'un être pensant (dans la représentation empirique interne : *je pense*). Au reste, dans toute la métaphysique de ces objets, nous devrions nous abstenir totalement de tous principes empiriques qui pourraient ajouter au concept une expérience quelconque, pour de là porter un certain jugement sur ces objets.

1015. Ensuite, où y aura-t-il lieu à la *Psychologie empirique*, qui a toujours eu sa place dans la Métaphysique et dont on a de nos jours attendu de si grandes choses pour l'éclaircissement de cette science, après avoir perdu l'espoir de rien faire de bon *a priori*? Je réponds qu'elle prendra sa place où la physique proprement dite (empirique) doit avoir la sienne, savoir, du côté de la philosophie *appliquée*, dont la philosophie pure contient les principes *a priori*, laquelle par conséquent doit être unie à la précédente, mais non confondue avec elle. La Psychologie empirique doit donc être bannie de la Métaphysique, dont elle est déjà exclue par son idée même. Néanmoins, on peut encore lui laisser là une place (quoique seulement comme épisode) pour se conformer à l'usage des écoles, et même par motif d'économie, attendu qu'elle n'est pas encore assez riche pour constituer à elle seule l'objet d'une étude, et qu'elle est cependant trop importante pour qu'on doive l'exclure complétement ou la rattacher à quelque autre partie avec laquelle elle aurait moins d'affinité qu'avec la

Métaphysique. Elle n'est donc admise depuis si longtemps dans cette partie de la science qu'à titre d'étrangère; sa place n'y est que temporaire, en attendant qu'elle puisse établir son domicile propre dans une vaste anthropologie (le pendant de la physique empirique).

1016. Telle est donc l'idée générale de la métaphysique, de cette science qui, parce qu'on lui a d'abord demandé plus qu'on ne peut raisonnablement en attendre, parce qu'on s'est longtemps bercé des plus belles espérances, est enfin tombée dans une déconsidération générale lorsqu'on s'est vu trompé dans son attente. On s'apercevra facilement par toute cette critique que, bien que la métaphysique ne puisse pas servir de fondement à la religion, elle en sera toujours comme le rempart ; et que la raison humaine, déjà dialectique par la tendance de sa nature, ne pourra jamais se passer de cette science, qui lui met un frein, et qui, par la connaissance scientifique et pleinement évidente de soi-même, prévient les maux dont une raison spéculative privée de loi affligeraient sans aucun doute la morale et la religion. On peut donc être sûr que, quelque dédaigneux et contempteurs que puissent être ceux qui ont appris à juger une science, non d'après sa nature, mais seulement par ses effets accidentels, on reviendra toujours à elle comme à une amie avec laquelle on était brouillé, parce qu'il est dans la nature de la raison, dont les fins essentielles font la matière de la métaphysique, de travailler infatigablement, soit à l'acquisition de vues fondamentales, soit au renversement de bonnes connaissances déjà acquises.

1017. Par conséquent, la métaphysique, tant celle de la nature que celle des mœurs, surtout la critique de la raison se hasardant sur ses propres ailes, critique qui précède comme *exercice préliminaire* (propédeutique), constituent proprement à elles seules ce que nous pouvons appeler philosophie dans le sens véritable. Cette philosophie rapporte tout à la sagesse, mais par la voie des sciences, la seule qui, une fois frayée, ne se referme jamais, et ne permet aucune erreur. Les mathématiques, la physique, même la connaissance empirique de l'homme, sont d'un très grand prix comme moyen d'atteindre en grande partie les fins accidentelles, et par suite cependant les fins nécessaires et essentielles de l'humanité; mais alors seulement par l'entremise d'une connaissance rationnelle par simples concepts, connaissance qui, quelque nom qu'on lui donne, n'est proprement que de la métaphysique.

1018. La métaphysique est donc aussi le complément de toute *culture* de la raison humaine, culture indispensable, abstraction faite même de son influence comme science sur certaines fins déterminées; car la métaphysique considère la raison suivant ses éléments et ses maximes suprêmes, qui doivent servir de fondement à la *possibilité* même de certaines sciences, et à l'*usage* de toutes. De ce qu'elle sert plus, comme simple spéculation, à garantir des erreurs qu'à étendre la connaissance, cela n'ôte rien à son prix : ce caractère lui donne au contraire beaucoup d'importance et d'autorité par la censure qui maintient l'ordre général et la concorde, et même le salut de la république des lettres, et qui empêche des travaux courageux et utiles de se détourner de la fin principale, le bonheur public.

CHAPITRE IV.

Histoire de la raison pure.

1019. Ce titre n'est destiné qu'à signaler une lacune dans le système, et qu'il faudra remplir désormais. Je me contente de jeter d'un point de vue purement transcendantal, du point de vue de la nature de la raison pure, un coup d'œil rapide sur l'ensemble de son œuvre jusqu'ici ; œuvre qui représente sans doute à mes yeux un édifice, mais un édifice en ruines.

1020. Il est assez remarquable, quoique la chose ne puisse naturellement pas arriver d'une autre manière, que les hommes, dans l'enfance de la philosophie, ont commencé par où nous finirions volontiers maintenant, savoir, par étudier la connaissance de Dieu et l'espérance ou même la nature d'une autre vie. Malgré l'imperfection des concepts religieux introduits par les antiques usages que les peuples avaient encore conservés de leur état de grossièreté, la partie la plus éclairée de la nation se livra cependant à des recherches indépendantes sur ce sujet, et l'on s'aperçut facilement qu'il ne pouvait y avoir aucune manière plus fondamentale et plus certaine de plaire à la puissance invisible qui gouverne le monde, pour être heureux au moins dans une autre vie, que de se bien conduire dans celle-ci. La théologie et la morale furent donc les deux mobiles, ou plutôt les points aboutissants de toutes les recherches rationnelles et abstraites auxquelles on ne cessa de se livrer par la suite. La première fut proprement ce qui attira peu à peu la raison purement spéculative à l'œuvre, et ce qui plus tard, sous le nom de Métaphysique, devint célèbre.

1021. Je ne distinguerai point ici les temps où s'opéra telle ou telle révolution dans la Métaphysique; seulement j'exposerai en très peu de mots la différence de l'idée qui occasionna les principales révolutions. J'y trouve une triple fin en faveur de laquelle ces révolutions se sont opérées sur ce champ de bataille.

1022. 1° *Quant à l'objet* de toutes nos connaissances rationnelles, les uns furent purement *philosophes sensualistes,* d'autres purement *philosophes rationalistes. Epicure* peut être regardé comme le principal philosophe du sensualisme, *Platon* comme celui du rationalisme. Mais cette différence des écoles, si peu sensible qu'elle soit, avait déjà commencé dans les siècles les plus reculés, et s'est maintenue sans interruption. Ceux de la première école affirmaient qu'il n'y a de réalité que dans les objets des sens, que tout le reste est imagination; ceux de la seconde disaient au contraire qu'il n'y a qu'apparence dans les sens, que l'entendement seul connaît le vrai. Malgré cela, les premiers ne niaient point une réalité correspondant aux concepts de l'entendement; mais cette réalité n'était pour eux que *logique,* tandis que pour les autres elle était *mystique.* Ceux-là accordaient des *concepts intellectuels,* mais ils ne connaissaient que des *objets* sensibles. Ceux-ci voulaient que les véritables objets fussent simplement *intelligibles,* et affirmaient une *intuition* de l'endement pur, sans le secours d'aucun sens, mais seulement confuse suivant eux.

1023. 2° *Quant à l'origine* des connaissances rationnelles pures, si elles sont dérivées de l'expérience, ou si elles ont leur source dans la raison indépendamment de l'expérience, les uns furent *empiristes*, les autres *noologistes*. *Aristote* peut être considéré comme le chef des empiristes; *Platon* comme celui des noologistes. *Locke* qui, chez les modernes, a suivi le premier, et *Leibniz* le second (quoique à une assez grande distance de son système mystique), n'ont cependant pu mettre fin à cette controverse. Certainement *Epicure* fut dans son sens beaucoup plus conséquent dans son système sensualiste (car il ne raisonna jamais en dehors des bornes de l'expérience) qu'*Aristote* et *Locke*, que ce dernier surtout, qui, après avoir dérivé de l'expérience tous les concepts et tous les principes, va si loin dans leur usage, qu'il affirme la possibilité de démontrer aussi évidemment l'existence de Dieu et l'immortalité de l'âme (quoique ces deux objets soient tout à fait en dehors des bornes de l'expérience possible), qu'un théorème de mathématiques.

1024. 3° *Quant à la méthode*, si l'on doit appeler quelque chose méthode, ce doit être un procédé *par principes*. Or, on peut diviser celles qui tiennent à présent le premier rang dans cette branche de l'investigation de la nature, en méthode *naturelle* [*naturalistische*], et en méthode *scientifique*. Le *naturaliste* de la raison pure adopte ce principe, que par la raison commune, sans science (la science n'étant pour lui que le bon sens), il avancera plus par rapport aux grandes questions qui constituent les problèmes de la Métaphysique, que par la spéculation. Il affirme donc que l'on peut déterminer plus sûrement la grandeur et l'éloignement de la lune par le simple coup d'œil que par le détour des mathématiques. Ce n'est là qu'une pure misologie mise en principe; et, ce qu'il y a de très absurde, le mépris de tous les moyens artificiels, recommandé comme une *méthode propre* pour étendre ses connaissances. Car, pour ce qui est des naturalistes par *défaut* de plus grandes connaissances, on ne peut rien leur imputer justement ; ils suivent la raison commune sans proclamer leur ignorance comme une méthode qui devrait contenir le secret de tirer la vérité des profondeurs du puits de Démocrite.

..... Quod sapio satis est mihi : non ego curo
Esse quod Arcesilas, ærumnosique Solones (Pers.),

est leur devise. Avec cela ils peuvent vivre contents et dignes d'approbation, sans se soucier de la science ni en confondre les œuvres.

1025. Pour ce qui regarde les partisans d'une méthode *scientifique,* ils ont ici le choix de procéder ou dogmatiquement, ou sceptiquement ; mais ils doivent en tous cas procéder *systématiquement.* En mentionnant ici par rapport aux premiers, le célèbre *Wolf,* par rapport aux seconds *David Hume,* je puis me dispenser, pour mon objet actuel, d'en nommer d'autres. La méthode *critique* est la seule encore, avec les deux autres, qui soit ouverte. Si le lecteur a eu la complaisance et la patience de la suivre avec moi, il peut voir maintenant si dans le cas où il voudrait bien contribuer à convertir ce sentier en route royale, ce qu'un grand nombre de siècles n'ont pu mener à bonne fin jusqu'ici, ne pourrait pas être accompli avant même que celui où nous vivons soit écoulé, à savoir, de satisfaire complétement la raison humaine, en une matière dont elle s'est constamment occupée avec ardeur jusqu'ici, mais aussi toujours inutilement.

APPENDICE

ET

SOMMAIRES ANALYTIQUES

APPENDICE

A LA THÉORIE DES PARALOGISMES

DE LA RAISON PURE

(page 47).

I.

Premier paralogisme. — De la substantialité.

Ce dont la représentation est la *substance absolue* de nos jugements, et qui ne peut pas servir de détermination à une autre chose, est SUBSTANCE.

Le moi, comme être pensant, est la *substance absolue* de tous ses jugements possibles, et cette représentation de soi-même ne peut être le prédicat d'une autre chose.

Le moi, comme être pensant (âme), est donc SUBSTANCE.

Critique du premier paralogisme de la psychologie pure.

Nous avons fait voir dans la partie analytique de la Logique transcendantale, que de pures catégories (par conséquent celle de la substance) n'ont en elles-mêmes absolument aucune valeur objective; il faut, pour qu'elles aient un sens objectif, qu'elles soient appliquées à la diversité d'une intuition à elles soumise; elles sont alors des fonctions de l'unité synthétique : autrement elles ne sont que des fonctions d'un jugement dépourvu de matière. Je puis dire de toute chose en général que c'est une substance, dès que je la distingue de simples prédicats et des déterminations de choses. Or, dans toute pensée, le *moi* est le sujet auquel les pensées se rattachent à titre de déterminations seulement, et ce moi ne peut pas être employé comme détermination d'une autre chose. Chacun doit donc nécessairement se regarder comme la substance, et la pensée seulement comme un accident de son existence et comme une détermination de son état.

Mais quel usage dois-je faire maintenant de ce concept d'une substance? Je n'en puis pas conclure que *moi*, comme être pensant, je *dure* à mes propres yeux, c'est-à-dire que je ne *commence* ni ne *finisse* naturellement pour moi-même. Et cependant le concept de la substantialité de mon sujet pensant ne me sert pas à autre chose, et n'était cet usage, je pourrais très bien m'en passer.

Tant s'en faut qu'il soit possible de conclure ces propriétés de la catégorie pure et simple d'une substance, qu'au contraire la permanence d'un objet donné ne peut être prise en principe qu'en partant de l'expérience, lorsque nous voulons y appliquer le concept empiriquement usuel d'une *substance*. Or, dans le cas actuel, nous n'avons mis en principe aucune expérience; nous avons seulement conclu du concept de rapport de toute pensée au moi, comme au sujet commun auquel la pensée se rattache. Nous ne pourrions pas même, tout en rapportant la pensée au moi, établir, par une observation certaine, une semblable permanence. Car si le moi se trouve au fond de toute pensée, aucune intuition propre à le distinguer de tout autre objet percevable n'est cependant lié à cette représentation. On peut donc bien remarquer que cette représentation revient constamment dans toute pensée, mais non pas que ce soit une intuition fixe et permanente, dans laquelle les pensées variables se succèdent.

Il suit de là que le premier raisonnement de la psychologie rationnelle ne nous donne qu'une lumière prétendue nouvelle, lorsqu'il nous présente le sujet logique constant de la pensée, comme la connaissance du sujet réel de l'inhérence, sujet dont nous n'avons et ne pouvons avoir la moindre connaissance, attendu que la conscience est la seule chose qui convertit toutes les représentations en pensées, et où, par conséquent, toutes nos perceptions doivent être trouvées, comme dans leur sujet transcendantal; attendu encore qu'à l'exception du sens logique du mot moi, nous n'avons pas la moindre connaissance du sujet en soi, qui sert de base à ce moi comme à toutes les autres pensées.

On peut très bien cependant retenir la proposition : *l'âme est substance*, pourvu qu'on reconnaisse que ce concept ne s'étend pas plus loin, ou que tous les raisonnements qui composent d'ordinaire la psychologie soi-disant rationnelle, comme, par exemple, celui de l'immuable durée de l'âme dans tous ses changements, même après la mort de l'homme, peuvent faire voir que ce concept indique une pure substance en idée, mais pas une réalité substantielle.

Deuxième paralogisme. — De la simplicité.

Ce dont l'action ne peut jamais être conçue comme le concours de plusieurs agents est SIMPLE.
Or, l'âme ou le sujet pensant est une chose dont l'action, etc.
Donc, etc.

Critique du deuxième paralogisme de la psychologie transcendantale.

C'est l'Achille de tous les raisonnements dialectiques de la psychologie rationnelle; non pas que ce soit un jeu purement sophistique imaginé par quelque dogmatiste pour donner à ses assertions une légère apparence de vérité; mais c'est un raisonnement qui semble défier l'examen le plus attentif et la réflexion la plus profonde. Le voici :

Toute substance *composée* est un agrégat de plusieurs substances, et l'action d'un composé, ou ce qui est inhérent à ce composé comme tel, est un agrégat de plusieurs actions ou accidents qui sont répartis entre la multitude des substances. Or, un effet résultant du concours de plusieurs substances agissantes, est à la vérité possible si cet effet est purement extérieur (c'est ainsi, v. g., que le mouvement d'un corps n'est que le mouvement réuni de toutes les parties qui composent ce corps); mais il en est tout autrement avec la pensée, comme accident interne d'un être pensant. Car, supposez que le composé pense; chacune de ses parties contiendrait une partie de la pensée : en telle sorte que la pensée totale ne se trouverait que dans toutes les parties prises ensemble. Mais il y a là une contradiction : car si les représentations qui appartiennent à différents êtres (v. g., les mots particuliers qui composent un vers) ne forment jamais une pensée totale (un vers), de même la pensée ne peut jamais être inhérente à un composé comme tel. Elle n'est donc possible que dans une substance UNIQUE, qui ne soit pas un agrégat de plusieurs autres, mais quelque chose d'absolument simple (1).

Le *nervus probandi* de cet argument se trouve dans la proposition : que plusieurs représentations ne peuvent former une pensée qu'autant qu'elles sont contenues dans l'unité absolue du sujet pensant. Mais personne n'est en état de prouver *par concepts* cette proposition. En effet, par où commencer une pareille tâche ? la proposition : une pensée ne peut être que l'effet de l'unité absolue de l'être pensant, ne saurait être traitée analytiquement. L'unité de la pensée (et toute pensée résulte de plusieurs représentations) est collective et peut se rapporter tout aussi bien, quant aux simples concepts, à l'unité collective des substances qui contribuent à produire la pensée (de même que le mouvement d'un corps est le mouvement composé de toutes les parties de ce corps), qu'à l'unité absolue du sujet. La nécessité de la supposition d'une substance simple ne peut donc être aperçue d'après la règle de l'identité, dans une pensée composée. Quiconque connaît la raison de la possibilité des jugements synthétiques *a priori*, telle que nous l'avons exposée plus haut, n'osera pas non plus affirmer que cette même proposition doive être connue synthétiquement et parfaitement *a priori* ou par concepts purs.

D'un autre côté, il est également impossible de tirer de l'expérience cette unité nécessaire du sujet, à titre de condition de la possibilité de toute pensée ; car l'expérience ne fait connaître aucune nécessité ; le concept de l'unité absolue en dépasse d'ailleurs de beaucoup la sphère. Où donc prendre cette proposition, base de tout le raisonnement psychologique ?

Il est évident que, lorsqu'on veut se représenter un être pensant, il faut se mettre soi-même à sa place, et par conséquent

---

(1) Il est très facile de donner à ce raisonnement la précision de la forme scolastique ordinaire. Il suffit à mon objet de présenter l'argument d'une manière toute populaire.

substituer son propre sujet à l'objet dont on voulait parler (ce qui n'a lieu dans aucune autre sorte de recherches), et que nous n'exigeons pour une pensée l'unité absolue du sujet que parce qu'il serait impossible de dire sans cela : je pense (le divers dans une représentation), car bien que le tout de la pensée puisse être partagé et distribué entre plusieurs sujets, le moi subjectif ne peut cependant pas être divisé ni réparti, et ce moi, nous le supposons néanmoins dans toute pensée.

Ici, comme dans le paralogisme précédent, la proposition formelle de l'apperception : *je pense*, reste donc le fondement total sur lequel la psychologie rationnelle entreprend d'étendre ses connaissances. Cette proposition n'est pas expérimentale; c'est la forme de l'apperception, qui s'attache à toute expérience et la précède. Cette forme ne doit cependant jamais être regardée, par rapport à une connaissance possible en général, que comme la *condition subjective* de cette connaissance, condition qu'il ne serait pas juste de convertir en celle de la possibilité d'une connaissance des objets, c'est-à-dire en un *concept* de l'être pensant en général, attendu que nous ne pouvons nous représenter cet être sans nous mettre nous-mêmes avec la formule de notre conscience à la place de tout autre être intelligent.

Mais la simplicité de moi-même (comme âme) ne peut réellement pas être *conclue* de la proposition : je pense; au contraire cette proposition est déjà dans toute pensée. La proposition : *je suis simple*, doit être regardée comme une expression immédiate de l'apperception, de même que le prétendu raisonnement de Descartes : *cogito, ergo sum*, est tautologique dans le fait, puisque le *cogito* (*sum cogitans*) énonce immédiatement la réalité. *Je suis simple* ne signifie donc rien de plus que cette représentation : je (le moi) ne renferme en lui-même aucune diversité; représentation qui est unité absolue (quoique purement logique).

L'argument psychologique si célèbre est donc fondé sur l'unité indivisible d'une représentation qui dirige seulement le verbe à l'égard d'une seule personne. Mais il est évident que le sujet de l'inhérence n'est indiqué que d'une manière transcendantale par le moi attaché à la pensée, sans qu'on en remarque la moindre propriété, ou en général sans en connaître ou savoir quoi que ce soit. Il signifie un quelque chose en général (un sujet transcendantal), dont la représentation doit être absolument simple, par la raison que l'on ne détermine rien en lui, rien ne pouvant être en effet représenté plus simplement que par le concept d'un simple quelque chose. Mais la simplicité de la représentation d'un sujet n'est pas pour cela une connaissance de la simplicité du sujet lui-même, car on fait complétement abstraction de ses qualités lorsqu'on le désigne seulement par l'expression moi, qui peut s'appliquer à tout sujet pensant, et qui est entièrement vide de toute matière.

Il est donc certain que par le mot moi, je conçois toujours une unité absolue, mais logique du sujet (simplicité), sans toutefois connaître par là la simplicité réelle de mon sujet. De même qu'il a été reconnu que la proposition : je suis une substance, ne signifie que la pure catégorie, dont je ne puis faire aucun usage (empirique) *in concreto*; de même je puis dire que la proposition : je suis une substance simple, c'est-à-dire une substance dont la représentation ne contient jamais une synthèse de la diversité, ne nous apprend rien à l'égard de moi-même comme objet de l'expérience, par la raison que le concept de la substance même n'est que la fonction de la synthèse, sans intuition qui lui soit soumise, par conséquent sans objet, et n'a de valeur que relativement à la condition de notre connaissance, mais non par rapport à un objet quelconque. Voyons maintenant l'utilité prétendue de cette proposition.

Tout le monde doit convenir que la simplicité de l'âme n'a de valeur que parce que le sujet pensant se distingue par là de toute matière, et se trouve ainsi à l'abri de la dissolution à laquelle les substances corporelles sont toujours soumises. Telle est si bien l'utilité propre de la proposition précédente, que le plus souvent on l'énonce ainsi : l'âme n'est pas corporelle. Or, si je puis faire voir que tout en accordant une valeur entièrement objective (tout ce qui pense est une substance simple) à cette proposition cardinale de la psychologie rationnelle, prise dans le sens pur d'un simple jugement de la raison, on ne peut cependant pas faire le moindre usage de cette proposition par raport à l'hétérogénéité ou à l'homogénéité de l'âme avec la matière ; j'aurai fait voir par là même que cette prétendue connaissance psychologique rentre dans le champ des pures idées, qui sont sans aucun usage objectif.

Nous avons établi d'une manière incontestable, dans l'Esthétique transcendantale, que les corps sont de simples phénomènes de notre sens externe, et non des choses en soi. Nous pouvons dire en conséquence que notre sujet pensant n'est pas corporel, c'est-à-dire que nous étant représenté comme objet du sens intime en tant qu'il pense, il ne saurait être un objet des sens externes, un phénomène dans l'espace. Ce qui veut dire que des êtres pensants ne peuvent jamais, *comme tels,* nous être donnés parmi les phénomènes extérieurs, ou que nous ne pouvons pas percevoir extérieurement leurs pensées, leur conscience, leurs désirs, etc.; car tout cela est du ressort du sens intime. Dans le fait, cet argument semble naturel et populaire, et le sens commun s'y est toujours complu; il a commencé de très bonne heure à regarder les âmes comme des substances entièrement distinctes des corps.

Mais quoique l'étendue, l'impénétrabilité, la composition, le mouvement, en un mot, tout ce qui nous est donné par nos sens externes, ne soit pas des pensées, des sentiments, des inclinations, des volitions, toutes choses qu'on ne rencontre nulle part où se trouvent des objets de l'intuition externe; cependant le quelque chose qui sert de fondement aux phénomènes extérieurs, qui affecte notre sens de manière à lui faire concevoir des représentations d'espace, de matière, de forme, etc.; ce quelque chose, disons-nous, considéré comme noumène (ou mieux comme objet transcendantal), pourrait aussi être en même temps le sujet des pensées, quoique, par la manière dont nos sens externes sont affectés, nous n'ayons aucune intuition des représentations du vouloir, etc., mais simplement de l'espace et de ses déterminations. Mais ce quelque chose n'est ni étendu, ni impénétrable, ni composé, parce que tous ces prédicats ne regardent que la sensibilité et son intuition, en tant que nous sommes affectés par de tels objets (à nous inconnus du reste). Mais ces expressions ne nous donnent pas à connaître ce qu'est un objet; nous voyons seulement par là que ces prédicats des phénomènes extérieurs ne peuvent lui être attribués, parce qu'il est considéré en soi, sans rapport aux sens externes. Mais les prédicats du sens interne, les représentations et les pensées ne lui répugnent pas. La concession de la simplicité de la nature de l'âme humaine ne suffit donc pas pour distinguer de la matière cette âme par rapport à son substratum, si l'on regarde la matière (ainsi qu'on le doit) comme un simple phénomène.

Si la matière était une chose en soi, elle serait, comme substance composée, parfaitement distincte de l'âme, comme substance simple. Mais ce n'est qu'un phénomène purement extérieur, dont le substratum n'est connu par aucun prédicat donné; je puis donc bien dire de ce substratum qu'il est simple en soi, quoique par la manière dont il affecte nos sens il produise en nous l'intuition de l'étendue, et par conséquent du composé. Je puis donc dire que des pensées capables d'être représentées avec conscience par leur propre sens interne, résident dans la substance à laquelle se rapporte l'étendue par rapport à notre sens externe. De cette manière, cela même qui est corporel sous un rapport serait en même temps, sous un autre, un être pensant dont nous ne pouvons à la vérité percevoir les pensées dans le phénomène, mais bien cependant leur signe. On ne pourrait donc plus dire qu'il n'y a que des âmes (comme espèces particulières de substances) qui soient capables de pensée : il vaudrait beaucoup mieux dire, comme on le fait ordinairement, que l'homme pense, c'est-à-dire que cela même qui, en qualité de phénomène extérieur, est étendu, est intérieurement (en soi) un sujet non composé, mais simple et qui pense.

Toutefois, sans se permettre de pareilles hypothèses, on peut observer en général que, si par âme on entend un être pensant considéré en lui-même, on ne peut déjà plus se demander si l'âme est de la même nature que la matière (qui n'est pas une chose en soi, mais seulement une espèce de représentation en nous), ou si elle est d'une nature différente; car il est évident qu'une chose en soi est d'une autre nature que les déterminations qui composent simplement son état.

Si maintenant nous comparons le moi pensant, non pas avec la matière, mais avec le principe intelligible qui sert de base au phénomène extérieur que nous appelons matière ; nous ne pouvons plus dire, parce que nous ne savons absolument rien de ce principe, que l'âme s'en distingue de quelque manière intrinsèquement.

La conscience simple n'est donc pas une connaissance de la nature simple de notre sujet, et ce sujet ne peut se distinguer par là, de la matière, comme substance composée.

Si cependant ce concept ne sert pas (dans le seul cas particulier où il peut être employé, c'est-à-dire dans la comparaison du moi-même avec des objets de l'expérience *externe*), à déterminer ce qu'il y a de propre et de distinctif dans sa nature, alors on peut toujours prétendre savoir que le *moi* pensant, l'âme (nom de l'objet transcendantal du sens intime) est simple ; mais cette expression ne signifie plus rien cependant à l'égard des objets réels, et notre connaissance n'est pas susceptible de la moindre extension.

Toute la psychologie rationnelle tombe donc avec son principal appui, et nous ne pouvons pas plus espérer ici qu'ailleurs d'étendre nos connaissances, par le moyen de simples concepts (et moins encore par la simple forme subjective de tous nos concepts, la conscience) sans rapport à une expérience possible, d'autant plus que le concept fondamental d'une *nature simple* est tel qu'il ne peut être trouvé nulle part dans l'expérience, et qu'il n'y a par conséquent aucune voie pour y parvenir, comme à un concept objectivement valable.

Troisième paralogisme. — De la personnalité.

Ce qui a conscience de l'identité numérique de soi-même en différents temps, est par le fait une personne.

Or, l'âme est quelque chose qui, etc.

Donc elle est une personne.

Critique du troisième paralogisme de la psychologie transcendantale.

Si je veux connaître par expérience l'identité numérique d'un objet extérieur, je donne mon attention à ce qu'il y a de constant dans le phénomène auquel, comme à un sujet, se rapporte tout le reste comme détermination, e je remarque l'identité du sujet dans le temps où la détermination change. Or, je suis un objet du sens interne, et le temps n'est que la forme du sens interne. Je rapporte donc toutes mes déterminations successives, et chacune d'elles en particulier, au Même numériquement identique en tout temps, c'est-à-dire dans la forme de l'intuition interne de moi-même. A ce compte la personnalité de l'âme ne devrait pas même être regardée comme déduite ou conclue, mais comme une proposition parfaitement identique de la conscience dans le temps; et c'est aussi la raison pour laquelle cette proposition est valable *a priori*. Car elle n'énonce réellement pas autre chose que ceci : dans tout le temps dans lequel j'ai conscience de moi-même, j'ai conscience de ce temps, comme d'une chose qui fait partie de l'unité de mon Même. C'est donc une seule et même chose si je dis : tout ce temps est en moi, comme unité individuelle; ou bien : je me trouve dans tout ce temps avec identité numérique.

L'identité de la personne doit donc être inévitablement trouvée dans ma propre conscience. Mais si je m'envisage du point de vue d'un autre (comme objet de son intuition externe), cet observateur étranger ne me conçoit que *dans le temps*, car dans l'apperception, le temps n'est proprement représenté qu'en moi. Il ne conclura donc pas encore du moi, qu'il accorde et qui accompagne toutes les représentations en tout temps dans *ma* conscience et avec une parfaite identité, à la permanence objective de moi-Même. Le temps dans lequel me place l'observateur n'étant pas celui qui se trouve dans ma propre sensibilité, mais celui qui accompagne la sienne, l'identité qui se rattache nécessairement à ma conscience, n'est donc pas liée à la sienne, c'est-à-dire à l'intuition extérieure de mon sujet.

L'identité de la conscience de moi-même en différents temps n'est donc qu'une condition formelle de mes pensées et de leur enchaînement, mais elle ne prouve point l'identité numérique de mon sujet dans lequel, malgré l'identité logique du moi, peut néanmoins s'accomplir un changement tel qu'il ne permet pas de maintenir l'identité de ce sujet. Ce qui n'empêche pas de lui attribuer toujours le moi identique [*gleichlautende*], qui peut cependant conserver dans tout autre état, même dans la métamorphose du sujet, la pensée du sujet précédent et la transmettre de même à celui qui vient après (1).

Quoique l'opinion de quelques philosophes anciens, que tout est *passager* et qu'il n'y a rien de *constant* dans le monde, ne soit plus soutenable dès qu'on admet des substances, elle n'est cependant pas réfutée par l'unité de la conscience. Car nous ne pouvons même pas juger par la conscience, si, comme âme, nous sommes ou ne sommes pas permanents, parce que nous n'attribuons à notre Même identique que ce dont nous avons conscience, et qu'ainsi nous devons nécessairement juger que nous sommes précisément les mêmes dans toutes les durées dont nous avons conscience. Mais au point de vue d'un étranger nous ne pouvons pas encore tenir ce jugement pour valable, parce que, ne trouvant dans l'âme d'autre phénomène constant si ce n'est la représentation moi, qui les accompagne et les unit tous, nous ne pouvons jamais décider si ce moi (une simple pensée) n'est pas aussi passager que les autres pensées qui sont par là respectivement enchaînées.

Mais il est remarquable que la personnalité et sa supposition, la permanence, par conséquent la substantialité de l'âme, ne peut être prouvée *qu'à cette condition (jetzt allererst)*. Alors même, en effet, que nous pourrions supposer la substantialité, la durée de la conscience n'en résulterait pas encore ; mais il s'ensuivrait cependant la possibilité d'une conscience durable dans un sujet permanent. Ce qui est déjà suffisant pour la personnalité, qui ne cesse pas elle-même d'être, malgré l'interruption momentanée de

---

(1) Une boule élastique qui en choque une autre en droite ligne lui communique tout son mouvement, par conséquent tout son état (en ne considérant que les positions dans l'espace). Admettez maintenant, par analogie avec ces corps, des substances dont l'une ferait passer dans l'autre des représentations avec la conscience qui les accompagne : alors peut se concevoir toute une série de représentations semblables, dont la première communique son état, et la conscience de cet état à la seconde ; — celle-ci son propre état, plus celui de la substance précédente, à la troisième ; celle-ci de même les états de toutes les substances antérieures, avec le sien propre et la conscience qui les accompagne. La dernière substance aurait donc conscience de tous les états des substances qui l'ont précédée comme des siens propres, parce qu'états et conscience de ces états lui auraient été transmis ; et cependant elle n'aurait pas été la même personne dans tous ces états.

son action. Mais cette permanence ne nous est donnée par rien avant l'identité numérique de notre Même, laquelle est conclue de l'apperception identique ; elle n'est donc que la conséquence de cette dernière, et le concept de substance, qui est d'un usage tout empirique, n'a pu venir qu'après elle, s'il a été légitimement formé. Or, comme cette identité de la personne ne résulte en aucune façon de l'identité du moi dans la conscience de tout le temps où je me connais, la substantialité de l'âme ne peut non plus l'avoir pour fondement. C'est ce qu'on a vu dans l'examen du premier paralogisme.

Cependant, tout comme le concept de la substance et du simple, celui de la personnalité peut aussi subsister (en tant qu'il est purement transcendantal, c'est-à-dire unité du sujet, qui nous est du reste inconnu, mais dont les déterminations comprennent une liaison universelle par apperception), et en tant que ce concept est nécessaire et suffisant pour l'usage pratique. Mais on ne peut jamais y compter comme sur une extension de la connaissance de soi-même par une raison pure qui nous fait illusion en dérivant du simple concept du Même identique une durée ininterrompue du sujet pensant, puisque ce concept ne sort jamais de lui-même, et ne nous conduit pas plus loin dans aucune des questions qui intéressent la connaissance synthétique. Nous ignorons tout à fait la nature de la matière comme chose en soi (comme objet transcendantal) ; sa permanence comme phénomène, étant représentée comme quelque chose d'extérieur, est néanmoins susceptible d'être observée. Mais n'ayant, lorsque je veux observer le moi pur et simple dans le changement de toutes les représentations, d'autre terme de mes comparaisons que moi-même encore, avec les conditions générales de ma conscience, je ne puis donner que des réponses tautologiques à toutes les questions, puisque je mêle mon concept et son unité aux qualités qui s'offrent à moi-même comme objet, et que je suppose ce qu'on désirait savoir.

Quatrième paralogisme. — De l'idéalité
(du rapport extérieur).

Ce dont l'existence ne peut être conclue que comme une cause de perceptions données, n'a qu'une existence douteuse.

Or, tous les phénomènes extérieurs sont de telle nature que leur existence n'est pas immédiatement perçue, mais qu'elle peut seulement se conclure comme cause des perceptions données.

Donc l'existence de tous les objets des sens extérieurs est douteuse. J'appelle cette incertitude l'idéalité des phénomènes extérieurs, et la théorie de cette idéalité, *idéalisme*. Par opposition à l'idéalisme, l'affirmation d'une certitude possible touchant les objets des sens extérieurs est appelée *dualisme*.

Critique du quatrième paralogisme de la psychologie transcendantale.

Examinons d'abord les prémisses. Nous pouvons affirmer avec raison que rien ne peut être immédiatement perçu que ce qui est en nous-mêmes, et que ma propre existence seule peut être l'objet d'une simple perception. L'existence d'un objet réel hors de moi (si ce mot est pris dans un sens intellectuel), n'est jamais précisément donnée en perception. Elle ne peut qu'être conçue conjointement à cette perception qui est une modification du sens intime, à titre de cause extérieure de cette modification, et par conséquent conclue. Aussi *Descartes* restreignait-il avec raison toute perception dans le sens le plus étroit du mot, à la proposition : je (comme être pensant) suis. Il est clair en effet que, l'externe n'étant pas en moi, je ne puis le rencontrer dans mon apperception, par conséquent aussi dans aucune perception, toute perception n'étant proprement que la détermination de l'apperception.

Je ne puis donc pas proprement percevoir des choses extérieures, mais seulement conclure de ma perception interne à leur existence, puisque je regarde cette perception comme l'effet dont quelque chose d'extérieur est la cause la plus prochaine. Mais la conclusion d'un effet donné à une cause déterminée est toujours incertaine, attendu que l'effet peut résulter de plus d'une cause.

Dans le rapport de la perception à sa cause, il reste donc toujours à savoir si cette cause est interne ou externe, si par conséquent toutes les soi-disant perceptions externes ne sont pas un simple jeu de notre sens intime, ou si elles se rapportent à des objets extérieurs réels comme à leurs causes? Du moins l'existence de ces derniers n'est que conclue, et court le danger de tous les raisonnements, quand au contraire l'objet du sens intime (moi-même avec toutes mes représentations), est perçu immédiatement, et ne souffre aucun doute quant à son existence.

Il ne faut donc pas entendre par *idéaliste* celui qui nie l'existence des objets extérieurs des sens; mais est tel celui-là seulement qui n'accorde pas que cette existence est connue par une perception immédiate, concluant de là que nous ne pouvons jamais être certains de sa réalité par aucune expérience possible.

Avant de mettre en relief le côté trompeur de notre paralogisme, je dois faire remarquer qu'il faut nécessairement distinguer deux sortes d'idéalisme, le transcendantal et l'empirique. J'entends par *idéalisme transcendantal* de tous les phénomènes, le concept théorique suivant lequel nous les regardons tous comme de pures représentations, et non comme des choses en soi, et en conséquence duquel le temps et l'espace ne sont que des formes sensibles de notre intuition, mais non des déterminations données pour elles-mêmes, ou des conditions des objets comme choses en soi. A cet idéalisme est opposé le *réalisme transcendantal*, qui regarde le temps et l'espace comme quelque chose de donné en soi (indépendamment de notre sensibilité). Le réalisme transcendantal se représente donc des phénomènes extérieurs (si l'on en concède la réalité), comme des choses en soi, qui existent indépendamment de nous et de notre sensibilité, et qui seraient par conséquent hors de nous, suivant des concepts intellectuels purs. Est proprement réaliste transcendantal celui qui plus tard joue l'idéaliste empirique, et qui, après avoir faussement supposé des objets des sens que s'ils ne doivent pas être extérieurs, ils devraient exister en eux-mêmes, sans être sensibles encore, trouve à ce point de vue toutes nos représentations sensibles insuffisantes pour nous rendre certains de la réalité de ces objets.

L'idéaliste transcendantal, au contraire, ne peut être réaliste empirique, ni par conséquent, comme on dit, un *dualiste*; c'est-à-dire qu'il ne peut admettre l'existence de la matière sans sortir de sa simple conscience, et sans admettre quelque chose de plus que la certitude des représentations en moi, par conséquent le *cogito ergo sum*. Car en regardant cette matière, et même sa possibilité intrinsèque, comme un pur phénomène, qui, séparé de notre sensibilité, n'est plus rien, il n'y trouve plus qu'une espèce de représentations (intuitions) qui s'appellent extérieures, non comme si elles se rapportaient à des objets *extérieurs* en eux-mêmes, mais parce qu'elles rapportent des représentations à l'espace, dans lequel toutes choses sont respectivement en dehors les unes des autres, tandis que l'espace lui-même est en nous.

Nous nous sommes déjà déclaré dès le principe pour cet idéalisme transcendantal. Avec notre concept théorique, rien ne s'oppose donc à ce qu'on admette l'existence de la matière, sur le témoignage même de notre simple conscience, et qu'on la tienne pour aussi bien prouvée que l'existence du moi même, comme être pensant. Car j'ai conscience de mes représentations; elles existent donc ainsi que moi, qui en ai conscience. Or, des objets extérieurs (les corps) sont de purs phénomènes, par conséquent rien autre chose qu'un mode de mes représentations, dont les objets ne sont quelque chose que par ces représentations, mais ne sont rien séparés d'elles. Des choses extérieures n'existent donc pas moins que moi-même, et ces deux sortes de choses sont même rapportées au témoignage immédiat de ma conscience, mais avec cette différence seulement, que la représentation de moi-même, comme sujet pensant, n'est rapportée qu'au sens interne, tandis que les représentations qui révèlent des êtres étendus sont aussi rapportées au sens externe. Il n'est pas plus nécessaire de raisonner par rapport à la réalité des objets extérieurs, qu'à l'égard de la réalité de l'objet de mon sens intime (de mes pensées), car ce ne sont des deux côtés que des représentations dont la perception immédiate (la conscience) est en même temps une preuve suffisante de leur réalité.

L'idéaliste transcendantal est donc un réaliste empirique, et reconnaît à la matière, comme phénomène, une réalité qui n'a pas besoin d'être conclue, mais qui est au contraire immédiatement perçue. Le réalisme transcendantal, lui, tombe nécessairement dans l'embarras, et se voit forcé de céder à l'idéalisme empirique, parce qu'il regarde les objets des sens extérieurs comme quelque chose de distinct des sens mêmes, et de purs phénomènes comme des êtres substantiels qui se trouvent hors de nous. Sans doute, avec la meilleure conscience possible de notre représentation de ces choses, il s'en faut encore de beaucoup que si la représentation existe, l'objet qui lui correspond existe aussi. Dans notre système, au contraire, ces choses extérieures, à savoir la matière, dans toutes ses formes et dans tous ses changements, ne sont que de purs phénomèmes, c'est-à-dire des représentations en nous, de la réalité desquelles nous avons immédiatement conscience.

Tous les psychologues attachés à l'idéalisme empirique étant, que je sache, des réalistes transcendantaux, ils ont été très conséquents en attribuant une grande importance à l'idéalisme empirique, comme à l'un des problèmes dont la raison humaine ne sait guère se servir. Dans le fait, si l'on regarde des phénomènes extérieurs comme des représentations produites en nous par leurs objets, comme choses en soi qui se rencontrent hors de nous, on ne voit pas comment il serait possible de reconnaître l'existence de ces choses autrement qu'en concluant de l'effet à la cause ; et alors reste toujours à savoir si cette cause est en nous ou hors de nous. On peut bien accorder que quelque chose, qui peut être hors de nous dans le sens transcendantal, est cause de nos intuitions extérieures, mais ce n'est pas l'objet que nous entendons sous les représentations de la matière et des choses corporelles, car cette matière, ces choses, ne sont que des phénomènes, c'est-à-dire de simples représentations qui ne se trouvent jamais qu'en nous, et dont la réalité ne repose pas moins sur la conscience immédiate que la conscience de nos propres pensées. L'objet transcendantal, tant sous le rapport de l'intuition intérieure que sous celui de l'intuition extérieure, est également inconnu. Aussi n'en est-il pas question ; il ne s'agit que de l'objet empirique, qui s'appelle objet *externe* lorsqu'il est représenté *dans l'espace*, et objet *interne*, lorsqu'il n'est représenté que dans un *rapport de temps;* mais l'espace et le temps sont de ces choses qui ne se trouvent qu'en nous.

Cependant, comme l'expression *hors de nous* entraîne une équivoque inévitable, puisqu'elle signifie tantôt quelque chose qui existe *comme chose en soi*, distincte de nous, tantôt quelque chose qui n'appartient qu'au *phénomène* extérieur, nous distinguerons, pour prévenir toute incertitude dans l'usage de ce concept pris dans le dernier sens, c'est-à-dire dans celui de la question proprement psychologique, à cause de la réalité de notre intuition extérieure; nous distinguerons les objets *empiriquement extérieurs* de ceux qui sont ainsi appelés dans le sens transcendantal, par ce caractère, que nous les appelons des choses *qui sont dans l'espace*.

L'espace et le temps sont, à la vérité, des représentations *a priori* qui sont en nous comme formes de notre intuition sensible, avant qu'un objet réel ait déterminé nos sens par la sensation à nous les représenter sous ces rapports sensibles. Mais ce quelque chose de matériel ou de réel, ce quelque chose qui doit être perçu dans l'espace, suppose nécessairement une perception, et ne peut être feint ni produit par aucune imagination, indépendamment de cette perception, qui indique la réalité de quelque chose dans l'espace. La sensation est donc ce qui signale une réalité dans l'espace et le temps, suivant qu'elle est rapportée à l'une ou à l'autre espèce d'intuition sensible. Une fois donnée (la sensation, qui s'appelle perception si elle est appliquée à un objet en général sans le déterminer), on peut, à l'aide de sa diversité, se figurer plusieurs objets qui n'ont aucune place empirique hors de l'imagination dans l'espace ou le temps. C'est indubitablement certain; que l'on prenne les sensations [internes] de plaisir et de peine, ou bien encore les sensations externes de couleur, de chaleur, etc., la perception est toujours ce par quoi la matière doit être donnée pour concevoir des objets de l'intuition sensible. Cette perception représente donc (pour nous en tenir cette fois aux intuitions extérieures) quelque chose de réel dans l'espace. Car, premièrement, la perception est la représentation d'une réalité, de même que l'espace est la représentation d'une simple possibilité de la coexistence (*des Beisammenseyns*). Deuxièmement, cette réalité est représentée en face du sens extérieur, c'est-à-dire dans l'espace. Troisièmement, l'espace n'est lui-même rien autre chose qu'une simple représentation; rien par conséquent ne peut passer pour réel en lui si ce n'est ce qui s'y trouve représenté (1); et réciproquement, ce qui s'y trouve donné, c'est-à-dire représenté par la perception, y est aussi réellement : car, s'il n'y était pas donné réellement, c'est-à-dire immédiatement par l'intuition empirique, il ne pourrait pas être imaginé, parce qu'il est impossible de feindre *a priori* le réel des intuitions.

Toute perception extérieure prouve donc immédiatement quelque chose de réel dans l'espace ; ou plutôt elle est le réel même, et, dans ce sens, le réalisme empirique est indubitable, c'est-à-dire que quelque chose de réel dans l'espace correspond à nos intuitions. Assurément l'espace même, avec tous ses phénomènes comme représentations, n'est qu'en moi ; mais, dans cet espace, le réel ou la matière de tous les objets de l'intuition extérieure est cependant réel et indépendant de toute fiction, et il est impossible également que quelque chose d'*extérieur à nous* (dans le sens transcendantal) doive être donné dans *cet espace*, attendu que l'espace lui-même n'est rien en dehors de notre sensibilité. Le plus sévère idéaliste ne peut donc prétendre qu'on soit dans la nécessité de prouver que l'objet extérieur (dans le sens strict du mot) correspond à notre perception ; car s'il y avait des objets semblables, ils ne pourraient cependant pas être représentés ni perçus comme étant hors de nous, parce que cela supposerait l'espace, et que la réalité dans l'espace, comme simple représentation, n'est autre chose que la perception même. Le réel des phénomènes extérieurs n'est donc réel que dans la perception, et ne peut l'être d'aucune autre manière.

Maintenant, la connaissance des objets peut être tirée des perceptions, soit en vertu d'un simple jeu de l'imagination, soit encore au moyen de l'expérience. Et alors peuvent naître des

---

(1) Ce paradoxe, mais proposition vraie cependant : qu'il n'y a dans l'espace que ce qui s'y trouve représenté, est très digne de remarque. L'espace n'est affectivement qu'une représentation ; ce qu'il contient doit donc être contenu dans la représentation, et il n'y a rien absolument dans l'espace que ce qui s'y trouve réellement représenté. Une proposition qui doit sembler étrange, c'est : qu'une chose ne puisse exister que dans sa représentation ; mais cette proposition perd ici ce qu'elle a de choquant, parce que les choses auxquelles nous avons affaire ne sont pas des choses en soi, mais de simples phénomènes, c'est-à-dire des représentations.

représentations absolument trompeuses, auxquelles les objets ne correspondent pas, et dans lesquelles l'illusion est le fruit, tantôt d'un prestige de l'imagination (dans le rêve), tantôt d'un vice du jugement (dans l'erreur des sens). Pour échapper ici à la fausse apparence, on suit la règle : *ce qui tient à une perception, suivant des lois empiriques, est réel.* Mais cette illusion, ainsi que le préservatif employé contre elle, ne regarde pas moins l'idéalisme que le dualisme, puisqu'il ne s'agit là que de la forme de l'expérience. Pour réfuter l'idéalisme empirique, comme un faux scrupule sur la réalité objective de nos perceptions externes, il suffit déjà que la perception externe prouve une réalité dans l'espace ; et quoique cet espace ne soit que la simple forme des représentations, il a cependant une réalité objective par rapport à tous les phénomènes extérieurs (qui ne sont autre chose que de simples représentations). Il suffit aussi que la fiction et le rêve même soient impossibles sans perception, pour que nos sens extérieurs aient, dans l'espace, leurs objets réels correspondants, suivant les *données* dont l'expérience peut résulter.

L'*idéaliste dogmatique* est celui qui nie l'existence de la matière ; l'*idéaliste sceptique*, celui qui en doute, parce qu'il la tient pour indémontrable. Le premier peut ne l'être que parce qu'il croit trouver des contradictions dans la possibilité d'une matière en général, et nous n'avons encore rien à faire pour le moment avec lui. La section suivante, sur les raisonnements dialectiques, où la raison est présentée dans son conflit extérieur, par rapport aux concepts qu'elle se fait de la possibilité de ce qui appartient à l'enchaînement de l'expérience, lèvera également cette difficulté. L'idéaliste sceptique, qui ne s'en prend qu'au principe de notre affirmation, et qui regarde comme insuffisante notre persuasion de l'existence de la matière, persuasion que nous croyons fondée sur la perception immédiate, est un bienfaiteur de la raison humaine, en ce sens qu'il la force à ouvrir les yeux jusque sur le moindre pas fait par l'expérience commune, et à ne pas regarder tout de suite comme une possession d'un acquit légitime, ce que nous n'obtenons peut-être que par surprise. L'utilité des objections de cet idéalisme devient ici évidente. Elles nous obligent, si nous ne voulons pas nous égarer dans nos assertions les plus vulgaires, à ne regarder toutes nos perceptions, internes ou externes, que comme une conscience de ce qui tient à notre sensibilité, et les objets extérieurs de cette sensibilité, non comme des choses en soi, mais seulement comme des représentations dont nous pouvons avoir immédiatement conscience ainsi que de toute autre représentation, mais qui s'appellent extérieures parce qu'elles se rapportent au sens que nous nommons ainsi, sens dont l'intuition est l'espace, mais qui n'est autre chose cependant qu'un mode de représentation interne, dans lequel certaines perceptions s'enchaînent entre elles.

Si nous regardons les objets extérieurs comme des choses en soi, il est alors absolument impossible de comprendre comment nous pouvons parvenir à la connaissance de leur réalité hors de nous, puisque nous ne nous appuyons que sur la représentation qui est en nous. On ne peut effectivement pas sentir hors de soi, mais en soi seulement, et la conscience entière ne donne que nos déterminations propres. L'idéalisme sceptique nous oblige donc à faire usage de la dernière ressource qui nous reste, à recourir à l'idéalité des phénomènes, idéalité que nous avons montrée, dans l'Esthétique transcendantale, être indépendante de ces conséquences, alors imprévues. Se demande-t-on maintenant si le dualisme n'aurait donc lieu que dans l'âme? il faut répondre que oui. Mais ce n'est que dans un sens empirique, c'est-à-dire dans l'enchaînement de l'expérience, que la matière est réellement donnée au sens externe, comme substance dans le phénomène, de même que le moi pensant est donné au sens intime comme substance dans le phénomène; et ces deux sortes de phénomènes doivent se lier également de part et d'autre suivant les règles que cette catégorie fait entrer dans l'enchaînement de nos perceptions externes et internes, propres à former une expérience. Si l'on voulait étendre le concept du dualisme, comme on le fait ordinairement, et le prendre dans un sens transcendantal, ce concept aussi bien que le *pneumatisme* et le *matérialisme*, qui lui correspondent, se trouverait alors sans le moindre fondement, puisqu'on ne parviendrait pas ainsi à déterminer ses concepts, et que la différence du mode de représentation des objets qui nous sont inconnus, quant à leur nature, serait regardée comme une différence de ces choses mêmes. Le moi représenté par le sens intime dans le temps, et des objets dans l'espace hors de moi, sont à la vérité conçus comme des phénomènes spécifiquement tout différents, mais non pas comme des choses différentes. L'*objet transcendantal*, qui sert de base aux phénomènes extérieurs, et celui qui est le fondement de l'intuition interne, ne sont ni matière en soi, ni un être pensant en soi, mais un principe à nous inconnu des phénomènes qui fournissent le concept empirique de la première et de la seconde espèce.

Si donc nous voulons, ainsi que la présente critique nous y oblige évidemment, rester fidèles à la règle plus haut établie, de ne pas pousser nos questions au delà de l'expérience possible, il ne nous arrivera pas même de nous demander, à l'égard des objets de nos sens, ce qu'ils peuvent être en eux-mêmes, c'est-à-dire abstraction faite de tout rapport avec nos sens. Mais si le psychologue prend des phénomènes pour des choses en soi, il peut faire entrer dans son concept dogmatique, comme choses existant par elles-mêmes, ou la matière seule, s'il est matérialiste, — ou la substance pensante seule (à savoir, quant à la forme du sens intime), s'il est spiritualiste, — ou ces deux choses à la fois, s'il est dualiste. Et alors un malentendu l'arrête toujours sur la prétendue manière de prouver comment peut exister en soi-même ce qui n'est cependant pas une chose en soi, mais seulement le phénomène d'une chose en général.

RÉFLEXION

sur l'ensemble de la psychologie pure, en conséquence de ces paralogismes.

Si nous comparons la *psychologie*, comme physiologie du sens interne, avec la *somatologie*, comme physiologie des objets des sens externes, nous trouvons, indépendamment du grand nombre de choses qui peuvent être connues empiriquement de part et d'autre, cette différence notable, que, dans la dernière de ces sciences, plusieurs points cependant peuvent être connus *a priori*, en partant du simple concept d'un être étendu, impénétrable, tandis que, dans la première, rien ne peut être connu synthétiquement *a priori*, en partant du concept d'un être pensant. En voici la cause. Quoique ce soit de part et d'autre des phénomènes, cependant ceux qui sont du ressort des sens externes ont quelque chose de fixe ou de permanent qui donne un substratum aux déterminations muables, et par conséquent un concept synthétique, celui d'espace et d'un phénomène dans l'espace. Au contraire, le temps, qui est la forme unique de notre intuition interne, n'a rien de permanent, et ne fait par conséquent connaître que le changement des déterminations, mais non l'objet déterminable. Car, dans ce que nous appelons âme, tout varie à chaque instant; rien n'est fixe, si ce n'est peut-être (si on le veut absolument) le moi, qui n'est simple que parce que cette représentation est sans matière aucune, et n'a par conséquent pas de diversité: ce qui fait qu'elle semble aussi représenter ou, pour mieux dire, indiquer un objet simple. Ce *moi* devrait être une intuition qui, étant supposée dans la pensée en général (avant toute expérience), donnerait des propositions synthétiques *a priori*, s'il devait être possible de tirer une connaissance rationnelle *a priori* de la nature d'un être pensant en général. Mais ce moi n'est pas plus une intuition qu'un concept d'un objet quelconque; c'est la simple forme de la conscience qui peut accompagner deux sortes de représentations et les élever à l'état de connaissances, si toutefois quelque autre chose encore, propre à fournir la matière de la représentation d'un objet, est donnée en intuition. C'en est donc fait de la psychologie rationnelle; c'est une science qui dépasse toutes les facultés de la raison humaine. Il ne reste plus qu'à étudier l'âme en suivant le fil de l'expérience, et à nous renfermer dans les limites de questions qui ne dépassent pas les données de l'expérience interne.

Mais quoique la psychologie rationnelle ne soit, comme telle, composée que de purs paralogismes, et qu'elle n'ait aucune utilité, en ce sens qu'elle n'étend nullement notre connaissance, on ne peut cependant lui refuser une grande utilité négative, tout en ne la regardant que comme un traité critique de nos raisonnements dialectiques, produits même de la raison commune ou naturelle.

Qu'avons-nous besoin d'une psychologie fondée sur des principes rationnels purs? C'est sans doute dans ce but principal, de mettre à l'abri du matérialisme notre Même pensant. Mais le concept rationnel de ce Même, tel que nous l'avons donné, suffit à cette fin; car il s'en faut bien, suivant ce concept, qu'il reste la moindre appréhension légitime de voir s'évanouir toute pensée et jusqu'à l'existence des êtres pensants, si l'on supprime la matière; on a fait voir clairement, au contraire, qu'en supprimant le sujet pensant, c'en est fait de tout l'univers corporel, parce qu'il n'est que le phénomène dans la sensibilité de notre sujet, et une espèce de représentation de ce sujet.

A la vérité, je ne connais pas mieux par là les qualités de ce Même pensant, et je ne puis apercevoir sa permanence, ni même l'indépendance de son existence à l'égard de je ne sais quel substratum transcendantal possible des phénomènes extérieurs, car ce substratum ne m'est pas moins inconnu que le sujet en question. Néanmoins, comme il est possible que je trouve ailleurs que dans des raisons purement spéculatives un motif d'espérer pour ma substance pensante une existence indépendante, et qui reste invariable à travers tous mes changements d'état possibles; c'est avoir déjà gagné beaucoup, malgré le libre aveu de ma propre ignorance, que de pouvoir repousser les attaques dogmatiques d'un adversaire spéculatif, et de lui faire voir qu'il ne peut jamais avoir de meilleures raisons de contester l'impérissabilité de mon sujet, que moi de l'affirmer.

Cette apparence transcendantale de nos concepts psychologiques sert encore de base à trois questions dialectiques, qui forment le but propre de la psychologie rationnelle, et qui ne peuvent être décidées qu'à l'aide des recherches précédentes. Ces trois questions sont celles: 1° de la possibilité de l'union de l'âme à un corps organique, c'est-à-dire la question de l'animalité et de l'état de l'âme dans la vie humaine; 2° du commencement de cette union, c'est-à-dire la question de l'état de l'âme à la naissance et avant la naissance de l'homme; 3° de la fin de cette union, c'est-à-dire la question de l'état de l'âme à la mort et après la mort de l'homme (question de l'immortalité).

Or, je dis que toutes les difficultés que l'on croit rencontrer dans ces questions, et qui servent, comme objections dogmatiques, à se donner l'air de pénétrer plus profondément dans la nature des choses que ne saurait le faire le sens commun, ne reposent que sur une pure illusion ; elle consiste, cette illusion, à substantifier (*hypostasiren*) ce qui n'existe qu'en pensée, à vouloir donner à l'étendue, qui n'est qu'un phénomène, la qualité d'un objet réel en dehors du sujet pensant, comme si elle était une qualité des choses extérieures indépendante de notre sensibilité, et à regarder le mouvement comme antérieur à son effet, qui précède à son tour réellement et en soi l'opération des sens externes. Car la matière dont le commerce avec l'âme provoque de si grandes réflexions, n'est qu'une simple forme, ou une certaine manière de de se représenter un objet inconnu, à l'aide de cette intuition qu'on appelle le sens externe. Il peut donc bien y avoir quelque chose hors de nous, à quoi corresponde ce phénomène que nous appelons matière ; mais en qualité de phénomène, ce quelque chose n'est pas hors de nous, il n'est qu'en nous, comme une pensée, quoique cette pensée se représente comme pouvant être trouvée hors de nous par les sens. Le mot matière ne signifie donc pas une espèce de substance complètement différente de l'objet du sens intime (une âme) et hétérogène, mais seulement la différence spécifique des phénomènes à l'égard d'objets (qui nous sont inconnus en eux-mêmes), dont nous appelons extérieures les représentations, par comparaison avec celles que nous rapportons au sens intime, quoiqu'elles n'appartiennent pas moins exclusivement au sujet pensant que toutes les autres pensées. Seulement, il y a cela d'illusoire, que, représentant des objets dans l'espace, elles se détachent en quelque sorte de l'âme et semblent exister hors d'elle, quand cependant l'espace lui-même, où elles sont perçues, n'est qu'une représentation dont une image correspondante de même nature (*Gengenbild in derselben Qualitæt*), ne peut être trouvée hors de l'âme. La question n'a donc plus pour objet le commerce de l'âme avec d'autres substances reconnues et différentes, mais simplement la liaison des représentations du sens intime avec les modifications de notre sensibilité extérieure, et la manière dont celles-ci peuvent s'unir entre elles suivant des lois constantes de façon à constituer une expérience.

Tant que nous rattachons ensemble des phénomènes intérieurs

et extérieurs, comme simples représentations dans l'expérience, nous ne trouvons rien qui ne soit sensible (*nichts widersinniger*), et qui doive surprendre dans le commerce des deux espèces de sens. Mais dès que nous substantifions les phénomènes extérieurs, et que nous les rapportons à notre sujet pensant, non plus comme des représentations, mais au contraire comme *choses existant aussi par elles-mêmes hors de nous, de la même manière qu'elles sont en nous*; dès que nous les substantifions de la sorte, et que nous rapportons à notre sujet pensant leurs effets, qui les présentent comme des phénomènes en rapport mutuel, nous avons alors un caractère des causes efficientes hors de nous qui ne peut s'accorder avec les effets de ces causes en nous, parce qu'il se rapporte uniquement aux sens externes, et ces effets au sens interne; deux choses qui, bien que réunies dans un sujet unique, sont cependant d'une nature totalement différente. Nous n'avons pas d'autres effets extérieurs que de simples changements de lieux, et pas d'autres forces que de purs efforts, qui aboutissent à des rapports dans l'espace comme à leurs effets. Mais en nous les effets sont des pensées, qui ne sont suceptibles d'aucun rapport de lieu, de mouvement, de forme, ou de détermination dans l'espace en général, et nous perdons entièrement le fil conducteur des causes dans les effets qui doivent en résulter dans le sens intime. Mais nous devons faire attention que les corps ne sont pas des objets en soi, qui nous soient présents, mais un simple phénomène, je ne sais quel objet inconnu; que le mouvement n'est pas l'effet de cette cause inconnue, mais uniquement le phénomène de son action sur nos sens; qu'il n'y a par conséquent rien là qui nous soit extérieur, rien qui ne soit pures représentations en nous; qu'ainsi le mouvement de la matière ne produit pas en nous des représentations, mais qu'il est lui-même (et par suite aussi ce qui se révèle par ce moyen) une simple représentation, et qu'enfin toute la difficulté naturelle (*selbstgemachte*) revient à savoir comment et par quelles causes les représentations de notre sensibilité sont tellement liées entre elles, que celles que nous appelons intuitions extérieures peuvent être représentées, suivant des lois empiriques, comme des objets extérieurs à nous; question qui n'implique pas la prétendue difficulté d'expliquer l'origine des représentations par l'action de causes tout à fait étrangères qui seraient hors de nous, lorsque nous prenons les phénomènes d'une cause inconnue pour la cause hors de nous; ce qui n'aboutit qu'à une confusion. Dans les jugements qui contiennent un malentendu enraciné par une longue habitude, il est impossible d'en faire aussi bien comprendre le vice que dans les autres cas, où le concept n'est pas ainsi troublé par une illusion inévitable. Il est par conséquent difficile qu'on nous trouve suffisamment clair, quand nous cherchons à délivrer la raison de théories sophistiques.

Je crois cependant pouvoir atteindre ce but désiré par les considérations suivantes :

Toutes les *objections* peuvent se diviser en *dogmatiques, critiques* et *sceptiques*. L'objection dogmatique est celle qui est dirigée contre une *proposition*; la critique, celle qui s'attache à la *preuve* d'une proposition. La première doit avoir une connaissance de la nature de l'objet, afin de pouvoir affirmer le contraire de l'énoncé de la proposition relativement à cet objet. Elle est donc elle-même dogmatique, et prétend mieux connaître la qualité en question, que ne la connnaît la contre-partie. L'objection critique ne s'occupant ni de la vérité ni de la fausseté de la proposition, attaquant simplement la preuve, n'a pas besoin de mieux connaître l'objet, ni de prétendre en avoir une connaissance plus exacte; elle se borne uniquement à montrer que l'affirmation est sans fondement, sans être obligée de faire voir qu'elle est fausse. La thèse et l'antithèse sceptique sont, à l'égard l'une de l'autre, comme des objections d'une égale importance, dont l'une des deux peut être prise à volonté comme thèse (*dogma*), et l'autre comme antithèse. Des deux côtés, il doit donc y avoir négation dogmatique apparente de tout jugement sur l'objet. L'objection dogmatique et la sceptique doivent donc connaître assez de leur objet pour pouvoir affirmer quelque chose positivement ou négativement. Mais l'objection critique est de telle nature que, faisant voir simplement que l'on invoque à l'*appui* de son assertion quelque chose qui n'est rien, ou qui n'est qu'imaginaire, renverse la théorie, par le fait qu'elle lui soustrait son prétendu fondement, sans du reste vouloir décider quoi que ce soit sur la qualité de l'objet.

Nous sommes donc dogmatiques à l'égard des concepts communs de notre raison, par rapport au commerce de notre sujet pensant avec les choses extérieures, et nous regardons ces choses comme de véritables objets dont l'existence ne dépend point de nous. Il y a là un certain dualisme transcendantal qui ne rapporte pas les phénomènes extérieurs au sujet comme en étant des représentations, mais qui, les prenant tels que l'intuition sensible nous les donne, les transporte au contraire hors de nous, en fait des objets, et les détache complétement du sujet pensant. Cette subreption est donc le fondement de toutes les théories sur le commerce entre l'âme et le corps, et l'on ne s'est jamais demandé si cette réalité objective des phénomènes est bien vraie ; elle a toujours été supposée reconnue, et l'on a simplement raisonné sur la manière dont elle doit être expliquée et comprise. Les trois systèmes imaginés sur ce point, les trois seuls possibles, sont ceux de l'*influx* physique, de l'*harmonie* préétablie et de l'*assistance surnaturelle*.

Les deux dernières manières d'expliquer le commerce de l'âme et de la matière sont fondées sur des objections contre la première, qui est la représentation du sens commun ; à savoir, que ce qui apparaît comme matière ne peut être, par son influence immédiate, la cause de représentations qui sont des faits d'une tout autre nature. Mais alors ces deux modes d'explication ne peuvent rattacher à ce que nous entendons par objet des sens extérieurs, le concept d'une matière, qui n'est rien qu'un phénomène, par conséquent déjà en soi-même une simple représentation qui aurait été produite par quelques objets extérieurs ; car autrement ils diraient que les représentations des objets extérieurs (les phénomènes) ne sauraient avoir des causes extérieures des représentations dans notre esprit ; ce qui serait une objection complétement vide de sens, personne ne pouvant regarder comme cause extérieure ce qu'il a une fois reconnu n'être qu'une pure représentation. Ils doivent donc, suivant nos principes, diriger leurs théories de manière à conclure que l'objet véritable (transcendantal) de nos sens externes ne peut être la cause des représentations (phénomènes) que nous désignons par le nom de matière. Personne ne pouvant prétendre avec raison connaître quelque chose de la cause transcendantale de nos représentations attribuées aux sens externes, une pareille affirmation serait sans aucun fondement. Mais si les soi-disant perfectionneurs de la doctrine de l'influx physique voulaient, suivant la manière commune d'un dualisme transcendantal, regarder la matière en tant que matière comme une chose en soi (plutôt que comme simple phénomène d'une chose inconnue), et diriger leur objection de façon à prouver qu'un objet extérieur, qui ne révèle d'autre causalité que celle du mouvement, ne peut jamais être la cause efficiente de représentations, mais qu'un troisième être doit, en conséquence, intervenir pour établir au moins une correspondance et une harmonie entre deux choses qui sont sans action mutuelle l'une sur l'autre ; ils commenceraient leurs réfutations par admettre dans leur dualisme le πρῶτον ψεῦδος de l'influx physique, et réfuteraient ainsi leur propre supposition dualistique plutôt que l'influx naturel. En effet, toutes les difficultés touchant l'union de la nature pensante avec la matière résultent absolument et uniquement de cette subreptice représentation dualistique, que la matière, comme telle, n'est pas phénomène, ou simple représentation de l'esprit, à laquelle correspond un objet inconnu, mais l'objet en soi tel qu'il existe hors de nous et indépendamment de toute sensibilité.

On ne peut donc faire aucune objection dogmatique contre l'influx physique généralement admis ; car si l'adversaire reconnaît que la matière et son mouvement ne sont que des phénomènes, et par conséquent de pures représentations, il ne peut faire consister la difficulté qu'en ce que l'objet inconnu de notre sensibilité ne peut être la cause des représentations en nous, supposition toute gratuite, personne ne pouvant en effet décider ce que peut ou ne peut pas faire un objet inconnu. Mais il doit, d'après les preuves établies plus haut, accorder nécessairement cet idéalisme transcendantal, s'il ne veut pas manifestement substantifier des représentations, et les faire passer hors de lui comme de véritables choses.

On peut néanmoins élever une *objection critique* très fondée contre la doctrine ordinaire de l'influx physique : cette prétendue communauté entre deux sortes de substances, celle qui pense et celle qui est étendue, met en principe un dualisme grossier, et fait de ces substances, qui ne sont cependant que de simples représentations du sujet pensant, des choses subsistant par elles-mêmes. L'influx physique mal compris peut donc être rendu complétement inutile, dès qu'on s'aperçoit que le raisonnement qui lui sert de base est nul et sophistique.

La fameuse question du rapport de ce qui pense et de ce qui est étendu, reviendrait donc simplement, si l'on faisait abstraction de toute imagination, à celle-ci : *comment, dans un sujet pensant en général, une intuition extérieure,* celle de l'espace (du plein de l'espace par la forme et le mouvement), *est-elle possible?* Nul homme ne peut trouver une réponse à cette question, et jamais cette lacune de notre savoir ne sera remplie : on peut seulement faire voir par là que l'on rapporte les phénomènes extérieurs à un objet transcendantal, qui est la cause de cette espèce de représentations, mais la cause inconnue, et dont nous n'aurons jamais de concept. Dans tous les problèmes que peut présenter le champ de l'expérience, nous traitons tous les phénomènes comme des objets en soi, sans nous inquiéter du premier fondement de leur possibilité (comme phénomènes). Mais si nous en dépassons les limites, le concept d'un objet transcendantal devient nécessaire.

La solution de toutes les difficultés ou objections relatives à l'état du principe pensant avant cette union (la vie), ou après qu'elle a été dissoute (la mort), est une conséquence immédiate de ces réflexions (*Erinnerungen*) sur le rapport entre le principe pensant et le principe étendu. L'opinion, que le sujet pensant a pu penser avant tout commerce avec des corps, reviendrait à dire qu'antérieurement à cette espèce de sensibilité par laquelle quelque chose apparaît dans l'espace, ces mêmes objets transcendantaux, qui se montrent dans l'état présent comme des corps, ont été perçus d'une tout autre manière. Mais l'opinion que l'âme, après la cessation de tout commerce avec le monde corporel, peut continuer à penser, se formulerait en disant que, si l'espèce de sensibilité par laquelle des objets transcendantaux, à présent tout à fait inconnus, nous apparaissent comme monde matériel, devait cesser un jour, toute intuition n'en serait pourtant pas impossible, et qu'il pourrait très bien se faire que ces mêmes objets inconnus continuassent d'être reconnus du sujet pensant, quoique assurément plus en qualité de corps.

Or, il n'est personne qui puisse donner le plus léger motif d'une semblable assertion par principes spéculatifs; on n'en peut pas même établir la possibilité; on ne peut que la supposer : mais aussi personne ne peut y opposer une objection dogmatique de quelque valeur; car il n'est personne qui en sache plus que moi ou que tout autre sur la cause absolue ou interne des phénomènes extérieurs ou corporels. Personne ne peut donc avoir la prétention fondée de savoir sur quoi repose la réalité des phénomènes extérieurs dans l'état actuel (la vie), ni par conséquent de savoir que la condition de toute intuition extérieure, ou le sujet pensant lui-même, cessera d'exister après cette vie (à la mort).

Toute dispute sur la nature de notre être pensant, sur son union avec le monde corporel, résulte donc de ce qu'on remplit les lacunes de notre ignorance par des paralogismes de la raison, en convertissant ses pensées en choses, en les hypostasiant. Ce qui donne naissance à une science d'imagination, à l'égard tant de ce qui est affirmé que de ce qui est nié, puisque chacun s'imagine savoir quelque chose d'objets dont nul homme n'a le moindre concept; on convertit en objets ses propres représentations et l'on tourne ainsi dans un cercle éternel de doutes et de contradictions. La modération d'une critique ferme et juste peut seule affranchir de cette illusion dogmatique, qui, par l'attrait d'une félicité chimérique, retient un si grand nombre d'hommes dans les théories et les systèmes, et restreindre toutes nos prétentions spéculatives dans les seules limites de l'expérience possible. Restriction qui doit s'accomplir, non pas sous l'influence d'une insipide plaisanterie dirigée contre des tentatives si souvent infructueuses, ou en gémissant d'un ton dévot sur les bornes de notre raison, mais au contraire en traçant, d'après des principes certains, les limites de cette raison. Cette ligne de démarcation lui assigne avec la plus parfaite certitude son *nihil ulterius* ou colonnes d'Hercule, posées par la nature même, afin qu'elle puisse continuer sa route sur toute l'étendue continue des côtes de l'expérience, sans les abandonner jamais pour se hasarder sur un océan sans rivages, ou parmi des horizons toujours trompeurs ; il faudrait finir par renoncer à de longs et pénibles efforts dont l'insuccès deviendrait désespérant.

***

Jusqu'ici, nous n'avons pas encore donné une explication claire et générale de l'apparence transcendantale, et cependant naturelle, dans les paralogismes de la raison pure, non plus que de leur distribution systématique et parallèle à la table des catégories. Nous n'aurions pu tenter de le faire au commencement de ce paragraphe, sans craindre de tomber dans l'obscurité ou d'anticiper maladroitement sur ce qui nous restait à dire. Nous allons maintenant essayer de remplir cette tâche.

On peut réduire toute l'*apparence* à ce que la condition *subjective* de la pensée est prise pour la connaissance de l'*objet*. En outre, nous avons fait voir, dans l'introduction à la dialectique transcendantale, que la raison pure s'occupe uniquement de la totalité de la synthèse des conditions à l'égard d'un objet conditionné particulier. Or, l'apparence dialectique de la raison pure ne pouvant être une apparence empirique qui se présente avec une connaissance expérimentale déterminée, elle doit donc concerner ce qu'il y a de général dans les conditions de la pensée ; et alors il n'y a que trois cas de l'usage dialectique de la raison pure :

1° La synthèse des conditions d'une pensée en général ;

2° La synthèse des conditions de la pensée empirique ;

3° La synthèse des conditions de la pensée pure.

Dans ces trois cas, la raison pure ne s'occupe que de la totalité absolue de cette synthèse, c'est-à-dire de la condition qui est elle-même inconditionnée. Cette division est aussi la base de la triple apparence transcendantale qui est la raison des trois sections de la dialectique, et qui fournit l'idée d'autant de sciences apparentes tirées de la raison pure, c'est-à-dire de la Psychologie, de la Cosmologie et de la Théologie transcendantales. Nous n'avons à nous occuper ici que de la première.

Dans l'acte de la pensée en général, comme on fait abstraction de la pensée à un objet quelconque (des sens ou de l'entendement pur), la synthèse des conditions d'une pensée en général (n° 1) n'est pas du tout objective alors; c'est une pure synthèse de la pensée avec le sujet, synthèse qui est mal à propos regardée comme une représentation synthétique d'un objet.

Mais il suit de là que la conclusion dialectique par laquelle on passe à la condition de toute pensée en général, condition qui est elle-même inconditionnée, n'est pas erronée quant à la matière (puisqu'elle fait abstraction de toute matière ou objet), mais qu'elle l'est seulement quant à la forme, et doit s'appeler paralogisme.

De plus, l'unique condition qui accompagne toute pensée, le moi, consistant dans la proposition universelle : je pense, la raison n'a affaire qu'à cette condition, comme étant elle-même inconditionnée. Mais c'est seulement la condition formelle, l'unité logique de toute pensée, dans laquelle pensée je fais abstraction de tout objet, et où néanmoins le moi même, et son unité inconditionnée, est représenté comme un objet que je pense.

Si l'on me demande de quelle nature est une chose pensante, je ne sais absolument que répondre *a priori*, parce que la réponse doit être synthétique; car une réponse analytique explique peut-être bien la pensée, mais ne donne aucune connaissance développée de la raison de la possibilité de cette pensée. D'un autre côté, toute solution synthétique exige une intuition, et il n'y en a pas dans une question si générale. Pareillement, personne ne peut répondre à la question indéterminée : que doit être une chose mobile? Car l'étendue impénétrable (la matière) n'est pas donnée par là. Quoique je n'aie pas de réponse à faire à ces questions générales, il me semble cependant que je puis répondre dans un cas particulier, dans la proposition qui exprime la conscience : je pense. Car ce Je est le sujet premier, c'est-à-dire une substance; il est simple; etc. Mais alors ce devraient être des propositions purement empiriques, qui ne pourraient renfermer de pareils prédicats *a priori* (qui ne sont pas empiriques) sans une règle universelle énonçant les conditions de la possibilité de penser en général et *a priori*.

De cette manière ma prétention, d'abord si plausible, de juger, même par simples concepts, de la nature d'un être pensant, me devient suspecte, quoique je n'en aie pas encore découvert le vice.

Mais les recherches ultérieures sur l'origine des attributs que j'affirme de moi-même comme être pensant en général, peuvent mettre ce vice à découvert. Ce ne sont plus que de pures catégories par lesquelles je ne pense jamais un objet déterminé, mais seulement l'unité des représentations pour en déterminer un objet. Sans une intuition qui lui serve de fondement, la catégorie seule ne peut me donner aucun concept d'un objet; car l'objet qui est pensé suivant la catégorie, n'est donné auparavant que par une intuition. Quand je donne une chose comme une substance dans le phénomène, il faut qu'auparavant des prédicats de son intuition me soient donnés, et que j'y distingue le permanent du muable, et le substratum (chose même) d'avec ce qui en dépend simplement. Si j'appelle une chose *simple* dans le phénomène, j'entends par là que son intuition n'est qu'une partie du phénomène, mais que le phénomène même ne saurait être partagé, etc. Mais si quelque chose n'est reconnu simple qu'en concept et non en phénomène, je n'ai plus alors aucune connaissance de l'objet, mais seulement du concept que je me fais de quelque chose qui n'est susceptible d'aucune intuition propre. Je dis seulement que je pense quelque chose tout à fait simple, attendu que je ne puis réellement rien dire alors, si ce n'est que quelque chose est.

Or, la simple apperception (moi) est substance en concept, simple en concept, etc.; et tous ces théorèmes psychologiques ont leur incontestable justesse. Toutefois, ce qu'on veut, à proprement parler, savoir de l'âme, n'est réellement connu par là d'aucune manière; tous ces prédicats ne s'affirment point du tout de l'intuition, et ne peuvent par conséquent pas avoir les conséquences applicables à des objets de l'expérience; ils sont dès lors parfaitement vides. En effet, ce concept de substance ne m'apprend pas que l'âme dure par elle-même, qu'elle soit une partie des intuitions extérieures, partie qui ne puisse plus être divisée, et qui ne puisse par conséquent ni naître ni périr par quelques changements de la nature; ce sont de simples propriétés à l'aide desquelles je connais l'âme dans son rapport à l'expérience, et qui sont propres à me donner des espérances à l'égard de son origine et de son état futur. Mais si je dis, par pures catégories, que l'âme est une substance simple, il est clair alors qu'il faut se représenter le nu concept intellectuel de substance, qui ne contient qu'une chose, comme sujet en soi, sans être prédicat d'une autre chose. De là rien de permanent à conclure, et l'attribut de la simplicité ne peut certainement pas ajouter cette permanence. On ne sait donc absolument rien par là de ce qui peut concerner l'âme dans les changements cosmiques. Si l'on pouvait nous dire que l'âme est une *partie simple de la matière*, nous pourrions à notre tour en conclure la permanence, et, avec la nature simple, l'indestructibilité. Mais le concept du moi, dans le principe psychologique (je pense), n'en dit pas un mot.

Il en résulte cependant que l'être qui pense en nous prétend se connaître par de simples catégories, et même par des catégories, qui expriment l'unité absolue sous chacun de leurs titres. L'apperception est même le fondement de la possibilité des catégories, qui, de leur côté, ne représentent que la synthèse de la diversité de l'intuition, en tant que cette diversité est une dans l'apperception. La conscience, en général, est donc la représentation de ce qui est la condition en elle-même inconditionnée de toute unité. On peut donc dire du moi pensant (âme), qui doit être conclu comme substance, simple, numériquement identique dans tous les temps, et le corrélatif de toute existence, d'où toute autre existence doit être conclue, qu'il ne se connaît *pas lui-même par les catégories*, mais au contraire qu'il connaît dans l'unité absolue de perception, par conséquent *par lui-même*, les *catégories*, et par elles tous les objets. Il est donc bien évident que je ne puis pas même connaître, comme objet, ce que je suis dans la nécessité de supposer pour connaître en général un objet, et que le Même déterminant (le penser) diffère du Même déterminable (le sujet pensant), comme la connaissance diffère de l'objet. Rien cependant de plus naturel et de plus séduisant que de croire posséder l'unité des pensées à titre d'unité perçue dans le sujet de ces pensées. On pourrait appeler cette apparence la subreption de la conscience hypostasiée (*apperceptiones substantiatæ*).

Si l'on veut donner un titre logique au paralogisme provenant des raisonnements dialectiques de la psychologie, comme ayant néanmoins des prémisses justes, on peut l'appeler un *sophisma figuræ dictionis*, dans lequel la majeure fait un usage purement transcendantal de la catégorie, par rapport à sa condition ; tandis que la mineure et la conclusion en font un usage empirique par rapport à l'âme, qui est subsumée à la même condition. Ainsi, par exemple, le concept de substance, dans le paralogisme de la simplicité, est un concept intellectuel pur, qui, sans les conditions de l'intuition sensible, est d'un usage purement transcendantal, c'est-à-dire d'aucun usage. Mais, dans la mineure, le même concept est appliqué à l'objet de toute expérience interne, sans toutefois supposer, ni mettre en principe la condition de son application *in concreto*, à savoir la permanence de l'objet. De là son usage empirique, quoique inadmissible ici.

Pour faire voir enfin l'enchaînement systématique et rationnel pur de toutes ces affirmations dialectiques dans une psychologie rationnelle ; pour en établir par conséquent l'intégralité, il faut remarquer que l'apperception passe par toutes les classes de catégories, mais qu'elle ne s'arrête qu'à ceux des concepts intellectuels qui servent, dans chaque classe de catégories, de fondement à l'unité des autres catégories dans une perception possible, par conséquent aux concepts de subsistance, de réalité, d'unité (non-multiplicité) et d'existence ; que la raison se les représente toutes ici à titre seulement de conditions, elles-mêmes inconditionnées, de la possibilité d'un être pensant. L'âme reconnaît donc en elle-même :

1°

L'unité inconditionnée
du *rapport*,
c'est-à-dire
elle-même, non comme inhérente,
mais comme
subsistante.

2°
L'unité inconditionnée
de la *qualité*,
c'est-à-dire,

3°
L'unité inconditionnée
dans la *multiplicité* du
temps,

non [comme tout réel, c'est-à-dire,
mais comme non différente numérique-
simple (1). ment
dans les différents temps,
mais comme
un seul et *même sujet.*

4°
L'unité absolue
de l'*existence* dans l'*espace,*
c'est-à-dire,
non comme la conscience de plusieurs choses hors
d'elle,
mais comme la conscience
de l'existence d'elle-même seulement,
et des autres choses,
comme en étant uniquement
des représentations.

La raison est la faculté des principes. Les affirmations de la psychologie pure ne contiennent pas des prédicats empiriques de l'âme, mais au contraire des prédicats qui, s'ils ont lieu, doivent déterminer l'objet en lui-même, indépendamment de l'expérience, par conséquent au moyen de la simple raison. Il est donc juste qu'ils doivent se fonder sur des principes et des concepts universels de natures pensantes en général. Eh bien, il se trouve au contraire que la représentation singulière, Je suis, les régit tous; représentation qui, parce qu'elle devient la formule pure de toute mon expérience (indéterminée), se montre comme une proposition universelle, valable pour tous les êtres pensants. Et comme elle est néanmoins particulière à tous égards, elle emporte avec elle l'apparence de l'unité absolue des conditions de la pensée en général, et peut ainsi s'étendre au delà du domaine de l'expérience possible.

(1) Je ne peux pas encore faire voir maintenant comment le simple correspond à son tour à la catégorie de la réalité ; c'est ce que je ferai dans le chapitre suivant, à propos d'un autre usage rationnel du même concept.

SOMMAIRES ANALYTIQUES

DIALECTIQUE TRANSCENDANTALE

392. La *Dialectique* est la critique de l'apparence dialectique (98), ce qui ne veut pas dire de la *vraisemblance*, car la vraisemblance est *vérité* reconnue par des raisons insuffisantes, et par conséquent fait partie de la logique élémentaire. Le *phénomène* et l'*apparence* (le *paraître*, *Schein*) ne sont pas non plus une même chose; *vérité*, *erreur* et *apparence* sont affaire de jugement; phénomène, affaire de sens. Les sens ne trompent pas, car ils ne jugent pas, mais l'entendement ne trompe pas davantage, car il doit suivre ses lois. L'apparence ne résulte donc que de l'influence inaperçue de la sensibilité sur l'entendement.

393. Il s'agit ici non de l'apparence *empirique*, mais de l'apparence *transcendantale*, ou de découvrir l'apparence des principes (transcendantaux) qui font dépasser les limites de l'expérience, car les principes (immanents) dont l'application est circonscrite à l'expérience possible, ne produisent aucune apparence *transcendantale*.

394. L'apparence *logique* résulte du défaut d'attention à la règle logique et *peut* être *dissipée*; l'apparence *transcendantale*, au contraire, est une illusion *inévitable* comme l'apparence *empirique*, parce que des principes de son usage, qui se rapportent à des principes objectifs, ont leur fondement dans la raison.

395. La dialectique *transcendantale* se contentera donc de découvrir cette illusion naturelle et inévitable de la raison humaine.

396. La *raison*, quant à son usage *logique*, est la *faculté de conclure médiatement* (*l'entendement* fait des *raisonnements immédiats*); quant à son usage *transcendantal*, elle produit même des idées. Mais quelle idée assez élevée devons-nous nous en faire pour qu'elle embrasse ces deux opérations?

397. C'est la *faculté des principes*.

398. L'expression *principe* est équivoque ; elle ne signifie souvent qu'une proposition générale qui est *employée* comme principe.

399. On peut donc appeler *connaissance par principe*, celle dans laquelle on reconnaît le particulier dans le général au moyen de concepts, comme dans le raisonnement. Ainsi, un *principe a priori de l'entendement* peut être appelé un principe, en tant qu'il sert de majeure dans un raisonnement.

400. Mais ces *principes de l'entendement pur* ne sont pas, *quant à leur origine*, des connaissances par concepts, et ne seraient pas possibles sans intuition *a priori*, ou sans être des conditions de la possibilité de l'expérience.

401. L'*entendement* ne peut par conséquent pas du tout procurer des connaissances synthétiques *par concepts*, les seules qui méritent le nom de *principes absolus* ; les principes de l'entendement ne sont que des *principes relatifs*.

402. Si donc on cherche un principe de la *législation* et qu'il s'agisse de savoir si la nature des choses est soumise à des principes, une telle connaissance par principes repose sur la *simple pensée*, tandis que la connaissance de l'entendement reçoit sa valeur par des *intuitions*.

403. L'entendement peut-être une faculté de l'unité des phénomènes par des règles, et alors la raison est une faculté des règles par des principes. Ainsi elle ne s'adresse jamais à l'expérience mais à l'entendement pour donner l'unité rationnelle aux connaissances intellectuelles.

404. Quelque chose est ou immédiatement *connu* ou seulement *conclu*; ainsi, dans l'illusion des sens, nous tenons quelque chose pour immédiatement perçu, que nous n'avons cependant que conclu. Dans tout raisonnement est: 1° une proposition qui sert de fondement; 2° une autre, qui est tirée de la première (conclusion) ; 3° une troisième, d'après laquelle la vérité de la seconde est liée indissolublement à la vérité de la première (la conséquence). Si la conséquence est dans la première proposition, de telle manière qu'il ne soit besoin d'aucune représentation médiate pour l'en tirer, alors le *raisonnement* s'appelle *immédiat* (raisonnement de l'entendement) ; mais, s'il faut de plus à cet effet un jugement intermédiaire, le *raisonnement* s'appelle alors *médiat* (raisonnement de la raison).

405. Dans tout raisonnement médiat: 1° on connait une *règle* (*major*) par l'entendement; on *subsume* une connaissance à la condition de la règle (*minor*) par le jugement; 3° on *détermine* la connaissance par le prédicat de la règle (*conclusio*), par conséquent *a priori* par la raison. Par conséquent, le rapport n° 1 représenté entre une connais-

sance et sa condition, donne *trois espèces* de raisonnements médiats:
1° des raisonnements *catégoriques*; 2° des *hypothétiques*, 3° ou des *disjonctifs*, suivant que la majeure elle-même est catégorique, hypothétique ou disjonctive.

406. La raison cherche dans le raisonnement à ramener au plus petit nombre de principes possible la grande diversité de la connaissance de l'entendement, c'est ce qu'apprend un court traité sur la nature du raisonnement (1).

407. *Question*. La raison pure renferme-t-elle *a priori* des propositions synthétiques et des règles, et en quoi consistent ces principes ? La raison est donc ici isolée.

408. Le procédé formel et logique de la raison dans le raisonnement médiat nous donne déjà là-dessus un guide suffisant.

409. 1) Le raisonnement concerne non pas les intuitions, mais les concepts et les jugements. L'*unité rationnelle* n'est donc pas l'unité synthétique d'une expérience possible.

410. 2) La raison dans son usage logique recherche la condition générale dans son jugement; elle en cherche ensuite la condition par un épisyllogisme. Le *principe* propre *de la raison* est donc : *de trouver l'inconditionné de la connaissance conditionnée de l'entendement*.

411. Mais *cette maxime logique* n'est un principe possible de la raison pure qu'autant que l'on admet que, *si l'inconditionné est donné, la série entière de ses conditions subordonnées entre elles, série qui n'est plus alors conditionnée, est aussi donnée*.

412. Mais ce principe est évidemment synthétique, car le conditionné se rapporte analytiquement à la condition et non à l'inconditionné. Mais d'autres principes synthétiques doivent aussi résulter de ce même principe.

413. Mais les principes qui résultent de ce principe suprême de la raison pure, sont *transcendants* par rapport aux phénomènes. La dialectique transcendantale recherche donc l'oubli de la nature de ce principe suprême, et les malentendus qui en résultent.

414. Les concepts provenant de la raison pure ne sont pas simplement des concepts *réfléchis*, ou qui contiennent (comme les concepts de l'entendement) l'unité de la réflexion (359 s.) sur les phénomènes ; ce sont de plus des concepts *conclus*.

415. Des *concepts rationnels* servent à *comprendre*, commes les *concepts intellectuels* à *entendre* ; si les premiers ont une valeur objective,

---

(1) V. *Logique de Kant*, 2ᵉ édit., p. 196 et s.; 217 et s.

ils peuvent s'appeler *conceptus ratiocinati*; s'ils n'en ont pas, *conceptus ratiocinantes*, et en général, *idées transcendantales*.

416. Le penseur se trouve souvent embarrassé dans le choix d'une expression qui convienne à ses concepts. On réussit rarement dans la prétention de forger des mots nouveaux. Avant de le tenter, il est prudent de tirer d'une langue morte ou savante le mot dont on a besoin, et d'en affirmer la signification propre.

417. S'il ne se trouve dans une langue qu'un seul mot qui convienne parfaitement pour rendre un concept, entendu dans un sens qu'il a déjà eu, il est convenable de l'employer et de lui conserver sa signification propre.

418. Platon s'est servi du mot *idée*, entendant par là quelque chose qui n'est jamais pris des sens et qui dépasse ainsi les concepts de l'entendement.

419. Il observe que notre raison s'élève à des connaissances qui s'étendent beaucoup trop loin pour qu'un objet de l'expérience puisse jamais leur convenir.

420. Il trouve ses idées principalement dans tout ce qui pratique, c'est-à-dire dans tout ce qui se fonde sur la liberté, laquelle est de son côté soumise à des connaissances qui sont le produit propre de la raison, v. g., *les concepts de la vertu.*

421. La *République de Platon*, quand on l'entend bien, n'est pas si mauvaise qu'on pense; elle est fondée sur l'idée nécessaire d'une constitution de la plus grande liberté d'après des lois qui font que toute liberté peut subsister avec toute autre; c'est donc un *idéal* d'après lequel on peut examiner seulement la valeur de toute constitution réelle.

422. Mais par rapport à la nature, Platon en voit avec raison les preuves claires de son origine dans les idées (*aus Ideen*), ou d'après des fins.

423. L'usage transcendantal de la raison, de ses principes, de ses idées, doit donc être recherché. Mais le mot idée ne devrait être employé que pour désigner des concepts rationnels, ou des concepts tirés de notions qui dépassent la possibilité de l'expérience.

Echelle des représentations

	Représentation, *repræsentatio*	
	avec conscience, Perception (perceptio)	
subjective *sensation* (sensatio)	objective *connaissance* (cognitio)	
	immédiate *intuition* (intuitio)	médiate *concept* (conceptus)
	empirique par la sensibilité pure, l'entendement, notion.	de la raison idée.

(Accolade gauche : *sans conscience*.)

424. Nous pouvons présumer que la forme de raisonnements contiendra l'origine de concepts particuliers *a priori*, que nous pouvons appeler *concepts rationnels purs* ou *idées transcendantales*.

425. La fonction de la raison dans ses raisonnements consiste dans la *généralité* de la connaissance d'après des concepts; et la *conclusion* est même un jugement qui est déterminé *a priori* dans toute l'*étendue de sa condition*.

426. Un *concept rationnel* est le concept de l'*inconditionné*, en tant qu'il contient un principe de la synthèse du conditionné; car dans la majeure d'un syllogisme nous concevons le prédicat, que nous restraignons dans la conclusion à un certain objet, dans toute sa sphère (universalité). A cette sphère correspond la totalité (*omnitudo*) des conditions; mais cette totalité est toujours inconditionnée et n'est possible que par l'inconditionné.

427. Autant donc il y a d'espèces de *rapport*, suivant les catégories, autant aussi il y a de sortes de *raisonnements purs*, savoir :

1) Un inconditionné de la synthèse *catégorique* d'un *sujet*;

2) Un inconditionné de la synthèse *hypothétique* d'une série;

3) Un inconditionné de la synthèse *disjonctive des parties d'un système*.

428. Il y a en effet *autant* d'espèces de raisonnements, dont chacun s'élève par prosyllogismes à l'inconditionné :

1) A un sujet qui n'est plus prédicat;

2) A une supposition qui ne suppose plus rien;

3) A un agrégat des membres de la division qui n'exige plus aucun membre pour l'achèvement de la division.

Les concepts purs de la raison touchant la *totalité dans la synthèse des conditions*, sont donc, au moins comme *problèmes*, fondés sur la raison humaine.

429. Le mot *absolu* est souvent employé maintenant pour indiquer simplement ce qui se dit à l'occasion d'une chose *sans comparaison* (intrinsèquement); mais il signifie aussi quelquefois ce qui s'affirme *sous tous les rapports* (sans limite).

430. Ce mot doit être employé ici dans ce sens étendu, par opposition à ce qui a une valeur relative.

431. Le concept rationnel *transcendantal* ne convient donc jamais qu'à la totalité *absolue* dans la synthèse des conditions et ne s'arrête qu'à l'*absolument* inconditionné. Il sert à systématiser, c'est-à-dire à réduire à l'unité rationnelle en un tout absolu les *opérations intellectuelles* (c'est-à-dire à réduire l'unité intellectuelle en intuitions).

Or comme rien dans l'expérience n'est inconditionné, l'application des concepts rationnels purs aux intuitions (ou leur usage objectif) est toujours *transcendant*.

432. Une *idée* est un concept rationnel nécessaire, auquel nul objet correspondant ne peut être donné par les sens (v. g., la *Sagesse*); les concepts rationnels purs dont il s'agit ici (427) sont donc des *idées transcendantales*.

433. Elles peuvent servir à conduire mieux et plus loin l'entendement dans les connaissances des objets, et rendent peut-être possible une transition des concepts naturels aux concepts pratiques.

434. Il s'agit donc de considérer maintenant la forme logique de la connaissance rationnelle, pour voir si la raison ne devient pas par là une source de concepts d'objet en général, et si par là une série d'objets n'est pas considérée comme par rapport à l'une ou à l'autre fonction de la raison, par exemple, le monde (145).

435. La raison est la faculté de raisonner. La *conclusion* est le jugement qui est porté au moyen de la *mineure* par le fait de la subsomption de la condition dans la mineure à la condition de la règle (condition dont on énonce la règle dans la majeure). Dans le raisonnement rationnel on passe donc par une série de conditions (prémisses) à une connaissance (conclusion) qui peut être toujours poussée plus loin par *ratiocinatio polysyllogistica, per prosyllogismos*, ou *episyllogismos*.

436. Mais il en est tout autrement de la série des *prosyllogismes* que de celle des épisyllogismes; car du côté des conditions, on demande la totalité, tandis que du côté du conditionné on conçoit seulement une progression facultative.

437. Nous n'avons pas à nous occuper ici de l'*apparence logique* (394), mais d'une dialectique transcendantale qui doit contenir parfaitement *a priori* l'origine de certaines connaissances par raison pure et de concepts conclus. Mais il y a trois sortes de raisonnements dialectiques d'où ces concepts procèdent (428).

438. Nos représentations peuvent en effet se rapporter :
1° Au sujet ;
2° A l'objet, mais à la vérité :
a) Comme phénomène ou
b) Comme objet de la pensée en général.

439. De là trois sortes d'idées transcendantales :
La *première* contient l'unité absolue du sujet pensant ;
La *seconde* contient l'unité absolue de la série des conditions des phénomènes ;
La *troisième* contient l'unité absolue de tous les objets de la pensée en général.

440. 1° Le sujet pensant (l'âme) est l'objet de la *psychologie* ; 2° l'ensemble de tous les phénomènes (le monde) est l'objet de la *cosmologie* ; 3° la condition suprême de tout ce qui peut être pensé (l'essence de toutes les essences) est l'objet de la théologie. Ce sont là autant de problèmes de la raison pure, et les idées de trois sciences transcendantales.

441. On fera voir plus clairement par la suite ce que sont ces *modes* de concepts rationnels purs, contenus sous ces trois titres de toutes les idées transcendantales, et comment la raison n'arrive nécessairement à ces idées que par l'usage synthétique de ses fonctions.

442. Il n'y a proprement aucune déduction objective possible de ces idées transcendantales, parce qu'elles n'ont pas de rapport à un objet correspondant. Elles ne peuvent donc être dérivées de la nature de notre raison.

443. La raison n'a en vue que la totalité absolue du côté des conditions (de l'inhérence, de la dépendance et de la concurrence) ; la plénitude, du côté du conditionné, est un *être de raison*, et par conséquent pas une idée transcendantale.

444. On voit enfin que la raison pure, au moyen des idées, réduit en système toutes ses connaissances.

445. Il n'y a pas de *concept intellectuel* possible d'un objet d'une idée transcendantale ; nous ne pouvons avoir aucune connaissance d'un objet correspondant à une idée, quoique nous en ayons un *concept problématique*.

446. La réalité transcendantale (subjective) des concepts rationnels purs tient donc à ce que nous y sommes conduits par un raisonnement rationnel nécessaire. Il y aura donc des raisonnements dialectiques ou des sophistications de la raison pure, par lesquelles nous concluons, au moyen d'une apparence inévitable, de quelque objet que nous connaissons, à quelque autre objet dont nous n'avons cependant pas la moindre notion.

447. Le nombre de ces raisonnements rationnels dialectiques est égal à celui des idées; c'est-à-dire qu'il y en *trois*.

a) Le raisonnement qui conclut du concept transcendantal du sujet, concept qui ne contient rien de divers, à l'unité absolue de ce sujet. Il doit s'appeler *paralogisme transcendantal*.

b) Le raisonnement qui conclut de la contradiction de l'unité synthétique inconditionnée, à la justesse de son unité synthétique conditionnée, qui cependant donne aussi un concept. Il doit s'appeler l'*antinomie de la raison pure*.

c) Le raisonnement qui conclut des choses que je ne connais pas quant à leur concept transcendantal (des objets en général) à un être de tous les êtres, que je connais encore moins par un concept transcendant. Il doit s'appeler l'*Idéal de la raison pure*.

448. Le paralogisme *logique* consiste dans la fausseté d'un raisonnement rationnel quant à la forme. Le paralogisme *transcendantal* est un paralogisme logique en vertu d'un principe transcendantal, et emporte aussi avec lui une illusion inévitable, mais qui peut être découverte.

449. Le jugement *je pense* est le véhicule de tous les concepts en général, et n'a aucun titre particulier, parce qu'il sert à prendre conscience de *toute* pensée. Mais il sert aussi à distinguer l'objet du sens intime (l'âme) de l'objet du sens extérieur (du corps).

450. La *psychologie rationnelle* a pour objet le : *je pense*, indépendamment de toute expérience, car autrement elle serait *empirique*. Mais le *je pense* n'est pas d'expérience, c'est seulement ce qui rend l'expérience possible.

451. *Je pense* est donc le texte unique de la psychologie rationnelle, et ne peut, s'il est rapporté à un objet, avoir que des prédicats *transcendantaux*, parce qu'autrement la science serait empirique.

452. La *topique de la psychologie* rationnelle en suivant d'une manière rétrograde le fil des catégories, et en partant de celle de subtance par laquelle une chose en soi est représentée, puisqu'ici le *je* est donné comme *substance pensante*, est donc la suivante : l'*âme* est :

1° Quant à la *relation*, *substance*;

2° Quant à la *qualité*, *simple*;

3° Quant à la *quantité*, *unité* (une seule chose).

4° Quant à la *modalité*, *existante*, par rapport aux objets possibles dans l'espace (1).

453. De ces éléments résultent tous les concepts de la *psychologie pure*.

1) La substance, simplement comme objet du sens interne, donne l'*immatérialité*.

2) La *simplicité* donne l'*incorruptibilité*.

3) L'*unité* comme intelligence, donne la *personnalité*. Ces trois choses réunies donnent la *spiritualité*.

4) L'*existence* par rapport aux corps dans l'espace donne le *commercium avec des corps* et fait de cette substance une *âme*, comme le principe de l'*animalité*, qui, circonscrite par la spiritualité, donne l'*immortalité*.

454. A cela se rapportent donc aussi *quatre paralogismes d'une psychologie transcendantale*, qui a pour fondement unique la simple représentation, entièrement dépourvue de matière, *moi*, (*il, ce, la chose* qui pense) représente uniquement un *sujet transcendantal* de la pensée = X.

455. Tout ce qui pense doit donc être tel que le dit l'expression de la conscience en moi, parce que nous sommes forcés d'attribuer aux choses toutes les propriétés *a priori* qui forment les conditions sous

---

(1) BECK expose cette partie d'une manière explicite.

1° Ce qui, dans toute pensée, est toujours conçu comme sujet, jamais comme prédicat, existe aussi comme sujet, et par conséquent est *substance*.

Or, moi, comme principe pensant, je suis toujours, dans toute pensée, le sujet pensant.

Donc j'existe comme substance.

2° Une chose dont l'action ne peut jamais être regardée comme l'effet de plusieurs choses, agissant concurremment, est *simple* (pas composée).

Or le moi est une chose de cette espèce.

Donc le moi existe comme substance *simple*.

3° Ce qui ne peut être conçu que comme numériquement *identique*, n'existe non plus que comme une seule et même chose.

Or, je me conçois moi-même comme un seul et même être dans les différents temps de mon existence.

Donc je suis numériquement *identique*; donc je suis une personne.

4° Ce qui pense existe.

Or je pense.

Donc j'existe.

(S. Beck, *Grundriss*, etc., p. 129). — T.

lesquelles seules nous les concevons. La proposition : *je pense*, n'est prise ici que *problématiquement*, non *empiriquement*.

456. Si, pour connaître l'être pensant, nous recourions aussi aux lois de la nature, que nous tirons de l'observation du jeu de nos pensées, la psychologie serait *empirique* (1).

457. Nous ferons donc passer à l'épreuve critique tous les prédicaments de la *psychologie pure* la proposition : *je pense* (prise problématiquement).

458. *Observation générale*. Je ne connais pas un objet par la simple pensée sans intuition. Je ne me connais pas non plus moi-même par la conscience que j'ai de moi-même comme être pensant; il faut pour cela une intuition déterminée par la pensée (336-338, 342, 358).

459. a) Dans tous les jugements, je suis donc toujours le sujet déterminant du rapport qui constitue le jugement (156), ou le *sujet jugeant*. Mais ce qui fait partie de la qualité de la pensée ne peut autoriser encore à dire que le *moi*, comme objet, soit substance; l'intuition est nécessaire pour cette affirmation.

460. b) Dans toute pensée, le *moi* est quelque chose de singulier : il appartient à la qualité de la pensée, mais cela ne veut point dire que le moi soit une substance simple, car il faudrait une intuition pour pouvoir l'affirmer.

461. c) Dans toute pensée le *moi* est une seule et même chose, il est *identique*; cela fait partie de la qualité de la pensée, mais ce n'est pas à dire que le moi soit identique comme *personne*, car il faudrait pour cela une intuition.

462. d) Dans toute pensée je distingue le moi qui pense de ce qui est pensé, par conséquent aussi de mon corps; mais cela fait partie de la qualité de la pensée, et ne signifie point que moi, comme être pensant, je puisse exister sans être homme; car, pour l'affirmer, il faudrait une intuition.

463. Ce sont donc là quatre conditions de la pensée, qui sont

---

(1) Mellin omet ici un alinéa qui n'est intelligible qu'à la condition de se rappeler la théorie de Kant sur le rôle de l'*apperception* et de son unité dans tout jugement. Puisque l'unité synthétique de l'apperception représentée par le *moi* ou le *je pense*, est la condition suprême de tout usage de l'entendement et qu'il est comme le véhicule des catégories mêmes, il est évident que s'en fier aux catégories sur la nature du moi, lorsqu'elles l'affirment *substance*, *un*, *identique*, etc., c'est faire un cercle vicieux, puisque les catégories n'ont de valeur que par l'unité d'apperception, qui fait le moi logique. Voilà, si nous ne nous trompons, le raisonnement de Kant. — T.

éclaircies *logiquement*, mais ce ne sont pas des déterminations *métaphysiques* de l'*objet pensant*.

464. Si l'on pouvait faire voir que ce sont des déterminations *métaphysiques* de toute substance pensante, la critique serait renversée, et nous aurions fait un pas au-delà du monde sensible dans le champ des noumènes.

465. *Paralogisme de la psychologie rationnelle.* Ce qui ne peut être conçu (représenté par la pensée comme objet dans la conscience) que comme sujet (substance) n'existe que comme sujet (substance).

Or, un être pensant, comme tel (dans l'acte de la pensée, non comme *objet*, mais comme *sujet* de la pensée) (438), ne peut être conçu (représenté *dans* le penser comme la conscience même) que comme sujet (comme *pensant*, non comme *pensée*).

Donc il n'existe que comme sujet, c'est-à-dire comme *substance*. C'est là un sophisme *figuræ dictionis*, parce que *sujet* dans la majeure indique autre chose (une catégorie) que dans la mineure (savoir une *détermination logique*), et la pensée a par conséquent aussi un sens tout différent dans les prémisses.

466. Il nous manque une intuition empirique pour appliquer le concept de *substance*, c'est-à-dire le concept d'un *sujet subsistant par lui-même* à la substance pensante.

467. Mendelssohn a dit dans le Phédon (dans le *premier dialogue*) qu'un être simple ne peut absolument pas cesser d'être, parce que, comme simple, il ne peut être conçu disparaissant insensiblement, et qu'il devrait cesser d'être tout à coup; ce qui est impossible, parce qu'autrement il n'y aurait aucun instant entre le moment où il serait encore et le moment où il ne serait plus. — Mais ce qui existe doit cependant, s'il n'a aucune quantité *extensive*, avoir une quantité *intensive*, et par conséquent un degré (car la conscience a aussi ce degré), et ce degré peut faire disparaître insensiblement l'être pensant, et le réduire au néant en *l'affaiblissant petit à petit*.

468. Si nous prenons maintenant les quatre propositions précédentes (452) dans le rapport *synthétique* ci-dessus, de manière à poser pour fondement, non pas quelque chose de *réel*, comme dans le n° 452, mais le concept d'un *être pensant*, alors l'être pensant peut déterminer son existence par lui-même, et l'existence des choses extérieures n'étant pas requise pour la détermination de sa propre existence dans le temps (327), est du moins *problématique*.

469. Si nous prenons les quatre propositions (452) dans un rapport *analytique* de manière à ce que, non pas le concept d'un être pen-

sant, mais le *je pense* soit posé pour base, comme une proposition qui renferme déjà en soi une existence, alors commencent les propositions suivantes touchant une *réalité* :

a) Modalité : *réalité, je pense.*
b) Relation : *substance et accident, comme sujet.*
c) Qualité : *réalité, comme sujet simple.*
d) Quantité : *unité, comme sujet identique.*

470. Il n'y a rien de réel qui soit simple dans l'*espace*; il est donc impossible d'expliquer la qualité de l'*être pensant* par des principes du *matérialisme. Je pense* signifie seulement : *j'existe pensant*, et c'est une proposition *empirique* ; mais j'ai besoin de quelque chose de *constant* pour déterminer de cette manière mon existence dans le temps. Or, s'il n'y a rien de tel dans l'intuition *interne*, je ne puis pas décider si j'existe comme *substance* ou comme *accident*. Il est donc aussi impossible d'expliquer la qualité de l'être pensant par des principes du *spiritualisme*.

471. Et comment serait-il possible de dépasser l'expérience par l'unité de la conscience ?

472. Il n'y a donc pas de *psychologie rationnelle* comme *doctrine*, mais seulement comme *discipline*, pour soustraire la connaissance de nous-mêmes à une spéculation oiseuse et inutile, et pour l'appliquer à l'usage pratique, fécond en résultats.

473. On voit par tout cela que la psychologie rationnelle doit son origine à un simple malentendu. L'unité de la *conscience* ou une *pensée* est prise pour l'unité du *sujet pensant*, et regardée comme l'*intuition d'un objet*.

474. Ainsi donc s'évanouit la connaissance de la substance pensante comme objet non sensible de la connaissance. Mais cette critique fait voir en même temps l'impossibilité d'affirmer la non-existence d'un pareil être.

475. On ne perd pourtant rien par là en ce qui concerne l'admission d'une vie future. Car la preuve de cette vie, édifiée sur la pointe d'un cheveu, n'a jamais eu d'influence sur la raison humaine commune. Les preuves à l'usage du monde, tirées des fins et de la loi morale, conservent tout leur prix.

476. L'*apparence dialectique* dans la psychologie rationnelle repose sur la confusion d'une *idée* de la raison (d'une intelligence pure) avec le concept, *indéterminé* dans toutes ses pensées, d'un être pensant en général.

477. La question du *commerce de l'âme avec le corps* peut être réso-

lue d'après ce concept théorique. La difficulté de ce commerce, tirée de l'*hétérogénéité* des objets disparaît, si l'on fait attention que la chose en soi qui sert de base à tous deux, n'est peut-être pas si hétérogène. Mais on ne peut expliquer comment des substances en général sont en commerce.

478. La proposition *je pense* est empirique. Or une intuition empirique, par conséquent aussi l'objet pensé comme phénomène, lui sert de fondement. Et alors, l'âme serait-elle *phénomène, apparence* ou *rien ?*

479. a) La pensée, *prise en soi*, est simplement la fonction logique sans intuition, par quoi je me pense seulement comme objet, mais de quoi je n'ai encore aucune intuition à penser.

480. b) Mais la proposition: je pense, *en tant qu'elle signifie j'existe pensant*, détermine le sujet (qui est en même temps *objet*) par rapport à l'existence, et ne peut avoir lieu sans le sens intime, dont l'intuition donne l'objet, mais seulement comme phénomène.

481. Si par la suite s'offrait l'occasion de nous supposer parfaitement *a priori* par rapport à notre existence comme légiférant et même comme déterminant cette existence, nous trouverions dans la conscience quelque chose qui pourrait nous déterminer par rapport à un monde intelligible.

482. Mais alors on n'avancerait pas le moins du monde les tentatives de la psychologie rationnelle.

483. La seconde espèce de raisonnements rationnels (428) de la raison pure, forme, par analogie avec les raisonnements rationnels hypothétiques (427), l'unité inconditionnée des conditions objectives dans le phénomène quant à leur contenu (439).

484. Mais il est remarquable que le *paralogisme transcendantal* produisait une apparence purement *unilatérale*; l'avantage est en effet tout du côté du *spiritualisme*.

485. Il en est tout autrement quand nous appliquons la raison à la synthèse objective des phénomènes, où elle pense faire valoir, avec beaucoup d'apparence, il est vrai, son principe de l'unité inconditionnée, mais où elle s'enveloppe aussi dans des contradictions.

486. Un nouveau phénomène de la raison humaine se laisse apercevoir ici, je veux parler d'une *antithétique* toute *naturelle*, dans laquelle elle doit ou s'abandonner à un désespoir sceptique, ou se frapper d'une manière insensée. Dans les deux cas il y a mort de la saine philosophie, quoique le premier puisse encore être appelé l'*Eutanasie* de la raison pure.

487. Des idées transcendantales, qui concernent la synthèse absolue des phénomènes, s'appellent *idées cosmiques*. Cette antithétique ou antinomie de la raison pure sert donc de fondement à une *cosmologie dialectique*.

488. a) Les idées cosmologiques transcendantales sont des catégories étendues jusqu'à l'inconditionné ; b) les seules catégories propres à cet usage sont celles dans lesquelles la synthèse constitue une série.

489. Mais la totalité absolue des conditions n'est exigée par la raison qu'autant que la série ascendante des conditions s'élève au conditionné.

490. La synthèse d'une série de conditions, allant du côté des conditions, s'appelle *régressive* ; la synthèse qui va du côté du conditionné, est la synthèse *progressive*.

491. a) Quant à la *quantité*, le temps et l'espace donnent des séries. L'idée transcendantale de la totalité absolue s'étend donc à tout temps passé. Dans l'espace, le progressus et le regressus sont identiques ; et comme chaque partie y est limitée par les suivantes, et par conséquent conditionnée, l'idée transcendantale de la totalité absolue s'applique aussi à l'espace.

492 b) Quant à la *qualité*, la *réalité* dans l'espace, la *matière*, donne un conditionné dont des parties sont des conditions internes ; il y a donc ici encore une série et un progrès vers l'inconditionné.

493. c) Quant à la *relation*, la *substance* et l'*accident* ne forment pas des séries ; les substances ne sont pas non plus en *commerce* parce qu'elles ne sont pas subordonnées, mais coordonnées. Il n'y a que la *causalité* qui donne une série de *causes* et d'*effets*, par conséquent un progressus à l'infini.

494. d) Quant à la *modalité*, les concepts du *possible*, du réel et du *nécessaire* n'engendrent aucune série, excepté en tant seulement que le *contingent* dans l'existence doit toujours être regardé comme conditionné.

495. Il n'y a donc que *quatre* idées cosmologiques, suivant les *quatre* titres des catégories, savoir :

La plénitude ou intégralité absolue
1° De la *composition* du tout donné de tous les phénomènes,
2° De la *division* d'un tout donné dans le phénomène,
3° De la *naissance* d'un phénomène en général,
4° De la *dépendance* de l'existence du muable dans le phénomène.

496. 1re *observation*. L'idée de la totalité absolue ne concerne donc que l'*exposition* (40) des phénomènes.

497. 2e *observation*. La raison change l'inconditionné qui est tou-

jours contenu dans la totalité absolue de la série. Mais cette synthèse accomplie absolument n'est qu'idée, car sa possibilité sensible est encore maintenant un problème. Mais cette idée est néanmoins dans la raison, qui part de l'idée de la *totalité*, quoiqu'elle ait proprement l'*inconditionné* pour but.

498. Cet inconditionné est donc, ou simplement dans toute la série, ou une partie de la série. Dans le premier cas, la série est virtuellement *infinie*; dans le second, il y a un *commencement du monde*, une *limite du monde*, quelque chose de *simple*, une *activité spontanée absolue*, et une *nécessité naturelle absolue*.

499. Le mot *monde* indique le tout *mathématique* de tous les phénomènes; la *nature* est le tout *dynamique* de tous les phénomènes. La causalité *inconditionnée* dans le phénomène s'appelle donc *activité spontanée* ou *liberté*, mais la causalité *conditionnée* s'appelle *cause naturelle*; le conditionné dans l'existence en général est le *contingent*; l'inconditionné, le *nécessaire*; la nécessité *inconditionnée* des phénomènes, *nécessité naturelle*.

500. Les *concepts cosmiques* (idées cosmologiques) méritent aussi ce nom, parce qu'ils poussent la synthèse jusqu'à un degré (la totalité absolue de l'ensemble des choses existantes) qui dépasse toute expérience possible. Cependant les idées du mathématiquement inconditionné méritent ce nom dans le sens *strict*, et les deux autres, celui de *concepts naturels transcendantaux*.

501. Si l'on entend par *thétique* tout ensemble de doctrines dogmatiques, l'*antithétique de la raison pure* est alors l'opposition apparente des doctrines dogmatiques, sans que l'on reconnaisse que l'une mérite l'assentiment plutôt que l'autre. L'*antithétique transcendantale* est donc un examen de l'*antinomie de la raison pure*.

502. *Trois* questions se présentent dans une *antithétique de la raison pure*:

1° Dans quelles propositions la raison pure est-elle proprement soumise à une antinomie?

2° Quelles sont les causes de cette antinomie?

3° Si cependant il reste à la raison une voie ouverte à la certitude, et quelle est cette voie?

503. *Réponse à la première question*. Les propositions de l'antithétique de la raison pure doivent:

1° Concerner des questions sur lesquelles s'appuie toute raison humaine;

2° Porter avec elles une apparence inévitable.

504. *Réponse à la deuxième question.* Les propositions de l'antithétique sont trop grandes pour l'entendement lorsqu'elles sont conformes à la raison; ou trop petites pour la raison, si elles sont conformes à l'entendement.

505. *Réponse à la troisième question.* La voie à la certitude est la *méthode sceptique*, ou la méthode qui consiste à regarder le combat des assertions pour rechercher si l'objet de la dispute n'est pas une pure illusion.

506. Mais cette méthode sceptique n'est essentielle qu'à la philosophie transcendantale, par la raison qu'il n'y a là ni *intuition pure*, ni *expérience*.

507. *Thèse.* 1) Le monde a un *commencement* dans le *temps*.

2) Le monde a des *bornes* quant à l'*espace*.

508. *Preuve.* 1) Le contraire de la *première proposition* suppose une série *infinie* qui serait *finie*; car une *éternité* serait *parcourue* à tout instant. Mais une série infinie qui serait *accomplie*, est une contradiction.

509. 2) Le contraire de la *seconde* proposition suppose un tout infini qui serait *fini*; car le monde serait un tout *infini* donné, dont la totalité n'est concevable que par la synthèse *complète* des parties. Or, une synthèse successive des parties d'un monde *infini*, qui serait *finie*, est une contradiction.

510. *Antithèse.* 1) Le monde n'a pas de *commencement* dans le *temps*.

2) Le monde n'a pas de *bornes* quant à l'espace.

511. *Preuve.* 1) Le contraire de la première proposition (510,1) suppose un temps *vide* qui serait plein. Car avant la naissance du monde aurait dû exister alors un temps *vide*, qui devait être distingué de tout autre temps vide, c'est-à-dire qui devait être *plein*. La *naissance* d'une chose quelconque dans un temps *vide* est donc impossible.

512. 2) Le contraire de la seconde proposition (510, 2) suppose un espace *vide* qui serait *plein*. Car le rapport du monde à l'espace *vide* est un rapport du monde à *aucun objet*; et cependant le monde borné devrait se trouver dans un espace vide illimité.

513. I. *Observation sur la première antinomie.* I. *Sur la thèse.* Les preuves 511, 512, ne sont pas des arguments d'avocat, dans lesquelles on mettrait à profit les fautes des dogmatiques. Chacune est au contraire tirée de la nature de la chose.

514. Du reste on aurait pu mettre à profit, pour établir une semblable preuve, le concept vicieux au sujet de l'*infinité d'un tout*, qu'il y a une quantité telle qu'aucune autre ne peut la surpasser.

515. Mais le véritable concept *transcendantal* de l'infinité est que la synthèse *successive* de l'unité ne peut jamais être accomplie dans l'action de mesurer une quantité.

516. Pour concevoir la *totalité* d'une multitude infinie donnée en même temps, nous devons en faire voir la *possibilité* par la synthèse successive des parties. Cette synthèse est donc une série qui ne sera *jamais* finie, tandis que la totalité la suppose au contraire *finie*.

517. II. *Sur l'antithèse*. Un temps vide et une espace vide ne peuvent pas être des bornes du monde, comme l'affirme déjà la philosophie de Leibniz; et cependant il faut admettre ces deux non-êtres, si l'on admet une limite du monde.

518. On cherche, il est vrai, à éluder cette conséquence, en concevant, au lieu d'un *monde sensible*, un monde *intelligible*, et au lieu du premier commencement, une *existence en général*. Mais il s'agit ici du *monde sensible*.

519. *Thèse*. 1) Toute substance *composée* dans le monde résulte de parties *simples*.

2) Il n'existe rien que le *simple* ou ce qui en est *composé*.

520. *Preuve*. 1) Le contraire de la première proposition (519, 1) suppose une *substance* qui n'est pas composée de substances et par conséquent *rien*. Car, ou l'on ne peut faire disparaître dans la pensée toute composition, puisqu'alors le composé ne résulterait *pas de substances*, mais d'*accidents*; ou il ne doit absolument rien rester, ou ce doit être le simple.

521. 2) Le contraire de la seconde proposition (519, 2) suppose le contraire de la première proposition (519, 1). Donc toutes les choses du monde sont des substances *simples*, et la composition n'est qu'un état extérieur des *substances élémentaires*.

522. *Antithèse*. 1) Aucun composé dans le monde ne résulte de parties simples.

2) Il n'existe rien de simple dans le monde.

523. *Preuve*. 1) Le contraire de la première proposition (522, 1) suppose quelque chose de simple, qui est un composé substantiel, parce que chaque partie du composé, et par conséquent aussi le simple, doit occuper encore un espace, et que le simple devrait par conséquent être composé.

524. 2) Le *contraire* de la seconde proposition (522, 2) suppose quelque chose d'empirique, qui ne peut jamais être éprouvé. Car la

proposition dont il s'agit affirme que le simple n'est pas un objet de l'expérience. Supposé donc que nous percevions le simple; on ne pourrait conclure, de ce que nous n'y percevons aucune composition, qu'il n'est pas composé; ce qui est cependant le caractère de la *simplicité absolue*.

525. Cette seconde proposition (522, 2) va plus loin que la première (522, 1), qui ne bannit le simple que de l'*intuition* du *composé*, parce que cette proposition fait abstraction de *toute nature*.

526. *Observation sur la seconde antinomie*. I. *Sur la thèse*. La preuve ne vaut que d'un *tout substantiel*, mais pas de l'*espace*, ni du *temps*, ou des *accidents*. Car l'espace n'est pas un *composé*, mais un *tout*, ou en tout cas un *composé idéal*, et non un *composé réel*. Et puisqu'il n'est pas composé de substances, il ne reste rien dès qu'une fois on supprime la composition. Il en est de même du temps. Des accidents n'appartiennent qu'à l'état de la substance.

527. Cette thèse peut s'appeler le principe dialectique de la *monadologie*. A la vérité la *monade* est proprement le simple, qui est immédiatement donné comme substance simple ; mais le mot *atomistique*, qui convenait ici auparavant, pourrait être mal interprété.

528. II. *Sur l'antithèse*. Les objections des *monadistes* contre cette preuve sont déjà suspectes par le seul fait qu'*elles infirment les preuves mathématiques les plus claires relativement aux connaissances des propriétés de l'espace*, et qu'elles se fondent sur ce que les phénomènes doivent être des *choses en soi*.

529. Une objection contre le n° 522, 2, consiste à dire : le *moi* est une substance absolument simple, or si quelque chose est conçu simplement comme objet sans ajouter aucune détermination synthétique de son intuition, alors rien de divers ne peut être perçu dans une semblable représentation. Par rapport à soi-même tout *objet* est unité absolue; mais il doit être considéré extérieurement comme un objet de l'intuition, pour s'assurer s'il est *simple* ou *composé*.

530. *Thèse*. La causalité suivant des lois de la nature n'explique pas tous les phénomènes dans le monde; il est nécessaire d'admettre en outre à cet effet une causalité suivant des lois de liberté.

531. *Preuve*. Le *contraire* suppose une causalité sans *raison suffisante*, parce qu'alors il n'y a aucune intégralité de la série du côté des causes dérivant les unes des autres, et qu'il manque en conséquence une *raison suffisante*.

532. Il doit donc y avoir une cause première qui n'est pas effet, c'est-à-dire une *causalité* suivant des *lois de liberté*.

533. *Antithèse.* Il n'y a pas de liberté ; tout au contraire arrive uniquement suivant des lois naturelles.

534. *Preuve.* Le *contraire* suppose une causalité déterminée par rien, car la cause agissante commence la série sans y être déterminée.

535. La liberté est donc une causalité aveugle, et dans la nature seule doivent être cherchés l'enchaînement et l'ordre des événements cosmiques.

536. *Observation sur la* 3ᵉ *antinomie.* I. *Sur la thèse.* La liberté dont il est ici question est la spontanéité absolue des actions. Il s'agit de savoir si elle doit être admise ; car de savoir comment elle est possible, c'est ce qu'on ignore complétement, et l'on n'en sait pas d'avantage de la causalité suivant des lois naturelles.

537. La raison a sensiblement besoin de l'idée d'une pareille liberté ; aussi tous les philosophes de l'antiquité, les épicuriens exceptés, l'admettaient.

538. II. *Sur l'antithèse.* Les *physiocrates trancendantaux* disent : si vous n'admettez rien dans le monde de mathématiquement premier quant au temps, vous n'aurez pas besoin non plus de quelque chose de dynamiquement premier quant à la causalité. Il y a toujours eu des substances et par conséquent une série de leurs changements.

539. La liberté pourrait enfin n'avoir lieu qu'*extérieurement* au monde, car si les substances qui sont dans le monde en étaient douées, c'en serait fait par là de toute *causalité suivant des lois naturelles*, et le jeu des phénomènes ne serait alors qu'un *rêve*.

540. *Thèse.* Un être *absolument nécessaire* comme partie ou cause du monde, fait partie du monde.

541. *Preuve.* Car tout le temps passé embrasse toute la série des conditions et par conséquent aussi l'inconditionné en soi. Cet inconditionné est *absolument nécessaire* pour l'intégralité de la série des conditions. Ce nécessaire appartient même au *monde sensible*, autrement il ne serait pas dans le temps, quand cependant il doit y être à titre de commencement d'une série de *changements* dans le temps.

542. *Antithèse.* Il n'y a aucun être *absolument nécessaire* : 1° ni dans le monde, 2° ni hors du monde, comme sa cause.

543. *Preuve.* 1) Le contraire (542, 1) supposerait une condition dans le temps, qui serait inconditionnée, contrairement à la loi de causalité pour un tout *nécessaire* résultant des parties purement *contingentes* ; ce qui est contradictoire.

544. 2) Le contraire (542, 2) supposerait une cause *hors du monde*,

qui cependant serait *dans le monde*, car sa causalité serait *dans le temps*.

545. *Observation sur la quatrième antinomie.* I. *Sur la thèse.* L'argument est cosmologique. Il appartient à un autre principe de la raison, de rechercher la preuve par la simple idée d'un être suprême de tous les êtres.

546. La preuve *cosmologique* pure ne peut décider si l'être nécessaire est le *monde* ou un être *différent* du monde.

547. Mais quand une fois on commence la preuve *cosmologique*, on ne peut pas la changer, en sortir, et arriver à quelque chose qui n'est *absolument pas un* membre de la série. L'être nécessaire doit donc être le membre le plus élevé de la *série cosmique*.

548. On a cependant fait un semblable saut; on a conclu des changements dans le monde à leur dépendance de conditions *empiriques*. Mais comme on ne trouve ici aucun membre *premier*, on saute par le moyen de la *catégorie pure* de la *cause* à une série *intelligible*.

549. Or, le *changement* prouve bien la *contingence empirique*, mais pas la contingence *intelligible*.

550. II. *Sur l'antithèse.* Les *difficultés* d'admettre l'existence d'un être absolument nécessaire *doivent* être *cosmologiques*. Il faut faire voir en effet que la progression ascendante dans la série des causes du monde sensible, ne peut jamais aboutir à une condition empiriquement inconditionnée.

551. On voit dans cette antinomie un contraste résultant de ce que l'on conclut *du même* argument, dans la thèse, l'*existence*, et dans l'antithèse, la *non-existence* de l'être primitif.

552. Une propriété particulière des idées cosmologiques, c'est qu'elles ne permettent pas qu'un objet qui leur corresponde soit donné dans l'expérience, et qu'elles ne sont cependant pas conçues arbitrairement.

553. Mais la philosophie fait voir dans cette ascension de l'expérience à ces idées, une dignité qui surpasse la valeur de toute autre science humaine. Le mathématicien donnerait volontiers toute sa science pour la solution des questions auxqu'elles elle s'élève par là.

554. L'honneur et la sécurité de la raison exigent donc qu'elle soit d'accord avec elle-même sur la réponse à ces questions.

555. Mais il importe d'examiner, avant toute recherche sur ce sujet, de quel côté des propositions qui se repoussent mutuellement, se trouve le plus grand *intérêt*.

556. Les partisans de la thèse et ceux de l'antithèse partent de deux

principes différents ; les premiers prennent le principe du *dogmatisme,* les seconds celui de l'empirisme pur.

557. I. Du côté du *dogmatisme,* dans la détermination des idées rationnelles cosmologiques, ou du côté de la thèse est :

558. 1° Un intérêt *pratique*. Que le monde ait un commencement, que le moi soit incorruptible et simple par conséquent, etc., tout cela est un appui à la morale et à la religion, que l'antithèse semble nous ravir.

559. 2° Un intérêt *spéculatif*. Si l'on admet que le monde a un commencement, etc., on peut embrasser parfaitement *a priori* toute la chaîne des conditions ; l'antithèse au contraire ne donne à la chaîne aucun soutien dans une chose subsistant par elle-même comme être primitif.

560. 3° *L'avantage de la popularité*. Le sens commun ne trouve pas la moindre difficulté dans les idées du commencement inconditionné du monde et de toute la synthèse. Il n'en est pas de même avec l'ascension infatigable et sans fin du conditionné à la condition.

561. II. Du côté de l'*empirisme pur,* dans la détermination des idées rationnelle cosmologiques, ou du côté de l'*antithèse,* est :

562. 1° *Aucun* intérêt *pratique*. L'*empirisme pur* semble au contraire ôter toute force et toute influence à la morale, v. g., en ne donnant aucun être primitif distinct du monde ;

563. 2° Mais un *plus grand* intérêt *spéculatif*. L'entendement est toujours ici sur son terrain propre ; il peut y tout mettre en intuitions, ou tout éclaircir et élucider par des intuitions.

564. *Exemples*. Il n'est jamais permis à l'empiriste d'admettre aucune époque de la nature pour absolument première, etc. Son principe est la maxime de l'extension la plus grande possible de l'entendement humain par l'expérience, et en même temps la maxime de la modestie dans les prétentions, et de la retenue dans les assertions.

565. Mais il devient *préjudiciable,* s'il se fait lui-même *dogmatique* par rapport aux idées, ainsi qu'il arrive le plus souvent.

566. De là chez les anciens deux systèmes : le *platonisme,* pour la *thèse* ou le *dogmatisme,* et l'*épicuréisme* pour l'*antithèse* ou l'*empirisme pur*.

567. Tous deux vont trop loin : le *platonisme* nuisait au *savoir* et à la *recherche physique,* par ses explications idéales des phénomènes de la nature ; l'*épicuréisme* était contraire à la *vie pratique rationnelle*.

568. L'*empirisme pur* est contraire à la popularité, car le *transcen-*

dantal des *dogmatiques* n'est pas une raison pour le sens commun d'admettre l'empirisme, parce qu'en fait de transcendantalisme, le plus instruit n'en sait pas plus que lui. La *commodité* et la *variété* recommandent très fort le *dogmatisme*. Le sens commun veut en outre avoir quelque chose qui lui serve à commencer avec confiance l'explication, etc.

569. Le *dogmatisme* présente en outre un intérêt *architectonique* auquel l'*empirisme* est opposé. Le premier peut *achever* l'édifice de sa connaissance; le second ne le peut pas.

570. Si l'homme pouvait s'affranchir de *tout* intérêt, il serait dans un état d'incertitude *constant*. *Aujourd'hui* il serait persuadé que la volonté est libre, *demain* que tout est naturel. Quand il s'agirait d'agir, il choisirait de nouveau ses principes comme s'il avait un intérêt pratique.

571. *Question.* Y a-t-il dans la *philosophie transcendantale* une question *insoluble*?

572. *Réponse.* Non; car le concept qui nous met en état de faire la question, doit aussi nous rendre capables d'y répondre, puisque l'objet ne doit pas être cherché dans l'expérience, mais qu'il est dans le concept même.

573. Dans la *philosophie transcendantale*, il n'y a que les questions *cosmologiques* par rapport auxquelles la qualité de l'objet peut exiger une réponse *satisfaisante*; car la question concerne toujours la totalité absolue de la donnée; ce n'est donc pas un objet *empirique*, mais une idée; le problème doit donc pouvoir être résolu par l'idée.

574. Dans les autres sciences rationnelles *pures*, c'est-à-dire dans les *mathématiques pures* et dans la *morale*, aucune question ne peut être absolument sans réponse possible. Il y a au contraire dans la connaissance de la nature une infinité de *conjectures*.

575. On ne peut donc pas échapper à l'obligation d'une solution, au moins critique, des questions rationnelles proposées.

576. On peut au moins demander d'où viennent les *idées*; car elles ne sont pas dans l'expérience. Le *tout* dans le sens empirique n'est jamais tel que *comparativement*, mais dans les questions rationnelles transcendantales, l'explication du tout absolu est exigée.

577. L'objet de ces questions n'est que dans notre cerveau, et leur réponse doit par conséquent être *critique*.

578. La grande utilité de la manière sceptique de résoudre les questions, consiste en ce que nous apercevons par là si, dans l'affirmation ou la négation, il n'y a pas quelque chose vide de sens; nous sommes appelés à examiner critiquement la question.

579. Une idée cosmologique doit être tout à fait vaine et vide de sens, si l'objet ne lui convient pas, de quelque manière qu'on cherche à l'y accommoder. Et c'est ce qui a lieu :

580. 1° Avec l'*idée du commencement du monde*. Si le monde n'a *pas de commencement*, il est alors trop grand pour notre concept; s'il a *un commencement*, il est alors trop petit pour notre concept. Dans le *premier* cas, l'éternité écoulée ne peut être atteinte; dans le *second*, je demande ce qui était auparavant, et pourquoi il a commencé il y a 6000 ans et pas plus tôt?

581. Il en est de même avec *la grandeur du monde*. Si le monde est *infini*, il est alors trop grand pour notre concept empirique. Est-il *fini*, il est trop petit. Dans le *premier* cas, je ne puis atteindre la fin; dans l'*autre*, je demande qu'est-ce qui est au delà des bornes du monde et pourquoi le monde ne s'étend pas plus loin?

582. 2° Avec l'*idée du simple*. Si la matière se compose d'une infinité de parties, alors la régression de la division est trop grande pour notre concept empirique, je ne puis pas l'achever; si la division s'arrête à un membre, alors la régression est trop petite pour le concept empirique d'après l'idée de l'inconditionné, et je demande pourquoi cette partie ne peut plus être divisée.

583. 3° Avec l'*idée de la causalité inconditionnée*. S'il n'y a rien dans tout ce qui arrive qui ne soit la conséquence des lois de la nature, alors c'est trop grand pour notre concept empirique, nous ne pouvons pas atteindre la cause suprême.

584. Y a-t-il au contraire une causalité par liberté : alors le pourquoi suivant une loi inévitable de la nature nous poursuit et nous force, d'après la loi causale de l'expérience, de nous élever au-dessus de ce point. Cette totalité est par conséquent trop petite pour tout le concept empirique nécessaire.

585. 4° Avec l'*idée d'un être absolument nécessaire*. Admet-on un tel être : alors on le pose dans un temps éloigné de tout point de temps donné. Cette idée est trop grande pour notre concept empirique.

586. Mais si tout ce qui fait partie du monde est *contingent*, toute existence donnée est trop petite alors pour notre concept empirique. Car elle nous force à chercher toujours autour de nous une autre existence dont elle dépende.

587. Mais nous disons que l'idée cosmique est trop grande ou trop petite pour le concept intellectuel, et non pas que le concept est trop petit ou trop grand pour l'idée cosmique, parce que l'expérience pos-

sible peut seule donner de la réalité à nos concepts; ce qui fait que le concept empirique est la mesure de l'idée.

588. De là donc le soupçon fondé que les idées cosmologiques ont pour fondement un concept vide et purement imaginaire.

589. L'*idéalisme transcendantal* dans l'Esthétique transcendantale a été démontré; c'est-à-dire qu'on a fait voir que tout ce qui est perçu dans l'espace et dans le temps, n'est que *phénomènes*, c'est-à-dire de pures représentations, qui ne sont réellement pas en dehors de notre pensée, ou qui ne sont pas des *choses subsistant par elles-mêmes*.

590. Mais cet idéalisme *transcendantal* ne doit pas être confondu avec l'idéalisme *empirique*, qui regarde l'*espace comme quelque chose de réel*, tout en doutant de l'existence des choses étendues dans l'espace. Il n'y a rien de réel, suivant cet idéalisme, que les phénomènes du sens intime, qui doivent démontrer l'existence de leur objet.

591. L'idéalisme *transcendantal* accorde au contraire l'existence des objets de l'intuition externe, tels qu'ils sont perçus dans l'espace, car sans cela il n'y aurait aucune représentation empirique. Mais l'espace et le temps avec les phénomènes qui s'y présentent, n'existent pas hors de notre esprit.

592. Les objets de l'expérience n'existent pas en dehors de l'expérience. Par exemple : il existe des habitants dans la lune, signifie que si nous pouvions étendre notre expérience jusqu'à la lune, nous y trouverions des habitants. Ils n'existent par conséquent pas en dehors de cette expérience ou de son extension.

593. Les phénomènes, comme perceptions, n'ont de réalité qu'en nous, car ce ne sont pas des choses en soi, mais de simples représentations qui ne peuvent pas exister hors de nous.

594. Ils s'appellent des *objets* en tant qu'ils sont réunis et déterminables dans le rapport par des formes de notre sensibilité, l'espace et le temps, suivant des lois de l'unité de l'expérience. La cause non sensible de ces représentations nous est absolument inconnue, et nous ne pouvons par conséquent pas la percevoir comme objet. Nous pouvons cependant la nommer l'*objet trancendantal* et lui attribuer toute la circonscription et l'enchaînement de nos perceptions possibles.

595. Tous les objets ne sont donc que de pures représentations, et ne sont donnés que dans l'expérience même, ou comme appartenant à l'intégralité absolue de l'expérience. Ils existent avant mon expérience, c'est-à-dire que je ne puis arriver à leur perception que suivant d'autres perceptions. La cause en est transcendantale et inconnue.

596. Toute l'antinomie de la raison pure se fonde sur l'argument dialectique suivant : si le conditionné est donné, la série entière de toutes les conditions est aussi donnée ; *atqui*, etc.; *ergo*, etc.

597. Cet argument repose sur le postulat analytique et logique suivant : que si le conditionné est donné, une régression dans la série de toutes les conditions est aussi donnée par là.

598. La régression dans la série des conditions n'est pas donnée seulement dans les *choses en soi*, elle l'est déjà réellement avec elles; donc aussi le conditionné. Mais dans les *phénomènes*, le premier cas seul a lieu.

599. L'argument qui précède est donc un *sophisma figuræ dictionis*. Dans la majeure, le conditionné est pris dans le sens transcendantal d'une catégorie pure ; mais dans la mineure, il est pris dans le sens empirique d'un concept intellectuel, appliqué à de purs phénomènes.

600. Mais la discorde des deux partis n'est pas encore apaisée par là, il faut de plus qu'ils soient convaincus qu'ils se disputent pour rien. C'est ce qu'il s'agit de faire voir.

601. *Zénon d'Elée* avait raison dans ses assertions, quoiqu'il paraisse nier deux propositions réciproquement contradictoires. Les propositions contradictoires qu'il niait tombaient toutes deux, parce qu'elles supposaient une condition sans fondement.

602. *Exemple*. Si quelqu'un dit que tout corps sent ou bon ou pas bon, les deux propositions peuvent être fausses, parce que quelque chose de faux est supposé, à savoir qu'il sent quelque chose. C'est une simple *opposition* (*per disparata*), mais pas une *opposition contradictoire*.

603. *Application*. Si je dis, en conséquence, que le monde est ou fini ou infini quant à l'espace, les deux choses peuvent être fausses, à savoir, dans le cas où le monde n'est pas considéré comme une chose en soi, et où il n'est donné, quant à la grandeur, ni comme fini ni comme infini. Cette opposition peut s'appeler *dialectique*, celle de contradiction, s'appelle *logique*.

604. Si l'on regarde les deux propositions précédentes comme *contradictoirement* opposées, on suppose alors que le monde est une chose en soi. Mais si l'on ne fait pas cette supposition, ce n'est plus qu'une opposition *dialectique*. Elle ne se rencontre que dans la régression empirique des phénomènes et n'est point en soi.

605. Il en est de même de toutes les autres idées cosmologiques. La série des conditions n'est que dans la synthèse même, et non en soi dans le phénomène.

606. Ainsi l'antinomie de la raison pure est levée par l'idéalité

transcendantale des phénomènes, et l'on peut aussi, réciproquement, prouver la dernière par la première.

607. *Importance de cette observation.* On voit par là que les preuves précédentes de la quadruple antinomie étaient fondamentales, sous la supposition que le monde sensible soit une chose en soi.

608. Le principe cosmologique de la *totalité absolue de la série des conditions* est un *principe régulateur,* c'est-à-dire un principe de la plus grande progression possible et de l'extension de l'expérience.

609. Il ne peut donc pas dire ce qu'est l'objet, mais comment doit être établie la régression empirique, de manière à ce qu'aucune limite empirique ne doive valoir comme limite absolue, car l'absolument inconditionné ne se rencontre pas dans l'expérience.

610. On se sert, pour déterminer avec précision la synthèse d'une série qui n'est jamais complète, de deux expressions; *progression à l'infini,* et *progression à l'indéfini.* Les mathématiciens emploient la première et les philosophes la seconde.

611. On peut dire avec raison d'une ligne droite, qu'elle *peut* être prolongée à l'infini, et aussi indéfiniment loin. Ce serait une vaine subtilité de distinguer ces deux choses, et il en est de même avec toute progression ou retour possible de la condition au conditionné; il va à l'infini.

612. Dans la *régression* ou retour du conditionné aux conditions, il est très important de distinguer si je puis dire que la régression va *indéterminément* loin (*in indefinitum*), c'est-à-dire qu'aussi loin que je remonte, je ne trouve jamais de limite absolue, ou qu'elle va à l'*infini.*

613. En effet, *tout est donné dans une intuition empirique,* la régression va à l'*infini,* parce que tous les membres sont donnés ensemble. Mais s'il n'y a seulement qu'*un membre de la série* de donné, alors la régression s'étend *indéfiniment* loin (*in indefinitum*), parce que les membres ne sont donnés que par la régression, et qu'une limite absolue ne se rencontre nulle part.

614. Il n'est pas ici question de savoir quelle est en soi la grandeur de la série des conditions, car ce ne sont pas des choses en soi, mais des phénomènes. La question est donc de savoir jusqu'où la régression est possible? et alors la réponse est : à *l'infini,* si le tout est donné empiriquement, car il y a toujours là plus de membres que je n'en puis atteindre par la régression; — ou à l'*indéfini,* parce que tout membre que je trouve en suppose toujours un nouveau comme sa condition. Dans le premier cas, une régression est à l'infini; dans le second, une régression infinie est possible.

615. La section suivante mettra ces observations dans tout leur jour par l'application qui en sera faite.

616. Dans l'usage d'un principe rationnel il ne peut être question cependant, que de savoir jusqu'où nous devons rétrograder dans la régression empirique, en remontant dans l'expérience à ses conditions.

617. Il ne nous reste encore que la validité du principe rationnel comme règle de la continuation et de la grandeur d'une expérience possible.

618. *Avertissement général*. Dans toutes les questions cosmologiques le fondement du principe régulateur de la raison est qu'aucune expérience d'une limite absolue ne se trouve dans la régression empirique, parce qu'autrement la régression des perceptions ne devrait plus rien rencontrer après cette limite, ce qui est impossible.

619. *Application*. Cette proposition contient donc la règle *in terminis* que : dans toute condition il faut remonter à une autre.

620. Pour résoudre cette première question cosmologique, il faut décider encore si, dans ce cas, la régression va à l'*infini* ou à l'*indéfini*.

621. *Réponse*. La régression va ici à l'*indéfini*; elle ne détermine aucune grandeur dans l'objet parce que cette grandeur dépend de la régression même.

622. On ne peut donc pas dire du monde sensible qu'il est fini ou infini, car il n'est donné que par la régression, mais celle-ci s'étend *indéfiniment*, ou est une régression infinie possible.

623. La réponse *première* et *négative* à la question cosmologique de la grandeur du monde est donc : le monde n'a ni commencement quant au temps, ni limites quant à l'espace.

624. *Pourquoi?* Parce que autrement il serait limité par l'espace vide et le temps vide ; ce qui est absolument impossible pour des phénomènes qui n'existent que dans l'expérience.

625. La réponse *deuxième* et *affirmative* à la question cosmologique de la grandeur du monde est que : la régression dans la série des phénomènes s'étend à l'*infini*.

626. De cette manière, une régression déterminée, qui continue sans interruption dans une certaine espèce de phénomènes, n'est pas prescrite, mais seulement le progressus de phénomène à phénomène, dussent ces phénomènes, à la fin, être d'un trop faible degré de conscience pour être d'expérience.

627. Le monde n'est donc limité ni conditionnellement ni inconditionnellement ; il n'y a dans le monde que des phénomènes conditionnellement limités.

628. Mais le concept de la grandeur cosmique n'est donné que par la régression, et celle-ci s'étend à une distance indéfinie.

629. *Avertissement général.* La division d'un tout donné en intuition s'étend à l'*infini*, quoiqu'on ne puisse pas dire que le tout se compose de *parties* infiniment nombreuses; car les conditions (les parties) sont contenues dans le conditionné même, mais la *division* n'est pas donnée. Les parties sont donc données, il est vrai, mais pas comme une série infinie; cette série est successivement infinie. La division va à l'infini, mais ce n'est pas déjà une division infinie.

630. 1° *Application à l'espace.* Tout espace renfermé dans des limites est un tout dont les parties, dans toute décomposition, sont toujours des espaces, et par conséquent est divisible à l'*infini*.

631. 2° *Application aux corps.* Toute matière (corps) renfermée dans ses limites est un tout étendu, dont les parties, dans toute décomposition, sont toujours de la matière, et par conséquent est divisible à l'*infini*.

632. *Objection.* Mais un corps est cependant substance et ne peut être soumis à la même loi de la divisibilité que l'espace dans lequel il doit être représenté et qui n'est pas substance. *Réponse.* Une substance dans le phénomène n'est pas sujet absolu, mais seulement image constante de la sensibilité, et rien qu'intuition, et ne contient par conséquent rien d'inconditionné.

633. Mais la division à l'*infini* ne vaut que d'un *quantum continuum*, et non d'un *quantum discretum*; dans ce dernier, la multitude d'unités est déterminée et forme par conséquent un nombre.

634. L'unique moyen de lever l'antinomie consiste jusqu'ici à faire voir que les deux affirmations opposées sont fausses.

635. Tel était le cas avec les idées *mathématiques*, par lesquelles nous ne connaissions d'autre objet que celui que nous avions dans le phénomène; mais avec les idées *dynamiques*, les affirmations opposées sont unies entre elles.

636. Le concept intellectuel qui sert de base aux idées cosmologiques, contient ou simplement une idée de l'*homogène*, ou bien encore de l'*hétérogène*.

637. Le premier de ces cas était celui des idées *mathématiques*, où des conditions purement *sensibles* pouvaient par conséquent former série; mais avec les idées *dynamiques*, des conditions *hétérogènes* peuvent aussi être liées avec la série ; elles ne sont pas proprement des *parties* de la série, elles sont au contraire *intelligibles*.

638. Deux assertions dialectiques ne sont donc pas reconnues fausses

ici, mais comme la simple totalité n'est pas ici cherchée dans de simples phénomènes, deux propositions rationnelles peuvent être vraies.

639. On ne peut concevoir que *deux sortes* de causalité par rapport à ce qui arrive :

640. 1° La causalité *suivant la nature*. Elle est la liaison d'un état avec un état précédent dans le monde sensible; état précédent que suit l'autre d'après une règle.

641. 2° La causalité *par liberté*, dans le sens cosmologique, c'est-à-dire la faculté de commencer de soi-même un état. Elle est une idée transcendantale pure, qui

a) Ne contient rien d'emprunté de l'expérience;

b) Dont l'objet ne peut non plus être donné déterminément dans aucune expérience, parce que la causalité *suivant la nature* (639, 1) est une *loi universelle de la nature*.

642. Cette idée transcendantale de la liberté est la base du concept pratique de la liberté, c'est-à-dire de l'indépendance de l'*arbitre* à l'égard de la coaction par les mobiles de la sensibilité.

643. La question de la liberté est donc *transcendantale*, comme toujours dans le combat d'une raison qui ose sortir des limites de l'expérience possible, et appartient par conséquent à la philosophie transcendantale.

644. Les concepts rationnels dynamiques n'ont affaire qu'à l'existence d'un objet; d'où la question de savoir si la proposition disjonctive suivante est légitime : tout effet dans le monde doit-il résulter ou de la nature ou de la liberté; ou ces deux choses ne peuvent-elles pas plutôt avoir lieu dans un seul et même événement? Si des événements sont des choses en soi, il n'y a pas alors de liberté; s'ils ne sont pas des choses en soi, il peut y avoir des causes intelligibles dont les phénomènes sont des effets. Le phénomène, comme effet d'une cause intelligible, peut être libre, et cependant être en même temps nécessaire suivant les lois de la nature comme phénomène.

645. Est *intelligible* ce qui dans un objet des sens n'est pas phénomène. On peut donc concevoir la faculté *d'un objet des sens* à deux points de vue :

1° Comme une causalité qui apparaît dans ses *effets* ou comme *sensible;*

2° Comme une causalité en soi, d'après ses *actions* ou comme *intelligible.*

Chacune doit avoir son *caractère* ou une loi suivant laquelle elle agit; le caractère de l'une (1) serait donc l'*empirique*, le caractère de l'autre (2) serait l'intelligible.

646. Ce caractère intelligible ne serait donc soumis à aucune *condition de temps*; il ne naîtrait ni ne périrait en lui aucune action; il ne pourrait jamais être connu immédiatement, et ne serait conçu, conformément au caractère empirique, que de la même manière que nous sommes obligés de donner pour fondement un objet transcendantal aux phénomènes.

647. D'après son caractère *empirique*, ce sujet, comme *phénomène*, serait soumis à l'*union causale* et toutes ses actions devraient s'expliquer suivant des lois naturelles.

648. D'après son caractère *intelligible*, ce même sujet comme *noumène*, serait libre et indépendant de toute nécessité naturelle. Il commencerait de lui-même ses effets dans le monde sensible, sans que l'action commençât en lui. Il y aurait ainsi, dans la *même action, liberté* et *nature*.

649. Les moments de la solution de ce problème doivent donc être expliqués maintenant et être chacun considérés d'une manière particulière.

650. La loi naturelle de la causalité est une loi intellectuelle dont on ne peut jamais sortir dans le monde sensible, parce qu'autrement on le placerait en dehors de toute expérience possible et qu'on le réduirait à une chimère.

651. La question est donc ici proprement de savoir si, lorsqu'on ne reconnaît qu'une nécessité naturelle dans la série entière de tous les événements, elle peut cependant être regardée en même temps sans contradiction comme un effet de la liberté?

652. Parmi les causes des phénomènes il n'en est aucune qui n'ait à son tour sa cause. Il ne faut pas attendre une action primitive de la *liaison causale* des phénomènes.

653. *Question.* La *causalité empirique* ne peut-elle pas être l'effet d'une cause *intelligible*, c'est-à-dire d'une action primitive d'une cause intelligible par rapport aux phénomènes?

654. *Réponse.* La solution affirmative de cette question ne préjudicie point à l'usage de l'entendement dans l'*explication* des phénomènes, suivant des conditions naturelles. L'homme est un des phénomènes du monde sensible, sa causalité est soumise à des *lois empiriques*, et à ce titre, il a un caractère *empirique*. Mais quant à sa raison, l'homme est à lui-même un objet *intelligible*.

655. Cette raison a une causalité intelligible, ce qui est clair par ses *impératifs*. Le *devoir* exprime une espèce de nécessité et de liaison par principes, qui ne se présente pas ailleurs dans toute la nature.

656. Ce *devoir* exprime une action possible dont la raison est un simple *concept*, tandis que la raison d'une action naturelle est toujours un *phénomène*. L'action doit à la vérité être possible suivant des conditions naturelles, mais ces conditions ne regardent pas la détermination de la volonté. Qu'il s'agisse de l'*agréable* ou du *bien*, la raison ne s'occupe point de l'empirique, mais déclare *nécessaires* des actions qui ne sont cependant pas arrivées et qui n'arriveront peut-être jamais.

657. Mais la raison doit cependant, si elle a causalité par rapport aux phénomènes, montrer un caractère empirique, c'est-à-dire qu'elle suppose comme cause une règle suivant laquelle les phénomènes arrivent uniformément suivant une règle, comme en étant des effets.

658. Tout homme a donc un caractère *empirique* de sa volonté, par lequel toutes ses actions sont déterminées dans le phénomène, et par rapport auquel il n'y a par conséquent pas de liberté.

659. Mais si nous considérons ces mêmes actions par rapport à la raison, alors peut-être tout ce qui est arrivé et qui devait arriver suivant le cours de la nature, ne *devait-il* cependant pas arriver, et peut-être que nous croyons aussi quelquefois qu'elles étaient réellement déterminées par des principes de la raison.

660. Si donc la raison peut avoir causalité par rapport aux phénomènes, elle est alors une faculté par laquelle commence la condition sensible d'une série empirique de phénomènes, et le caractère empirique (l'espèce de sens) de la raison et même son fondement dans son caractère intelligible (l'espèce de pensée).

661. Néanmoins cette même cause appartient aussi, sous un autre rapport, à la série des phénomènes. L'homme est même phénomène. Son arbitre a un caractère empirique qui est la cause empirique de toutes ses actions. Aucune, parce qu'elle n'est perçue que comme phénomène, ne peut absolument commencer d'elle-même. La *loi dynamique de la nature* peut au contraire être appliquée à la raison.

662. *Solution de l'antinomie.* La raison est donc la condition constante de toutes les actions arbitraires sous lesquelles l'homme se manifeste. Chacune d'elles est prédéterminée dans le caractère empirique de l'homme, avant qu'elle se manifeste encore. Mais chacune d'elles est en même temps fondée comme effet immédiat, dans le caractère intelligible de la raison pure, qui agit librement, et dans laquelle ne se trouve aucun temps, et par conséquent aussi aucun *avant* ni *après*; qui n'est en conséquence déterminée par aucune chaîne des causes naturelles.

663. *Exemple.* Un mensonge préjudiciable est peut-être parfaite-

ment fondé, quant au caractère empirique, dans la mauvaise éducation, et cependant on blâme le menteur, quant au caractère intelligible, suivant lequel il était libre.

664. Dans l'appréciation ou l'estimation d'une action, le caractère intelligible est donc supposé, car un autre caractère intelligible aurait un autre caractère empirique; mais elle était nécessaire suivant le caractère empirique.

665. La liberté ne contredit donc point la nécessité de la nature, car toutes deux peuvent avoir lieu indépendamment l'une de l'autre et sans se troubler l'une l'autre.

666. Mais rien ici de transcendant n'est affirmé; seulement l'antinomie qui résulte de l'*idée transcendantale de la liberté* est résolue, et l'on fait voir qu'elle porte sur une pure apparence.

667. Maintenant la série ne doit pas nous conduire à la cause suprême, qui n'est plus un effet, comme dans les n°s 639-666, mais à l'existence suprême *inconditionnée*, qui n'est plus contingente, à l'être nécessaire. Nous n'avons donc pas ici une série d'intuitions, mais une série de concepts.

668. Comme tout est conditionné dans l'existence des phénomènes, il ne peut y avoir nulle part dans la série de l'existence dépendante aucun membre inconditionné, dont l'existence serait absolument nécessaire.

669. Dans la régression dynamique la condition ne doit pas nécessairement former avec le conditionné une série empirique.

670. Toutes les choses dans le monde sensible peuvent donc être absolument (empiriquement conditionnées) contingentes, et une condition non empirique à l'être inconditionnément nécessaire ne peut avoir lieu touchant la série entière. Avec la liberté, la cause est un phénomène et la causalité est intelligible; l'être nécessaire est ici en dehors de la série du monde sensible, et purement intelligible.

671. Le principe régulateur est donc par rapport à cette question : que toute existence dans le monde sensible est empiriquement conditionnée, mais que rien n'a une nécessité inconditionnée, que toute la série du contingent est au contraire fondée par cette raison dans un être intelligible.

672. Mais ici rien de transcendant n'est affirmé; seulement l'antinomie engendrée par l'idée de la nécessité est résolue, et l'on fait voir que la raison va son chemin dans l'usage empirique, et son chemin particulier dans l'usage transcendantal.

673. Il n'y a rien de contraire à la contingence universelle de la

régression empirique dans la série des phénomènes, à concevoir un principe intelligible du monde sensible comme nécessaire.

674. L'usage empirique de la raison ne souffre aucune atteinte de la connaissance d'un être purement intelligible, mais notre principe régulateur n'exclut pas non plus l'admission d'une cause intelligible.

675. Cette quatrième idée cosmologique nous force donc d'admettre un objet intelligible dont on n'a pas la moindre connaissance relativement à ce qu'il est en lui-même, dont nous ne pouvons par conséquent nous faire quelque concept, que par des concepts purs de choses en général. Le concept de l'être absolument nécessaire doit donc être maintenant recherché à cet effet.

676. *Des concepts intellectuels purs* peuvent être exposés *in concreto*, c'est-à-dire devenir des *concepts d'expérience*; *des concepts rationnels purs* ne le peuvent pas. Ils contiennent une intégralité pour laquelle toute connaissance empirique possible est insuffisante.

677. Mais l'*idéal*, c'est-à-dire l'idée *dans l'individu*, semble encore être plus éloigné de la réalité.

678. *Explication*. L'humanité dans toute sa perfection ne contient que l'extension de toutes les propriétés essentielles appartenant à cette nature jusqu'à la parfaite convenance avec ses fins, mais aussi la détermination universelle de cette idée. Platon appelle cet idéal, une *idée de l'entendement divin*.

679. La raison humaine contient des *idéaux*, c'est-à-dire des êtres qui n'existent qu'en pensée, v. g., le sage du stoïcien.

680. Les idéaux de la *sensibilité*, v. g., ceux des peintres, sont tout différents de ces idéaux de la raison et comme des monogrammes de l'imagination, qui doivent être le modèle inaccessible d'intuitions empiriques possibles.

681. L'*idéal de la raison* est au contraire un objet qui doit être universellement déterminable suivant des principes, quoique les conditions suffisantes pour cela manquent dans l'expérience et que le concept soit *transcendant*.

682. Tout concept est soumis au principe de la *déterminabilité*, que de *deux* prédicats contradictoirement opposés l'un à l'autre, un seul peut lui convenir.

683. Mais toute *chose* est soumise au principe de la *détermination* universelle, suivant lequel, de *tous* les prédicats possibles des choses, en tant qu'ils peuvent être comparés avec leurs opposés, l'un d'eux *doit* lui convenir. C'est le prinicpe de la *synthèse de tous les prédicats*.

684. La proposition : tout ce qui existe est universellement déterminé, signifie donc que, pour connaître parfaitement une chose, il

faut connaître tout ce qui est possible, et la déterminer par là soit affirmativement soit négativement.

685. Cette idée de l'*ensemble de toute possibilité* est encore indéterminée par rapport aux prédicats qui la composent; mais elle exclut déjà, comme *concept primitif*, tous les prédicats dérivés et tous ceux qui ne peuvent pas coexister. De là le concept de l'idéal de la raison pure.

686. Une négation *logique* ne touche en rien la matière (de la connaissance); une négation *transcendantale* indique, au contraire, la non-existence en soi, à laquelle est opposée l'affirmation *transcendantale*, qui est appelée *réalité* (*Sacheit*), parce que des objets sont par elle *quelque chose* (des choses); la *négation* opposée indique, au contraire, un simple *défaut* (la non-existence).

687. On ne peut jamais concevoir déterminément une négation sans lui donner pour fondement l'affirmation contraire. Les réalités contiennent donc la matière transcendantale de la détermination universelle de toutes choses.

688. Quand donc on donne pour fondement à la détermination universelle dans notre raison un *substratum transcendantal*, on ne donne autre chose que l'idée d'un *tout* de toutes ces réalités. Toutes les négations véritables ne sont alors que des *limites*.

689. Tel est le concept d'un *entis realissimi*, l'*unique* idéal propre de la raison, parce que, dans ce cas *seul*, un concept général en soi d'une *chose* est universellement déterminé par lui-même et reconnu comme la représentation d'un *individu*.

690. L'usage de la raison par lequel elle pose l'idéal transcendantal pour fondement de sa détermination de toutes les choses possibles est analogue à celui par lequel elle procède dans les raisonnements rationnels *disjonctifs*.

691. La raison ne suppose donc pas l'*existence* d'un semblable idéal; mais cet idéal est l'*image primitive* (*prototypon*) de toutes les choses qui, réunies, comme *copies* défectueuses (*ectypa*), ne l'atteignent jamais.

692. La possibilité de la chose (par la *synthèse du divers*) qui renferme toutes les réalités est regardée comme *primitive*. Cet idéal est donc l'être *primitif* (*ens originarium*), et en tant que rien n'est au-dessus de lui, l'être suprême (*ens summum*), et en tant que tout, comme conditionné, lui est soumis, l'*être de tous les êtres* (*ens entium*). Mais tout cela n'indique que l'*idée* pour des concepts, et nous laisse dans une parfaite ignorance relativement à l'existence d'un tel être.

693. L'idéal de l'être primitif doit être conçu comme *simple,* parce qu'on ne peut pas dire qu'il résulte de *plusieurs* êtres dérivés, puisque chacun d'eux suppose l'être primitif et ne peut par conséquent pas contribuer à le former.

694. La réalité suprême est donc aussi comme un *fondement* de la possibilité de toutes choses, et non comme un *ensemble* qui servirait de fondement, et leur *diversité* ne repose pas sur la *limitation* de l'être primitif.

695. Cet idéal est donc Dieu conçu dans le sens transcendantal, et l'idéal de la raison pure est l'*objet d'une théologie transcendantale.* Cet objet, suivant le concept de la réalité suprême, est unique, simple, à tout suffisant, etc.

696. La réalité objective n'est qu'une pure fiction par laquelle nous réalisons dans un *idéal* le *divers de nos idées.*

697. Comment la raison parvient-elle à supposer toute *possibilité des choses* comme dérivée d'une seule cause ?

698. C'est ce que l'analytique transcendantale découvre. Nous tenons le principe empirique de nos concepts de la possibilité des choses comme phénomènes, par l'omission de cette limitation, pour un principe transcendantal de la possibilité des choses en général.

699. Si nous *hypostasons* cette idée, c'est parce que nous convertissons l'unité *distributive* de l'usage expérimental de l'entendement en unité *collective* d'un tout expérimental, et que nous concevons pour ce tout une chose unique qui contient en soi toute réalité empirique.

700. La raison est toujours poussée à se questionner sur la réalité jusqu'à ce qu'il ne lui reste plus de *pourquoi,* c'est-à-dire jusqu'à l'infini.

701. L'argument sur lequel la raison fonde sa marche à l'être primitif est que si quelque chose, quoi que ce soit, existe, il faut reconnaître que quelque chose existe nécessairement.

702. Or, la raison cherche le concept d'un être qui soit susceptible de ce privilége d'existence, de la nécessité absolue ou inconditionnée.

703. Et ce dont le concept contient le *parce que* de tout *pourquoi* lui semble être l'être nécessaire, attendu que, possédant par lui-même toutes les conditions de tout possible, il n'a lui-même besoin d'aucune condition.

704. Le concept d'un être d'une réalité suprême conviendrait donc très bien au concept d'un être absolument nécessaire.

705. Telle est donc la *marche* naturelle de la raison humaine :

1° elle se persuade l'existence d'un être nécessaire (701), et reconnaît en lui une existence inconditionnée ; 2° elle cherche le concept de l'indépendant de toutes conditions (702), et le trouve dans l'ensemble de toutes les réalités (703-704). Cette unité absolue et unique est l'être suprême ; d'où elle conclut que l'être suprême, comme premier fondement de toutes choses, existe nécessairement.

706. Ce concept a de la fondamentalité lorsqu'il n'est question que de résolutions à prendre ; mais s'il faut simplement juger de ce que nous savons de ce problème, il a besoin d'indulgence.

707. Cet argument n'établit absolument rien, si l'on fait attention que le concept d'un être borné, qui n'a pas la réalité suprême, ne répugne cependant pas à la nécessité absolue.

708. La condition sous laquelle cet argument a de l'importance, c'est qu'il y a des obligations qui seraient tout à fait justes dans l'idée de la raison, mais sans aucune réalité de l'application à nous-même, c'est-à-dire sans *mobiles*, s'il n'existait pas un être suprême.

709. Cet argument a de la popularité. Aussi voyons-nous chez tous les peuples quelques étincelles de *monothéisme* briller cependant à travers leur plus aveugle idolâtrie.

710. *Il n'y a que trois espèces de preuves possibles de l'existence de Dieu par la raison spéculative.* — Preuve : 1° où l'on conclut d'une expérience déterminée à une cause suprême (argument physicothéologique) ; où 2° l'on conclut d'une expérience *indéterminée* à une cause suprême (argument cosmologique) ; où 3° l'on conclut de concepts *à priori* à une cause suprême (argument ontologique).

711. Il s'agit de faire voir que ces *trois* arguments ne prouvent rien ; mais, comme le troisième sert de base aux deux premiers, nous commencerons par celui-là.

712. La conclusion d'une existence donnée à une existence absolument nécessaire semble être pressante et légitime, et cependant toutes les conditions de l'entendement y sont opposées.

713. Il ne s'agit que de savoir si nous concevons aussi quelque chose par le concept de l'être absolument nécessaire, ou si nous ne concevons rien ; car si, par le mot *inconditionné*, je ne rejette que toutes les conditions, que reste-t-il ensuite ?

714. Jusqu'ici, toute question sur sa possibilité a paru complètement inutile, parce qu'on a cru expliquer le fait par une foule d'exemples.

715. Mais ces exemples n'étaient pris que de jugements, et toute nécessité inconditionnée des *jugements* n'est pas une nécessité absolue des *choses*.

716. Un jugement identique ne peut pas servir d'exemple, car je ne puis pas, il est vrai, dans un semblable jugement, nier le prédicat, mais bien *tout le jugement.*

717. On ne peut pas dire non plus qu'il y ait des sujets qui ne puissent pas être supposés non-existants, car ce serait dire qu'il y a des sujets absolument nécessaires, ce qui est précisément à démontrer.

718. *La preuve même.* Le *concept de l'être souverainement réel* est tel que son sujet ne peut être supprimé parce que son *existence* est dans sa *possibilité.*

719. *Réponse.* C'est une pure tautologie ; car si la proposition : *telle ou telle chose existe, est analytique,* l'existence est déjà dans la chose, et alors elle *est* ou la *pensée-chose,* la chose même, où l'existence est *supposée* comme appartenant à la possibilité, et alors elle conclut de la possibilité. Mais si *c'est,* comme il faut l'avouer, une proposition *synthétique,* pourquoi le prédicat de l'existence ne pourrait-il pas se nier sans contradiction ?

720. On pourrait, à la vérité, réfuter cette subtile argutie par la *détermination* précise du concept de l'*existence* ; mais l'illusion qui résulte de la confusion d'un prédicat *logique* avec la *détermination d'une chose* se refuse presque à toute explication.

721. Être, dans l'usage *transcendantal,* est la *position d'une chose* ou de certaines déterminations *en elles-mêmes* ; dans l'usage *logique,* c'est la simple *copule du jugement.* Le *réel* ne contient rien de plus que le simple *possible,* excepté que, dans le *possible,* l'objet est simplement contenu dans le concept, tandis que, dans le *réel,* il convient à autre chose encore qu'au concept.

722. La *cause* de la difficulté dans la question de l'*existence* de l'être absolument nécessaire est que si nous concevons seulement l'*existence* par la catégorie pure, nous ne pouvons donner aucun *signe* pour la distinguer de la simple *possibilité.*

723. L'*existence* d'une chose en dehors du champ de l'*expérience* ne peut donc être justifiée par rien.

724. *Leibniz* n'a par conséquent pas aperçu *à priori* la possibilité de l'être suprême, comme il s'en flattait, parce que le *signe* de la possibilité des connaissances *synthétiques* ne doit être cherché que dans l'*expérience.*

725. La preuve *ontologique* de l'existence de Dieu ne prouve donc rien, et c'est perdre son travail et sa peine que de s'en occuper.

726. La malheureuse preuve *ontologique* provient du *besoin* de notre

raison d'admettre l'existence en général de quelque être nécessaire, et de chercher à cet effet *à priori* un concept d'un objet. On l'a cru trouver dans l'idée de l'être souverainement réel. Maintenant on suit une marche opposée, et l'on part de l'être souverainement réel pour en dériver la nécessité.

727. La preuve *cosmologique* est donc celle que Leibniz appelait preuve *a contingentia mundi* ; c'est la preuve *précédente*, mais renversée, car elle conclut de la nécessité inconditionnée d'un être à sa réalité illimitée.

728. *Cette preuve même.* Si quelque chose existe, alors un être absolument nécessaire doit exister aussi. Or, j'existe moi-même. Donc un être absolument nécessaire existe.

729. *Continuation.* L'être nécessaire doit être déterminé universellement par son concept. Or, il n'y a que le concept de l'*entis realissimi* qui soit universellement déterminé par lui-même. Donc le concept de l'être souverainement réel est le seul par lequel un être nécessaire puisse être conçu ; c'est-à-dire qu'il existe nécessairement un être suprême.

730. Cette preuve *cosmologique* n'est autre que la preuve *ontologique* (727), car elle ne fait qu'un pas de l'expérience à l'existence d'un être nécessaire ; et, pour faire voir quel est cet être nécessaire, elle devient par suite la preuve *ontologique*.

731. Toutes les illusions du raisonnement sont très facilement aperçues quand on les expose en forme à la manière de l'école.

732. *Exposition scolastique.* Si le *nervus probandi* de l'argument cosmologique : tout être absolument nécessaire est en même temps l'être le plus réel possible, est juste, il doit pouvoir se convertir *par accident* ; mais comme un *ens realissimum* ne diffère pas d'un autre, il faut donc le convertir *absolument* ; mais alors c'est la preuve *ontologique* (727).

733. La preuve cosmologique tombe dans une *ignoratio elenchi*, puisqu'elle nous promet un nouveau point d'appui, et nous reconduit à l'ancienne.

734. Viennent ensuite toutes les prétentions dialectiques dans cette preuve.

735. Elles sont au nombre de quatre :

a) Le *principe transcendantal* de conclure du contingent à une cause, principe qui n'a de sens et de valeur que dans le monde sensible ;

b) La *conclusion* de l'impossibilité d'une série infinie de causes superposées les unes aux autres à une cause première, raisonnement qui n'a de valeur ni pour l'expérience, ni en dehors de toute expérience ;

c) La *fausse satisfaction* où la raison est d'elle-même, parce que l'on néglige enfin toute condition, et que l'on ne peut par conséquent plus rien comprendre, et que l'on regarde ce fait comme l'achèvement de son concept ;

d) La *confusion* de la possibilité *logique* d'un concept avec la possibilité *transcendantale*.

736. La preuve cosmologique voudrait échapper à l'explication de la possibilité de l'être nécessaire ; mais c'est en vain, parce qu'elle ne satisfait nullement à la question de son *existence*.

737. On peut admettre comme *hypothèse l'existence* de Dieu, mais on ne peut l'affirmer avec une *certitude apodictique*, car autrement la *connaissance* en devrait aussi emporter avec elle la *nécessité absolue*.

738. Toute la question de l'idéal transcendantal revient ou à trouver le concept dans la nécessité absolue, ou à trouver la nécessité absolue pour le concept d'un objet ; mais c'est impossible à notre entendement.

739. La nécessité inconditionnée est le véritable abîme de l'entendement humain. L'éternité même fait une impression moins vertigineuse qu'elle.

740. On ne peut pas appeler *inscrutable* un idéal de la raison pure, parce qu'il ne produit d'autre *preuve* de sa réalité que le *besoin* qu'en a la raison pour expliquer toute unité synthétique.

741. *Question*. Qu'est-ce qui est donc la cause, dans ces preuves transcendantales, de l'apparence *dialectique* mais *naturelle* qui unit les concepts de la nécessité et de la réalité, et *réalise*, *hypostase* une idée ?

742. On ne peut accomplir la régression aux conditions sans admettre un être nécessaire, mais on ne peut commencer par là.

743. Si, 1° je dois concevoir pour les choses existantes en général quelque chose de nécessaire ; si, 2° je n'ai le droit de concevoir aucune chose en elle-même comme nécessaire, la *nécessité* et la *contingence* ne peuvent concerner les choses mêmes, et ces principes : de chercher quelque chose, mais de n'espérer jamais trouver ce qu'on cherche, c'est-à-dire de n'admettre rien d'*empirique* comme *inconditionné*, ne sont pas des principes *objectifs*, mais seulement des principes *subjectifs*; c'est-à-dire qu'ils ne sont que des *principes régulateurs* qui ne disent autre chose, sinon que vous devez regarder tout

ce qui est perçu dans les choses comme conditionnellement nécessaire, mais que vous ne pouvez regarder aucune chose comme absolument nécessaire.

744. Il faut donc, admettre l'absolument nécessaire en dehors du monde, parce qu'on doit regarder toutes les causes empiriques toujours comme dérivées.

745. La *matière* n'est pas absolument nécessaire, parce que chacune de ses déterminations, qui en forme le *réel*, est un *effet*.

746. L'idéal de l'être suprême est donc un principe *régulateur* de la raison, pour considérer toute liaison dans le monde comme si elle résultait d'une cause nécessaire universellement suffisante ; mais c'est une apparence inévitable de se représenter ce principe formel comme constitutif, car, de même que l'espace est infailliblement regardé comme un objet donné en soi, subsistant par lui-même, par la raison qu'il rend primitivement possibles toutes les formes, qui ne sont que différentes limitations de l'espace ; de même il est inévitable de regarder l'idée de l'être souverainement réel, en tant que cause suprême, comme un objet en soi.

747. Si la preuve *physicothéologique* devait aussi être impossible, il n'y aurait en général aucune preuve *satisfaisante*, par la raison spéculative, de l'*existence* de Dieu.

748. Il ne peut y avoir aucune *expérience* qui soit conforme à une idée ; aucune loi d'une synthèse empirique quelconque ne peut, par conséquent, nous donner un *exemple* de l'être primitif, ou nous donner la moindre direction pour y arriver.

749. On ne peut donc pas non plus s'élever de l'expérience au monde *supra-sensible*, puisque toute *synthèse* et *extension* de notre connaissance ne tend qu'aux objets du monde *sensible*.

750. *Preuve.* On conclut de la *diversité* inexprimable de l'*ordre*, de la *régularité* et de la *beauté* dans le monde, à un *auteur du monde*.

751. Cette preuve est *respectable*. C'est la plus *ancienne*, la plus *claire* et la plus conforme au sens commun ; elle anime l'étude de la nature.

752. Il serait désespérant et inutile de ne pas la respecter. La raison ne peut par aucun doute de la spéculation, être si opprimée qu'elle ne doive s'élever de nouveau jusqu'à un créateur suprême et inconditionné de merveilles si nombreuses de la nature.

753. Mais cette preuve a besoin d'*indulgence* et se fonde sur la preuve *ontologique* (718), à laquelle elle ne sert que d'introduction.

754. Les principaux moments de cette preuve sont :

a) Dans le monde se trouvent partout des signes clairs de dessein et de sagesse.

b) Cet ordre régulier est tout à fait étranger aux choses du monde; tout dans le monde ne pourrait pas de lui-même s'arranger de la sorte, sans un principe ordonnateur doué de raison.

c) Il existe donc une cause sublime et sage, qui doit être, comme intelligence, la cause libre du monde.

d) Son unité se conclut en partie avec certitude, en partie avec vraisemblance, de l'unité du rapport mutuel des parties avec le tout.

755. Cette preuve a l'analogie pour elle, parce que des productions régulières sont les seules dont les causes et les effets nous soient parfaitement connus.

756. Mais elle ne prouverait qu'un *architecte du monde*, et non un *créateur du monde*, parce que la contingence de la matière n'est pas établie par là, contingence qui ne pourrait résulter que d'une preuve *transcendantale*, laquelle doit être évitée par la preuve physique.

757. Le concept d'un tel architecte du monde doit faire connaître quelque chose de tout à fait déterminé par lui, mais qui n'*est* que le *tout* de la *réalité*.

758. Or, la théologie physique ne le peut pas, et par conséquent ne saurait pas être pour la théologie un principe qui doive servir de fondement convenable à la religion.

759. De quel moyen donc se sert-on dans la preuve physico-théologique pour franchir cet abîme (764, 765)?

760. Elle passe de l'expérience à la preuve cosmologique, et comme celle-ci est la preuve ontologique déguisée, une preuve expérimentale apparente devient une preuve rationnelle manquée.

761. Les *théologiens physiciens* sont donc de véritables *ontologistes*, et s'ils croient prouver par expérience, c'est l'effet d'une pure apparence.

762. Si donc il y avait une preuve possible de l'existence de l'idéal de la raison pure, ce serait la preuve ontologique.

763. *Expositions.* Si la *théologie* est la connaissance de l'être primitif, elle est telle ou par la simple raison (théologie rationnelle), ou par révélation (théologie de la révélation). La première conçoit son objet ou par le moyen de concepts purement transcendantaux (théologie transcendantale), ou par un concept qu'elle emprunte de la nature de notre âme (théologie naturelle). Celui qui ne reconnaît que la première est *déiste* (celui qui reconnaît un être primitif); celui qui admet aussi la seconde est *théiste* (celui qui reconnaît une intelligence suprême). Le premier se représente par l'être suprême une cause du

monde; le second un *créateur du monde* (une cause *raisonnable* du monde).

764. La *théologie transcendantale* ou dérive l'existence de l'être primitif de l'expérience en général (théologie cosmologique), ou croit la connaître par simples concepts (théologie ontologique).

765. La *théologie naturelle* dérive l'existence du créateur du monde d'une expérience physique déterminée (théologie physique), ou d'une expérience morale (théologie morale).

766. Le *déiste* croit un Dieu, mais le *théiste* croit un Dieu vivant.

767. Notre connaissance est *théorique*, quand nous connaissons par elle ce qui *est*; *pratique*, quand nous nous représentons ce qui *doit être*. S'il est indubitablement certain que quelque chose *est* ou *doit être*, mais cependant d'une manière conditionnelle seulement, alors ou une certaine condition déterminée peut être *absolument* nécessaire à cet effet, et en ce cas elle est *postulée*; ou bien elle est supposée comme *contingente*, et alors elle est *supposée*. On fait voir dans la *Critique de la raison pratique* que les lois morales postulent l'*existence* de l'être suprême.

768. Dans la connaissance théorique, la nécessité absolue d'une chose, comme cause, ne peut jamais être connue par rapport à une existence.

769. Une connaissance théorique est *spéculative*, quand elle a pour but des objets ou des concepts auxquels on ne peut parvenir par aucune expérience; elle est l'opposé de la *connaissance naturelle*.

770. Le principe (de la causalité) de conclure de ce qui arrive, comme effet, à une cause, n'est pas un principe de la raison spéculative; car on ne peut ni le justifier, ni le concevoir comme tel.

771. Conclure de l'existence des *choses* dans le monde à leur cause, c'est l'affaire de l'usage *spéculatif* de la raison; car ni la matière seule ni *la forme* seule ne sont des objets de l'expérience, mais seulement les deux choses unies entre elles ou l'*état* des choses; et cependant tous les principes synthétiques de l'entendement, et par conséquent aussi celui de causalité, ne sont que d'un usage *immanent*.

772. Preuve *physicothéologique*.

a) Peut donc bien donner du poids aux autres preuves s'il y en a;

b) Mais elle prépare plus l'entendement à la connaissance théologique qu'elle ne la procure.

773. Le procédé transcendantal n'est d'aucun résultat par rapport à une théologie de la raison spéculative. Car tous les principes de l'entendement pur se rapportent uniquement aux objets de la connaissance empirique (n'ont qu'une valeur immanente).

774. Mais si, plutôt que de se priver des arguments admis jusqu'ici en faveur de l'existence de Dieu, on préférait révoquer en doute les preuves de l'Analytique, qu'on fasse voir alors comment on entend dépasser toute expérience possible par le moyen des simples concepts.

775. Mais l'usage spéculatif de la raison a cependant ici la grande utilité de rectifier et purifier la connaissance de l'être primitif, quelle qu'en doive être l'origine.

776. La théologie transcendantale est donc d'un usage négatif important, en ce qu'elle exerce une critique ferme et constante de notre raison, et se défait de toutes les assertions athées, déistes et anthropologiques.

777. Le concept purifié d'un être suprême, si son existence est démontrée d'ailleurs, ne peut être tiré que de la théologie transcendantale.

778. Les idées transcendantales opèrent donc une apparence irrésistible, dont on peut à peine empêcher l'illusion par la critique la plus pénétrante.

779. Elles doivent néanmoins avoir leur bon usage, qui peut être *transcendant* ou *immanent*.

780. La raison n'a proprement que l'entendement pour objet et réunit le divers des concepts au moyen des idées, puisqu'elle pose pour but des opérations de l'entendement une certaine unité *collective*, opérations qui autrement ne portent que sur l'unité *distributive*.

781. Si maintenant l'on entend les idées transcendantales de telle sorte qu'elles soient d'un usage *constitutif*, c'est-à-dire que des concepts de certains objets soient donnés par là, ce ne sont plus alors que des concepts purement sophistiques. Mais si au contraire elles n'ont qu'un usage *régulateur*, savoir, pour conduire l'entendement à un certain but (l'idée, *focus imaginarius*), il en est alors tout différemment. De là l'illusion résultant de ce que les lignes de conduite de l'entendement, qui tendent à ce but, partiraient de ce point.

782. La raison veut donc systématiser par les idées les connaissances de l'entendement.

783. Si la raison est la faculté de dériver le particulier du général, alors ou le général est déjà donné comme *certain*, et le particulier y est subsumé et nécessairement déterminé par le jugement, c'est ce qui peut s'appeler l'*usage apodictique de la raison*; ou bien le général n'est pris que *problématiquement*, et plusieurs cas sont ensuite essayés au concept problématique, qui donne une règle, pour savoir s'ils en découlent, et dans ce cas, l'on conclut à la généralité de la règle, et alors, c'est l'usage *hypothétique* de la raison.

784. L'usage hypothétique de la raison est *régulateur*, afin de mettre par là, autant que possible, de l'unité dans les connaissances particulières.

785. Il a donc pour but l'unité systématique des connaissances intellectuelles, unité qui est la pierre de touche de la vérité des règles.

786. Cette unité rationnelle systématique des connaissances intellectuelles est purement logique, et a pour but d'aider l'entendement par le moyen des idées, dans le cas seulement où il ne suffit pas pour donner règles. Mais si la raison pouvait aussi postuler cette unité de la qualité des objets, ce serait un principe transcendantal.

787. *Exemple.* Au nombre des concepts qui opèrent l'unité intellectuelle se trouve celui de la causalité d'une substance, qui s'appelle *force*. La raison donne l'idée d'une *force fondamentale*, ou d'une force dont toutes les autres forces peuvent être dérivées, comme n'en étant que des expressions.

788. Mais cette unité rationnelle est purement *hypothétique*. On n'affirme pas qu'une telle force doive être trouvée en fait, mais qu'on doit la chercher dans l'intérêt de la raison.

789. Mais l'idée d'une force fondamentale présente une réalité objective par laquelle l'unité systématique de toute espèce de force est postulée (786), et un principe rationnel apodictique atteint (783).

790. Un principe *logique* de l'usage de la raison ne peut pas non plus avoir lieu sans un principe *transcendantal* par lequel une unité systématique est admise comme inhérente aux objets mêmes.

791. *Exemple.* Que toutes les diversités des choses singulières n'excluent pas l'identité de l'espèce, que les espèces de toutes sortes ne soient que différentes déterminations d'un petit nombre de genres, ceux-ci de genres plus élevés, et ainsi de suite, c'est là un principe *logique*.

792. *Continuation.* Mais qu'il y ait aussi dans la nature une telle harmonie, c'est ce que supposent également les philosophes dans la règle suivante de l'école : *qu'il ne faut pas multiplier les principes sans nécessité.*

793. L'homogénéité est donc supposée dans le divers des expériences données (de la nature), quoique nous ne puissions pas en déterminer le degré *a priori*, parce qu'aucune expérience ne serait possible sans elle.

794. Mais la raison fait voir ici deux intérêts qui sont opposés l'un à l'autre : d'un côté l'intérêt de l'*extension* (de la généralité); de l'autre l'intérêt de la *compréhension* (de la déterminabilité).

795. Un principe *logique* sert aussi de base au dernier, savoir, celui de la *diversité* ou de la *spécification*, qui pourront s'énoncer ainsi : qu'*il ne faut pas réduire sans nécessité les diversités* (espèces) *à un trop petit nombre.*

796. Ce principe a aussi pour fondement une loi transcendantale, qui n'exige sans doute pas des choses qui peuvent devenir nos objets, une infinité réelle de différences, mais qui prescrit néanmoins à l'entendement de procéder dans ses recherches comme si cette infinité était réelle.

797. Cette loi n'est pas empruntée de l'expérience ; car l'expérience ne peut donner des ouvertures qui s'étendent aussi loin. La spécification empirique s'arrêtera donc de bonne heure.

798. La raison prépare donc à l'entendement son champ, par le moyen de trois principes, savoir :

a) Par le principe de l'*homogénéité,*

b) Par celui de la *variété* ou *spécification,*

c) Par celui de l'*affinité* ou *continuité des formes.*

799. *Sensibilification de ces trois principes logiques.* Tout concept est un point qui a son horizon (genre). En dedans de l'horizon il y a une multitude infinie de points, dont chacun d'eux a son horizon propre et étroit (espèces). Il y a pour différents horizons (genres) un point plus élevé qui a un horizon plus étendu (ordre, *Geschlecht*) qui les circonscrit tous, en sorte qu'on peut les apercevoir tous de ce point, et ainsi de suite jusqu'au concept le plus élevé.

800. De la supposition de cet horizon général et de sa division universelle, résultent deux principes logiques :

a) Il n'y a pas différents genres primitifs et premiers, qui soient en quelque sorte isolés et comme séparés les uns des autres, mais tous les genres divers ne sont que des divisions d'un genre unique et suprême.

b) Toutes les différences des espèces se limitent les unes les autres et ne permettent aucun passage de l'une à l'autre par un saut, mais seulement par tous les degrés de plus en plus petits de la différence ; on peut arriver ainsi de l'une à l'autre.

801. La loi de l'*homogénéité* prévient l'admission de plusieurs genres *primitifs* et recommande l'*analogie*; la loi de la *variété* limite cette inclination à l'*accord* et prescrit la *distinction*; la loi de l'affinité les réunit toutes les deux, puisqu'elle produit par une *transition graduée* une espèce de *parenté* des différentes branches, en tant qu'elles sont sorties d'une seule souche.

802. La loi logique de la continuité des formes en suppose une transcendantale, sans laquelle l'entendement prendrait peut-être une voie opposée à la nature. On voit que ces lois supposent :

a) L'économie des causes fondamentales,

b) La diversité des effets,

c) La proche parenté des membres de la nature en elle-même conforme à la raison et à la nature.

803. Mais cette continuité de formes est une simple idée, à laquelle il est impossible d'indiquer un objet congru dans l'expérience.

804. L'ordre des principes de l'unité systématique est celui-ci : a) diversité, b) affinité, c) unité; mais chacun d'eux, comme idée, est pris dans le plus haut degré de la perfection.

805. Ce qu'il y a de remarquable dans ces principes, c'est qu'ils paraissent être transcendantaux, et qu'ils ont néanmoins une valeur objective, sans cependant qu'on puisse en donner une déduction transcendantale.

806. *Question.* Si ces principes ne sont pas constitutifs, comment peuvent-ils avoir une valeur objective pour des objets de l'expérience, et quel peut être le sens de leur usage régulateur ?

807. *Réponse.* L'entendement forme pour la raison un objet, comme la sensibilité pour l'entendement. Or, comme tout principe qui pose *a priori* à l'entendement l'unité universelle de son usage, vaut aussi indirectement touchant les objets de l'expérience, les principes de la raison pure ont aussi par rapport à l'expérience une valeur objective, mais seulement pour le procédé suivant lequel l'usage empirique de l'entendement peut être universellement d'accord avec lui-même.

808. Tous les principes subjectifs de la raison, qui sont pris de l'intérêt de la raison, par rapport à une certaine perfection possible de la connaissance de cet objet, doivent s'appeler des *maximes de la raison.*

809. Des principes régulateurs peuvent être contradictoires comme principes objectifs, mais non comme maximes; seulement c'est un intérêt de la raison purement divers, qui fait que la façon de pensée est différente.

810. *Premier exemple.* Chez un raisonneur l'intérêt de la diversité l'emporte, chez un autre c'est celui de l'unité. Chacun d'eux fonde, sans qu'il y pense, son jugement sur son attachement plus grand à l'un des deux principes.

811. *Second exemple.* L'échelle proportionnelle et continue des créatures n'est que l'exécution du principe de l'*affinité,* fondé sur l'intérêt de la raison.

812. Les idées de la raison pure doivent avoir leur destination ; elles ne peuvent jamais être dialectiques en elles-mêmes, mais simplement par le mauvais usage qu'on en fait.

813. Une déduction de ces idées doit être absolument possible, si elles doivent avoir quelque valeur objective quoique déterminée, et ne pas représenter simplement de vains êtres de raison.

814. La déduction transcendantale de toutes les idées de la raison spéculative, consiste à faire voir que c'est une maxime nécessaire de la raison, que de procéder suivant les idées, parce que toutes les règles de l'usage empirique de la raison sans la supposition d'un objet dans l'idée (d'un concept *heuristique*, mais non ostensif) conduisent à l'unité systématique et étendent toujours la connaissance expérimentale, mais ne peuvent jamais lui être contraires.

815. *Eclaircissement.* a) Dans la *psychologie* nous devons donc lier des phénomènes internes en suivant le fil de l'expérience, comme si notre esprit était une substance simple. b) Dans la *cosmologie* nous devons suivre toutes les conditions des phénomènes dans une recherche à faire complétement, comme si elle était infinie. c) Dans la *théologie* nous devons considérer tout ce qui appartient à l'expérience, comme si l'expérience formait unité absolue, mais aussi comme si l'ensemble de toute l'expérience (le monde sensible) avait sa raison suprême en dehors de son commencement.

816. Ces idées ne peuvent pas être prises objectivement (quoiqu'il n'y ait à cela aucun *empêchement positif*), parce que nous concevons simplement par elles quelque chose dont nous n'avons aucun concept, en ce qui regarde sa nature en soi. Mais nous concevons cependant par là un rapport à l'ensemble des phénomènes, rapport qui est analogue à celui des phénomènes entre eux.

817. Si donc nous admettons de tels êtres idéaux, nous étendons seulement l'unité empirique de l'expérience par l'unité systématique, dont l'idée nous donne le schème ; idée qui ne vaut par conséquent que comme principe régulateur.

818. Ainsi le concept transcendantal de *Dieu* est *déiste*; c'est-à-dire que la raison nous donne par là l'idée de quelque chose sur quoi toute réalité empirique fonde son unité suprême et nécessaire.

819. L'*intérêt spéculatif* de la raison nous autorise donc, il est vrai, à sortir du concept de Dieu, mais pas l'*aperçu* de la raison.

820. Nous avons une raison d'admettre Dieu *relativement*, mais non *absolument*, c'est-à-dire seulement de faire de l'idée de Dieu (comme un être qui est cause de l'univers par les idées de l'harmonie et de

l'unité à la plus grande) le schème du principe régulateur du plus grand usage possible de la raison.

821. C'est un simple quelque chose en idée dont nous n'avons aucun concept concernant sa nature en soi ; ce qui fait que nous ne pouvons jamais avoir le moindre concept de la nécessité *absolue* d'un être primitif.

822. *Résultat de toute la dialectique transcendantale.* La raison pure s'occupe simplement de réduire les connaissances intellectuelles à l'unité de l'enchaînement en un principe unique (du concept rationnel) ; et le principe de cette unité systématique est aussi *objectif,* mais d'*espèce indéterminée,* comme principe régulateur pour procurer l'usage empirique de la raison à l'infini.

823. L'objet d'une idée de la raison est un *être de raison* et ne sert par conséquent que de raison *problématique* pour regarder toute liaison des choses du monde sensible comme si elles avaient leur fondement dans un pareil être de raison.

824. Ces choses transcendantales sont les schèmes des principes régulateurs par lesquels la raison, autant qu'il est en elle, étend l'unité systématique au-delà de toute expérience.

825. Le *premier* objet d'une telle idée est : Je suis le même, considéré comme nature pensante (âme). La raison prend le concept de l'unité empirique de toute pensée, et concevant cette unité inconditionnellement et primitivement, elle forme par là une *idée* qui ne vaut ainsi qu'en considération de l'usage systématique de la raison par rapport à notre âme. De cette manière, toutes les vaines hypothèses sont prévenues, mais aussi aucune prétendue connaissance d'une nature spirituelle de l'âme n'est rendue possible.

826. Le *deuxième* objet d'une telle idée est la nature en général (le monde) et l'intégralité des conditions dans le monde. La raison conçoit cette intégralité et s'en fait une idée qui n'est par conséquent qu'un principe régulateur.

827. Le *troisième* objet d'une telle idée est la cause universellement suffisante de toutes les séries cosmologiques (Dieu). La raison se fait cette idée pour considérer toute liaison du monde comme si elle était résultée d'une cause unique. Elle a donc ici pour but unique sa propre règle formelle dans l'extension de son usage empirique.

828. L'unité suprême des choses, qui repose uniquement sur des concepts rationnels, est son unité *finale.* Mais c'est un principe purement régulateur suivant lequel nous attendons partout un *enchaîne-*

ment téléologique, mais souvent sans pouvoir trouver autre chose qu'un enchaînement *mécanique* ou *physique.*

829. Si nous regardons l'idée de Dieu comme un principe constitutif, il en résulte plusieurs vices.

830. Le *premier* est la *raison paresseuse.* On peut appeler ainsi tout principe qui fait que l'on regarde une recherche physique comme absolument accomplie.

831. Le *second* est la *raison renversée.* On peut appeler de ce nom tout principe qui fait que l'on réalise des êtres de raison et que l'on détruit par là l'unité naturelle qui doit être le fruit des idées.

832. Prendre le principe régulateur de l'unité systématique de la raison pour un principe constitutif, c'est donc corrompre la raison, car l'investigation physique va son chemin, en suivant fidèlement la chaîne des causes naturelles.

833. L'idée d'une unité finale parfaite (perfection) est nécessairement liée à l'essence de notre raison. Elle est donc législatrice pour nous, et c'est ainsi qu'il est très naturel d'*admettre une raison législatrice* qui lui corresponde.

834. Nous pouvons donc confirmer l'assertion téméraire au premier abord : que toutes les questions que soulève la raison pure peuvent être résolues par rapport aux deux questions à l'égard desquelles la raison a le plus grand intérêt.

835. La question sur l'auteur du monde peut maintenant servir d'exemple, car celle sur l'âme est traitée de même. Il y a un auteur du monde, car le monde est une somme de phénomènes, et par conséquent il doit avoir pour lui un principe concevable à l'entendement pur. Nous ne savons rien de cet être, de ce qu'il est en lui-même, car il n'apparaît pas comme une chose en soi, et les catégories ne conviennent qu'aux phénomènes et n'ont aucune valeur sans l'intuition. Nous pouvons concevoir cet être par une *analogie avec les objets de l'expérience* (*même par anthropomorphisme*), mais seulement comme idée relativement à l'usage systématique de la raison par rapport aux choses dans le monde.

836. Nous devons supposer quelque créateur sage, tout-puissant. Cette idée est fondée relativement sur l'usage cosmique de notre raison.

837. Cette idée d'un être suprême a été posée en principe par la raison pour en faire usage dans la contemplation rationnelle du monde, et c'est par conséquent la même chose de dire : Dieu l'a voulu ainsi dans sa sagesse, ou la nature l'a ainsi ordonné sagement.

838. Je ne pose donc pas en principe l'existence et la connaissance

d'un tel être, mais seulement son idée, et je ne dérive proprement rien, suivant une telle idée, de cet être, mais simplement de son idée, c'est-à-dire de la nature des choses du monde.

839. Ainsi la raison pure, si nous l'entendons bien, ne contient que des principes régulateurs qui, si on les entend mal et s'ils sont pris pour des principes constitutifs, produisent des contradictions et des combats éternels.

840. Ainsi, toute connaissance humaine commence avec des intuitions, s'élève de là à des concepts et finit avec des idées; et sa critique nous a fait savoir qu'en dehors de l'expérience il n'existe rien pour nous qu'un espace vide, et que tous les concepts purs, toutes les idées n'ont une valeur objective que pour le champ de l'expérience; ainsi est découverte la cause de l'apparence qui abuse les plus sensés.

MÉTHODOLOGIE TRANSCENDANTALE.

841. Les matériaux ayant été déterminés dans la théorie élémentaire, il s'agit maintenant d'esquisser le plan suivant lequel ils doivent être travaillés.

842. *La méthodologie transcendantale* est la détermination des conditions formelles d'un système complet de la raison pure. Elle se compose de quatre parties :

1° De la *discipline,*
2° Du *canon,*
3° De l'*architectonique,*
4° De l'*histoire,*
} de la raison pure.

843. Le *jugement négatif* a presque besoin, quant à la matière, d'une apologie qui lui donne estime et faveur.

844. Sa tâche propre est de garantir de l'erreur; c'est pourquoi des propositions négatives relativement à une connaissance où l'erreur n'est pas possible, sont vraies sans doute, mais *vaines* (contraires à leur destination).

845. Mais là ou l'erreur est possible, elles servent à la *discipline* de la raison. Cette discipline est la contrainte par laquelle l'inclination constante à s'écarter de certaines règles est réprimée et enfin étouffée.

846. Que la raison ait besoin d'une discipline, c'est ce qui étonne, et, dans le fait, elle s'est soustraite jusqu'ici à cette humiliation, parce que, à voir sa démarche solennelle, personne ne soupçonnait qu'elle prît des mots pour des choses.

847. Dans l'usage empirique, il n'est pas même besoin d'une critique de la raison, parce qu'elle a sa pierre de touche dans l'expérience ; mais dans l'usage transcendantal de la raison, d'après le seul concept, une discipline est nécessaire.

848. Mais il ne doit être ici question que de la discipline de la raison pure par rapport à la méthode de la connaissance par raison pure; car, par rapport au contenu, cette discipline se trouve déjà dans la théorie élémentaire.

849. *Question*. La méthode pour arriver à une certitude apodictique, méthode que l'on nomme *mathématique*, est-elle la même que celle qu'on suit en philosophie pour arriver à la même certitude (la méthode dogmatique)?

850. La connaissance *mathématique* est la connaissance rationnelle par la construction des concepts, mais la connaissance *philosophique* est la connaissance rationnelle par simples concepts (sans aucune construction).

851. La différence entre les deux espèces de connaissances consiste en ce que la *philosophique* ne considère le particulier que dans le général, la *mathématique*, que le général dans le particulier et même dans le singulier.

852. La différence admise jusqu'ici entre les mathématiques et la philosophie est fausse, car on peut aussi philosopher sur les quantités; mais la manière philosophique de les traiter est très différente de la manière mathématique.

853. *Exemple pris de la géométrie*. Qu'on donne au philosophe le concept d'un triangle, il ne pourra en tirer le rapport de la somme des trois angles à un angle droit.

854. *Exemple pris de l'arithmétique*. Mais les mathématiques construisent aussi la simple quantité, comme dans l'algèbre, où l'on fait complétement abstraction de la propriété de l'objet.

855. La raison de la différence entre la philosophie et les mathématiques tient donc à ce qu'il s'agit, dans les mathématiques, de propositions synthétiques *a priori*.

856. Mais, à l'exception de la synthèse transcendantale par concepts, qui rend l'expérience possible, toute synthèse *a priori* dépasse les forces de la philosophie.

857. *Question*. Quelle est donc la cause qui rend nécessaire le double usage de la raison, et à quelle condition reconnaît-on que l'un ou l'autre a lieu ?

858. *Réponse*. Toute notre connaissance se rapporte à l'intuition pos-

sible, car l'objet est donné par cette intuition. Or, un concept, ou contient déjà *a priori* une intuition pure, et alors il peut être construit; ou bien il ne contient que la synthèse d'intuitions possibles qui ne sont pas données *a priori*, et alors on peut juger par ce concept syntéthiquement et *a priori*, suivant des concepts, mais non par la construction du concept même.

859. *Continuation*. Or, de toutes les intuitions aucune n'est donnée *a priori*, si ce n'est la simple forme des phénomènes, l'espace et le temps, en sorte qu'un concept de l'un et de l'autre, comme grandeurs, peut être construit. Mais la matière des phénomènes ne peut être représentée qu'*a posteriori*; seulement, le concept de la chose en général représente *a priori* la forme empirique des phénomènes, mais sa connaissance synthétique *a priori* est aussi simplement la règle de la synthèse de tout ce qui est empirique.

860. Des propositions transcendantales ne peuvent être construites, mais seulement représentées *a priori* suivant des concepts. Elles contiennent simplement des règles pour les perceptions.

861. *Exemple* : On peut donner en intuition *a priori* le concept mathématique d'un triangle, et acquérir ainsi une connaissance *synthétique*, mais une connaissance *rationnelle* (mathématique). On peut décomposer le concept empirique de l'*or* et obtenir ainsi une connaissance *analytique*, mais *rationnelle* (logique, philosophique). Mais on peut aussi établir avec la matière de l'or des perceptions, et obtenir de cette manière une connaissance *synthétique*, mais *empirique* (mécanique). On peut enfin concevoir le concept transcendantal de la réalité par concepts, et obtenir de cette manière une connaissance *synthétique*, mais *rationnelle* par concepts (connaissance transcendantale matériellement philosophique). Le concept transcendantal d'une réalité indique proprement la *synthèse* des intuitions empiriques; il n'en peut donc sortir non plus qu'un principe de la synthèse de l'intuition empirique possible.

862. Il y a donc un double usage de la raison : 1° D'après des concepts (usage philosophique), usage par lequel nous n'avons *a priori* que des concepts indéterminés de la synthèse des sensations possibles; 2° par *construction des concepts* (l'usage mathématique), usage par lequel nous nous créons les objets même dans l'espace et le temps au moyen d'une synthèse uniforme.

863. On a conclu mal à propos des progrès des mathématiques que l'on réussirait également hors du champ des quantités en suivant la méthode des mathématiques, parce qu'on ne faisait pas attention à la

différence spécifique de l'usage de la raison dans un cas et dans l'autre.

864. Il faut donc faire voir qu'en suivant la méthode mathématique en philosophie on ne peut retirer le plus petit avantage.

865. La fondamentalité des mathématiques repose sur des *définitions*, des *axiomes* et des *démonstrations*. Il faut faire voir par l'étude de toutes ces parties que la philosophie n'en peut avoir aucune, que par conséquent la méthode mathématique n'est pas possible en philosophie, ni la méthode philosophique en mathématiques.

866. 1°) *Définitions. Définir*, c'est exposer d'une manière détaillée et *fondamentalement* le concept d'une chose dans ses limites. Un concept *empirique* ne peut donc pas être défini, mais seulement *expliqué*. Car 1° il ne peut pas être exposé avec détail; 2° ni dans ses limites; 3° cela n'est pas nécessaire, parce qu'il suffit de l'indiquer et de déterminer ainsi le mot qui l'exprime. Un concept donné *a priori* ne peut pas non plus être défini, mais seulement *exposé*. Car il ne peut pas être exposé avec détail; le critique ne fait jamais valoir l'exposition que jusqu'à un certain degré. Je puis, à la vérité, définir des concepts *arbitrairement pensés*, mais comme je ne sais pas s'ils ont un objet réel, il vaut mieux appeler cette opération *déclaration*. Il n'y a donc de définissables que des concepts qui contiennent une synthèse arbitraire, susceptible d'être construite *a priori*. La langue allemande n'ayant que le mot *définition* pour les quatre opérations, le mot *exposition* peut valoir pour toutes les définitions *philosophiques*. D'où il suit :

867. a) Que l'on ne doit pas donner en philosophie les définitions pour autre chose que de simples essais ; car le concept est donné en philosophie, et l'on ne peut arriver qu'insensiblement à une *exposition parfaite*; mais en mathématiques le concept est donné par la définition.

868. b) Que des définitions *mathématiques* ne trompent jamais, quoiqu'elles puissent être défectueuses dans la forme, parce que le concept n'est donné que par la définition, quoique quelquefois pas d'une manière assez précise. Des définitions analytiques peuvent au contraire pécher d'un grand nombre de manières, v. g., si elles renferment des signes qui ne sont pas dans le concept, etc. Ce qui fait qu'on ne peut imiter qu'approximativement la méthode mathématique dans les définitions.

869. 2°) *Axiomes*. Ce sont des principes synthétiques *a priori*, en tant qu'ils sont *immédiatement* certains. Mais un concept ne peut être uni à un autre *immédiatement* ou sans une connaissance troisième

qui serve d'intermédiaire. Il n'y a donc pas d'axiomes en philosophie; il n'y en a qu'en mathématiques, où les concepts peuvent être liés immédiatement en intuition au moyen de la construction. Des principes *discursifs* sont donc tout autre chose que des axiomes; car ils exigent toujours une déduction. Le principe des axiomes de l'intuition est lui-même discursif, et n'est que la raison de la possibilité des axiomes.

870. 3°) *Démonstrations*. Ce sont des preuves apodictiques, en tant qu'elles sont *intuitives*. L'expérience ne vous apprend jamais que quelque chose ne puisse pas être autrement qu'elle est; des preuves expérimentales ne peuvent donc pas être apodictiques, ni par conséquent des démonstrations. Aucune certitude intuitive, c'est-à-dire aucune *évidence* ne peut résulter des concepts *a priori*, mais bien de concepts construits en mathématiques. La philosophie n'a donc que des preuves acroamatiques (discursives).

871. Il résulte de tout cela que la nature de la philosophie rend cette science impropre à dogmatiser. Cela ne réussit jamais. La raison ne peut donc pas avancer avec autant d'assurance dans ses recherches transcendantales qu'en mathématiques.

872. On peut diviser toutes les propositions apodictiques en dogmes et en mathèmes. Les premiers sont des propositions *directement synthétiques* par concepts, les seconds des propositions synthétiques par la construction des concepts.

873. Toute la raison spéculative pure ne contient aucun dogme, car elle n'est capable d'aucun jugement synthétique par des idées, et elle établit des principes par des catégories; ces principes n'ont de valeur que par rapport à quelque chose de contingent, à savoir, l'expérience possible.

874. Toute méthode dogmatique dans l'usage spéculatif de la raison est par conséquent inconvenable; car elle ne fait que dissimuler les fautes et les erreurs, éblouissant ainsi la philosophie. Néanmoins la méthode peut toujours être systématique.

875. La raison doit, dans toutes ses entreprises, se soumettre à la critique qui ne fait acception de personne, mais qui examine tout, nonobstant l'importance et la sainteté.

876. La raison pure dans l'usage dogmatique, doit redouter la critique (le juge) parce qu'elle n'observe pas assez exactement ses lois suprêmes.

877. Mais si elle doit se défendre (contre le concitoyen), c'est ici, puisque la partie agressive est aussi dogmatique, quoique une

justification κατ' ἄνθρωπον admissible dans la négative, ne soit pas recevable κατ' ἀλήθειαν.

878. L'usage polémique de la raison pure est la défense de ses thèses contre les négations dogmatiques dont elles peuvent être l'objet.

879. Il serait affligeant qu'il dût y avoir une antithétique réelle de la raison pure; la précédente n'était qu'*apparente*, parce qu'elle tenait des phénomènes pour des choses en soi.

880. L'antithétique serait *réelle* si l'entendement avait affaire aux choses en soi et non aux phénomènes.

881. Il n'y a pas de démonstration possible, il est vrai, des deux propositions : *il y a un Dieu, il y a une vie à venir*, mais leur contraire ne peut pas non plus être démontré, car où prendre la connaissance pour affirmer ces propositions synthétiques qui dépassent toute expérience? Mais si ces propositions tiennent exactement à l'intérêt spéculatif de notre raison et si elles sont les seuls moyens de le concilier avec l'intérêt pratique de la raison, on peut très bien les admettre comme maximes subjectives de la raison, sans que les preuves scolastiques soient nécessaires à cet effet.

882. Il n'y a donc pas proprement d'antithétique (réelle) de la raison pure; car le seul champ de bataille où elle pourrait s'exécuter serait la théologie et la psychologie pures, dans lesquelles il n'y a pas de connaissance objective.

883. Mais la raison *investigatrice* et *examinatrice* doit avoir liberté de prendre soin de son intérêt propre, tant dans la limitation que dans l'extension de ses connaissances.

884. Il nous suffit toujours, s'il faut renoncer au *savoir*, de conserver une *foi* ferme, qui peut se justifier aux yeux de la raison la plus pénétrante.

885. Il ne faut condamner ni *Hume*, ni *Priestley*, de ce qu'ils ont voulu, le premier, faire avancer la raison dans la connaissance d'elle-même (sa faiblesse), et le second, soumettre tous les objets aux lois de la nature matérielle.

886. On peut, au contraire, quand on rencontre un adversaire de ces thèses qui ont le plus grand intérêt pour la raison, au lieu de le frapper brutalement du glaive, assister tranquillement au combat, du point de vue sûr de la critique.

887. La raison a besoin d'un tel combat, car s'il avait eu lieu plus tôt, une critique mûre aurait aussi existé plus tôt.

888. Il y a une certaine impureté dans la nature humaine, à savoir, une inclination à dissimuler ses véritables sentiments, et à faire parade de ceux qu'on n'a pas.

889. Cette impureté se rencontre aussi dans le champ de la spéculation ; elle y est extrêmement préjudiciable aux connaissances.

890. Avec la pureté de sentiment contraire, il ne doit pas y avoir de polémique de la raison pure, parce que les deux adversaires disputeraient sur des objets dont on ne peut avoir aucune connaissance objective.

891. On peut regarder la critique de la raison pure comme le véritable tribunal où ressortissent toutes ses disputes, car elle est destinée à juger les droits de la raison.

892. La raison doit porter son différend par procédure, et non par guerre, devant ce tribunal.

893. Le défenseur dogmatique de la bonne cause ne mérite pas d'être lu, parce qu'il ne peut présenter que des arguments d'apparence, et qu'une apparence de tous les jours ne fournit pas matière à de nouvelles observations. Mais l'adversaire dogmatique de la bonne cause mérite d'être lu, parce qu'il donne de l'occupation à la critique et lui fournit l'occasion de faire des rectifications, et qu'on ne doit pas appréhender ses raisons, qui ne sont que des apparences d'arguments.

894. *Objection.* Mais la jeunesse qui est confiée à l'enseignement académique ne doit pas être initiée aux doctrines opposées à la bonne cause tant que celle dont elle doit être imbue n'a pas encore pris racine.

895. *Réponse.* Mais si dans la suite la curiosité ou la mode met entre les mains de la jeunesse de pareils ouvrages, alors cette persuasion du jeune âge résistera-t-elle au choc?

896. Le contraire de ce qu'on dit (894) doit avoir lieu, mais à la condition qu'une instruction fondamentale dans la critique de la raison pure ait précédé.

897. Il n'y a donc aucune *polémique* propre dans le champ de la raison pure; les deux adversaires ne combattent jamais que des ombres.

898. Mais il n'y a aucun principe de *neutralité* dans le champ de la raison pure, suivant lequel on puisse se tenir dans le doute sans vider la querelle.

899. La conscience de notre ignorance est la cause propre qui nous fait faire des recherches pour la dissiper ou pour en découvrir les sources afin de s'assurer si elle est absolument nécessaire ou si elle est contingente.

900. L'ensemble de tous les objets possibles pour notre connaissance semble être pour nous une plaine qui a son horizon apparent. Il est

impossible d'atteindre empiriquement cet horizon ; toutes les tentatives pour le déterminer *a priori* avaient été vaines, et cependant les questions de la raison ont toujours pour but ce qui est en dehors de cet horizon ou qui peut se trouver sur ses confins.

901. *David Hume* fut un géographe de la raison humaine; il rejeta toutes les questions qui tendent à sortir de cet horizon, qu'il ne put cependant pas déterminer.

902. Le premier pas dans les affaires de la raison est *dogmatique* (dans l'enfance de la raison) ; le second est *sceptique* (le pas de Hume, dans la jeunesse de la raison); le troisième est *critique* (dans l'âge mûr).

903. Notre raison n'est *pas* une plaine d'une étendue indéterminément grande, dont on ne connaisse les limites que d'une manière générale ; elle ressemble plutôt à une sphère dont le rayon se trouve en partant de la courbe de la surface du sol (de la nature des propositions synthétiques *a priori*), d'où l'on conclut ensuite avec certitude la solidité et la limitation.

904. Nous sommes en possession d'une connaissance synthétique *a priori*. Si l'on ne peut pas en comprendre la possibilité, on peut d'abord douter; mais il n'est pas permis de s'en tenir là, car on doit pouvoir rendre compte de la manière dont la raison parvient au concept factice d'une semblable connaissance.

905. Toute polémique sceptique ne tourne, à proprement parler, que contre le dogmatiste pour le conduire à la connaissance de lui-même. Mais par le fait qu'on soumet les faits de la raison à l'examen et à la critique, ce qui peut s'appeler la censure de la raison, l'on ne met pas fin aux contestations sur ses droits.

906. On est bien récompensé de la peine qu'on prend à chercher la trace des raisonnements de *Hume*, puisqu'il est peut-être *le plus spirituel* de tous les *sceptiques*.

907. Hume pensait peut-être que dans des jugements d'une certaine espèce (synthétiques), nous dépassons notre concept d'objet. Il ne distingua pas des jugements purs de l'entendement par des catégories à l'usage de l'expérience, et des jugements de raison par idées d'un usage immanent et transcendant. Il rejeta par conséquent tous les jugements synthétiques *a priori* comme impossibles, comme des propositions purement imaginaires, qui seraient recueillies de ce qu'on rencontre ordinairement dans les propositions empiriques et auxquelles on attribue en conséquence une nécessité et une universalité imaginaires, v. g., le principe de la raison suffisante.

908. Les égarements sceptiques de cet homme si pénétrant proviennent de ce qu'il ne fit pas une revue systématique *a priori* de toutes les espèces de synthèses de l'entendement; autrement, il aurait pu prescrire des limites déterminées à l'entendement et à la raison s'étendant *a priori*.

909. Ne reconnaissant donc entre les prétentions justement fondées de l'entendement et les prétentions dialectiques de la raison aucune différence, l'entendement, chez lui, ne peut jamais détourner la raison de ses tentatives.

910. Le scepticisme n'est pas seulement dangereux pour le dogmatisme sans critique, il lui est même mortel.

911. On ne défend donc point ici le scepticisme, mais uniquement la *méthode* sceptique, parce qu'elle force la raison à penser à un moyen fondamental de s'assurer sa légitime possession.

912. *Question*. La raison ne devrait-elle peut-être pas nous ouvrir un vaste champ pour des *hypothèses*, lorsqu'il est du moins permis de *poétiser* et d'*opiner*, quoique pas d'affirmer?

913. Une *hypothèse* est une opinion qui est employée comme principe d'explication en union avec ce qui est réellement donné, et par conséquent certain. Mais la *première* chose requise pour qu'une hypothèse soit admissible, c'est la *possibilité de l'objet*.

914. Il n'est pas permis de créer en quelque sorte la possibilité d'une chose, parce que de semblables concepts seraient sans objet, v. g., une substance sans impénétrabilité dans l'espace.

915. Il faut partir de là : que les *idées* sont simplement conçues *problématiquement*; que ce sont de purs *êtres de raison*, dont la *possibilité* n'est pas démontrable, et qui ne peuvent par conséquent pas être mis en principe par une hypothèse pour servir d'explication aux phénomènes réels.

916. Une *hypothèse transcendantale* est un principe de la *raison paresseuse* (830) pour se *reposer* dans une simple idée, qui est très commode à la raison; elle ne servirait pas à procurer l'usage de l'entendement par rapport aux objets.

917. Elle ne peut être autorisée :

1) Parce que la raison n'est absolument pas conduite plus loin par là, mais qu'elle met au contraire obstacle à tout progrès de son usage;

2) Parce que cette licence pourrait à la fin compromettre tous les fruits de l'expérience.

918. La seconde chose requise pour l'admissibilité d'une hypothèse, c'est *sa suffisance* : s'il faut, pour soutenir une hypothèse, en faire une

nouvelle, tout n'est plus qu'une fiction. C'est ainsi que l'hypothèse d'une cause infiniment parfaite du monde a besoin d'une autre hypothèse pour expliquer les désordres et le mal.

919. Il n'est pas permis *d'opiner* dans le champ de la raison pure ; ce serait jouer avec sa pensée que d'avoir simplement l'*opinion* qu'on trouvera peut-être la vérité sur la route incertaine du jugement.

920. Dans l'usage *polémique* de la raison pure, au contraire, des hypothèses sont admissibles pour se défendre, c'est-à-dire pour éluder les vues spécieuses de l'adversaire qui pourraient porter atteinte à la thèse que nous avons avancée.

921. Cet adversaire dans le champ de la raison pure est en nous-mêmes, car la raison spéculative dans son usage transcendantal est dialectique en soi. Le repos intérieur n'est qu'apparent.

922. 1er *exemple*. Des hypothèses font donc aussi partie d'une armure complète contre cet adversaire. Par exemple contre cette difficulté, que nos facultés intellectuelles semblent dépendre des organes, l'hypothèse que le corps est le phénomène fondamental, par conséqnent pas la cause, mais simplement la condition restrictive de la pensée ; que la séparation du corps est la fin de cet usage sensible de notre intelligence et le commencement de son usage intellectuel.

923. 2e *exemple*. On se sert, pour répondre à l'objection prise de la contingence des créations contre l'éternelle durée, de l'hypothèse transcendantale que toute vie n'est proprement qu'intelligible et n'est absolument pas soumise aux changements de temps.

924. Ces hypothèses ne peuvent s'affirmer sérieusement. Tout ceci n'est pas même une idée de raison ; mais il est cependant conforme à la raison de procéder ainsi pour faire voir à l'adversaire que l'on peut toujours opposer de pures possibilités à d'autres possibilités.

925. Ces hypothèses n'ont de valeur que contre des prétentions transcendantales. Ce qu'affirme la raison pure doit être nécessaire, ou ce n'est rien. Dans le fait, elle ne contient donc pas d'opinions. Ces hypothèses ne sont que des jugements problématiques qui ne peuvent être ni prouvés ni réfutés, et qu'il faut retenir en cette qualité.

926. Les preuves de propositions transcendantales et synthétiques ont cela de propre, que la raison ne doit pas s'y appliquer directement par le moyen de ses concepts à l'objet, mais que la validité des concepts et la possibilité de leur synthèse doit être recherchée *a priori*. Cette règle concerne l'essence et la possibilité des preuves mêmes. La preuve fait toujours voir que l'expérience ne serait pas possible sans cette liaison.

927. Mais si la proposition est une *affirmation* de la raison pure en

dehors de toute expérience, la possibilité en doit être justifiée; et alors il est nécessaire, pour s'épargner une peine inutile, de se demander auparavant de quelle manière et par quel moyen on peut attendre une semblable extension par raison pure, et d'où l'on prétend tirer en pareil cas ces aperçus.

928. *Première règle.* On ne doit chercher aucune preuve transcendantale, sans avoir auparavant réfléchi et s'être rendu raison d'où l'on veut prendre des principes à cet effet.

929. *Deuxième règle.* Toute proposition transcendantale ne peut avoir qu'une seule preuve.

930. *Preuve.* Toute proposition transcendantale ne part que d'un concept et énonce la condition synthétique de la possibilité de l'objet d'après ce concept. Or, il n'y a rien de plus que ce concept par quoi l'objet puisse être déterminé; la preuve ne peut donc rien contenir que la détermination d'un objet en général d'après ce concept, qui n'est non plus qu'un concept unique, et par conséquent la preuve ne peut être qu'unique.

931. La critique des affirmations rationnelles est ainsi réduite à très peu de chose.

932. *Troisième règle.* Des preuves transcendantales ne doivent jamais être *apagogiques*, mais toujours *ostensives*.

933. La cause propre de l'usage des preuves apagogiques dans différentes sciences tient à ce que, si les fondements d'une connaissance sont trop profondément cachés, on essaie si l'on ne pourrait pas les atteindre par les conséquences. Si toutes les conséquences possibles d'une connaissance sont vraies, elle est elle-même vraie. Mais s'il n'est pas possible de rechercher toutes les conséquences possibles, on ne peut cependant jamais convertir sur cette voie une hypothèse en vérité démontrée. Mais si l'on peut faire voir du contraire qu'une seule conséquence est fausse, alors le contraire lui-même est faux.

934. Mais la preuve apagogique n'est permise que dans les sciences où il est impossible de substituer le subjectif de nos représentations à l'objectif; quand au contraire la chose est possible, alors la thèse et son antithèse peuvent facilement être fausses, sous une condition *subjective* que l'on répute faussement *objective*.

935. En mathématiques, où cette subreption est impossible, la preuve apagogique est permise; en physique cette subreption peut être évitée par plusieurs observations comparées, mais la preuve apagogique y est de nulle valeur. Dans la philosophie transcendantale cette subreption est ordinaire et inévitable; la preuve apagogique ne peut donc y être permise.

936. Le mode de preuve *apagogique* est aussi l'illusion propre des *raisonnements.*

937. L'utilité de toute philosophie de 'a raison pure est négative, parce que cette philosophie ne découvre pas la vérité, mais garantit seulement de l'erreur.

938. Il doit cependant y avoir quelque part une source de connaissances positives, probablement sur la voie de son usage pratique.

939. Un *canon* est l'ensemble des principes *a priori* du légitime usage de certaines facultés de connaître en général. Mais il n'y a aucun canon de l'usage spéculatif de la raison pure, si toutes les connaissances synthétiques sont impossibles pour cet usage.

940. *Question.* La tendance de la raison à s'élever au-dessus de l'usage empirique, a-t-il d'autre fondement que son intérêt spéculatif, ou repose-t-il uniquement sur son intérêt pratique ?

941. Cette tendance concerne les problèmes dont la solution est la fin dernière de la raison, qu'elle puisse ou non atteindre cette fin.

942. Ces problèmes sont au nombre de trois :
a) La *liberté de la volonté,*
b) L'*immortalité de l'âme,*
c) L'*existence de Dieu.*

Par rapport à tous les trois, l'intérêt *spéculatif* n'est pas grand ; ils n'ont aucun usage immanent, et, considérés en eux-mêmes, sont tout à fait oiseux et, de plus, des efforts de la raison en cette matière extrêmement pénibles.

943. Il n'est donc qu'un usage *pratique;* car ils ne sont absolument pas nécessaires pour *savoir*, et néanmoins, ils nous sont recommandés instamment par notre raison.

944. Est *pratique* tout ce qui est possible par liberté ; est *pragmatique* ce qui est impossible sous des conditions empiriques de notre libre arbitre, v. g., d'atteindre des fins commandées par les sens (la théorie de la prudence). Mais les lois morales sont celles dont la fin est donnée complétement *a priori* par la raison même, lois qui *seules* appartiennent à l'usage *pratique* de la raison, et permettent un canon.

945. Le dernier but de notre raison est donc la *morale,* c'est-à-dire la conduite par rapport à la fin suprême qui nous est donnée par la raison même. C'est aussi le but des trois problèmes précédents (942), savoir, *ce qu'il faut faire* si la volonté est libre, s'il y a un Dieu et une vie future.

946. Mais nous devons ici nous tenir aussi près que possible du transcendantal, et mettre tout à fait de côté tout ce qui est psychologique et empirique.

947. *Explications*. Un arbitre est purement *animal* s'il n'est déterminé que *pathologiquement*; *libre* s'il est déterminé par des *motifs rationnels* : ce qui s'accorde avec ces derniers est *pratique*. La liberté pratique peut être prouvée par expérience, car l'arbitre humain n'est pas déterminé simplement par ce qui *excite*, mais encore par des *motifs rationnels*. La raison donne donc aussi des *impératifs*, c'est-à-dire des lois objectives de la liberté, ou des *lois pratiques*.

948. Dans un canon de la raison pure nous n'avons donc affaire qu'à deux questions, qui touchent l'intérêt pratique de la raison pure : 1° est-il un Dieu? 2° y a-t-il une vie future? La question de la liberté *transcendantale* concerne purement le savoir spéculatif, et se trouve déjà expliquée dans l'antinomie de la raison pure (639-666).

949. Il nous reste encore une tentative à faire pour parvenir à la réalité des idées qui sont le but suprême de la raison pure; savoir, de rechercher si la raison n'y conduit peut-être pas par l'intérêt pratique.

950. *Tout l'intérêt* de la raison, tant spéculatif que pratique, s'attache aux trois questions suivantes :

a) Que puis-je *savoir*?

b) Que dois-je *faire*?

c) Qu'osai-je *espérer*?

951. La *première* question est simplement *spéculative*. Nous en avons épuisé toutes les réponses possibles, et trouvé que, s'il n'y a rien à faire pour le savoir, nous ne pouvons rien savoir sur les deux problèmes précédents (948).

952. La *seconde* question est purement *pratique*. Elle peut, il est vrai, appartenir comme telle, à la raison pure; mais elle n'est cependant pas alors transcendantale, et ne doit par conséquent pas être complétement traitée ici.

953. La *troisième* question est tout à la fois *pratique* et *théorique*; en telle sorte que ce qui est pratique ne sert que comme fil conducteur à la réponse à la question théorique, et lorsque celle-ci s'élève à la question spéculative. Car toute *espérance* tend à la félicité et se trouve à l'égard de ce qui est pratique comme le *savoir* à l'égard de ce qui est théorique.

954. La *félicité* est la satisfaction de toutes nos inclinations (*extensive*, *intensive* et *protensive*). La loi pratique par des motifs de bonheur s'appelle loi *pragmatique* (944) (règle de prudence); par le motif d'être digne du bonheur, elle s'appelle loi *morale* (loi des mœurs). La première se fonde sur des principes empiriques, la seconde peut reposer sur de simples idées de la raison pure et être connue *a priori*.

955. La réalité de la loi morale est ici supposée, non seulement parce qu'on peut en appeler aux preuves des moralistes les plus éclairés, mais encore au jugement moral de tout homme.

956. La raison pure contient donc, dans l'usage moral, des principes de la possibilité de l'expérience, savoir, d'*actions* qui *doivent* arriver, et qui doivent par conséquent aussi pouvoir arriver. Ces principes ont donc une réalité objective dans leur loi morale.

957. Le monde, en tant qu'il est conforme à toutes les lois morales, s'appelle le *monde moral*. C'est une simple *idée*, mais cependant pratique, parce qu'on y fait abstraction de toutes les fins et de toutes les faiblesses de la nature humaine, comme de conditions et d'obstacles à la *moralité*; mais elle a une réalité objective parce qu'elle appartient au monde sensible, comme objet de la raison pure dans l'usage *pratique*.

958. La réponse à la *seconde* question est donc : *fais ce qui te rend digne d'être heureux*.

959. Autant les principes moraux sont, d'après la raison, nécessaires dans son usage pratique, autant il est nécessaire d'admettre que chacun a raison d'espérer la félicité dans la même mesure qu'il s'en sera rendu digne par sa conduite.

960. Mais le bonheur proportionné à la moralité ne peut être espéré que sous la supposition d'une raison suprême mise en principe comme cause de la nature; parce qu'une telle liaison nécessaire ne peut être reconnue si l'on ne met en principe que la nature.

961. L'idée d'une intelligence dans laquelle la volonté moralement très parfaite est unie à la souveraine félicité, et qui est la cause de tout le bonheur proportionné à la moralité, s'appelle l'*idéal du souverain bien* (Dieu). Or, comme le monde sensible ne nous présente pas une semblable liaison, nous devons l'espérer d'un monde à venir. *Dieu* et la *vie future* sont donc deux suppositions inséparables de la moralité.

962. Le bonheur forme avec la moralité un système lorsqu'il lui est tout à fait conforme; mais ce système n'est possible que dans le monde intelligible, sans un créateur et un gouverneur plein de sagesse. Nous devons par conséquent les admettre, et chacun regarde par conséquent aussi les lois morales comme des ordres.

963. Leibniz appelait le monde, en tant qu'on n'y voit que les êtres raisonnables et leur union suivant des lois morales, sous le gouvernement du bien suprême, le *royaume de la grâce*. C'est une idée pratiquement nécessaire de la raison, de se considérer soi-même comme membre de ce royaume.

964. Des lois pratiques, comme principes subjectifs, s'appellent *maximes*. Le *jugement* de la moralité, quant à la pureté et aux conséquences, a lieu suivant des idées; l'*accomplissement* de ses lois morales, suivant des maximes.

965. Sans Dieu et sans une vie future les idées de la moralité ne sont pas des mobiles de pratique, parce qu'elles ne remplissent pas tout le but d'êtres raisonnables (de devenir moraux et heureux).

966. Ni le bonheur seul, ni la moralité seule n'est le parlait souverain bien. Le bonheur seul ne l'est pas, car la raison ne l'autorise pas, s'il n'est uni à la moralité ; la moralité seule ne l'est pas non plus, parce que celui qui se trouve digne du bonheur doit pouvoir espérer d'y pouvoir participer.

967. Le *souverain bien* est donc le bonheur dans une parfaite proportion avec la moralité des êtres raisonnables, moralité par laquelle ils s'en sont rendus dignes.

968. La théologie morale a donc sur la théologie spéculative l'avantage de conduire infailliblement au concept d'un être primitif unique, souverainement parfait et raisonnable.

969. Le monde doit être représenté comme sorti d'une idée, s'il doit s'accorder avec l'usage de la raison morale, usage qui repose absolument sur l'idée du souverain bien (967).

970. Nous ne pouvons faire aucun usage de notre entendement sans nous proposer des *fins*; mais les fins suprêmes sont celles de la moralité. Nous ne pouvons faire, avec ces fins, un usage régulier de la connaissance de la nature par rapport à la connaissance, si la nature n'a pas mis elle-même d'unité finale dans son œuvre. Or, l'unité finale est nécessairement dans l'usage de l'entendement; par conséquent aussi l'unité finale dans la nature. Toute finalité dérive donc de la finalité pratique de la raison pure.

971. L'expérience est aussi d'accord avec cela : avant que les concepts moraux fussent suffisamment purifiés et l'unité systématique des fins aperçue, les concepts de la divinité n'étaient que grossiers.

972. Mais ce serait un cercle, si nous voulions maintenant tenir réciproquement des actions pour obligatoires parce qu'elles sont des ordres de Dieu, puisque nous n'avons atteint le concept d'un être suprême que par la raison pratique. La théologie morale n'est donc que d'un usage immanent, et nous devons regarder une action comme ordonnée de Dieu parce qu'elle est obligatoire.

973. *Définition.* La *croyance* est un événement dans notre entendement qui a une raison, ou *objective* (dans la qualité de l'objet), ou

subjective (dans la qualité du sujet). Dans le premier cas, elle s'appelle *conviction*; dans le second, *persuasion*.

974. La *vérité* repose sur l'accord avec l'objet. La pierre de touche de la croyance est donc, s'il y a conviction ou persuasion, la possibilité de la communiquer; car, alors, il est présumable que cet accord de tous les jugements reposera sur le principe commun, l'objet.

975. La persuasion ne peut donc pas se distinguer subjectivement de la conviction; mais le moyen de découvrir ce qui est persuasion dans notre jugement est toujours d'essayer d'en convaincre d'autres par nos raisons.

976. Si nous découvrons l'apparence en développant les causes subjectives du jugement sans avoir besoin pour cela de la propriété de l'objet, nous pouvons expliquer la croyance trompeuse.

977. Je ne puis rien *affirmer* que ce qui produit la conviction; si je ne puis garder que pour moi la persuasion, elle ne peut ni ne doit être rendue valable hors de moi.

978. La croyance a *trois* degrés :

a) Si elle est, avec conscience, subjectivement et objectivement insuffisante, elle s'appelle *opinion*;

b) Si elle est subjectivement suffisante et objectivement insuffisante avec conscience, elle s'appelle *foi*;

c) Si elle est subjectivement et objectivement suffisante, elle s'appelle *science*; la suffisance subjective s'appelle *persuasion*; l'objective, *certitude*.

979. On ne doit jamais *opiner* sans savoir quelque chose à quoi ce qu'on opine se rattache suivant une loi certaine. On ne peut absolument pas *opiner* dans les jugements par raison pure, car ils doivent être universels et nécessaires.

980. Dans l'usage *transcendantal* de la raison, *opiner*, c'est trop peu; *savoir*, c'est trop. Nous ne pouvons donc pas juger ici au point de vue spéculatif.

981. La croyance théoriquement insuffisante sous le rapport purement pratique peut s'appeler *Foi*. Maintenant, le point de vue pratique est ou celui de l'*habileté* (pour des fins arbitraires et contingentes), ou celui de la *moralité* (pour des fins nécessaires).

982. Les conditions pour atteindre une fin arbitraire sont hypothétiquement (subjectivement) nécessaires, et *comparativement* suffisantes si je ne connais pas d'autres conditions pour arriver au même but; mais si je suis certain que personne ne peut connaître d'autres con-

ditions, elles sont *absolument* suffisantes. Dans le premier cas, la croyance est une foi *contingente*; dans le second, une foi *nécessaire*. Une foi contingente, mais qui sert de fondement à l'usage réel des moyens pour certaines fins que l'on peut atteindre, s'appelle foi *pragmatique*.

983. La foi pragmatique a un *degré*, et sa pierre de touche est le *pari*.

984. Mais il y a encore un analogue de la foi pragmatique, à savoir une foi contingente qui est purement théorique, et qui se rapporte à un objet par rapport auquel nous ne pouvons rien entreprendre, et qu'on peut appeler foi *doctrinale*.

985. *Exemples* : La doctrine de l'existence de Dieu (d'une intelligence suprême qui a tout ordonné suivant les fins les plus sages), et celle d'une vie à venir (de l'âme humaine) appartient à la foi doctrinale.

986. Entre l'hypothèse et la foi il y a cette différence que je ne dois pas feindre le concept, mais seulement l'existence de ce que j'admets comme hypothèse ; tandis que la foi n'est que la direction que me donne une idée à quelque chose que j'admets pour l'accomplissement de mes actions rationnelles, mais dont je ne puis absolument pas rendre compte sous le rapport spéculatif.

987. La foi *doctrinale* a quelque chose de chancelant.

988. La foi *morale* ne peut, au contraire, être ébranlée par rien, parce que mes principes moraux mêmes seraient par là renversés. L'action étant nécessaire, son unique condition (Dieu et une vie future) doit nécessairement être admise.

989. Nous sommes donc *moralement* certains qu'il y a un Dieu ; c'est-à-dire que la foi à un dieu et à une vie à venir est tellement liée à notre sentiment moral qu'il faudrait perdre le dernier si la première venait de cesser en nous.

990. Si quelqu'un était tenté de nier l'existence de la moralité comme fait et de regarder toutes les actions comme indifférentes, il ne pourrait cependant pas, pour cela, s'affranchir de tout intérêt pour elle ; et, comme il ne peut pas savoir avec certitude qu'il n'y ait *pas de Dieu, pas de vie future*, et qu'il pourrait toujours redouter encore ces deux choses, une telle foi serait *négative*.

991. *Question*. Ces deux articles de foi sont-ils donc tout ce que fait la raison pure, et le sens commun n'aurait-il pas pu les produire sans consulter là-dessus les philosophes ?

992. *Réponse*. Oui. La philosophie la plus élevée ne peut rien dé-

couvrir de ce qu'on ne peut pas d'abord apercevoir sans elle ; par rapport à la fin essentielle de la nature humaine, elle ne peut donner que la direction également départie par la nature au sens commun.

993. L'*architectonique* est l'art des systèmes ; elle fait nécessairement partie de la méthodologie, parce qu'elle est la théorie de ce qu'il y a de *scientifique* dans notre connaissance, et qui convertit la connaissance commune en science.

994. Nos connaissances doivent former un système sous la direction de la raison, c'est-à-dire avoir de l'unité sous une idée qui contient la fin et la forme du *tout* qui leur convient. Le tout est donc articulé, organisé et non entassé, mais il ne peut pas augmenter extérieurement.

995. L'idée a besoin, pour l'exécution d'un *schéme*, c'est-à-dire d'une diversité essentielle déterminée *a priori* par le principe de la fin et d'un ordre des parties, ou d'une circonscription et d'une division du tout en parties, conformément à l'idée.

996. On doit expliquer et déterminer une science d'après cette idée et non d'après la description de l'auteur, car souvent l'auteur n'a pas pu en déterminer l'unité systématique (l'organisation) et les limites.

997. Si la *raison* est toute la faculté supérieure de connaître, le rationnel est par conséquent opposé à l'empirique ; et si l'on commence par le point où le tronc commun de notre intelligence se bifurque, et dont une des branches est précisément la raison, on obtient l'architectonique suivante :

998. Toute connaissance quant à la forme est : ou *historique* (*ex datis*), ou *rationnelle* (*ex principiis*).

999. Toute connaissance rationnelle est : ou *philosophique* (par concepts), ou *mathématique* (par construction des concepts).

1000. Le système de toute la connaissance philosophique est la *philosophie*. Elle est la simple idée d'une science possible qui n'est donnée nulle part *in concreto*. On ne peut donc pas proprement enseigner la philosophie, mais seulement à philosopher.

1001. Jusque-là le concept de la philosophie n'est qu'un *concept scolastique* ; mais il y a encore un *concept vulgaire* de la philosophie : elle est, à ce dernier point de vue, la science du rapport de toute connaissance aux fins essentielles (téléologie) de la raison humaine.

1002. Dans ce sens, le philosophe serait un maître en idéal des mathématiques, de la physique et de la logique, comme organe, pour procurer les fins essentielles de la raison humaine.

1003. Le moraliste s'appelle donc κατ' ἐξοχὴν un philosophe, parce que la morale est la philosophie de toute la destinée de l'homme ou de sa fin.

1004. La philosophie n'a que deux objets : la *nature* et la *liberté*. La philosophie de la nature concerne tout *ce qui est* ; celle des mœurs ne s'occupe que de *ce qui doit être*.

1005. Toute philosophie est ou *pure* (connaissance par raison pure), ou *empirique* (connaissance par principes empiriques).

1006. Maintenant, la philosophie de la raison pure est ou *propédeutique* (critique), ou la *science* même (le système de la raison pure); les deux, réunies, s'appellent aussi *métaphysique*.

1007. La métaphysique se divise en métaphysique de la *nature* (de l'usage spéculatif de la raison pure), et en métaphysique des *mœurs* (de l'usage pratique de la raison pure).

1008. Il est important de distinguer les connaissances, car c'est pour avoir jusqu'ici négligé de le faire que la métaphysique est tombée dans le mépris.

1009. La métaphysique de la nature, qui considère tout *a priori* par concepts, en tant qu'il existe, se divise de la manière suivante :

1010-1012. MÉTAPHYSIQUE DE LA NATURE.

Philosophie transcendantale. (le système des concepts et des principes de la raison pure, sans admettre d'objets, autrement : *ontologie*		*Physiologie rationnelle* (dont l'objet est le concept d'une nature en général).	
Physiologie immanente. (Son objet est la nature comme matière de l'expérience.)		*Physiologie transcendantale.* (Son objet est la nature hors du champ de l'expérience.)	
Physique rationnelle. (Métaphysique de la nature corporelle.)	*Psychologie rationnelle.* (Métaphysique de la nature pensante.)	*Cosmologie transcendantale.* (Physiologie par liaison interne; son objet est la nature entière.)	*Théologie transcendantale.* (Physiologie par liaison externe; son objet est l'enchaînement de la nature à un être au-dessus d'elle.)

1013. Cette division est *architectoniquement* conforme à ses fins essentielles et non purement *technique*, c'est-à-dire d'après des affinités fortuitement perçues.

1014. Mais comment est-il possible de connaître *a priori* quelque chose qui est donné *a posteriori?* Nous ne prenons de l'expérience rien que ce qui est nécessaire à un objet pour la physique rationnelle, le simple concept de la *matière,* et pour la psychologie rationnelle, le concept d'une *substance pensante.*

1015. Mais où se place alors la psychologie *empirique*? Elle fait partie de la *science spéciale de la nature* (empirique), de la *philosophie appliquée,* et même d'une *anthropologie.*

1016. Telle est donc l'idée générale de la métaphysique, d'une science indispensable ; car elle réfrène la raison et empêche, par une connaissance scientifique et parfaitement éclairée de soi-même, les troubles qu'une raison spéculative dépourvue de loi entraînerait inévitablement en morale et en religion.

1017. La métaphysique (1006) forme donc proprement à elle seule ce que nous pouvons appeler philosophie dans un sens légitime.

1018. Elle est donc aussi le couronnement indispensable de toute culture de la raison humaine.

1019. Ce titre ne sert ici qu'à indiquer une lacune dans le système, lacune qu'il faudra remplir à l'avenir.

1020. La théologie a produit la métaphysique, car les hommes, dans l'enfance de la philosophie, commencèrent par étudier la connaissance de Dieu, l'espérance et la nature de la vie à venir.

1021. Il ne peut donc être ici question que de la différence des idées qui ont causé les principales révolutions dans la métaphysique :

1022. a) Par rapport à l'*objet* de toutes nos connaissances rationnelles, il y a quelques *philosophes* purement *sensualistes* (Épicure); d'autres purement *intellectualistes* (Platon).

1023. b) Sous le rapport de l'*origine* des connaissances rationnelles pures, quelques-uns ont été *empiristes* (Aristote, Locke); d'autres *noologistes* (Platon, Leibniz).

1024 c) Par rapport à la *méthode,* les uns ont suivi la méthode des *naturalistes,* d'autres celle des *sciences* exactes.

1025. Ceux qui ont suivi la méthode scientifique ont été ou *dogmatistes* (Wolf), ou *sceptiques* (Hume). Il n'y a pas encore eu de *critiques.*

FIN.

ERRATA.

Page 48, ligne 2, *au lieu de* : dont, *lisez* : dans.
— 197, — 14, — transcendantale, *lisez* : transcendentale.
— 211, ligne 1, *après* : admettons, *ajoutez* : ainsi.
— 232, — 20, *supprimez la virgule.*
— 263, — 10, *au lieu de* : comparatives, *lisez* : comparativement.
— 367, — 17, — multiplication, *lisez* : multiplicité.
— 477, — 12, — par, *lisez* : pur.
— 516, — 10, — donner, *lisez* : donner des.

TABLE

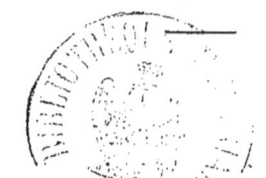

LOGIQUE TRANSCENDANTALE.

SECONDE DIVISION.

DIALECTIQUE TRANSCENDANTALE	1
INTRODUCTION	1
I. De l'apparence transcendantale	Ib.
II. De la raison pure comme siége de l'apparence transcendantale.	6
A. De la raison en général	Ib.
B. De l'usage logique de la raison	9
C. De l'usage pur de la raison	11
DIALECTIQUE TRANSCENDANTALE	15
LIVRE I. *Des concepts de la raison pure*	Ib.
SECTION I. Des idées en général	17
SECTION II. Des idées transcendantales	24
SECTION III. Système des idées transcendantales	34
LIVRE II. *Des raisonnements dialectiques de la raison pure*	39
CHAPITRE I. Des paralogismes de la raison pure	41
Réfutation de l'argument de Mendelssohn	52
Conclusion de la solution du paralogisme psychologique	62
Observation générale concernant la transition de la psychologie rationnelle à la cosmologie	64
CHAPITRE II. Antinomies de la raison pure	67
SECTION I. Systèmes des idées cosmologiques	70
SECTION II. Antithétique de la raison pure	80
Première opposition des idées transcendantales	84
Deuxième opposition	90
Troisième opposition	95
Quatrième opposition	101
SECTION. III. De l'intérêt de la raison pure dans ce conflit avec elle-même	106
SECTION IV. Des questions transcendantales de la raison pure, en tant qu'elles doivent absolument pouvoir être résolues	118
SECTION V. Représentation sceptique des questions cosmologiques par les quatre idées transcendantales	125
SECTION VI. De l'idéalisme transcendantal comme clef de la solution de la dialectique cosmologique	129
SECTION VII. Décision critique du conflit cosmologique de la raison avec elle-même	135
SECTION VIII. Principe régulateur de la raison pure par rapport aux idées cosmologiques	144

SECTION IX. De l'usage empirique du principe régulateur de la raison pure par rapport à toutes les idées cosmologiques. 150
I. Solution de l'idée cosmologique de la totalité de la composition des phénomènes d'un univers. 151
II. Solution de l'idée cosmologique de la totalité de la division d'un tout donné en intuition. 157
Observation finale sur la solution des idées mathématiquement transcendantales, et avertissement sur la solution des idées transcendantales dynamiques. 160
III. Solution des idées cosmologiques relatives à la totalité de la dérivation des événements cosmologiques à l'égard de leurs causes. . . 164
Possibilité de la causalité par liberté concurremment avec la loi générale de la nécessité naturelle. 169
Explication de l'idée cosmologique d'une liberté en union avec la nécessité naturelle. 172
IV. Solution de l'idée cosmologique de la totalité de la dépendance des phénomènes quant à leur cause en général. 186
Observation finale sur toute l'antinomie de la raison pure. 192
CHAPITRE III. *Idéal de la raison pure.* 194
SECTION I. De l'idéal en général. . . . . *Ib.*
SECTION II. De l'idéal transcendantal (*prototypon transcendentale*). . . 197
SECTION III. Des arguments de la raison spéculative en faveur de l'existence d'un être suprême. 207
SECTION IV. De l'impossibilité d'une preuve ontologique de l'existence de Dieu. 214
SECTION V. De l'impossibilité d'une preuve cosmologique de l'existence de Dieu. 223
Découverte et explication de l'apparence dialectique dans toutes les preuves transcendantales de l'existence d'un être nécessaire. . . . 233
SECTION VI. De l'impossibilité de la preuve phisicothéologique 238
SECTION VII. Critique de toute théologie par principes spéculatifs de la raison. 247
Appendice à la dialectique transcendantale de l'usage régulateur des idées de la raison pure. 256
Du but dernier de la dialectique naturelle de la raison humaine. . . . 279
METHODOLOGIE TRANSCENDANTALE. 309
CHAPITRE I. *Discipline de la raison pure.* 310
SECTION I. Discipline de la raison pure dans l'usage dogmatique. . . 314
SECTION. II. Discipline de la raison pure par rapport à son usage polémique. 336
De l'impossibilité où est la raison pure en désaccord avec elle-même de se contenter du scepticisme. 352
SECTION III. Discipline de la raison pure à l'égard des hypothèses. . . 361
SECTION IV. Discipline de la raison pure par rapport aux preuves. . . 372
CHAPITRE II. *Canon de la raison pure.* 383
SECTION I. Dernière fin de l'usage de la raison pure. 385
SECTION II. De l'idéal du souverain bien, comme principe déterminant de la fin suprême de la raison. 390
SECTION III. De l'opinion, de la science et de la foi. 404
CHAPITRE III. *Architectonique de la raison pure.* 414
CHAPITRE IV. *Histoire de la raison pure.* 431
APPENDICE. 437
SOMMAIRES ANALYTIQUES. 473

DIJON, IMPRIMERIE J.-E. RABUTÔT.

www.ingramcontent.com/pod-product-compliance
Lightning Source LLC
Chambersburg PA
CBHW070833230426
43667CB00011B/1787